구글과
파이썬으로
시작하는
보안

취약점은 이제 끝!
실전 예제와 코드로 배우는
데이터 보호

구글과 파이썬으로 시작하는 보안

**취약점은 이제 끝!
실전 예제와 코드로 배우는
데이터 보호**

김용재 지음

서 문

어떤 대상을 이해하는 데 있어, 사람마다 접근 방식이나 이해했다고 믿는 기준은 다른 듯합니다. 개인적으로 무언가를 진짜로 이해하게 되는 시점은 그 대상이 어느 순간 평이한 주제처럼 느껴질 때라고 생각합니다. 어렵고 진지해 보이던 대상이 당연하고 단순한 흐름으로 느껴지게 되고, 그 흐름을 다른 사람들의 눈높이에 맞춰 쉽게 설명할수 있을 때 해당 대상을 이해하기 시작하는 것이 아닐까 합니다. 그 과정을 통해 타인이 내가 이해한 대로 세상을 보고 있을 것이라고 잘못 가정하는 "지식의 저주" 또한 극복할 수 있고, 그렇게 우리는 남에게 무언가를 설명하면서 스스로와 설명하는 대상을더 잘 이해하게 되는 것 같습니다.

보안 분야도 여러 사람이 다양한 생각 및 관점을 가지고 접근하고 이해하겠지만, 이책에서는 데이터를 따라가는 직업이라는 시작점에서 진행하고자 합니다. 챕터마다 보안을 이해하는 데 있어 필요한 주제들을 선정해 이야기하며, 구글 검색과 파이썬 코드(C++ 예제도 하나 있습니다)로 작성한 예제 파일의 실행을 통하여 관련된 데이터를보여주고 증명합니다.

필자가 출간했던 지난 파이썬 책의 아쉬움을 거울 삼아 이번 책은 너무 쉽지도, 어렵지도 않은 중간 단계의 난이도를 유지하려고 노력했습니다. 또한 가능한 모든 코드가예제 환경 안에서 실행되게 했습니다. 리눅스에서 쉘을 잘 이해하면 원하는 모든 작업을 그 연장선상에서 쉽게 할 수 있다고 얘기하듯, 업무에서 파이썬을 잘 이용하면 여러OS 환경에서 자연스럽게 비슷한 효과를 누릴 수 있다고 생각합니다. 파이썬을 경험하지 않은 분들이 이 책의 예제들을 살펴본 후, "파이썬이 참 편하고 재미있구나!"라고 생각하게 되기를 바랍니다.

어찌 보면 이 책에 담긴 내용은 QA 분야에서 10년을 일한 후에, 보안 분야로 옮겨 다시 10년간 일했던 저자의 발자취입니다. 이러한 배경에 대한 민낯을 보이는 듯하여 조금은 부끄럽기도 합니다. 다만, 처음 보안 분야로 이직했을 때 막막하고 힘들었던 경험들을 바탕으로 필자보다 조금 뒤에서 걸어오는 분들이 궁금해하고, 미리 알면 좋을 듯한 내용들을 나름의 관점에서 정리했다고 생각해 주셨으면 좋겠습니다.

본문을 시작하기 전에 두 가지 이해를 구하고자 합니다. 먼저, 본문에서는 자연스러운 표현을 위해 평상어로 진행했습니다(서문과 감사의 말은 본문과는 다르게 독자들께 보다 직접적으로 이야기를 드리는 성격이기에 존대로 쓰게 됐습니다). 또 하나는 이 책은 기술 서적임에도 "~이다."라는 단정적인 표현을 절제하여 설명하고 있다는 점입니다. 해당 부분은 필자의 조심스러운 성격 때문이기도 하고, "언제나 답이 하나이진 않다."라고 생각하며 일하기에 그렇습니다. 표면적 표현보다는 설명하는 예시 및 파이썬 시연에 대한 납득을 기반으로 판단해 주시기 바랍니다.

마지막으로, 책 내용과 관련되어 막히거나 궁금한 점이 있으실 경우에는 freesugar@gmail.com으로 메일을 보내 문의해 주시면 가능한 빨리 회신드리도록 하겠습니다.

저자 소개

김용재

건국대학교 전자공학과 졸업 후, 동 대학원 네트워크 전공을 수료하였다. 나모인터랙티브에서 4년을 일했고, 이후 이베이코리아에서 6년간 Quality Assurance Engineer와 Information Security Engineer를 거쳐 현재까지 10년간 일하고 있다. 자동화, 데이터 분야뿐만 아니라 일본어, 중국어 등 외국어 공부에도 관심이 많다. 저서로 비제이퍼블릭에서 출간한 〈구글로 공부하는 파이썬〉이 있다.

감사의 말

우선 삽화를 그려 달라는 제안을 선뜻 받아들여서, 몇 달 동안 쉬지 않고 주말에 무려 120장의 삽화를 그리느라 고생하신 정연 님께 너무 감사드립니다. 생각이 그림으로 표현되어 좀 더 이해가 편한 책이 된 것 같습니다(앞으로도 종종 함께 작업할 수 있는 기회가 있었으면 합니다). 바쁜 시간을 내서 전체 내용을 꼼꼼히 리뷰해 주시고, 여러 좋은 피드백을 주셨던 효영 님께도 큰 감사를 드립니다. 마지막으로 부족한 필자에게 평소 관련된 지식을 많이 알려 주시고, 암-복호화 파트에 대해서 선뜻 리뷰를 해주신 금미 님께도 감사드립니다. 만약 이 책이 독자들께 좋은 평가를 받는다면, 무엇보다 세 분 덕택일 것 같습니다.

항상 옆에서 많은 도움을 주시고 격려해 주시는 다운 님, 소현 님, 요람 님, 현 님, 민선 님, 경아 님, 주현 님, 경은 님, 언지 님, 미영 님, 일현 님, 영희 님, 베이베이 님, 준현 님께도 감사드립니다. 또한 이 책을 쓰게 된 여러 경험들을 코디 해 주셨던 기현 님, 의원 님, 은석 님께도 감사드립니다.

그리고 홍선기 부장과 함께 항상 인생의 이정표가 되어 주는 친구들과 가족들에게도 항상 감사한 마음을 지니고 있습니다.

마지막으로 부족한 글의 가능성을 보고 출간을 결정하고, 많은 조언을 해 주신 비제이 퍼블릭에게도 많은 감사의 인사를 드립니다. 책이 잘 되어서 은혜 갚은 까치가 되었으면 좋겠습니다.

보안 업무에서 놓치기 쉬운 부분들을 다양한 각도에서 살펴볼 수 있는 기회였습니다. 그리고 보안적으로 문제 없는 소프트웨어를 설계할 수 있도록 여러 방법들을 제시하고 있습니다.

심주현

데이터 사이언스, 자동화, 웹 개발 이외에 보안에 대해서 파이썬으로 실습하는 이 책은 굉장히 유용합니다. 파이썬 백엔드 개발 경험과 이론이 어느 정도 있는 상태에서 이 책을 본다면, 보안에 대한 기틀을 잘 다질 수 있습니다.

코드는 크게 어렵지 않으며 어떤 형태로 해킹이 일어나는지 실습을 통해 파악할 수 있어서 좋았습니다. 친절한 설명과 챕터의 구성이 이 책의 큰 장점이며 보안에 대한 기본기를 다지고 싶은 파이썬 유저들에게 꼭 추천해주고 싶은 책입니다.

장대혁

처음 웹 개발을 할 때 SQL Injection, XSS를 방어하는 시큐어 코딩에 대해서 교육을 받았었는데, 보안이라는 주제가 딱딱하고 어려운 만큼 매우 어렵게 다가왔고 실습도 매우 정형화된 틀 안에서 진행되어 과연 실무에 사용할 수 있을까 하는 생각이 들었습니다.

그 후 실제로 개발을 하면서 블로그와 여러 책들을 보면서도 마치 정보 보안 개론서인 듯 와닿지 않는 글을 보며 의무적으로 코드에 적용했었는데 이 책은 마치 선배가 옆에 앉아서 기초부터 하나씩 알려주는 느낌이 들었습니다. 보안이라는 내용이 딱딱하고 어려운 분야이지만 많은 비유와 자세한 설명 그리고 저자의 생각이 담겨있는 문체 덕분에 쉽게 다가왔고, 단편적인 내용만 다루는 것이 아닌 전반적인 흐름을 다루기 때문에 제가 가지고 있는 지식들과 합쳐지며 머릿속에서 큰 그림이 그려졌습니다. 또한 책에서 다루었다면 길어지고 흐름이 끊길 수 있는 내용들은 가볍게 설명만 하고 검색할 수 있는 키워드를 제공해 주는 점도 가독성을 높이는 데 주요했던 것 같습니다.

책을 다 읽고 덮을 때, 시큐어 코딩을 처음 접 을 때 헤매던 저의 모습이 겹쳐지면서 그때 이렇게 잘 알려줄 수 있는 선배가 있었다면 참 좋았겠다는 생각이 들었습니다. 학부를 졸업하고 개발자로 커리어를 시작한다면, 혹은 보안에 관심을 가지고 있는 개발자라면 이 책을 읽어보시는 걸 추천합니다.

정윤식

차 례

PART 1
어떻게 보안에 접근해야 할까?

PART 2
보안을 이해하기 위한 중심 개념

PART 3
보안의 기본을 넘어서

PART 4
마지막 이야기

어떻게
보안에
접근해야
할까?

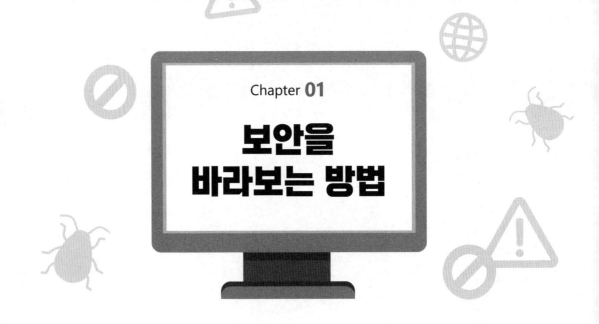

Chapter 01

보안을 바라보는 방법

1. 보안에 대한 접근 방법

보안 공부를 어떻게 해야 하느냐는 사람마다 의견이 다를 수 있다. 인터넷 검색을 해보면 일반적으로 특별한 경로를 따르는 커리큘럼을 추천하는 경우가 많다. C++와 같은 프로그래밍 언어부터 시작하여 웹 및 시스템 프로그래밍, 객체지향 개념, 운영체제, 웹 서버, 네트워크, 프로토콜, 암호학, 리버싱, 포렌식, 악성 코드 등을 하나씩 익힌 후, 나아가 오픈소스, 모의 해킹 같은 보안과 관련된 여러 가지 기술과 툴들을 이해해야 한다고 말한다.

문제는 다른 많은 분야도 마찬가지이지만, 위 항목 중 하나로 범위를 제한하더라도 수많은 하위 카테고리로 확장된다는 것이다. 웹 프로그래밍을 예로 들자면 CGI(Common Gateway Interface) 같은 초창기 서비스 형태로부터 ASP, PHP 같은 스크립트 기반의 언어, 파이썬 같은 중간 정도 느낌의 언어, 자바(JSP, Thymeleaf), .NET 같은 완전한 컴파일 기반의 언어로 구성된 웹 프로그램으로 확장된다. 또 실제 운영에 관련되어서 아파치, 톰캣(Tomcat), 엔진엑스(Nginx), IIS, JBoss 등 여러 가지 웹 서버들과 WS-

GI(Web Server Gateway Interface) 같은 중계 모듈에 대한 지식도 필요하게 된다.

웹 프로그래밍에서는 필수로 알아야 한다고 할 수 있는 데이터베이스와 같은 경우도 오라클, MSSQL, MySQL, PostgreSQL, SQLite 같은 관계형 데이터베이스부터 NoSQL 쪽으로 넘어가면 몽고DB(MongoDB), 일래스틱서치(Elasticsearch), 레디스(Redis), 하둡(Hadoop) 등으로 다양하게 확장되며, 해당 데이터베이스들을 사용하다 보면 자주 같이 엮여 사용하게 되는 카프카(Kafka) 같은 메시지 브로커, 데이터 분산 처리를 위한 스파크(Spark) 등의 결합 요소들이 꼬리에 꼬리를 물고 나타나게 된다.

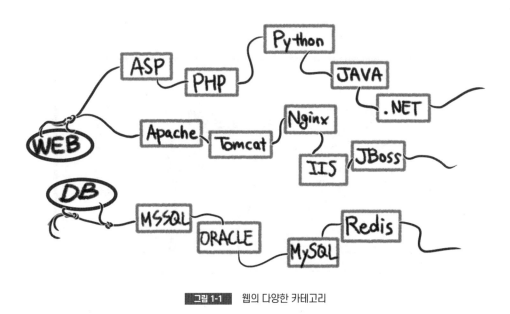

그림 1-1 웹의 다양한 카테고리

더 어려운 부분은 위의 항목들이 멈춰 있는 것이 아니라 끊임없이 버전업되면서 레거시 시스템을 연이어 남겨놓는다는 점이다. 또한 근래에는 모든 분야에서 빅데이터와 머신러닝 등의 데이터 분석 영역이 빠진 경우가 없으며, 현대의 빠른 기술 변화에 맞춰서 새롭게 보안이 필요해지는 영역과 언어들이 계속 쏟아져 나오고 있다는 사실이다. 나아가 좀 더 넓게 현실적으로 보게 되면 IT 기술의 범위를 벗어나서 물리적 공간이나, 작업 및 관리 프로세스, 구성원의 심리적인 부분 또한 보안에 관련된다.

다른 측면에서 보안을 어려운 분야로 생각하게 만드는 부분 중 하나는 보안을 바라보는 시각이 모의 해킹이라는 매력적이고 강렬한 공격적 측면과 자격증이라는 프로세스 및 형식적인 측면에 중심이 많이 치우쳐 있다는 것이다. 보안에 관한 지식을 몸을 건강하게 해주는 다양한 기초 운동들의 구성이라 본다면, 모의 해킹은 프로 격투기 선수의 시합과 같다고 할 수 있다. 모의 해킹은 시스템을 구성하는 모든 기술에 대한 균형 있고 체계적인 검증을 통해서, 안전한 설계가 이루어졌는지를 확인하는 활동이다. 하지만 모의 해킹 기법 책에서 이야기하는 수많은 백과사전 방식의 기법을 익혀서 분석 대상을 점검한 후, 발견한 취약점의 여부에 따라 대상이 위험하거나 안전하다고 판단하는 것은 사실 그렇게 큰 의미는 없어 보인다.

그림 1-2   보안에 대한 지식 vs 모의 해킹

중요한 점은 그러한 기법들을 보안 쪽에서 정리하고 권장하게 된 배경과 점검하려는 대상에 대해 기술적으로 정확하게 이해하여, 적절한 기법을 적용한 다음 검증하는 부분인 듯하다. 그렇게 되면 테스팅의 영역으로 들어가게 되며, 해당 영역에서 대상이 (충분히) 문제가 없다는 것을 증명하기는 무척 어려운 일이 된다.

자격증 또한 해당 분야를 마스터(사실 사람 자체가 불완전하며, 모든 분야에서 대부분의 개개인은 역사를 스쳐가는 디딤돌 같은 역할이므로, 어떤 분야를 마스터했다는 말은 신기루 같기도 하지만)한 전문가를 보면서 행동을 따라하는 것과 비슷하다고 본다. 자격증 책에 나오는 얘기들은 현실의 많은 보안 지식을 모아 전문가들이 정리하고 체계화한 지식 형태에 불과하다고 여긴다. 해당 지식 체계가 보안의 전체적인 모습을 정리하고, 체계적인 접근을 하게 해주는 것은 부정할 수 없는 사실이나, 해당 지식 안에는 현실을 객관화한 지식은 있지만 현실 자체는 사라져 버린 경우가 많다.

그림 1-3   비법서

지식은 그 자체로는 무언가를 가리키는 손가락이다. 손가락이 가리키는 곳을 봐야 의미가 있지, 손가락 자체를 아무리 살펴봐도 의미는 없다고 생각한다. 물론 자격증 서적 내용의 암기보다는 그러한 내용이 나오게 된 근거인 참고 서적 및 관련 링크들에 대해 포괄적인 이해를 한다면 다르겠지만, 시험 공부만을 위해서도 외우거나 이해해야 할 내용이 상당하기에 그런 부분까지 차분하고 깊게 읽는 사람은 드물 것이라고 본다. 또한 그런 하나 하나의 깊은 히스토리를 가진 내용들이 한 번 읽는다고 바로 이해되는 내용들도 아니고 말이다. 훌륭한 전문가의 행동을 따라하는 것보다는 그 행동을 가능하게 한 마음의 흐름을 이해해야, 해당 전문가의 노하우의 그림자라도 익힐 수 있게 되지 않을까 싶다.

그림 1-4   달을 가리키는 손가락

2. 보안이 어렵게 느껴지는 이유

어떤 것을 잘 배우려면, 먼저 어떤 것을 모르는지를 명확히 알아야 하는 아이러니가 있다(구글에서 "5 orders of ignorance"라는 글을 찾아 읽어 보길 추천한다). 보안이 어떤 분야인지에 대해서 많은 사람이 서로 다른 정의를 가지고 접근하겠지만, 개인적인 관점에서 가장 중심이 되는 부분은 데이터의 흐름을 따라가는 것이라고 본다.

데이터의 측면으로 한정해 보면 개발은 데이터가 설계된 길로 잘 흐르게 하는 일이고, 테스팅은 데이터가 주어진 길로 제대로 가는지에 대해 증명하는 일이며, 보안은 데이터가 주어진 길에서 납치나 회유되지는 않는지 증명하는 일이라고 할 수 있다. 또한 보안은 일반적인 프로그래밍이나 테스팅 관점을 벗어나 일상이나 시스템 바깥의 물리적, 프로세스적 환경의 관리까지 고려하므로 조금 더 범위가 넓어지게 된다.

그림 1-5   데이터를 따라가는 직업

그렇다면, 데이터의 흐름을 따라가려면 어떻게 해야 할까? 그러기 위해서는 데이터가 보이거나, 지나가거나, 처리되거나, 저장되거나, 사라지는 모든 영역을 잘 이해해야만 한다(개인정보 분야에서 얘기하는 개인정보의 라이프사이클과 비슷하다고 보면 된다). 컴퓨터 안의 CPU와 레지스터부터, 메모리, 디스크 내의 0과 1의 형태로 저장된 바이너리 데이터, 운영체제, 프로세스, 프레임워크, 응용 프로그램, 웹 서버, 네트워크, 서버, 관리프로그램, 사용자 프로그램, 사용자, 외부 장치, 업무 프로세스, 또는 비밀번호를 기억하고 있는 고객에 이르기까지의 모든 영역이 대상이다. 결론부터 말하자면, 앞의 많은 기술 요소를 이해해야만 보안을 잘 할 수 있는 것이 아니다. 거꾸로 보안을 잘하기 위해서 데이터와 그 흐름을 이해하고 적절히 보호하기 위한 기술들을 익혀야 하는 것이고, 이는 선택의 여지가 없다고 본다.

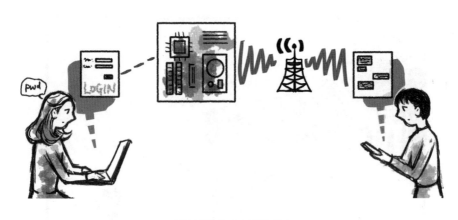

그림 1-6　데이터의 흐름

이러한 끝이 잘 보이지 않는 넓은 영역의 기술 범위들은 프로그래밍에서의 배경지식과 비슷하다. 보안의 원리 자체가 어려운 게 아니라(쉽다는 의미가 아니고, "배경지식을 잘 안다면 생각보다는 어렵지 않을 수 있다"라는 의미이다. 반대로, 배경지식을 모르면 실제보다 과도하게 어려워 보인다) 배경지식의 균형 있는 습득이 어려우며, 프로그래밍 분야에서의 게임 프로그래밍의 위치와 비슷하게 IT 쪽의 종합 예술 영역 같은 성격을 가지고 있다고 생각한다. 그래서 보안은 데이터를 제대로 보고 흐름을 따라가기 위해서 많은 배경지식이 필요하다. 프로그래밍도 그러한 배경지식 중 하나이고, 모든 분야가 마찬가지이겠지만 모르는 분야나 새로운 기술을 계속 따라가야 하는 어려움도 존재하게 된다.

예를 들어, 보안을 공격의 관점으로 봤을 때 아주 뛰어난 도둑이 있다고 가정해보자. 해당 도둑은 사회공학적 기법을 이용해 사람들을 속여 정보를 얻고, 원하는 행동을 하게 하는 것도 능숙하고, 담을 타거나 빠르게 이동하기 위한 신체능력도 뛰어나며, 일반 자물쇠나 생체 인식 등과 같은 현존하는 모든 자물쇠의 이해에 능통해 다양한 기법들을 이용하여 원하는 목표를 놓친 적이 없다고 하자. 그런데 어느 날 열쇠의 주인이 아니면 절대 풀 수 없다는 양자역학을 이용한 자물쇠(그런 어려운 개념이 생겼다고 가정해보자)가 발명되면서, 중요한 보물들을 해당 자물쇠로 보호할 수 있게 되었다. 도둑이 계속 목표를 달성하려면 어떻게 해야 될까? 해당 양자역학적 자물쇠를 이해하여 파헤칠 수 있는 방법을 찾는 수밖에 없다. 영화 〈미션 임파서블〉을 떠올리면 된다. 물론 영화처럼 어떤 자물쇠로 잠겼는지에 상관없이 사람이나 환경을 이용하여 사회공학적 기법으로 풀 수도 있긴 하다. 기술은 기술을 운영하는 사람의 총명함과 침착함에 비례해 효과가 있으니 말이다.

그림 1-7 양자역학 자물쇠의 출현

또는 반대로 여러분이 자물쇠가 얼마나 안전한지 확인하는 보안 전문가이고, 해당 양자역학적 자물쇠의 사용을 검토하는 고객으로부터 해당 자물쇠가 충분히 안전한지 검증해달라는 요청을 받았다고 해보자. 새로운 자물쇠의 안전을 검증하려면 해당 자물쇠의 원리를 우선 이해해야만 한다. 물론 해당 자물쇠를 이해 못한다고 기존의 뛰어난 도둑(악의적인 해커)이 뛰어나지 않게 되는 것은 아니고(아직은 세상에 레거시 자물쇠로 보호된 보물들도 얼마든지 있을 것이기에), 뛰어난 보안 전문가가 갑자기 전문가가 아니게 되는 것도 아니다. 하지만 해당 분야에서 전문가 명성을 계속 유지하기 위해서는 새롭게 나타난 중요한 기술들을 계속적으로 이해하여, 자신이 기존 체계로부터 터득해 이해하고 있는 패턴을 적용하여 공략점을 찾거나, 외부의 공격에 안전한 설계인지를 증명하지 않으면 안 된다.

현실의 보안 영역에서 윈도우 보안의 전문가인 당신이 리눅스, iOS, 안드로이드의 보안에 대해 확인하고, 적절한 가이드를 제시하려면 해당 OS 환경과 프로그램의 동작 원리를 잘 이해하는 수밖에 없다. 갑자기 그렇게 해야 하는 게 얼마나 어려운지는 그러한 상황에 놓여봤던 사람은 잘 알 것이다. 마찬가지로 새로운 데이터베이스, 프레임워크나 빅데이터 기술에 대한 보안을 확인하려면 해당 분야를 잘 이해할 수밖에 없다. 물론 관련 영역에 대한 스캐너와 같은 여러 솔루션을 사용해서 해결하는 방법도 있겠지만, 해당 원리와 무슨 일을 왜 수행하는지 정확히 모르는 블랙박스 형태의 툴에만 의존하는 것은 보안 업무를 하는 사람으로서는 너무 순진하고 무책임한 행위라고 본다. 물론 다른 유사한 분야에 대한 풍부한 이해는 새로운 분야에 대해서도 비슷한 패턴으로 적용될 가능성이 높지만, 그것은 새로운 분야를 제대로 이해하고 난 후에 완전하게 시너지를 발휘할 수 있는 능력일 것이다. 아울러 대상의 빠른 이해에 상당 부분 도움이 된다고 본다. 새로운 분야에서 데이터가 어떻게 흘러가는지를 확실히 이해할 수 없다면, 잘 아는 척하지 않는 이상은 기존에 익힌 보안에 대한 패턴들을 어디에 적용할지 모르는 채 손가락만 빨 수 있다.

보안은 언제나 사실에 기반한 마술과 비슷하다. 취약점은 이해하기 어렵거나 신비로울 수는 있지만, 항상 사실(코드나 설계)에 기반한 것임은 분명하다. 그래야 방어도 가능하게 된다. 보안 취약점은 기술의 빈 틈을 파고 들어가는 것이며, 기술 자체의 안전한 구성원으로 위장하여 들어가 해당 기술 자체나 데이터베이스 등 기술이 접근하는 외부 대상에 영향을 미치는 것을 의미한다.

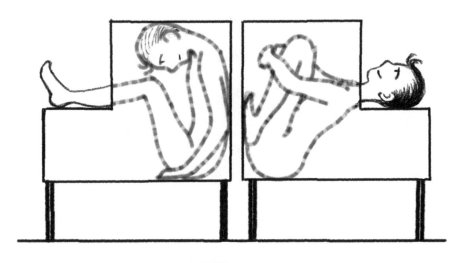

그림 1-8 마술의 원리

이를테면, 웹 보안에서 가장 흔하게 나오는 SQL 인젝션(SQL Injection) 같은 부분은 만약 여러분이 여러 가지 데이터베이스의 명령어나 관리 기술에 두루 능통하다면, 정말 빠르게 공격과 방어에 대한 원리를 이해할 수 있다(누워서 떡 먹기라고 말하고 싶다). 그런데 만약 데이터베이스를 모르는 상태에서 SQL 인젝션을 이해하려 한다면, 보안 자체의 측면보다는 데이터베이스와 SQL 문장에 대한 이해의 늪에 빠져서 시간도 많이 걸리고, 불완전하고 단편적인 사실만 이해하고 넘어갈 가능성이 높다. 그리고 이런 경험을 한번 하게 된다면, 당연히 보안이 무척 어려운 분야라는 오해를 하게 될 것이다.

비슷하게 자바스크립트를 기반으로 한 크로스 사이트 스크립팅(XSS) 같은 취약점 패턴 등도 자바스크립트를 얼마나 잘 이해하고 있는가에 따라 이해의 난이도와 깊이가 달려있고, 커맨드 인젝션이나 XML 인젝션 등도 얼마나 시스템 명령어나 프로그램의 내부 구조 및 취약점과 연관된 메서드들, XML 구조를 잘 이해하는가에 따라 중요 포인트가 있다. 물론, 특정 취약점은 프로그램의 여러 다른 구성 요소들을 거치면서 효과가 증폭되거나 경감되는 부분도 있기 때문에 하나의 기술 패턴으로만 단순화하기란 쉽지 않다. 해당 부분에 대한 이해가 충분하다면 보안이라는 패턴을 적용해 어떻게 해당 기술이 악용되고, 방지할 수 있는지를 쉽게 이해할 수 있게 된다. 나아가 그 방어 방식의 한계 및 제약과 한계에 따른 리스크를 다른 수단으로 보완하여 경감해야 된다는 사실도 인지할 수 있게 된다. 해킹이 시스템을 속이는 것이라 얘기되지만, 그 앞에는 사실 시스템을 '잘 이해하고' 속이는 것이라는 중요한 말이 숨어 있다고 생각한다.

이제 이러한 이해를 바탕으로 (기술적인) 보안 공부를 다음과 같이 정의해 보도록 하겠다. "데이터의 흐름을 이해하기 위해 데이터가 흘러가는 공간들을 구성하고 있는 기술이나 배경에 대해서 이해하는 과정". 이 책에서는 데이터의 흐름을 이해하기 위해 이용되는 여러 가지 관점과 방법을 소개하고자 한다.

3. 보안의 공격과 방어 측면의 차이

조심스럽긴 하지만 애플리케이션 보안 부분에서 흔한 오해 중 하나는, 해당 활동의 중심을 모의 해킹 같은 특수한 기술을 보유한 인력이 특수한 절차를 밟아서 획득할 수 있는 완전한 검증으로 생각한다는 것이다. 그러나 해당 부분은 표면적인 효과 이외에 생각할 점이 많다.

우선, 수행하는 사람의 능력에 많이 좌우된다. 보안 분야도 개발 및 테스팅과 비슷하게 사람마다 접근하는 전략과 효율성의 차이가 많이 나고, 기술 및 도메인에 대한 이해도도 다르며, 그 차이가 외부에서 볼 때 한눈에 구분되긴 힘들다고 본다. 인력이나 도메인에 많은 영향을 받아 적절한 기술셋을 가진 사람이 적절한 분야를 점검하는지도 중요하고, 어떤 언어나 개발프로세스를 거쳐 만든 도메인을 만나는지에 대한 운도 작용하는 것 같다. 또한 점검 후 해당 영역에서 실제 사고가 나거나 능력이 비슷하거나 더 상위 수준(또는 비슷하지만 시간에 쫓기지 않은 한가한)의 인력이 충분한 시간을 가지고 크로스 체크하기 전에는 점검의 효과를 증명하기 어려운 경우도 있다고 본다. 이해한 만큼만 점검이 가능하기에 수행자가 대상을 이해한 깊이에 의해서도 많은 차이가 나고, 일반적으로 리소스나 범위 등(결국 돈과 시간이다)의 여러 가지 사유로 블랙박스나 그레이박스 기반의 제한된 시간 프레임 내에서 검토가 진행되어, 구성되어 있는 자원이나 프로그램 소스에 대한 완전한 커버리지를 가지긴 힘든 경우도 많은 듯하다.

그림 1-9 완벽함의 실체

그리고 대부분의 경우, 증명보다는 공격 시나리오 기반으로 진행되기에 해당 시나리오를 벗어난 전체적인 보안성 측면에 대해서 보장(Assurance)하지는 못한다고 보는게 맞을 것 같다. 가장 불행한 일 가운데 하나는 점검한 소스나 환경은 항상 변하기 때문에 해당 점검 시점 후 시간이 지나면, 다시 코드의 안전함을 100% 보장하지 못한다는 사실이다(개발자 중 한 명이 모의 해킹이 완료된 후의 코드 베이스에 취약한 코드를 하나

넣었다면 어떻게 될까?). 물론 배포 전 보안 코드 리뷰 등으로 보호될 수 있고, 보통 시스템 설계에 밀접하게 연관되어 있는 보안 설계라는 것이 그렇게 쉽게 변경되는 요소는 아니긴 하지만, 역으로 일어나지 않는다고도 확신할 수 없다.

또한 시스템이 기초적인 보안 설계가 전혀 안 되어 있다면 중요한 취약점들을 다수 발견할 수는 있겠지만, 해당 취약점에 대부분의 시간을 쏟고 진행이 막히게 되어 더 미묘한 내부를 들여다보지 못 할 수도 있다. 물론 중요한 기본 취약점들을 찾았다는 의미는 있긴 하지만, 해당 취약점들에 진행이 막혀 깊이 있는 취약점은 찾지 못 할 수 있다. 테스트로 비교하자면 기본적인 기능의 동작도 제대로 안 되어, 중요도가 높은 P1 버그를 잔뜩 올렸지만 해당 버그가 테스터의 앞길을 꽉 막아서 깊이 있는 테스트를 하지 못하는 것과 비슷하다고 보면 된다.

그래서 모의 해킹을 받았는데 엄청 중요한 취약점을 많이 발견해서 효율이 좋다고 뿌듯해하는 일은 참 어리석은 듯하다. 시스템이 폭탄 더미를 안고 있다는 증거이기 때문이다. 해당 경우는 모의 해킹을 진행하는 게 아니라 시스템이나 프로세스를 다시 설계하는 것이 더 바람직할지도 모르는 상황이 아닐까 한다. 분명히 모의 해킹은 보안 쪽에서 중요한 요소이기도 하고, 수술에 꼭 필요한 잘 드는 메스이기는 하지만 개발 쪽에서 얘기되는 것과 마찬가지로 역시 은총알은 못되기 때문에 시스템의 상태나 다른 검증 도구들과 전문가의 판단에 의해 잘 조합하여 사용해야 효과가 큰 것 같다.

결론적으로 모의 해킹은 학창시절 공부를 열심히 하고 치르는 수능 같은 평가 활동이라고 생각한다. 테스팅을 아무리 하더라도 최초부터 없는 품질을 집어넣을 수는 없는 것과 마찬가지로(콩 심은 데 콩 난다는 만고의 진리), 모의 해킹으로 처음부터 코드에 들어 있지 않은 안전한 보안 품질을 넣을 수는 없다. 그런 믿음은 이미 다 지어진 집에서 발견된 균열들을 급하게 메우면서 집이 안전하길 바라는 것과 비슷하다. 사실 설계의 과정에서 뭔가 어긋나서 생긴 문제임에도 말이다.

그림 1-10 설계가 잘못된 집의 균열 메우기

모의 해킹은 애플리케이션 보안에 대한 사람들의 오랜 시각과 기술적 노하우, 취약점에 대한 개인의 통찰과 경험들이 집성된 평가 체계라고 생각하지만, 역으로 그런 기본 역량을 충분히 갖춘 사람들이 충분한 시간과 정보로 평가해야만 만족할 만한 의미가 있다는 것을 잊으면 안 된다(물론 감사 등 절차적인 면죄부의 역할을 일부 하기는 한다). 보안적 품질이라는 것은 시험을 보기 전에 한참 꾸준히 해왔던 공부와 같이 여러 요구사항의 수집에서 시작하여 안전한 설계, 개발 과정 중에 이루어지는 여러 관점의 보안적 리뷰와 검토에서 생기는 것이라고 보는 편이 좀 더 근본적일 것이다. 반대로 너무 절차 및 프로세스에 의존하는 행위 또한 개인의 개성과 창의성을 저하시켜 기계적으로 수행될 위험이 있기 때문에 바람직하지는 않다고 보며, 두 가지 균형점을 적절히 맞추는 것이 관련 전문가들이 해야 될 일이 아닌가 싶다.

그렇다면 해킹, 모의 해킹과 같은 공격과 시큐어 코딩(Secure Coding)과 같은 방어의 차이는 무엇일까? 우선 둘의 공통점은 공격하고자 하는 대상과 방어하고자 하는 대상이 앞서 이야기한 데이터라는 것이다. 게다가 요즘은 데이터는 바로 돈과 연결되는 경우가 많다. 이 둘의 차이점은 무협 소설에 나오듯 빠른 검(펜싱을 생각해도 된다)과 느린 도의 대결과 비슷하다고 본다. 공격은 시스템의 빈틈을 노리고 방어가 허술한 부분을 찾으려고 계속 변화하면서 다양하게 들어오는 반면, 방어는 기본기에 충실하며 느리지만 핵심을 지키면서(靜中動) 공격으로 들어온 외부 코드들을 무용지물로 만드는 정책을 쓴다고 본다.

그림 1-11　보안에서의 공격과 방어

그러면, 느리지만 핵심을 방어하는 도에 해당하는 코드로 상상하면 어떻게 될까? 한 측면의 예는 다음과 같이 외부로부터 입력된 값에 의해서 영향을 받을 가능성이 있는 내부 변수의 타입과 범위를 확인하는 코드가 아닐까 싶다. 정확한 변수 타입과 변수의 범위를 제한하게 되면, 다음과 같은 숫자를 담는 변수에 대한 코드에 경우에는 어떠한 해킹 대가의 인젝션 시도에도 안전한 코드가 된다.

```python
data_from_external = ["union all blah blah --", 1, 11]


def check_safe_number(data):
    if isinstance(data, int):
        if 0 < data <= 10:
            print("안전한 변수")
        else:
            print("숫자 범위가 벗어났음")
    else:
        print("숫자가 아님")


for data in data_from_external:
    check_safe_number(data)
```

코드 보기　　data_from_external.py

해당 방어 코드를 모르는 공격자는 공격을 위해서 다양한 데이터를 넣어보려고 시도할 것이고, 똑똑한 공격자는 몇 가지 시도를 한 후 금방 확실하게 막혀 있다는 걸 알아채고 시간 낭비 없이 다른 취약한 변수나 코드들을 찾아 다니게 될 것이다.

해당 코드를 C:\Python\security 폴더에 data_from_external.py 이름으로 저장한다. 파이썬 코드의 실행을 모를 경우 부록의 실행 방법을 살펴보자.

```
C:\Python\security>python data_from_external.py
숫자가 아님
안전한 변수
숫자 범위가 벗어났음
```

마지막으로, 공격의 대표적인 방식인 모의 해킹의 기법을 이해해야만 코드의 방어를 어떻게 해야 할지 제대로 알 수 있다는 점을 짚고 넘어간다. 해당 부분은 맞는 말이라고 생각하지만, 좀 더 다른 측면에서 생각해 볼 필요가 있다고 본다.

방어 측면에서의 모의 해킹에 대한 이해는 모의 해킹에서 사용하는 기법이나 다양한 툴의 원리와 사용의 이해의 측면보다는, 해당 공격으로 일어나는 데이터들의 패턴에 초점을 맞춘다는 것이 맞을 듯싶다. 앞서 이야기했듯, 다양해 보이는 공격이나 툴의 사용은 결국 방어가 허술한 부분을 찾아내기 위해 수행하는 노력이다. 아이러니하게도 공격이 그렇게 화려해 보이는 이유 중 하나는 데이터가 어떻게 흐르는지 정확히 볼 수 없기 때문이다. 예를 들어 클라이언트, 서버 양쪽의 프로그래밍 소스를 모두 볼 수 있다면 블랙박스 방식의 공격의 효율은 엄청 낮아진다.

어차피 방어 측면에서는 공격과 같이 현란한 데이터의 변경으로 맞설 수는 없으므로 (물론 OS 측면에서 공격이 어렵도록 실행 파일이 로드되는 메모리 번지를 지속적으로 변경하거나, 보안 솔루션 등에서 데이터를 기반으로 비 정상적인 통계 패턴을 계속 추적하는 등의 방법은 다이내믹한 방어로 볼 수 있긴 하겠다), 일반적으로는 공격의 원리에 대치되는 설계로 대응할 수밖에 없다. 디펜스 게임에서 다양한 스킬들을 가진 공격 유닛에 대한 방어는 해당 유닛의 특성에 상응하는 방어 건물의 배치로 이루어지는 것과 비슷하다고 본다. 그 방어 건물들의 패턴이 개발자들에게 소개하는 "시큐어 코딩 가이드" 같은 것이라 생각하면 된다.

그림 1-12 공격에 따른 방어 패턴

물론, 모의 해킹이나 방어나 걸어가는 길은 결국 같다고 보기에 공격 측면에서 시스템의 미묘한 부분까지 잘 이해한다면 분명 더 좋은 방어를 할 것이다. 다만 공격을 잘하는 사람이 방어에 대해서 동시에 잘 이해하는 것이 그렇게 노력 없이 자연스럽게 습득되는 것은 아니며(무언가를 잘 아는 사람이 타인에게는 잘 설명을 못하는 것과 비슷하다. 물론 그런 불균형을 가진 사람이 정말 잘 알고 있는지에 대해서는 생각을 해 볼 문제이긴 하지만 말이다), 사람이 특정 영역의 공부에 쏟을 수 있는 시간은 생각보다 많지는 않기 때문에 어느 정도는 자신의 기술 포인트를 어디에 투자할지를 선택해야 하는 측면도 있다고 본다. 게임의 스킬 포인트 분배는 어찌 보면 아주 현실적이다. 다만, 이러한 가정은 루틴한 모의 해킹을 넘어서 기술 도메인 자체를 살펴보며 취약점을 연구하는 사람들에게는 해당되지 않을 거라는 여지는 남기려 한다.

마지막으로, 또 다른 이유를 보태자면 보안에 대한 분야는 사실 너무 넓은 분야이고, 넓게 보면 모든 환경 자체가 사실 보안과 연관이 있고 그 안에 서식하고 있는 많은 요소도 계속 살아있는 생태계처럼 변하고 있기 때문이다. 모든 분야가 마찬가지이지만 지금 해당 영역에서 완벽하더라도 앞으로 계속 따라가려면 해야 할 공부가 너무 많다. 그래서 실제로 겉으로 보기엔 완벽해 보이는 사람들도, 좀 더 자세히 들여다보면 생각보다는 완벽하지 못한 경우가 많다. 물론 세상과 시간을 압축해 사는 일부 천재들은 예외로 하는 게 맞겠지만 말이다.

보안을
이해하기
위한
중심 개념

PART
2

Chapter 01

암호화와 복호화

이번 챕터에서는 보안에서 거의 필수라고 할 수 있는 몇 가지 종류의 암호화와 복호화에 대해 다뤄보고자 한다. 좀 더 구체적으로, 각 암-복호화 요소들을 어떻게 바라보는게 좋고 어떤 방식으로 쓰이고 있으며 어떤 미묘한 측면들을 가지고 있는지에 대해서 이야기하겠다.

1. 암호화의 여러 종류

암호화는 현실과 비교하자면 우리가 주민등록증을 가지고 다닐 때 남들이 볼 수 있도록 손바닥 위에 올리고 다니지 않고, 지갑에 넣은 후 주머니에 넣거나 가방에 넣어 가지고 다니는 것과 비슷하다고 볼 수 있다. 보통의 사람들은(초능력자가 있다면 모르겠지만) 투시할 수 있는 능력이 없기 때문에 남에게 보이지 않고 안전하게 다닐 수 있다.

과거의 암호들은 셜록 홈즈 소설에서 나오는 그림 암호 같이 자신이나 소수의 사람들만 아는 숨겨진 특정 규칙에 의해서 문자를 뒤섞거나 매칭하고 있어서, 그 숨겨진 규칙이 암호화 기법 자체가 되는 방식이었다. 하지만 현재에는 수학 공식을 이용하여 계산 방식은 모두 공개하고, 역산하기 힘든 중요한 변수 값을 감추어 풀기가 어렵게 만드는 수학적 문제로 바뀌게 되었다고 본다.

그림 2-1-1 규칙이 숨겨진 암호

암호화 방식이 그렇게 된 이유 중의 하나는 아마도 컴퓨터에 저장한 데이터들이 결국은 0과 1의 숫자 형태로 저장되어 있기 때문인 듯하다. 저장된 수를 적당히 잘라서(블록화) 뒤섞거나, 암호 키와 연산(궁극적으로 문자 코드는 컴퓨터 내부에서 숫자이며, 실행이 되는 exe 파일도 디스크 상의 저장된 형태를 기반으로는 무척 큰 이진수나 블록으로 잘라진 작은 이진수 묶음들에 불과하다)하여 의미가 없어 보이는 다른 숫자의 형태로 만들 수 있게 되었기 때문이라고 생각한다. 결국 그러한 숫자를 뒤섞는 수학적 로직들이 AES, DES, RSA, SHA(해시) 등 이름의 암호화 알고리즘이라고 불린다.

학문적 정의와는 조금 다르겠지만 직관적인 설명을 위해 암호화를 치환 및 이동, 대칭키 암호화, 비대칭키 암호화, 단방향 암호화, 제3자 인증 형태의 다섯 가지로 나누어 설명한다.

1.1 치환 및 이동

치환과 이동은 셜록 홈즈의 그림 암호같이 다른 매칭되는 매체들(예를 들어 이미지)과 연관되거나, 문자나 비트 등을 특정한 규칙에 의해 교환하거나 뒤섞어 만드는 방식을 얘기한다. 기술적으로 보자면 방식이 훤히 공개된 프로그래밍에서 사용되는 베이스 64(Base64) 인코딩이나, HTML 인코딩, URL 인코딩 등이 그러한 타입과 등가라고 볼 수 있다(그리고 이러한 방식을 안전한 암호화 방식이라고 오해하고 있는 개발자들을 종종 만날 수 있다).

1.2 대칭키 암호화

대칭키 암호화는 엑셀이나 ZIP 파일에 암호를 걸 때 "1234"를 입력해 암호를 걸었다면, 해당 문서나 ZIP 파일을 열 때 같은 암호인 "1234"를 넣어야 되는 것과 마찬가지로 암호화 키와 복호화 키가 같은 타입이다. 자물쇠를 잠근 열쇠로 다시 여는 현실의 열쇠-자물쇠와 가장 비슷한 개념이 아닐까 싶다. DES나 AES 같은 대칭키 암호화 알고리즘이 이러한 타입이다.

그림 2-1-2 열쇠와 자물쇠

1.3 비대칭키 암호화

비대칭키 암호화는 우리가 계약서에 날인할 때, 인감도장을 두 장의 계약서 사이에 찍어 2개가 동일한 계약임을 보장하는 간인(間印)과 비슷하다고 봐도 될 듯하다. 한 쪽 계약서에 찍힌 반쪽의 도장은 다른 한쪽의 계약서에 찍힌 도장과 합쳐 하나의 완전한 도장 모양이 되어, 2개의 계약서가 상호 서로 유효하다는 것을 증명하게 된다. 보통 양쪽 당사자의 도장을 다 찍기 때문에 상호 증명이 된다. 이러한 쌍이 되는 키를 수학적

그림 2-1-3 간인으로 보호되는 계약서

으로 구현한 것이 RSA나 ECC라고 불리는 공개키, 개인키를 가지는 비대칭키 암호화 알고리즘이다. 신화에 나오듯이 아버지와 아들이 서로 나무를 쪼개서 증표로 나눠 가지는 것과 비슷하다고 봐도 될 것 같다.

1.4 단방향 암호화 - 해시

단방향 암호화는 프로그래밍을 공부하다 보면 가끔 나오게 되는 해시 함수이다(파이썬 딕셔너리가 해시구조를 사용한다고 한다). 해시 함수는 비유하자면, 사람이 지닌 지문이나 홍채와 비슷하다. 지문 또는 홍채가 해당 개인 자체는 아니지만, 개인만의 고유한 특징을 소유하여 한 개인의 신원을 증명할 수 있는 것처럼 컴퓨터에 저장된 특정한 문장, 파일, 숫자에 대해 앞서 이야기했듯, 내부적으로는 결국 숫자로 이루어져 있기 때문에 수학적 연산을 통해서 일정한 길이를 가진 고유의 숫자를 만들어 내게 된다.

최종적으로 만들어진 값은 우리가 발급받은 주민번호와 같아서, 극히 드문 경우가 아니라면 현실적으로는 겹치지 않는다. 해당 부분은 홍채나 지문도 마찬가지이다. 실제 우리가 입력한 홍채, 지문, 패스워드 등의 정보 또한 숫자 형태로 디지털화된 후, 보통 해시 함수를 통해서 고유 값으로 변환되어 데이터베이스나 OS에서 관리하는 비밀 장소에 저장하여 사용될 것이다.

그림 2-1-4 고유성을 나타내는 해시

1.5 제3자 인증 형태

마지막으로, 제3자 인증 형태는 일반적인 관점에서 암호화의 한 종류라고 할 수는 없지만 암호화의 응용과 밀접히 연결되어 있으므로 연관하여 같이 설명하려고 한다. 제3자 인증 형태는 신원의 증명을 위해서 외부의 기관, 장치, 서버 등을 신뢰하는 것을 말한다. 현실로 따지면 계약 시 동사무소에서 발급받은 인감증명서에 의해 계약이 효력이 생기는 것처럼 신뢰할 수 있는 3자를 믿는 것이다. 물론 해당 부분은 국가와 비슷하게 내부의 구성원들이 약속이나 이익, 법률 등에 기반해 신뢰하는 것과 마찬가지로 절대적인 것은 아니다. 다만 믿지 않으면 현실적으로 개인이 살아갈 수 없거나, 많은 공식적인 기관이나 사람이 동의하고 있는 것이기에 믿는 것이라고 볼 수 있다. 우리가 현실의 돈이나 게임 내의 아이템, 비트코인 등을 교환 가능한 가치로 인정하듯이 말이다.

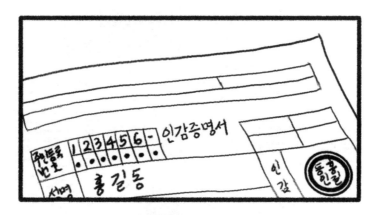

그림 2-1-5 인감증명서

이러한 부분들은 응용적 측면이 강하기 때문에 앞서 네 가지 타입의 암호화와 같이 연결되어 사용된다. 공개키-개인키를 이용한 전자서명의 기반이 되는 인증서의 존재를 특정한 상위 기관이 보증하는 일도 있고, 휴대폰이나 ARS 인증 같은 소유 기반의 인증이나 OTP와 같은 소유와 서버 사이드 인증이 동시에 이루어지는 경우도 있으며, 마찬가지로 패스워드나 토큰 기반의 인증도 서버 기반의 인증이라고 볼 수 있다. 꼭 서버가 아니더라도 모바일 폰에서 특정 횟수를 넘겨 패스워드 오류가 발생하면, 폰을 잠가 버리는 행위도 OS 제조사의 보안 정책을 믿는 제3자 인증 형태가 일부 차용된 것이라고 볼 수 있다.

왜 순수한 암호화에 대한 챕터에서 엉뚱한 제3자 인증을 끼워 넣느냐고 생각할 수도 있지만, 암호화라는 것은 키 측면에서 보면 해당 키를 가진 사람만이 암호화된 정보에 접근할 수 있는 인증 및 사인의 개념도 포함되고 있기 때문이다. 마치 바위에 깊이 박혀 있는 엑스칼리버를 아서 왕만이 뽑을 수 있는 것처럼 말이다. 그래서 여러 인증에

그림 2-1-6 바위에 꽂힌 엑스칼리버

서 사용하는 서버 쪽만이 알고 있는 특별한 검증 정보 및 인증 로직은 암호화 알고리즘과 비슷한 측면이 있다. 암호와의 응용 측면까지 포함하려 생각하다 보니 해당 개념을 빼다면 단지 사전적인 나열식 설명이 될 것 같아서 포함하게 되었다.

이제, 각 요소들에 대해서 하나씩 자세히 들여다보도록 하겠다.

2. 치환 및 이동

과거에는 치환 및 이동 암호화가 사람의 지능으로 풀기 불가능했던 암호화일지 모르지만, 여러 가지 수학적·과학적 툴, 사람들과의 네트워크, 컴퓨터 프로그래밍이 발달한 현재에는 약점을 쉽게 드러낼 가능성이 높아진 방식이다. 물론 특정 사물이나 영역의 특성과 연관 짓는 등의 특수한 내부집단에서만 공유되는 비전서 성격의 방법도 있을지는 모르겠지만, 보통 키 자체 또는 암호화 로직이 엄청 복잡해지게 되어서 비효율적일 것이다. 예를 들어, 특정 책의 본문 내용과 암호화할 대상을 1대 1로 섞거나 암호화 키를 특정한 사람이 나눠 가지는 등의 방식이 있을 듯싶다. 어찌 보면 요즘은 점점 사라지고 있는 보안 질문도 해당 요소와 비슷할 수 있다(그래서 보안 질문이 점점 사라지는 것일 수도 있다).

종종 보안 쪽의 경험이 적은 개발자들이 이러한 암호 방식이 유효하다고 오해하는 경우가 있다는 것은 생각해 볼 문제이다. 코드 안에서 AES 암호화를 수행해야 될 위치에 베이스64 함수를 이용해 인코딩을 하는 식으로 말이다(또는 쿠키에 베이스64로 인코딩된 인증 쿠키를 숨겨 놓는 등의 설계를 할 수도 있다).

그림 2-1-7 ~~기린의 숨바꼭질~~

2.1 베이스64(Base64)

인코딩은 크게 보통 두 가지 목적으로 사용된다고 보면 될 것 같다. 하나는 유니코드
나 언어별 인코딩 같이 컴퓨터 내의 0과 1의 숫자 묶음을 의미 있는 문자로서 구분하
고자 하는 목적이 있고, 다른 하나는 다양한 기술 스팩 간에 전달되는 데이터의 고유
성격을 유지하기 위해서 한 번 더 포장을 하는 경우인 것 같다. 이를테면, 캡슐에 담겨
장까지 옮겨지는 유산균처럼 말이다.

세상에는 수많은 인코딩이 있지만 몇 가지 보안적 측면에서 자주 보는 인코딩을 본다
면 우선 "베이스64(Base64)"로써, 어떠한 문자라도 웹을 통해 전달할 수 있는 아스키
형태로 변환하는 것을 말한다. 예를 들면 그림 파일을 업로드할 때 바이너리의 내용(이
또한 앞서 이야기했지만, 어차피 특정한 숫자의 연속이다)이 베이스64식으로 인코딩
되어 HTTP 바디에 첨부되어 날라가게 된다.

실제로 베이스64 인코딩을 해보기 위해서 파이썬 샘플을 하나 만들어 보려 한다.

2.1.1 파이썬 모듈 설치

처음으로 플라스크를 실행하는 부분이므로 관련된 모듈을 설치하자.

```
C:\Python\security>pip install flask
Successfully installed Jinja2-3.0.1 MarkupSafe-2.0.1 Werkzeug-2.0.1 click-8.0.1
colorama-0.4.4 flask-2.0.1 itsdangerous-2.0.1
```

2.1.2 베이스64 파이썬 코드 작성

우선 베이스64 인코딩/디코딩을 수행하는 코드가 있다. 라우팅(@app.route) 코드를 보면 encoding이라는 URL 경로에서 동작하며, 셀렉트 박스의 선택에 따라서 볼드체로 된 코드를 사용해 베이스64 인코딩과 디코딩을 수행한다.

```python
from flask import Flask, render_template, request
import base64

# flask 웹 서버를 실행함
app = Flask(__name__)


@app.route("/encoding", methods=["GET", "POST"])
def encoding():
    convert_text = ""
    convert_result = ""
    method_type = "encode"

    if request.method == "POST":
        convert_text = request.form["inputText"]
        method_type = request.form["convert_select"]
```

```
        # 드롭 박스 선택에 따라서 인코딩 디코딩을 수행한다.
    if convert_text:
        if method_type == "encode":
            convert_result = base64.b64encode(
                convert_text.encode('utf-8')).decode('utf-8')
        elif method_type == "decode":
            convert_result = base64.b64decode(
                convert_text.encode('utf-8')).decode('utf-8')

    return render_template("encoding.html", convert_text=convert_text,
                        method_type=method_type, convert_result=convert_result)


# 이 웹서버는 127.0.0.1 주소, 포트 5000번에서 동작하며, 에러를 자세히 표시한다.
if __name__ == "__main__":
    app.run(host='127.0.0.1', port=5000, debug=True)
```

코드 보기   encoding_base64.py

해당 코드를 C:\Python\security 폴더에 encoding_base64.py 이름으로 저장한다. 이제 화면을 표시할 템플릿 파일을 만들어야 한다. 내용을 보면 HTML 인코딩 시연을 위해서 템플릿 쪽에서 변수를 받을 때 "{{convert_result|safe}}" 식으로, 일부러 스크립트 방어동작을 안 하도록 만들었다(해당 부분은 스크립트 문제 쪽에서 자세히 얘기하려 한다). "encoding" 경로로 사용자가 입력한 문자열을 보내고, 결과를 받아서 "result id"의 div 태그에 표시한다.

```
<html>
    <head>
        <style>
            table, td, th {
                border:  1px solid black;
                text-align:  center;
```

```
        }
        table {
            border-collapse:  collapse;
        }
    </style>
    <script src="http://code.jquery.com/jquery-3.6.0.min.js" ></script>
    <script type="text/javascript">
        $(document).ready(function(){
            var search_text;
            convert_text = "{{convert_text¦safe}}";
            convert_result = "{{convert_result¦safe}}";
            method_type = "{{method_type}}";
            $("#inputText").val(convert_text);
            $("#convert_select").val(method_type).prop("selected", true);
            $("#result").html(convert_result);
        });
    </script>
    <title>Enc/Dec</title>
</head>
<body>
    <form id = "convertText" action = "encoding" method = "post">
        <fieldset>
            <legend>암호화 실습</legend>
            <select name="convert_select" id="convert_select">
                <option value="encode">인코드</option>
                <option value="decode">디코드</option>
            </select>
             
            변환 대상:
            <input type="text" id="inputText" name="inputText">
            <input type="submit" name="button"  value="변환">
        </fieldset>
    </form>


    <h4>변환 결과</h4>
```

```
        <hr>
        <div id ="result"> </div>


    </body>
</html>
```

encoding.html

해당 코드를 C:\Python\security\templates 폴더에 encoding.html 이름으로 저장한다.
templates 폴더가 없으면 생성하자.

2.1.3 베이스64 인코딩-디코딩 해보기

웹 서버를 시작한다.

```
C:\Python\security>python encoding_base64.py
 * Running on http://127.0.0.1:5000/ (Press Ctrl+C to quit)
```

이 책에서는 크롬 브라우저를 사용하려고 한다. 브라우저에서 http://127.0.0.1:5000/
encoding 주소로 이동하여 "인코드"를 선택하고, 이후 변환 대상에 "hello"라고 입력 후
변환 버튼을 누른다. 그러면 hello 문자열이 베이스64로 인코딩된 결과가 나온다.

반대로 결과로 나온 "aGVsbG8="을 변환 대상에 넣고 "디코드"를 선택하고 변환 버튼
을 누르면 원래 값인 "hello"가 결과로 나온다. 변환하는 코드를 보면 알겠지만, 해당
코드의 입력값에 암호 키 형태의 데이터는 보이지 않는다. 결국 베이스64로 인코딩해
숨겨놓은 결과는 누구나 디코딩 함수를 이용해서 원래 형태로 풀 수 있다는 것을 의미
하며, 해당 인코딩 방식은 앞의 숨바꼭질을 하는 기린의 모습과 마찬가지로 숨기고 싶
은 마음은 이해하지만 결코 데이터를 보호하기에 안전한 방식이 아니다.

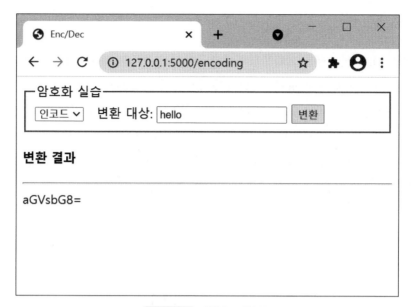

그림 2-1-8 　베이스64 인코딩

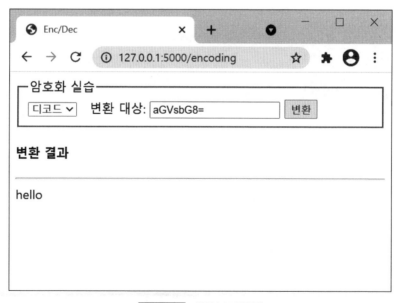

그림 2-1-9 　베이스64 디코딩

2.2 URL 인코딩

두 번째로, URL 인코딩은 브라우저의 주소창에서 사용되는 부분인데 영어가 아닌 한글 같은 문자나 공백 문자 등을 %OO의 형태로 바꾸어서 URL에서 사용할 수 있도록 하는 것을 말한다. 서버는 먼저 %OO으로 변환된 URL을 받아서 원래의 문자로 바꾸어 처리하게 된다. 예를 들어 나무위키 사이트에서 URL을 살펴보면 해당 부분을 볼 수 있다. 크롬은 브라우저 자체에서 한글로 변환해 보여주는 듯하고, IE 같은 경우 학교를 찾으면 다음과 같다.

https://namu.wiki/w/%ED%95%99%EA%B5%90

2.2.1 URL 인코딩 파이썬 코드 작성

앞의 베이스64 프로그램을 조금 고쳐서 시연을 해보자. urllib 모듈의 parse 메서드를 사용하여 인코딩–디코딩하는 부분 이외에는 특별히 달라진 부분은 없다. 템플릿은 그대로 사용한다.

```python
from flask import Flask, render_template, request
from urllib import parse

# flask 웹 서버를 실행함
app = Flask(__name__)


@app.route("/encoding", methods=["GET", "POST"])
def encoding():
    convert_text = ""
    convert_result = ""
    method_type = "encode"

    if request.method == "POST":
        convert_text = request.form["inputText"]
        method_type = request.form["convert_select"]
```

```
    if convert_text:
        if method_type == "encode":
            convert_result = parse.quote(convert_text)
        elif method_type == "decode":
            convert_result = parse.unquote(convert_text)

    return render_template("encoding.html", convert_text=convert_text,
                        method_type=method_type, convert_result=convert_result)



# 이 웹 서버는 127.0.0.1 주소, 포트 5000번에서 동작하며, 에러를 자세히 표시한다.
if __name__ == "__main__":
    app.run(host='127.0.0.1', port=5000, debug=True)
```

코드 보기   encoding_url.py

해당 코드를 C:\Python\security 폴더에 encoding_url.py 이름으로 저장한다.

2.2.2 URL 인코딩-디코딩 해보기

"Ctrl+c"를 눌러 기존 플라스크 서버를 멈춘 후, 새 파일을 사용해 다시 서버를 시작
하자.

```
C:\Python\security>python encoding_url.py
* Running on http://127.0.0.1:5000/ (Press Ctrl+C to quit)
```

브라우저에서 "http://127.0.0.1:5000/encoding"으로 이동하여, 이전과 마찬가지로 "인
코드-디코드" 셀렉트 박스를 바꾸어 가면서, "고양이" 값을 입력해 변환해 보자(앞서
의 "hello" 문자열은 원래부터 아스키 문자열이기 때문에 넣어도 특별히 변경되는 것이
없다). 다음과 같이 URL 인코딩-디코딩이 되는 것을 볼 수 있다.

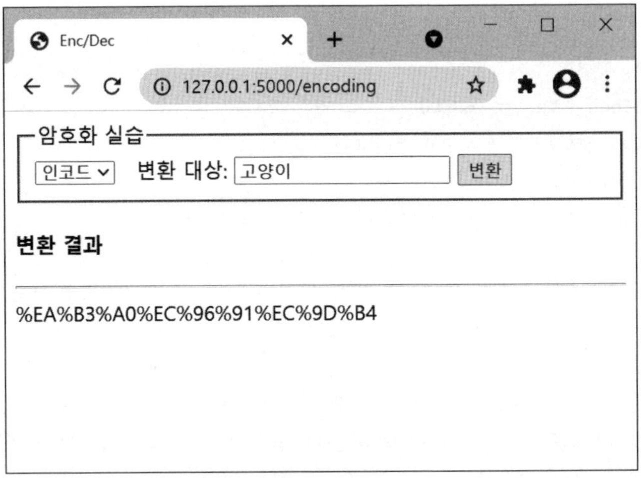

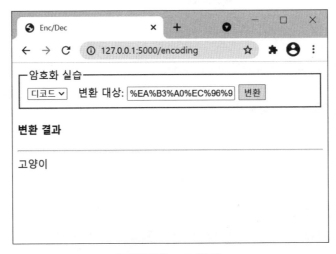

그림 2-1-10 URL 인코딩

그림 2-1-11 URL 디코딩

2.3 HTML 인코딩

마지막으로 인코딩 3총사 중에 하나인 HTML 인코딩을 설명하려 한다. ⟨table⟩, ⟨b⟩, ⟨script⟩와 같은 태그들은 원래 브라우저에서 문법 문자로 해석이 되어 테이블 형태, 볼

드체 표기 등의 UI 요소를 표시하거나 자바스크립트를 실행하게 된다. 그런데 만약 해당 태그를 HTML 인코딩을 하게 되면, 실제 브라우저에서 태그나 스크립트로 해석이 안 되고, 그 자체를 글자로 취급해 브라우저 화면에 표시되게 한다. 이러한 특성을 이용해서, XSS 공격을 방어하기도 한다.

2.3.1 HTML 인코딩 파이썬 코드 작성

HTML 인코딩/디코딩을 하는 코드를 만들어 보자. 역시 볼드체 부분을 보면 HTML 모듈의 escape, unescaped 메서드를 이용한다.

```python
from flask import Flask, render_template, request
from html import escape, unescape

# flask 웹 서버를 실행함
app = Flask(__name__)


@app.route("/encoding", methods=["GET", "POST"])
def encoding():
    convert_text = ""
    convert_result = ""
    method_type = "encode"

    if request.method == "POST":
        convert_text = request.form["inputText"]
        method_type = request.form["convert_select"]

    if convert_text:
        if method_type == "encode":
            convert_result = escape(convert_text)
        elif method_type == "decode":
            convert_result = unescape(convert_text)

    return render_template("encoding.html", convert_text=convert_text,
                        method_type=method_type, convert_result=convert_result)
```

```
# 이 웹 서버는 127.0.0.1 주소, 포트 5000번에서 동작하며, 에러를 자세히 표시한다.
if __name__ == "__main__":
    app.run(host='127.0.0.1', port=5000, debug=True)
```

코드 보기 encoding_html.py

해당 코드를 C:\Python\security 폴더에 encoding_html.py 로 저장한다. 템플릿 파일은 그대로 사용한다.

2.3.2 HTML 인코딩-디코딩 해보기

"Ctrl+c"를 눌러 기존 플라스크 서버를 멈춘 후, 새 파일로 다시 서버를 시작하자.

```
C:\Python\security>python encoding_html.py
* Running on http://127.0.0.1:5000/ (Press Ctrl+C to quit)
```

브라우저에서 http://127.0.0.1:5000/encoding 주소로 이동하여 "인코드"를 선택하고 테이블을 그려주는 "⟨table⟩⟨tr⟩⟨td⟩hello⟨/td⟩⟨td⟩tom⟨/td⟩⟨/tr⟩⟨/table⟩" 태그를 넣은 다음 변환 버튼을 누른다. 파이썬 코드 상으로는 해당 값이 div 태그 안에 HTML 형태로 들어가서 테이블 형태로 보여야 하지만, HTML 인코딩을 했기 때문에 테이블 형태가 아닌 태그 그대로 보이게 된다.

페이지 소스 보기를 하면, 다음과 같이 "covert_result" 변수에 HTML 인코딩된 값들이 들어가 있다. 혹시 해당 내용 안에 "⟨script⟩" 같은 태그가 있다 해도 일반적인 글자로 취급되어 자바스크립트가 실행이 안 되니, XSS 공격의 방어 수단으로 사용되기도 한다. 물론 원래 해당 기능을 만들 때의 의도는 XSS 방어를 생각하고 만들어진 것은 아니었을 듯하다.

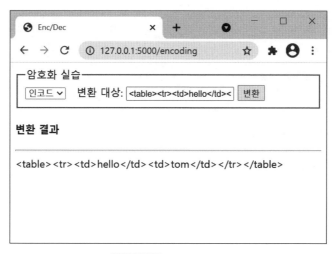

그림 2-1-12 HTML 인코딩

그림 2-1-13 HTML 인코딩이 적용된 소스

그렇다면, 반대로 변환된 아래 값을 긁어 넣은 후 디코딩을 수행하면 어떻게 될까? 이번엔 태그 그 자체로 들어가기 때문에 테이블로 그려지게 된다.

<table><tr><td>hello</td><td>tom</td></tr></table>

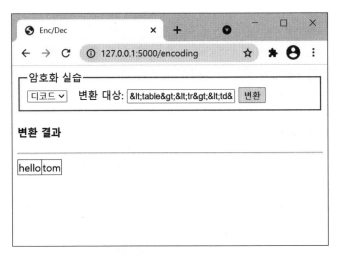

그림 2-1-14   HTML 디코딩

다시 페이지 소스 보기에서 "convert_result" 값을 확인해 보자.

그림 2-1-15   HTML 디코딩이 적용된 소스

이렇게 앞의 예제 3개를 보면 인코딩은 단순히 변환 코드에 기반한 매칭 암호화이기 때문에 중요한 문자열을 저런 타입의 인코딩으로 변화해 보호하는 건 의미 없는 행위라는 것이 당연하게 느껴졌을 것이다. 이 세 가지 인코딩은 웹 애플리케이션 보안에서 자주 만나는 단골 손님들이다.

3. 대칭키 암호화

이후 암호화에 중요한 진전이 나타난다. 바로 수학을 본격적으로 이용한다는 것이다. 그래서 이후의 암호화 방식은 수학 문제를 푸는 것과 같은데, 로직을 숨겨 놓은 치환 및 이동 방식과 다르게 전체 로직을 모두에게 공개한다. 다만, 그 수학문제를 풀 때의 힌트인 암호화키를 모를 경우는 풀이 난이도가 엄청 상승하여 하나하나 숫자 대입 방

그림 2-1-16 대칭키

식으로 풀려면 현재의 컴퓨터로 몇백 년 정도의 시간이 걸린다는 점이다. 물론 인간의 수명이 무한하고 복호화된 해당 데이터가 그 시간만큼 가치가 있다면 해당 부분은 단점이 될 수도 있겠지만, 짧은 시간에 알아내야 할 암호키라는 속성상으로는 안전하다는 것을 가정한다고 할 수 있다.

대칭키 암호화는 앞에서 얘기했듯이 엑셀이나 ZIP 파일에 암호화를 할 때 사용하는 방식으로, 암호화를 사용할 때 사용한 키가 복호화할 때도 동일하게 사용된다.

어찌 보면 현실의 자물쇠-열쇠 조합과 비슷하여, 매우 직관적이기 때문에 암호화 계의 모범생이라고 보면 될 것 같다. 대신에 현실에서 복사한 열쇠를 가족들과 나눠 갖는 것과 마찬가지로 복사한 열쇠를 얼마나 안전하게 잘 전달하고, 관리하는지가 매우 중요하다. 단 한 명이라도 어수룩한 사람이 있다면 자물쇠는 어처구니없이 열리게 된다. 물론, 보안과 마찬가지로 중요한 자물쇠가 있는 장소를 여러 가지 물리 보안이나 추가적인 논리 보안 수단을 통해서 보호해야 해야 한다. 대문 앞에 CCTV를 설치하거나 추가로 홍채 인식을 하는 등으로 말이다.

대칭키 암호화는 엑셀, ZIP 파일의 패스워드 같은 부분 이외에도 우리가 잘 알고 있는 로그인 등의 민감한 데이터의 교환에 사용하는 HTTPS(SSL) 연결에서 최초 키 교환 후 실제 데이터를 주고받을 때도 사용하고(비대칭보다 대칭키가 암-복호화 속도가 몇 배 빠르다고 한다), 마찬가지로 VPN에서 VPN 장비와 컴퓨터 사이에서의 모든 데이터(여기서 암호화되어 전달되는 데이터 흐름을 터널링이라고 표현한다) 간에도 사용된다. 모바일 폰 내의 데이터 암호화도 사용자 패스워드에 기반한 키를 생성하여 대칭키 방식으로 저장하는 것으로 알고 있다. 그래서 사용자 패스워드를 모르면 데이터를 복구할 수 없다는 말이 나오게 된다. 또는 여러 회사나 단체에서 고객의 정보를 저장할 때 중요한 개인정보나 카드 정보 같은 경우 실제 프로그램 내부에서 복호화한 다음에 사용해야 해서 데이터베이스에 저장할 때는 대칭키로 암호화해서 저장하고, 필요할 때 적절한 권한 제어를 통해 복호화하여 사용하게 된다.

대칭키는 암호화 키에 풀이가 의존적인 수학 문제기 때문에 암호화키를 사용하지 않고 숫자들을 하나하나 대입할 경우 언제쯤 답을 찾을 수 있는지가 중요해진다. 해당 시간이 짧거나, 회피할 수 있는 부분이 있거나, 많은 컴퓨터를 병렬로 연결하여 계산하거나, 몇십 년 후의 컴퓨터에서는 금방 찾을 수 있는 수준이라면 나중에 현재 데이터를 암호화해서 보호하고 있는 기술들이 모두 무용지물이 되는 상황이 생길 수 있다. 그래서 여러 가지 안전한 암호화 방식이 권장되고 있지만 가장 잘 알려지고 널리 쓰이고 있는 것은 AES 방식이다. 일반적으로 128 혹은 256 정도의 키 길이를 가지며, 길이가 길어질수록 2의 N승으로 풀이 난이도가 올라간다. 점점 컴퓨터가 병렬화되고 빨라지면서 권고되는 키 길이가 증가되는 경향이 있다.

대칭키를 쓰다 보면 몇 가지 주의해야 하는 이슈가 있는데, 그중 하나가 키의 안전한 전달(교환)과 보관, 관리이다. 만약 두 사람이 인터넷에서 특정한 대칭키를 기반으로 암호화해서 데이터를 보내기로 했다면 최초 한쪽에서 해당 키를 전달해 줘야 한다. 전화로 불러주거나, 직접 만나서 얘기해주거나, 종이로 적어 전해주거나, 암호화해서 보낸 후 구두로 암호화 키를 알려주는 등 많은 방법의 경우 "낮 말은 새가 듣고, 밤 말은 쥐가 듣는다"는 속담을 피해갈 수 없다. 또한 암호화 키가 보통 의미 없는 숫자로 길게 만들어지기 때문에 가독성이나 암기하기에도 좋지 않다.

그림 2-1-17 러브레터 몰래 전달하기

그래서 3세대에 설명할 비대칭키와 인증이라는 개념을 이용해서 현실적인 키 교환을 하게 된다. 해당 부분은 비대칭키 부분에서 설명하도록 한다. 하지만 어쩌면 현실적으로는 사람이 와서 주위에 아무도 없는 것을 확인한 후에 외운 내용을 알려주고 가는 방법이 더 안전할 수도 있을 것 같다. 실제 이렇게 와서 밀봉된 키를 주거나 말, 메일 등 키의 힌트를 여러 경로로 나눠서 제공한 후 프로그램으로 결합하는 경우도 종종 있다.

추가로 보관하는데 있어서도 암호키와 해당 키를 사용하는 프로그램이 분리되어야 하는 이슈가 있을 수 있다(해당 부분은 법적인 요구사항이기도 하다). 왜냐하면 프로그램과 키가 같은 서버 안에 있다는 것은 문 앞 화분 뒤에 열쇠를 숨겨놓는 것과 같은 행위이기 때문이다. 물론 해당 집의 대문 앞까지 가는 행위가 IT로 이루어진 세상에서는 해당 서버 내부의 실행 환경까지 침투해야 되는 어려운 일이긴 하겠지만, 일단 행위가 일어나게 되면 키의 탈취가 매우 쉽기 때문이다. 그래서 많은 프로그램 예제에 있듯이 (변명하자면 이 글의 예제 또한 간략화와 지면의 한계상 마찬가지이다) 소스 내부나 설정 파일 내에 암-복호화 키가 들어있는 것은 옳지 않은 일이다. 보관 시 암호화가 되어 있거나 권한이 제한되어도 마찬가지이다. 보통 아주 중요한 경우는 HSM(Hardware Security Module) 장비로부터 제공받거나, 또는 볼트(Vault) 같은 오픈소스나 자체적으로 구축한 원격 키 보관 솔루션에 키를 넣고 프로그램에서는 다중 팩터의 인증을 통해서 키를 가져가거나 세션만을 획득하는 경우가 많다.

자바 등의 컴파일되는 언어라도 바이너리를 분석하여 추출하거나 디버그 툴 등으로 암-복호화하는 기능을 호출할 수 있어서, 소스 내 암호화 키를 넣어 놓는 것은 프로그램이 탈취됐다는 가정에서 작은 도둑을 막는 데는 도움이 될 수 있지만, 집 앞에 구덩이를 파서 몰래 열쇠를 숨겨놓는 정도의 안전함이라고 본다. 그래서 사실 여러 가지 키 관리 솔루션이나 설계를 이용하여 권한 제어를 통해 키를 외부에 숨겨서 사용하긴 하지만, 그것도 100% 안전한 방법이라고 하기는 힘들 듯하고(보안적으로 100% 안전한 것은 없다고 본다), 결국은 분리된 키 관리와 함께 문 앞에 낯선 사람이 맘대로 오지 않게 하고, 혹시 오더라도 수상한 행동을 하지 않는지 모니터링이 되도록 심층 방어 (Defense in Depth - 하드닝 챕터에서 자세히 살펴보자) 측면의 설계와 모니터링을 택하는 게 최대한 현실적일 것 같다.

그림 2-1-18 구덩이 안에 숨겨 놓은 열쇠

여담으로 아무리 원격에 키를 보관하더라도, 해당 키를 보관한 원격 솔루션에서도 보통 그 키를 또 암호화해서 보관하기 때문에 꼬리에 꼬리를 물다가 마지막에서는 로컬에 암호화 키가 잘 숨겨져 있게 되는 상황이 발생하게 된다. 대신, 그 로컬에 저장하는 장비가 HSM 같이 우리가 은행을 믿듯이 다양한 수단으로 침투가 어렵게 관리되어 신뢰할 수 있는 장비라는 차이이다. 비슷한 예로는 OS가 제공하는 권한을 받아쓸 수 있는 신뢰할 수 있는 암호화 저장소 같은 것도 있을 것이다(물론 탈옥과 루팅 같은 상황에서는 조금 위험할 수도 있다). 이 부분이 암호화의 마지막에 3자 인증을 끼워서 얘기한 이유이며 아이러니하게도 보안의 마지막에는 이렇게 항상 믿을 수 있는 또는 믿을 수밖에 없는 빅 브라더가 있어야 한다. 해당 빅 브라더 또한 일반적으로 결국은 사람이 관여해 관리하기 때문에 보안 윤리가 필요한 것이다.

마지막으로, 한 번 정해진 암호화 방식이나 키를 바꾸는 것은 상당히 어렵다. 관련된 프로그램 변경 이외에도 이미 기존 방식으로 암호화된 데이터가 있기에 해당 데이터를 모두 복호화해서 평문으로 복구한 다음, 다시 새 방식으로 암호화를 하는 데이터 마이그레이션을 해줘야 한다. 물론 키의 버저닝(Versioning)이 가능한 경우도 있겠지만 언제까지 구버전 키를 남겨놓을 수는 없을 것이다. 게다가 패스워드 등을 저장할 때 사용하는 해시 같은 일방향 암호화는 원래 평문값을 절대 알 수 없으므로 새로 사용자에게 패스워드를 입력 받아 새로운 해시값을 만들어야 한다. 이 때문에 기존 값을 새 값이 들어오기 전까지는 지울 수 없어서, 마이그레이션의 완료 시점 자체를 현실적으로 추정하기 어렵게 된다. 이와 같은 경우 처음 설계부터 제대로 표준과 법률에 맞추어 설계하는 것이 맞을 듯싶다. 그래서 주기적으로 대량의 데이터를 암호화했던 키를 바꿔야하는 상황이라면 회사의 현실을 반영한 고민이 아주 많이 필요하다.

3.1 파이썬 모듈 설치

실행을 위해 암호화 모듈인 pycryptodome을 설치한다.

```
C:\Python\security>pip install pycryptodome
Successfully installed pycryptodome-3.10.1
```

3.2 AES 암-복호화 파이썬 코드 작성

기존의 인코딩 예제를 응용해서 AES 암-복호화를 하는 예제를 만들려 한다. 기존에 쓰던 인코드-디코드라는 용어는 암호화-복호화가 좀 더 맞겠지만, 굳이 주제와 별 상관없이 템플릿 코드 수정을 하지 않으려고 그대로 두었다. 볼드체가 주요 코드인데, 처음에 16바이트의 키(계산하면 128비트이다)를 만들고, 암-복호화 모듈을 정의한 후, 암-복호화를 한다. 자세히 보면 패스워드가 존재한다는 부분 이외에는 앞의 인코딩 방식들과 사용 상에 큰 차이는 없어 보인다.

"EAX", "CBC" 같은 모드는 나눠진 블록 값들을 어떻게 섞을 것인지에 대한 다양한 선택 방식이라고 보면 된다. "nonce" 값은 초기화 벡터의 일종이며, 다음 코드의 경우

encrypt를 수행할 때마다 값이 변경되기 때문에 예제를 위해서는 항상 같은 값으로 보여주는 것이 나을 듯해서 매번 실행될 때마다 고정 초기값을 가지고 암-복호화 모듈이 생성되도록 만들었다. 해당 값은 뒤에 나올 해시의 솔트(Salt)와도 느낌이 비슷한데, 솔트는 항상 같은 값이 나옴으로서 해시키가 유출됐을 때 레인보우 테이블(A를 입력하면 A' 해시값이 나오고 식으로 정리함) 등의 대입 공격을 막기 위해서 원래 값에 추가하는 개념이고, nonce는 보통 양방향 암호화가 데이터의 교환에 사용하므로 해당 값을 가로채서 리플레이(Replay) 하는 공격을 막기 위해서, 특정 시간이나 세션들에 따라 다른 값을 교체해 사용하는 개념이라고 보면 된다.

어찌되었든, 둘 다 시행 착오 방식을 통한 원래 값의 추측을 어렵게 하는 개념이라고 생각하면 되겠다. 또한 실제 프로그램에서 응용을 할 때는 여러 측면을 생각해 초기화 설계를 해야 한다. 저 안의 key는 앞서 이야기한 것 같이 원래는 어딘가 외부에 잘 보관해 두고 최대한 노출하지 말아야만 한다. 템플릿 파일은 마찬가지로 그대로 사용한다.

```python
from flask import Flask, render_template, request
from Crypto.Cipher import AES
import base64


key = b"Sixteen byte key"
nonce = b"abcdefghijkl"


# flask 웹 서버를 실행함
app = Flask(__name__)



@app.route("/encoding", methods=["GET", "POST"])
def encoding():
    convert_text = ""
    convert_result = ""
    method_type = "encode"
```

```python
    if request.method == "POST":
        convert_text = request.form["inputText"]
        method_type = request.form["convert_select"]

    if convert_text:
        if method_type == "encode":
            cipher_encryptor = AES.new(key, AES.MODE_EAX, nonce=nonce)
            convert_result = \
                cipher_encryptor.encrypt(convert_text.encode('utf-8'))
            convert_result = \
                base64.b64encode(convert_result).decode('utf-8')
        elif method_type == "decode":
            cipher_decrypter = AES.new(key, AES.MODE_EAX, nonce=nonce)
            encypted_data = base64.b64decode(convert_text)
            convert_result = \
                cipher_decrypter.decrypt(encypted_data).decode('utf-8')

    return render_template("encoding.html", convert_text = convert_text,
                            method_type = method_type, convert_result = convert_result)


# 이 웹 서버는 127.0.0.1 주소, 포트 5000번에서 동작하며, 에러를 자세히 표시한다.
if __name__ == "__main__":
    app.run(host='127.0.0.1', port=5000, debug=True)
```

코드 보기   encoding_ aes.py

해당 코드를 C:\Python\security 폴더에 encoding_aes.py 이름으로 저장한다.

3.3 AES 암-복호화해보기

"Ctrl+c"를 눌러 기존 서버를 멈춘 후, 새 파일로 다시 서버를 시작하자.

```
C:\Python\security>python encoding_aes.py
* Running on http://127.0.0.1:5000/ (Press Ctrl+C to quit)
```

브라우저에서 http://127.0.0.1:5000/encoding 주소로 이동하여, "인코드"를 선택하고,
"on my way"라고 입력 후, 변환 버튼을 누른다. 다음과 같이 암호화된 결과가 나타난다.

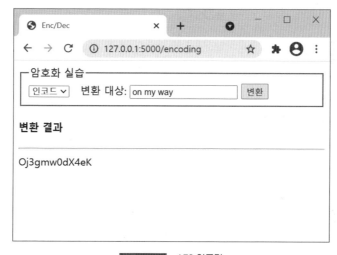

그림 2-1-19 AES 인코딩

해당 변환된 값을 복사해 다시 변환 대상에 입력 후, "디코드"를 선택하고 복호화해
보자.

그림 2-1-20 AES 디코딩

4. 비대칭키 암호화

비대칭키 암호화는 공개키와 개인키라는 특이한 개념의 수학적 도구를 사용하게 된다. 대칭키와 다른 부분은 키가 하나가 아니라 2개로 이루어진 한 쌍이라는 것이다. 개인키로 암호화된 값은 공개키로 복호화될 수 있고, 공개키로 암호화된 값은 개인키로 복호화될 수 있다. 개인키를 가진 쪽이 좀 더 빨리 복호화된다고 하는 것 같으나, 가장 주요한 차이는 개인키는 보통 발행한 쪽만 가지고 있고, 공개키는 상대방이나 익명의 대상들에게 공개한다는 것이다.

보통 알고리즘으로는 RSA와 좀 더 최근에 나온 ECC(elliptic curve cryptography—타원곡선암호)를 사용하게 되는데, 일반적으로 ECC를 같은 수준에서 키가 더 짧으면서도 안전하고 간결하다고 여긴다. 가장 흔히 쓰이는 경우가 앞서 얘기한 HTTPS(SSL)인데,

최초에 브라우저와 서버가 서로 왔다갔다하는 데이터를 암-복호화하는 데 사용할 대칭키를 비밀스럽게 교환하기 위해서 사용한다. 다만 여기서 현실적인 딜레마가 생기는데, 서버가 보내준 공개키를 어떻게 믿고 클라이언트 쪽의 브라우저가 암호화에 사용할 대칭키를 해당 서버의 공개키로 암호화해 보내느냐 하는 문제가 발생한다. 이러한 딜레마를 해결하기 위해 인증서의 개념이 존재하게 되는데, 이 부분이 앞으로 이야기할 3자 인증과 연결된다. 신뢰할 수 있는 국제 기관이나 국내 기관의 공개키를 클라이언트 쪽 OS(예를 들면, 윈도우, 리눅스)가 인지하여 관리하고, 해당 기관의 개인키를 이용해서 연결하는 사이트의 공개키가 진짜라는 것을 보증하는 방식이다.

절대적으로 안전해 보이지는 않지만, 앞서 이야기했듯이 마치 우리가 은행이나 국가를 믿거나 작게는 인감을 믿듯이 OS나 (루트) 인증 기관을 믿는 것이 전제되어 있다. 이미 이야기한 것처럼 보안에 100%인 것은 없어 보이는데, 사실 우리가 사는 현실이 100% 완벽한 건 없기 때문에 당연할 것일 수도 있다.

여기서 또 전자서명이라는 개념이 추가로 생겨나게 되는데, 하나의 개인키로 원하는 내용을 암호화하면(전체 문장을 암호화하면 더 정확하겠지만, 효율이 낮아지므로 뒤에 나올 해시 형태로 압축해 만든 후 이를 개인키로 암호화한다), 공개키를 가진 외부 사람이 해당 값을 복호화할 때 보낸 내용과 일치하는 특성(보통 해시값)을 얻을 수 있다면 보낸 내용은 연관된 개인키를 가진 사람이 작성했다는 것을 증명하게 된다는 것이다. 왜냐하면 개인키는 그 사람만 가지고 있어야만 하는 것이기 때문이다.

은행에서 문서에 사인을 해서 그 사람이 해당 문서에 동의했다는 것을 나타내듯, 특정한 계약 내용을 개인키로 사인(암호화)을 하여 그 사람이 인지하고 승인한 내용이라는 것을 나타낸다. 부인 방지라고 말하는 것도 이와 같은 맥락으로 보면 된다. 사실 용어 그대로 뭔가 서류 내용 자체에 사인을 하는 것은 아니기에 오히려 간인으로 보증한다고 보는 것이 더 개념적으로 유사할 듯싶다.

반대로 누군가가 정말로 귀중한 정보를 특정한 사람의 공개키로 암호화해서 세상에 공개한다면, 현실적으로 그 정보를 풀어서 획득할 수 있는 사람은 그 사람밖에 없다. 즉 내부 내용은 그 사람만 이용이 가능하므로 자산의 개념이 생기게 될 수 있다. 로직은 좀 더 복잡하지만 이런 식으로 비트코인처럼 공개키로 암호화되어 주인을 기다리는 블록체인 자산이 생기게 된다. 물론 개인키가 해킹이나 분실을 당하는 경우가 생기면 큰 문제가 될 수 있으며, 세간에 전자화폐 지갑이 털렸다는 얘기는 자산을 열 수 있는 개인키가 털렸다는 의미로 봐도 된다.

그림 2-1-21 서류에 사인하기

예를 들어, 특정 A 회사가 도메인이 추가되어 SSL 통신을 해야 되는 일이 생기면 베리사인(verisign) 같은 루트 인증기관에 1년에 특정한 금액을 내고 인증서를 발급받는다. 인증서 안에는 A 회사 도메인의 주소, 인증서 유효기간 등의 정보, A회사의 공개키가 포함되어 있고, 그 모든 정보를 적절히 믹스하여 루트 인증기관의 개인키로 암호화한 전자서명이 들어있다. 사용자의 브라우저에서는 해당 인증서를 받아서, 알고 있는 루트 인증기관의 공개키로 전자서명을 풀어, 복호화된 내용이 인증서에 기재한 내용들과 일치하는지 확인한다.

그림 2-1-22 개인 전용 금고

내용이 일치하게 되면 A회사의 공개키는 루트 인증기관이 보장하기 때문에 믿을 수 있으므로, A회사의 공개키로 HTTPS 통신에 사용할 대칭키를 암호화해 보낸다. A회사의의 서버는 해당 암호화된 내용을 받아 개인키로 풀어 대칭키를 얻어낸 후(자신이 발행한 공개키이므로 사용자처럼 외부 확인은 필요 없다), 이후 통신부터는 해당 대칭키로 암호화해 내용을 주고받게 된다. 공개키-개인키 방식이 연산 비용이 많이 들어 대칭키로 실제 데이터의 암-복호화를 한다고 한다.

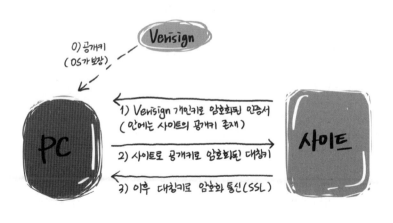

그림 2-1-23 SSL 통신 방식

개인이 사용하는 공동인증서도 반대쪽 방향으로 비슷하다. 공개키를 증명하는 인증서를 신용평가 회사에서 받는다. 조금 다른 부분은 개인키 또한 같이 발급받아 보관하면서, 개인키는 유출이 되면 안 되므로 따로 대칭키 방식을 이용해서 개인키를 암호화하여 보관한다. 송금할 때 입력하는 인증서 비밀번호가 해당 개인키를 보호하는 대칭 암호키이다. 비슷하게 은행 사이트에 접속하면 은행 쪽에서 개인의 인증서를 가져가 신용평가 회사의 공개키로 풀어서 내용을 확인해, 신용평가사에서 해당 개인 계좌주인에게 발급한 공개키(인증서)를 확인할 것이다. 이후, 그 개인의 공개키를 이용해서 거래에 관련된 정보를 암호화해 보내거나 같이 저장한 개인의 개인키를 이용해서 거래를 증명하는 전자서명을 보내거나, HTTPS에서 사용할 대칭키를 보낼 것이다. 여기서는 신용정보 회사가 루트 인증기관 같은 역할을 하고 은행이 개인, 개인이 사이트 같은 반대 역할을 하는 것만 다르다고 본다.

위와 같은 경우 한 가지 꼭 생각해야 하는 부분은 공개키-개인키를 위한 서명 등의 부분이 분명히 논리적으로 빈틈이 없는 부분이긴 하지만, 베리사인, 신용평가회사 같이 해당 키들을 보장해 줄 수 있는 기준들이 없다면 공허해질 수도 있다는 것이다. 저렇게 신뢰를 선점한 회사들은 일종의 인증에 대한 플랫폼 역할을 한다고 보며, 그것이 요즘 사설 인증 시장에 메이저 회사들이 뛰어드는 이유이지 않을까 싶다.

또한 이러한 응용은 위와 같은 인증 분야만이 아니라, 블록체인, GIT, SSH, PGP, 시스템 사이에서 인증을 할 때도 마찬가지로 사용한다. 블록체인은 코인 주소를 나타내는데 공개키, 지갑 열쇠를 나타내는데 개인키를 사용하고, GIT 또한 SSH(Secure Shell) 연결을 위해 공개키-개인키 쌍을 생성하여 깃서버와 개인 컴퓨터가 나눠 가져 해당 키를 기반으로 올바른 사용자 인지 인증을 한다. 리눅스도 마찬가지로 ID/PASS-WORD 대신 공개키 인증을 통해 SSH 연결을 하여 사용할 수 있다. 물론, 해당 방식이 ID/PASSWORD보다 더 안전하냐는 부분은 무조건적인 신뢰라는 측면에서 설계나 상황마다 다르다.

PGP도 메일 주소마다 하나씩 공개키가 있고, 각각의 공개키를 신뢰할 수 있는 공개키

서버에서 얻어 공개키로 메일 내용을 암호화해 그 메일 주인만 풀어 볼 수 있도록 안전하게 보내는 것이라고 보면 되고, 여러 클러스터링 환경에서 돌아가는 솔루션들도 공개키, 개인키를 이용해 서버 간 작업 수행에 대한 권한 인증을 하는 경우가 많다. 공개키, 개인키 쌍으로 로그인을 하는 것과 같은 경우는 공개키가 본인만의 자물쇠를 나타내며, 등록한 자체가 해당 공개키를 믿는다고 의미하는 것이므로("이 자물쇠를 연다면 들여 보내줘"), 마냥 공개적인 것만은 아닌 측면도 일부 보이는 것 같다. 따라서 공개키-개인키의 이름에 편견을 가지면 뭔가 꼬여 버릴 수도 있어서, 공개키는 응용되는 분야에 따라서 마냥 공개된 키만은 아니라는 것도 염두에 두어야 한다.

4.1 RSA 암-복호화 파이썬 코드 작성

이제, RSA 키 쌍을 생성한 다음, 공개키 개인키를 가지고 암-복호화 모듈을 만들어 암-복호화를 하는 예제를 하나 만들어 보자. 기존과 구조는 거의 비슷하기 때문에 볼드체 부분만 적절히 수정하였다. 템플릿 파일은 그대로 사용한다.

```python
from flask import Flask, render_template, request
from Crypto.PublicKey import RSA
from Crypto.Cipher import PKCS1_OAEP
import base64

key = RSA.generate(2048)
cipher_rsa_public = PKCS1_OAEP.new(key.publickey())
cipher_rsa_private = PKCS1_OAEP.new(key)

# flask 웹 서버를 실행함
app = Flask(__name__)


@app.route("/encoding", methods=["GET", "POST"])
```

```
def encoding():
    convert_text = ""
    convert_result = ""
    method_type = "encode"

    if request.method == "POST":
        convert_text = request.form["inputText"]
        method_type = request.form["convert_select"]

    if convert_text:
        if method_type == "encode":
            convert_result = cipher_rsa_public.encrypt\
                (convert_text.encode('utf-8'))
            convert_result = base64.b64encode(convert_result).decode('utf-8')
        elif method_type == "decode":
            encypted_data = base64.b64decode(convert_text)
            convert_result = cipher_rsa_private.decrypt\
                (encypted_data).decode('utf-8')

    return render_template("encoding.html",
        convert_text = convert_text, method_type = method_type,
                        convert_result = convert_result)


# 이 웹 서버는 127.0.0.1 주소, 포트 5000번에서 동작하며, 에러를 자세히 표시한다.
if __name__ == "__main__":
    app.run(host='127.0.0.1', port=5000, debug=True)
```

코드 보기 encoding_rsa.py

해당 코드를 C:\Python\security 폴더에 encoding_rsa.py 이름으로 저장한다.

4.2 RSA 암-복호화해보기

"Ctrl+c"를 눌러 기존 서버를 멈춘 후, 새 파일로 다시 서버를 시작하자.

```
C:\Python\security>python encoding_rsa.py
* Running on http://127.0.0.1:5000/ (Press Ctrl+C to quit)
```

브라우저에서 http://127.0.0.1:5000/encoding 주소로 이동하여 "인코드"를 선택하고 "on my way"라고 입력 후, 변환 버튼을 누른다. == 로 끝나는 엄청 긴 변환 결과가 나타난다. 다시 "디코드"를 선택하고 해당 값을 드래그해 입력 후, 복호화도 해보자.

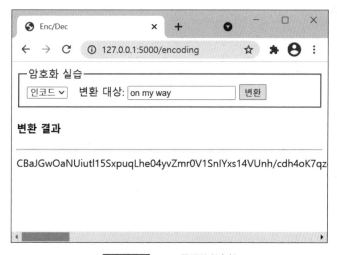

그림 2-1-24 RSA 공개키 암호화

RSA 개인키 복호화

5. 단방향 암호화 – 해시

비대칭키 쪽에서 잠시 애기가 나왔지만, 해시는 처음 프로그래밍 공부를 할 때 신기한 기능을 하는 함수라는 생각을 한 적이 있다. 사실 해시의 유용함은 보안적 관점으로 바라볼 때 그 성격을 가장 쉽게 이해하게 되는 것 같기도 하다.

해시 또한 수학적 개념으로 아무리 큰 숫자라도 해시값을 계산하는 함수를 적용하게 되면 고정 길이를 가진(SHA256 같은 경우 256비트 길이의 숫자가 나온다는 의미이다) 숫자로 변환된다는 것이 핵심이다. 해시가 유용한 것은 서로 다른 숫자라면 같은 해시값이 나올 가능성이 수학적으로 거의 없고, 만약 존재하더라도 같은 해시값을 가지는 서로 다른 숫자를 의도적으로 만들기에는 너무 많은 시간이 걸린다는 성격을 가지고 있다. 또한 해시값에서 원래 값을 유추하기가 매우 힘들다는 특징도 가지고 있다(이는 대칭, 비대칭키 암호화와 비슷한 부분이다).

해시는 보통 검증을 위한 측면과, 원래의 정체를 들키지 않기 위해 숨기려는 두 가지 측면을 동시에 가지고 있다. 검증하기 위한 측면을 보면 백신 프로그램에서 검사하려는 파일을 특정 알려진 악성 코드 파일의 해시값과 비교하거나, 게임이나 앱의 패치 시, 패치 파일의 유효성이나 설치된 앱이 조작되지 않았다는 것을 확인하는 데 해시값을 사용한다. 또는 파일 공유 사이트에서 불법, 저작권 파일 등을 확인하기 위하여 파일의 해시값을 비교하곤 한다. 파일의 내용이 1비트만 바뀌더라도 파일을 구성하는 숫자가 달라지기 때문에 새로운 해시값이 만들어지는 특징을 이용한 검사이다. 암호 화폐의 채굴 및 블록의 검증을 하는 경우에도 사용하고 있다.

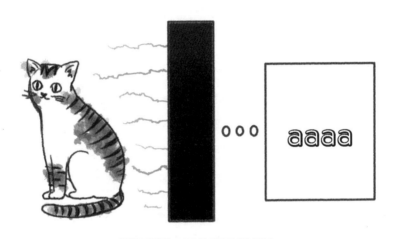

그림 2-1-26   평범한 고양이 해싱하기

또한, 가입한 회원들의 패스워드를 저장할 경우에도 법적으로 해시화해서 저장하도록 되어 있다. 많은 사람들이 보통 여러 사이트에 동일한 아이디, 패스워드를 사용하기 때문에 특정 회사에서 유출된 패스워드의 평문을 복구할 수 있다면 위험 부담이 생길 수 있을 것이다. 혹시 인터넷의 마이너하거나 수상한 사이트들을 회원 가입을 통해서만 사용할 수 있다면 사용하지 않는 것이 제일 좋고, 어쩔 수 없이 사용해야 할 때에는 다른 주요 사이트에서 사용하는 아이디, 패스워드로는 등록하지 않는 것이 좋다. 그 사이트에서 패스워드를 해시로 만들어서 저장할지, 평문으로 저장할지도 모르고, 그와 상관없이 프로그램 중간에서 빼내어 다른 데에 나쁜 의도로 사용할지는 아무도 모르니까 말이다. 또 내부 직원은 풀 수 있는 양방향 암호화로 암호를 잘못 저장할 수도 있다.

해시로 저장한 경우는 원본 평문값을 알 수 없기 때문에 사이트에서는 사용자가 입력한 패스워드를 받아서 해시 함수로 넘기고 결과에 나온 해시값을 회원 가입 때 저장했던 데이터베이스 내의 패스워드 해시값과 비교해서 검증하게 된다. 이러한 이유로 사이트에서 비밀번호 찾기를 할 때 무조건 새로운 비밀번호로 바꾸지, 원래 비밀번호를 알려주진 못하는 것이다. 만약 잊어버린 비밀번호를 알려주는 사이트가 있다면 평문으로 저장되었거나 양방향으로 잘못 저장한 경우라고 확신할 수 있다.

해시는 보통 대상의 고유 값을 만들어 내기 위해 사용하지만, 반대로 해시값의 고유성을 유지하면서도 정체를 잘 숨겨야 하는 측면도 있다. 여기서 숨긴다는 의미는 레인보우 테이블 같은 맞춰 보기 시도로부터 정체를 숨긴다는 의미이다. 예를 들어, A를 해싱하면 항상 A'가 나온다면 A→A' 같은 매핑을 해 놓은 컨닝 테이블을 운영할 수 있을 것이다. 해시화된 패스워드가 유출되면, 평문이 아니더라도 기존에 리스트업 된 패스워드 목록에 해당된다면 테이블을 이용해 원래 값을 역으로 찾을 수 있다. 이런 문제 때문에 현실에서의 외모 변장과 같은 일들을 해시값을 만들 때 추가로 해야 한다.

첫째, 요리에 소금을 치듯이 솔트(Salt) 값을 사용해서 사용자가 입력한 패스워드에 특정한 랜덤 문자열을 더한 후 해시 함수를 적용해서, 해시값을 다르게 한다. 고정된 솔트값을 쓸 경우, 하나의 패스워드만 알아내게 되면 솔트값을 알 수 있게 되기 때문에 패스워드마다 서로 다른 솔트값을 랜덤으로 만들어 내야 테이블 기반의 공격에서 안전하다. 물론 패스워드가 유출된 경우면 같이 저장한 솔트도 유출은 되겠지만, 어떤 정답이 어떤 솔트와 묶여야 하는지를 예측할 수 없어서 같은 패스워드의 경우도 사용자에 따라 다른 솔트값이 생성될 것이므로 고정된 매칭 테이블을 만들어 낼 수는 없다. 마땅히 솔트의 생성 규칙이 같이 유출된다면 마찬가지의 문제가 생길 수는 있다.

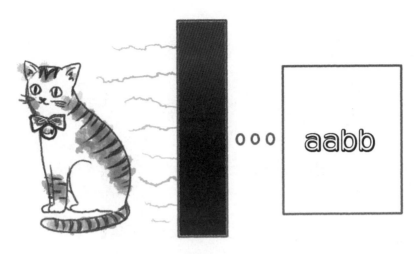

그림 2-1-27 리본으로 장식한 고양이 해싱하기

둘째, 해시 결과값을 입력으로 몇 번씩 되풀이하여 해싱을 해서 전혀 다른 값을 만든다는 것인데, 이는 마치 악성 코드들이 코드를 안 들키기 위해서 실행 파일을 여러 번 포장을 하는 것과 비슷해 보인다. 방어 수단과 공격 수단이 마찬가지인 경우가 많다. 암호화를 악용하는 랜섬웨어의 경우처럼 말이다. 이 경우, 값도 달라지고 무작위 대입 방식으로 진행 시 한 번에 계산하는 시간을 많이 걸리게 해서 찾기 힘들게 만든다고 한다.

5.1 해싱(SHA256) 파이썬 코드 작성

이제, 다른 주제와 마찬가지로 해싱을 하는 예제 페이지를 만들어 보자. 해싱은 일방 향이기 때문에 인코딩 되는 기능만 있다. Update 함수를 호출할 때마다, 중복해서 해싱하기 때문에 항상 일정한 값이 나오도록 호출 시 한 번만 생성하도록 만들었다. 템플릿 파일은 그대로 사용한다.

```python
from flask import Flask, render_template, request
from Crypto.Hash import SHA256
import base64

# flask 웹 서버를 실행함
app = Flask(__name__)


@app.route("/encoding", methods=["GET", "POST"])
def encoding():
    convert_text = ""
    convert_result = ""
    method_type = "encode"

    if request.method == "POST":
        convert_text = request.form["inputText"]
        method_type = request.form["convert_select"]

    if convert_text:
        if method_type == "encode":
            hash = SHA256.new()
            hash.update(convert_text.encode('utf-8'))
            convert_result = hash.hexdigest()
        elif method_type == "decode":
            convert_result = "one-way hash!"

    return render_template("encoding.html",
        convert_text = convert_text, method_type = method_type,
                        convert_result = convert_result)


# 이 웹 서버는 127.0.0.1 주소, 포트 5000번에서 동작하며, 에러를 자세히 표시한다.
if __name__ == "__main__":
    app.run(host='127.0.0.1', port=5000, debug=True)
```

코드 보기　　encoding_hash.py

해당 코드를 C:\Python\security 폴더에 encoding_hash.py 이름으로 저장한다.

5.2 해싱 해보기

"Ctrl+c"를 눌러 기존 서버를 멈춘 후, 새 파일로 다시 서버를 시작하자.

```
C:\Python\security>python encoding_hash.py
* Running on http://127.0.0.1:5000/ (Press Ctrl+C to quit)
```

브라우저에서 http://127.0.0.1:5000/encoding 주소로 이동하여, "인코드"를 선택하고, "cat"이라고 입력한 다음, 변환 버튼을 누른다. 다음과 같이 결과가 나타난다. 단방향이어서 디코딩 기능은 없다.

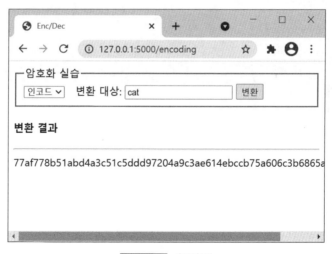

그림 2-1-28 해싱하기

6. 제3자 인증 형태 - 설계적 인증

마지막 부분이다. 이 부분은 앞에서 얘기했던 베리사인과 같은 루트 인증기관이나 신용 정보회사 같은 데에서 서비스하는 공개키에 대한 신원보증 같은 측면도 있지만, 추가로 언급하고 싶은 부분은 설계적 인증 형태이다. 이 부분을 암호화 섹션에 넣어 설명하는 것이 맞는지 고민되지만, 암호화와 연관 지어 설명해야 가장 이해가 빠를 것 같기에 언급하고 넘어가려 한다.

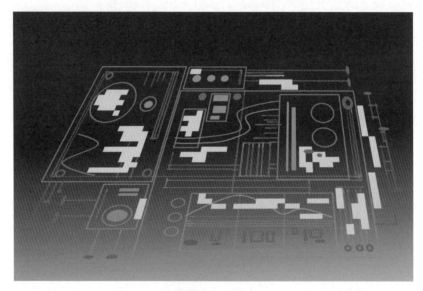

그림 2-1-29　설계적 인증

첫째, 서버 측면의 로직이다. 패스워드 추측 공격을 피하기 위해서 시도 횟수를 제한하거나, 특정 시도 횟수 후 캡챠를 걸거나, 입력할 때마다 인증받는 시간을 증가시키거나 하는 경우도 공격자의 ROI를 낮춤으로서 안전한 암호화를 돕는 방법이 될 것 같다.

둘째, 핸드폰, 태그 방식의 도어 키, OTP 등 소유에 대한 안정성을 기반으로 한 인증도 역시 마찬가지로 암호화와 동등한 레벨의 방어를 가지게 된다. 심층 방어(Defense in

Depth) 측면이기도 하지만, 법적으로 암호화 행위와 전용선의 사용이 등가적인 보호수단으로 취급되는 것도 이런 측면이라고 생각한다. 물론 내부적으로도 위에서 사용한 여러 암호화 기법들이 믹스되어 사용되고 있을 것이다.

셋째, 주민번호를 대체하기 위해 나온 I-PIN과 같은 기술로 원래는 주민번호가 양방향 암호화되어 저장될 수 있는 부분을 개인정보와 관련 없는 임의의 고유키의 저장으로 대체하게 되었다. 물론 I-PIN을 관리하는 회사 내부에서는 주민번호와 해당 CI, DI 값의 연결고리를 아마 알고는 있겠지만, CI나 DI값만을 사용하는 일반 회사들은 누구인지는 모르고 고유한 개인이라는 것만 구별할 수 있다. OTP도 개인만 아는 패스워드로 인증 받는 체계를 소유 기반 인증에 더해서 서버만이 알고 있는 임의의 패스워드(OTP 생성 번호)로 대체했다고 볼 수 있을 것 같다.

넷째, 쿠키 등의 특정 장소에 보관된 암호화된 인증 값에 대한 재사용 방지 이슈도 생각해 봐야 한다. 특정 값을 암호화했더라도 해시나, AES 같은 경우는(앞의 예제처럼 nonce 값을 고정한다면) 해당 값의 고유성이 사라지진 않는다. 따라서 해당 데이터를 그대로 복제해 사용할 경우 인증을 할 수 있는 재사용 이슈가 있다. 해당 부분에 대해서는 랜덤 값인 시간, 거래 고유번호 등으로 항상 달라지는 서버 측면 요소들을 더해 암호화함으로써 매번 값이 달라지게 만들고, 해당 달라지는 값들을 서버 측면에서 검증(5분 이상 시간이 지나거나 거래 고유번호 등의 값이 맞거나 하는 등)하여 사용해야 되는 이슈가 있다. 또한 이렇게 특정 값을 무효화시키는 부분은 인증 토큰의 사용이나 세션 등에서도 마찬가지로 비슷한 이슈이긴 하다.

7. 마무리하며

이번 챕터를 마무리하면서, 암호화에 대한 얘기를 너무 장황하게 펼쳐 놓지 않았는지 염려된다. 하지만 앞서 살펴보았듯이 암-복호화 개념이 정말 많은 기술 분야 안에 응용 구조로 숨어 있기 때문에 해당 측면들을 인지하지 못한다면, 애플리케이션의 동작 및 취약점에 대해 불완전하게 이해할 가능성이 높다. 전공이 맞아 천천히 공부해서 수학적으로 깊게 이해한 사람들도 있겠지만, 그렇지 못한 경우는 적어도 논리적으로 해당 개념을 정확하게 이해하는 것이 중요하다. 그렇지 않다면 자꾸 상상의 나래를 펼치게 되어 잘못된 편견을 가지거나 지레짐작을 하게 될 수도 있기 때문이다.

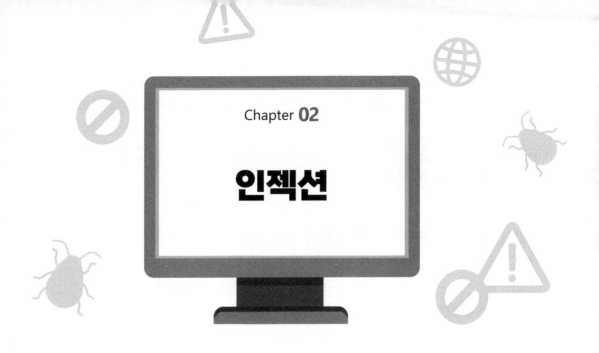

Chapter **02**

인젝션

이번 챕터는 인젝션(Injection)이라는 주제를 다루어 보겠다. 인젝션은 보안에서 악성행위라고 할 수 있는 가장 기초적이면서도 본질적인 행위라고 생각하며, 개인적으로 보안에 대해서 두 가지 키워드만 골라야 한다면, 프로그램 코드와 인젝션을 고르고 싶다.

1. 인젝션이란?

OWASP TOP 10이나 여러 보안 가이드, 책에서 취약점을 여러 가지의 타입으로 나누어 설명하고는 있지만, 현실에서는 그렇게 명확히 나눠진다고는 보긴 힘들다. 여러 가지 취약점 타입이 복합적으로 관여되어 일어나는 경우도 많고, 때로는 특별한 취약점 타입이라고 보기는 힘든 비즈니스나 설계적 관점 등에서 일어나는 경우도 있기 때문이다. 반대로 다른 관점에서 보면 모든 취약점은 그 대상이 되는 기술을 이해한다는 가정하에서 몇 가지 요소가 섞인 단순한 원리로 구성된 것처럼 보이기도 한다. 그래서 앞으로 보안을 이해하는 데 중요하다고 생각되는 하나하나의 주제를 가지고 이야기하겠지만, 때로는 다른 챕터의 주제와 이야기가 겹칠 때도 있을 것이다.

[OWASP TOP 10 - Open Web Application Security Project]
https://owasp.org/www-project-top-ten/

인젝션(Injection)은 보통 SQL 인젝션이나, 커맨드(Command) 인젝션 같이 여러 가지 종류로 구분된다. 인젝션을 묘사하는 이미지를 생각해 본다면, [그림 2-2-1]과 같이 무언가 외부의 물질이 내부로 침투되는 행위라 할 수 있다. 그렇게 침투된 바이러스가 몸 안의 생태계 및 면역 체계와 반응하여 자신의 생존에는 이롭지만 인체에 해로운 효과를 나타내는 것처럼 프로그램 안의 로직에 영향을 미쳐 공격자가 원하거나, 방어자가 예측 못한 행동을 일으키게 하는 것이 보안에서의 인젝션이라고 본다.

그림 2-2-1   인젝션 행위

보통 인젝션이 되어 들어오는 형태는 문자열, 숫자, 바이너리의 등 다양한 형태이며 (보안 쪽에서는 보통 페이로드(payload)라고 말한다) 들어온 요소들에 대해서 파서 (Parser: 구문을 분석해 처리함)나 인터프리터(Interpreter: 특정 구문을 가져와 명시된 로직을 실행하는 행위)가 정상적인 데이터라고 안심하고 실행하는 경우라고 볼 수 있다. SQL문 형태의 데이터가 들어와 나쁜 문제를 일으키면 SQL 인젝션이 되고, 커맨드 명령어가 들어와 나쁜 문제를 일으키면 커맨드 인젝션이 되고, XML 구문이 들어와 나쁜 문제를 일으키면 XML 인젝션이 되는 어찌 보면 단순한 형태라고 볼 수 있다.

인젝션을 명시적으로 무언가를 주입하는 행위가 일어나는 경우라고 단순히 개념을 제한할 수도 있지만, 좀 더 넓은 의미로 바라보면 우리가 컴퓨터나 모바일 게임을 할 때 세이브 파일을 조작해 능력치를 조작하거나, 진행 중인 스테이지를 변경하거나, 스타크래프트에서 "show me the money" 같은 자원을 채워주는 치트키를 넣거나, 게임이 실행되는 메모리 영역의 숫자를 추적해 체력 수치를 고정시키거나, 피들러(Fiddler) 같은 웹 프록시 툴로 HTTP(S) 통신을 가로채 보거나, 조작하거나, 리버싱 등으로 특정한 코드 영역이나 주소를 바꿔치기하거나 XSS, API 인자 조작, 악성 코드들이 컴퓨터에 들어와서 하는 행위 등이 사실 모두 인젝션 행위를 일으킨다고 할 수 있다.

그림 2-2-2 데이터 조작하기

왜냐하면 해킹이나 악성 코드 감염 등은 결국 무언가 정상적으로 돌아가는 시스템 안에 원하는 타입의 (나쁜) 이상을 일으키는 행위여서 시스템에 영향을 주기 위해서 인젝션 행위는 필수적이기 때문이다. 더 광의적으로 해석하자면, 프로그램 변수에 값을 넣거나 변경하는 모든 행동은 인젝션의 개념과 연결될 수 있다. 다만, 그렇게 넓게 보게 되면 앞으로 나올 모든 보안 주제들이 엇비슷하게 되어 혼란을 가져올 수 있으므로 여기서는 SQL 인젝션 같은 전통적으로 분류되는 인젝션 영역에 한정해서 얘기를 하려고 한다. 다만 앞에서 이야기했듯이, 취약점 타입이라는 것은 보안을 체계적으로 설명하기 위해 의미적으로 나눈 것일 뿐이므로, 반드시 명확하고 잘 짜인 범위로만 생각하지 않았으면 한다.

2. SQL Injection 살펴보기

먼저 인젝션 중에서 가장 많이 알려지고, 블로그나 책에서도 많이 다루는 SQL 인젝션을 다루어보고자 한다. SQL 인젝션은 그만큼 유명한 인젝션 타입이긴 하지만, 최근의 프로그래밍 언어 환경에서는 거의 멸종 위기에 도달한 타입 같기도 하다. 왜냐하면 새로 나오는 언어들이나 기존 언어들의 업데이트 버전에서는 SQL 인젝션이 쿼리 요청시 언어의 프레임워크가 대처해야 되는 당연한 보안 위협이라고 인지하여, 디폴트로 보안 방어(Prepared Statement나 등가의 ORM 형식의 쿼리 조회 방식)를 제공하기 때문이다. 아마도 많은 개발자들은 해당 언어의 SQL 호출 문법을 쓰는 것이 SQL 인젝션을 방어하게 된다는 것을 인지도 못하고 사용할 가능성이 높고, 이러한 부분이 보안이 개발 프로세스에 융합된 긍정적인 예시인 것 같다. 비슷한 예를 들면 개발의 여러 패턴들이 개발 프레임워크나 라이브러리 설계에 포함되듯이 말이다.

하지만 개인적으로 생각했을 때, SQL 인젝션은 인젝션의 원리를 설명할 때 아주 직관적인 샘플을 보여줄 수 있고 예전 언어를 사용하는 레거시 시스템은 여전히 우리 나라를 포함한 세계 곳곳에 남아 있을 것이기 때문에(마치 아직도 윈도우 XP가 남아있는 것처럼), 여전히 세계에서 가장 많이 일어나고 보안에서 많이 언급되는 항목인 듯싶다. 여기서는 SQL 인젝션의 예제 및 데이터 흐름을 보여주고, 방어 수단으로 많이 언급되는 Prepared Statement, 스토어드 프로시저(Stored Procedure)가 어떻게 나쁜 데이터를 살균(Sanitized)시키는지에 대한 원리를 살펴보려 한다.

2.1 테이블 생성 및 데이터 입력

MSSQL 설치는 부록을 참고해서 설치한다. 여기서는 너무 예제 쿼리가 간단하진 않도록 상품 정보와 거래 정보 테이블을 구현하기 위해서 supermarket, order_record 2개의 테이블을 생성해 구성하려고 한다.

부록 4를 참고해, SSMS(SQL Management Studio)에서 생성해둔 사용자인 "pyuser"로 로그인한다. 상단 메뉴에서 "새 쿼리" 아이콘을 클릭해 쿼리 창을 연 다음에 "use mytest" 명령어를 입력하고 마우스로 드래그 해 선택 후, "F5" 키를 눌러 mytest 데이터베이스로 이동한다. 또는 상단의 데이터베이스 드롭 박스 항목에서 mytest를 선택해도 된다. 쿼리 창에 아래 supermarket 테이블의 생성 쿼리를 샘플 파일에서 복사해서 테이블 생성 쿼리를 넣은 후 마우스로 드래그해 선택 후 "F5" 키를 누른다. "F5" 키를 누르는 것은 SSMS 상단 메뉴에서 "쿼리〉실행"을 선택하는 것과 동일하다.

```
CREATE TABLE supermarket(
    food_no int NULL,
    category char(20) NULL,
    food_name char(30) NULL,
    company char(20) NULL,
    price int NULL
)
```

SQL 쿼리   query_2부_2장_01.sql

하단 결과 창에 명령이 완료되었다고 뜨며, 왼쪽 트리 창의 테이블 항목을 열어 보면
방금 만든 "supermarket" 테이블이 보인다.

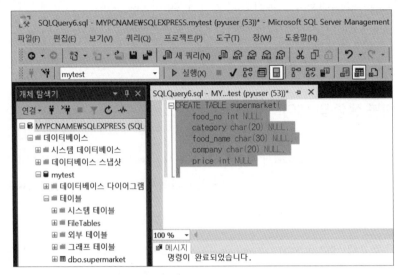

그림 2-2-3 supermarket 테이블 생성하기

이제 테이블이 생성되었으니, 데이터를 넣어 보자. 마찬가지로 아래 소스를 복사해서
쿼리 분석기에 넣고 선택 후 "F5" 키를 누른다.

```
INSERT INTO supermarket
VALUES (1, '과일', '자몽', '마트', 1500)
go
INSERT INTO supermarket
VALUES (2, '음료수', '망고주스', '편의점', 1000)
go
INSERT INTO supermarket
VALUES (3, '음료수', '식혜', '시장', 1000)
go
INSERT INTO supermarket
```

```
VALUES (4, '과자', '머랭쿠키', '카페', 3000)
```

query_2부_2장_02.sql

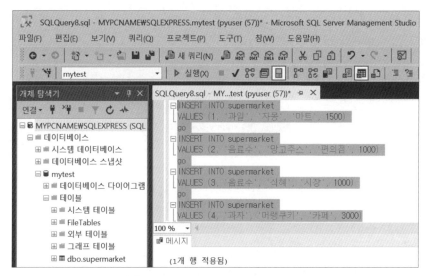

그림 2-2-4   supermarket 테이블에 데이터 입력하기

마찬가지로 주문 관련 테이블을 만들고 데이터를 넣어 보자. 과정은 동일하므로 스크
린샷은 생략한다.

```
CREATE TABLE order_record
(
    order_no int,
    member_id char(20),
    food_no int,
    buy_count int,
    buy_date datetime
)
```

SQL 쿼리   query_2부_2장_03.sql

```
INSERT INTO order_record
VALUES (1, 'tom' , 1, 3, '2021-01-01')
go
INSERT INTO order_record
VALUES (2, 'jerry' , 2, 1, '2021-01-02')
go
INSERT INTO order_record
VALUES (3, 'tom' , 3, 1, '2021-01-02')
go
INSERT INTO order_record
VALUES (4, 'tom' , 3, 2, '2021-01-03')
```

SQL 쿼리 query_2부_2장_04.sql

이후, 파이썬 코드에서 호출할 쿼리를 만들어 실행하여 결과를 확인해 보자.

```
select o.member_id, s.food_name, o.buy_count, o.buy_date, s.price,
(s.price * o.buy_count) total_price from order_record o(nolock)
join supermarket s(nolock)
on s.food_no = o.food_no
where o.member_id = 'tom' order by o.buy_count desc
```

SQL 쿼리 query_2부_2장_05.sql

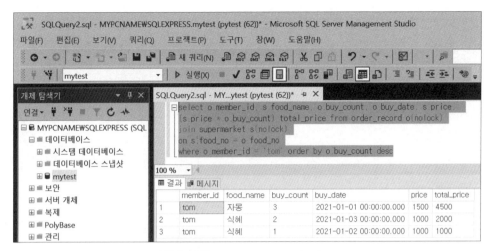

그림 2-2-5 파이썬 코드 용 쿼리 확인하기

2.2 파이썬 모듈 설치

pyodbc와 flask를 설치한다. 앞에서 이미 설치한 모듈의 경우 생략하면 된다.

```
C:\Python\security>pip install pyodbc
Successfully installed pyodbc-4.0.31

C:\Python\security>pip install flask (기 설치)
```

2.3 인젝션이 일어나는 파이썬 코드 작성

사실 파이썬의 경우는 기본적으로 Prepared SQL을 사용한 호출을 지원하기 때문에 인젝션 방어가 되긴 하지만, 여기에서는 인젝션을 보여줄 수 있는 페이지를 일부러 구성해 보려고 한다.

다음은 회원 이름을 입력하면 해당 아이디에 구입한 물품 내역을 보여주는 플라스크

기반의 파이썬 페이지이다. 우선 파이썬 페이지를 먼저 만든다. 볼드체로 된 "o.member_id"에 "search_text"를 더하는 부분이 SQL 인젝션을 일으키는 부분이다.

```python
from flask import Flask, render_template, request
import pyodbc


def get_cursor():
    # 연결 문자열을 세팅함
    server = "localhost"
    database = "mytest"
    username = "pyuser"
    password = "Test1234%^&"
    # 데이터베이스에 연결함
    mssql_conn = pyodbc.connect('DRIVER={ODBC Driver 17 for SQL Server}; \
        SERVER=' + server + '; PORT=1433;DATABASE=' + database + '; \
        UID=' + username + '; PWD=' + password)

    # 커서를 생성함
    cursor = mssql_conn.cursor()
    return cursor


cursor = get_cursor()

# flask 웹 서버를 실행함
app = Flask(__name__)


@app.route("/item_search", methods=["GET", "POST"])
def item_search():
    search_text = ""

    if request.method == "POST":
        search_text = request.form["searchText"]
```

```
search_sql = "select o.member_id, s.food_name, o.buy_count, o.buy_date, " \
            "s.price, (s.price * o.buy_count) " \
            "total_price from order_record o(nolock) " + \
            "join supermarket s(nolock) " + \
            "on s.food_no = o.food_no " + \
            "where o.member_id = '" + search_text + "' " + \
            "order by o.buy_count desc"

cursor.execute(search_sql)
result_rows = cursor.fetchall()

return render_template("sql_injection.html", rows=result_rows,
                      search_text=search_text, sql_query=search_sql)


# 이 웹 서버는 127.0.0.1 주소, 포트 5000번에서 동작하며, 에러를 자세히 표시한다.
if __name__ == "__main__":
    app.run(host="127.0.0.1", port=5000, debug=True)
```

코드 보기 sql_injection_has_vulnerability.py

해당 코드를 C:\Python\security 폴더에 sql_injection_has_vulnerability.py 이름으로 저장한다.

다음은 템플릿 파일로 앞의 암호화 쪽 예제와 비슷하게 서버로 전송되는 쿼리를 위쪽에 표시해 주고, 다음의 해당 결과를 테이블 형태로 보여준다.

```
<html>
    <head>
        <style>
            table, td, th {
                border:  1px solid black;
                text-align:  center;
            }
```

```
        table {
            border-collapse:  collapse;
        }
    </style>
    <script src="http://code.jquery.com/jquery-3.6.0.min.js" ></script>
    <script type="text/javascript">
        $(document).ready(function(){

        var search_text;
        search_text = "{{search_text}}";
        sql_query = "{{sql_query}}";
        $("#searchText").val(search_text);
        $("#query").html(sql_query)
        });
    </script>
    <title>Item Search</title>
</head>
    <body>
        <form id = "itemSearch" action = "item_search" method = "post">
            <fieldset>
                <legend>SQL Injection 실습</legend>
                검색 조건:
                <input type="text" id="searchText" name="searchText">
                <input type="submit" name="button" value="조회">
            </fieldset>
        </form>



        <h3>사용되는 SQL 쿼리 보기</h3>
        <div id ="query"> </div>
        <hr>

        <table>
            <thead>
                <th>회원아이디</th>
```

```
            <th>구매물품</th>
            <th>구매수량</th>
            <th>구매일</th>
            <th>구매단가</th>
            <th>총구매금액</th>
        </thead>
        <tbody>
        {% for row in rows %}
            <tr id=rows{{loop.index}}>
            {% for data in row %}
                <td id=data{{loop.index}}>{{data}}</td>
            {% endfor %}
            </tr>
        {% endfor %}
        </tbody>
      </table>
    </body>
</html>
```

코드 보기 sql_injection.html

해당 코드를 C:\Python\security\templates 폴더에 sql_injection.html 이름으로 저장한다.

2.4 SQL 조회 페이지 보기

기존 실행했던 서버가 있다면 "Ctrl+c"로 종료 후, 웹 서버를 실행한다.

```
C:\Python\security>python sql_injection_has_vulnerability.py
* Running on http://127.0.0.1:5000/ (Press Ctrl+C to quit)
```

브라우저 주소창에 http://127.0.0.1:5000/item_search 주소로 이동하여, 다음과 같이 원하는 아이디를 넣고, 조회 버튼을 누르면 해당 아이디가 구입한 물품이 나타나는 간단한 화면이 나오게 된다. 상단에는 인젝션이 일어나는 쿼리를 살펴보기 위해서 데이터베이스로 가고 있는 쿼리를 표시하게 했다. 상단의 쿼리를 보면 위의 where 조건에 있는 member_id에 사용자가 입력한 tom 아이디가 결합됨으로써, tom이 구입한 물품을 가져오는 것을 볼 수 있다.

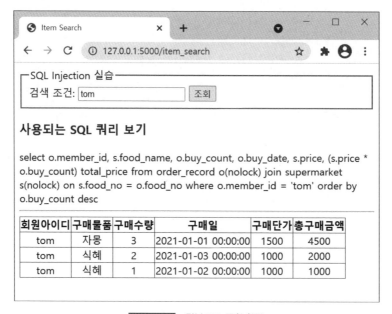

그림 2-2-6 기본 SQL 조회 화면

2.5 SQL 인젝션 시연하기 - 쿼리 자유롭게 실행하기

앞에서 인젝션은 외부에서 들어온 구문을 해석하는 파서나 인터프리터의 문제라고 얘기했듯이 SQL 인젝션은 프로그램에서 던지는 쿼리와 해당 쿼리를 처리하는 서버 사이의 문제이다. 여기서 순진한 SQL 서버는 보내준 그대로 실행을 하는 것일 뿐이니 큰 잘못은 없다고 볼 수 있고, 파이썬 프로그램이 공격자가 입력한 나쁜 의도의 쿼리를 그대로 SQL 서버로 던져서 일어난다고 보는 것이 맞다. SQL 인젝션은 프로그램을 잘 속여 SQL 서버로 원하는 쿼리를 보내 실행시키는 것이 목적이어서 SQL 서버 종류별로 문법의 차이 때문에 악용되는 기법이 조금씩 다른 부분이 있다. 하지만 서버별 SQL 의 차이를 이해한다면 원하는 행동을 얼마나 쉽게 일으킬 수 있는가 차이이지, 본질적 으로 문제는 같다고 볼 수 있다.

특히, 모든 SQL 서버에서 문법 문자로 사용하는 작은따옴표(')나 큰따옴표(")의 경우 기본적인 SQL 인젝션이 존재하는지를 판단하기에 적절하다. 물론 블라인드 SQL 인젝 션(Blind SQL Injection)과 같은 쿼리의 응답 시간이나 페이지의 응답 형태로 추측하는 한 단계 더 꼬여 있는 기법도 있지만, SQL의 미묘한 문법을 이용해 SQL 서버가 입력 한 쿼리에 영향을 받는지를 추정한다는 부분에서는 동일하다고 봐도 된다. 그러면, 앞 화면에서 작은따옴표(') 하나만 넣어서 조회를 해보자.

그림 2-2-7 기본적인 SQL 인젝션 에러

사실 운영 단계의 웹 사이트들은 에러 시 사용자 친화적인 공통 에러 페이지("사용에 불편을 드려 죄송합니다" 같은 메시지가 나오는)로 가도록 설정이 되기 때문에 위와 같은 자세한 에러 페이지를 쉽게 만나기는 어렵다. 하지만 여기서는 SQL 인젝션의 원리를 설명하기 위해서 일부러 자세한 에러를 보이도록 설정했다고 가정하자. 쿼리 실행 부분에서 에러가 나서 화면에 전체 쿼리는 못 뿌리는 형태이지만, 위의 SQL 서버로 전달되는 쿼리를 생각해 보면 where o.member_id = 'tom' order by o.buy_count desc의 원래 쿼리가 o.member_id = ''' order by o.buy_count desc 식으로 입력되어, SQL 문법에서 사용하는 작은따옴표가 3개가 되므로, SQL 문법이 깨지게 된다. 실제 MSSQL 서버에서 반환된 에러 메시지도, 따옴표의 짝이 안 맞는다는 에러가 나온다. 궁금하다면 아래 쿼리를 SSMS 쿼리 창에서 실행시키면 같은 에러를 볼 수 있다.

```
select o.member_id, s.food_name, o.buy_count, o.buy_date, s.price,
(s.price * o.buy_count) total_price from order_record o(nolock)
join supermarket s(nolock)
on s.food_no = o.food_no
where o.member_id = ''' order by o.buy_count desc
```

SQL 쿼리   query_2부_2장_06.sql

일반적으로 저런 에러를 보게 된다면 SQL 인젝션이 된다는 사실을 확신하고 여러 시도를 해볼 수 있게 된다. 다음엔 입력 인자로 tom'을 넣는다. 여전히 쿼리를 생각해 보면 'tom''으로 작은따옴표 수가 맞지 않아서 SQL 문법을 깨뜨리므로, 그림 2-2-8과 같이 비슷한 에러가 나게 된다.

이제부터 미묘한 부분이 시작되는데, 그림 2-2-9처럼 MSSQL에서 그 뒤에 나온 문장을 주석 처리를 해주는 효과를 지닌 -- 문자를 이용해서 tom'--이라고 넣어보자. 이번에는 -- 표시로 인해서 뒤의 ' order by o.buycount desc 문장이 모두 주석 처리되어서, 실제 유효한 쿼리는 ~'tom' --까지가 되어서 문법이 깨지지 않기 때문에 정상적인 쿼리 결과가 나오게 된다. 대신 주석 뒤의 order by 문장은 무시되어 정렬이 깨져서 나온다. 조회 창에 뜬금없이 나온 ' 문자는 '에 해당하는 HTML 인코딩 문자로 크롬에서 자동으로 변환해서 보여주는 것이다.

그림 2-2-8   tom' 에러

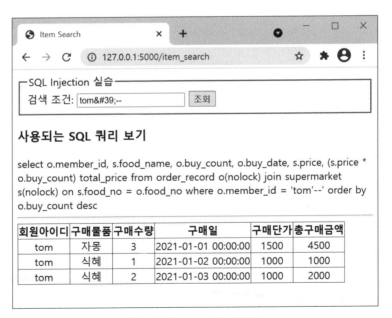

그림 2-2-9   SQL 에러 회피하기

그러면 이제부터는 상상하는 데로 원하는 문법을 조합하여 자유롭게 쿼리를 만들 수 있게 된다. tom' and o.buy_count = 3 -- 값을 넣어서 구매 수량이 3개인 건만 가져올 수도 있다.

그림 2-2-10 where문 조작

그러면 이 시점에서, "이게 어때서?"라고 생각하는 사람이 있을 수 있다. 원래 저 페이지는 해당 테이블들을 조회하는 쿼리였고, 인덱스를 좀 이상하게 타면 데이터베이스에 부하를 줄 수 있기는 하겠지만(이건 DB 부하 측면에서의 DDOS 공격이 될 수도 있는 측면이긴 하다), 보안적으로 정말 위험한 건가 하는 생각을 가질 수도 있다. 사실 이제부터는 상황에 따라 다르다고 보면 된다. 운이 좋으면 심각한 문제가 일어나지 않을 수도 있지만, 어쩌면 매우 큰 일이 일어날 수도 있다(잠재적으로 문제가 발생할 수 있는 중요한 취약점이라 바로 수정해야 하긴 한다).

2.6 SQL 인젝션 시연하기 – 개인정보 테이블 조회

우선 데이터베이스나 보안 관련된 직원이 없는 많은 작은 회사들은, 애플리케이션에서 사용하는 데이터베이스 계정을 기본 계정인 관리자나 DB Owner 계정으로 사용하고 있을 수 있다. 권한을 나누는 방법을 잘 모르거나 권한을 세분화하면 관리 리소스가 많이 들고 복잡해지기 때문이다. 또한 해당 계정에 특정한 SQL 명령어 군에 대한 실행 제약이 없을 가능성도 높다. 설정에 따라 SQL문을 이용해 시스템 명령어도 실행할 수도 있다. 엎친 데 덮친 격으로 해당 테이블과 같은 데이터베이스 내에 회원들의 개인정보 테이블이 있을 경우도 있다. 다른 데이터베이스에 있더라도 접근을 못한다고 하긴 어렵지만, 아무래도 환경 및 난이도에 따라 추가 영향을 받게 된다.

최악의 경우를 일으키기 위해서(개인정보가 잘못 유출되면 법정에 갈수도 있으니), 개인정보 테이블을 하나 동일한 mytest 데이터베이스에 만들어 보자. SSMS에서 secret_member 테이블을 하나 만들고, 가상의 회원정보를 한 건 넣는다.

```
CREATE TABLE secret_member(
member_id char(20),
member_name char(20),
mobile_number char(20),
email char(30)
)
go
INSERT INTO secret_member VALUES('admin', '홍길동', '010-xxxx-2222', 'test@test.com')
```

SQL 쿼리   query_2부_2장_07.sql

그럼 이제 SQL 문법 중에 인젝션에 단골로 사용되는 "union all"이라는 문법을 써보자. 해당 문법은 서로 다른 테이블의 내용을 가져와서 select문 뒤의 컬럼들의 데이터 형만 맞춰 주면, 마치 하나의 테이블에서 가져온 것처럼 결과를 합쳐서 반환하는 방식이다.

화면에 tom' union all select member_id + ' / ' + member_name + ' / ' + mobile_number + ' / ' + email, '', 0, '2021-01-01', 1, 1 from secret_member(nolock) -- 문장을 넣고 조회를 하게 되면, 기존 프로그램에서 조회하던 테이블과 전혀 상관없는 secret_member 테이블로부터 데이터를 함께 조회해 와서, 화면 하단에 같이 뿌려주게 된다. 만약 해당 테이블에 개인정보가 있다면 SQL 서버에 대한 접근 계정이 안전하게 회사 내부에서 보호되고 있더라도, 외부에서 해당 페이지에 의해 쉽게 개인정보가 모두 유출되는 어이없는 상황이 벌어질 수 있다. 물론 애플리케이션 방화벽 같은 추가적인 방어 장비들도 잘 피해가야 하겠지만 말이다. 아마도 이런 취약점이 있는 회사라면 불행하게도 그런 장비가 없거나, 있더라도 형식적으로 운영될 가능성이 높을 것 같다.

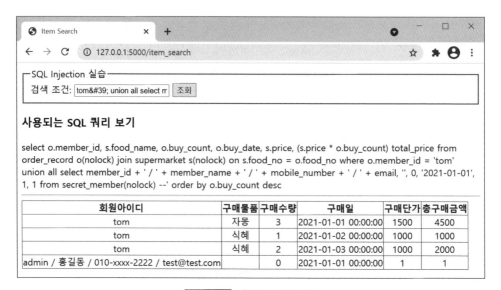

그림 2-2-11 회원정보 가져오기

한 발 더 나아가, 만약 무언가를 털어갈 테이블이 없어서 실망한 공격자가 다음과 같은 쿼리를 날린다고 가정해 보자. tom'; drop table secret_member; commit tran -- 해당 애플리케이션의 데이터베이스 계정 권한이 과도하게 있다면 해당 테이블이 아예 삭제되어 버린다. ";"는 MSSQL에서 명령어의 연결을 나타내서, 위의 3개의 명령어가 같이 실행되어 버린다. 마지막 commit tran은 현재 파이썬 페이지가 셀렉트만 있어서 커밋을 하지 않는 구조이기 때문에 명령어 상으로 drop table을 수행한 결과를 최종으로 데이터베이스에 반영하도록 하기 위해서 넣었다.

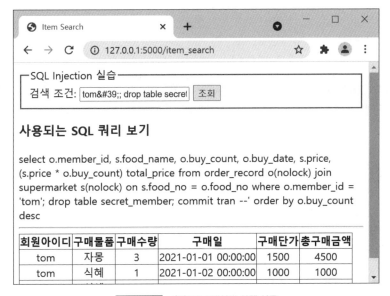

그림 2-2-12 회원정보 테이블 삭제 시도

화면을 보면 특별한 일이 일어나지 않은 것 같이 보이지만, 해당 테이블을 조회해 보면 삭제되고 없음을 알 수 있다. 실제라면 엄청나게 큰일이 발생한 것이다.

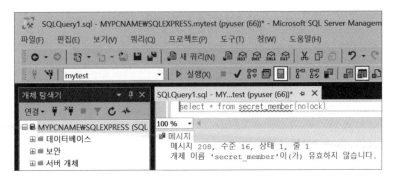

그림 2-2-13 삭제된 회원정보 테이블

마지막으로 해당 테이블이나 컬럼명을 알아내는 방법은 비슷하게 각 DBMS 고유의 컬럼이나 테이블들을 조회하는 여러 문법을 이용하면 된다. 여기서는 다음의 문장을 입력하면 애플리케이션이 접속한 데이터베이스의 모든 사용자 테이블과 관련된 컬럼을 모두 알아낼 수 있게 한다. SQL 인젝션을 수행해 준다는 툴들이 이런 부분들을 자동화했다고 보면 된다.

```
tom' union all select s.Name, c.Name, 0, '2021-01-01', 0, 0 FROM sys.columns c
join sys.objects s on c.object_id = s.object_id where s.type = 'U' --
```

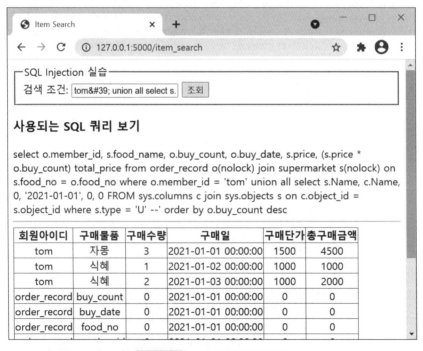

그림 2-2-14 테이블과 컬럼 이름 얻기

이렇게 SQL 문법과 미묘한 문법의 의미를 잘 이해한다면 SQL 인젝션 이해가 용이하다. 반대로 SQL 문법을 잘 모른다면 공부할 부분이 너무 많아지면서 SQL 인젝션은 이해하기 어렵다고 생각하게 될 것이다.

3. SQL 인젝션 기본 방어 전략

그렇다면, 이렇게 나름 무시무시한 SQL 인젝션을 방어하려면 어떻게 하는게 좋을까? 여러 블로그 등에도 많은 가이드가 나오지만 구글에 "owasp sql injection cheet sheet"라고 검색하면, OWASP에서 가이드 하는 내용이 나온다. 개인적으로 초보자를 위한 세부적 기술 설명은 부족해 조금 아쉽지만, 내용 자체는 군더더기 없이 잘 정리되어 있다고 생각한다.

```
[OWASP 사이트 - SQL Injection Prevention Cheat Sheet]
https://cheatsheetseries.owasp.org/cheatsheets/SQL_Injection_Prevention_Cheat_
Sheet.html
```

내용을 보면 순서대로 Prepared Statements(with 파라미터화된 쿼리), 스토어드 프로시저(Stored Procedures), 허용 리스트 베이스의 입력 확인(Allow-List Input Validation), 모든 사용자 입력의 이스케이핑 처리(Escaping All User Supplied Input)로 되어 있고, 부가 조치로 권한을 제한하라고 한다.

해당 페이지에도 얘기되듯 이스케이핑 처리는 정말 다른 방법이 없거나, 레거시 시스템이라서 수정할 범위가 넓고 사이트 이펙트가 너무 커서 당장 전체를 수정하기 어려운 경우, 임시적 조치로 사용하는 것이 맞는 듯하고, 허용 리스트 베이스로 입력 확인을 하는 것은 사실 수많은 쿼리에 대해서 경우의 수도 따져봐야 하고, 범용적인 화이트 리스트를 구축하기도 쉽지 않아서 설명했듯이 2차적 방어 요소로 생각하고 사용하면 좋을 듯싶다. 여기서는 Prepared Statements와 스토어드 프로시저 2개를 구현해서 공격 데이터가 실제 어떻게 방어되는지 보려고 한다.

4. 방어 전략 1 - Prepared Statements 살펴보기

Prepared Statements는 사실 원래 최초부터 SQL 인젝션을 방어하기 위해서 나온 개념은 아니라고 본다. 원래는 데이터베이스의 실행 계획이 다양하면 성능상 별로 좋지 않으니 항상 일정한 실행 계획을 가질 수 있도록 프로그램에 일종의 구조적인 족쇄를 채우는 개념에 가깝다. 쿼리의 실행 계획이란 프로그램을 컴파일하듯, 쿼리를 어떻게 서버 내에서 해석해서 최대한 빠르고 효율적으로 결과를 낼지를 결정하는 과정이라고 보면 된다. 먼저, 인자가 없는 쿼리의 틀만 짜서 SQL 서버로 우선 보내고, 이후 인자들을 보내게 되면, SQL 서버는 쿼리를 이용해서 실행 계획을 세우고, 이후 인자들을 데이터로 공급해서 일정한 퍼포먼스를 보장하도록 실행 계획을 재사용하는 개념으로 만들어진 것으로 이해된다.

그 과정에서 인자들이 쿼리의 문법 요소가 아닌 데이터로 다루어진다는 부분에서, 앞에서와 같이 인자를 삽입해 SQL 서버가 문법 요소로 오해하게 하여 실행되는 부분을 방지하게 되는 부수적인 이익이 생기게 된다.

4.1 Prepared Statements 방식으로 프로그램 고치기

Prepared Statements는 보통 언어마다 라이브러리에서 지원해준다(가끔 지원을 안 하는 예전 언어인 ASP 같은 경우도 있다). 앞의 코드를 Prepared Statements 호출 방식으로 수정해 만들어 보자. 간단하게 볼드체 2줄만 수정함으로써 Prepared Statements 사용되게 된다. 문법을 보면 문자열을 더하던 부분을 "?" 표시로 대체하고, cursor.execute 메서드에 물음표가 들어간 쿼리와 인자를 순서대로 넣는다. 이후의 과정은 우리가 설치했던 pyodbc에서 알아서 Prepared Statements 방식으로 쿼리를 SQL 서버로 보내 준다. 템플릿 파일은 그대로 사용한다.

```python
from flask import Flask, render_template, request
import pyodbc


def get_cursor():
    # 연결 문자열을 세팅함
    server = "localhost"
    database = "mytest"
    username = "pyuser"
    password = "Test1234%^&"

    # 데이터베이스에 연결함
    mssql_conn = pyodbc.connect('DRIVER={ODBC Driver 17 for SQL Server}; \
        SERVER='+server+'; PORT=1433;DATABASE='+database+'; \
        UID='+username+'; PWD='+ password)

    # 커서를 생성함
    cursor = mssql_conn.cursor()
    return cursor


cursor = get_cursor()

# flask 웹 서버를 실행함
app = Flask(__name__)

@app.route("/item_search", methods=["GET", "POST"])
def item_search():
    search_text = ""

    if request.method == "POST":
        search_text = request.form["searchText"]

    search_sql = "select o.member_id, s.food_name, o.buy_count, o.buy_date, " \
                "s.price, (s.price * o.buy_count) " \
                "total_price from order_record o(nolock) " + \
```

```
                    "join supermarket s(nolock) " + \
                    "on s.food_no = o.food_no " + \
                    "where o.member_id = ? " + \
                    "order by o.buy_count desc"

        cursor.execute(search_sql, search_text)
        result_rows = cursor.fetchall()

        return render_template("sql_injection.html", rows = result_rows,
            search_text = search_text, sql_query = search_sql)


# 이 웹 서버는 127.0.0.1 주소, 포트 5000번에서 동작하며, 에러를 자세히 표시한다.
if __name__ == "__main__":
    app.run(host='127.0.0.1', port=5000, debug=True)
```

파이썬 코드 sql_injection_patch_prepared_statements.py

해당 코드를 C:\Python\security 폴더에 sql_injection_patch_prepared_statements.py 이름
으로 저장한다.

4.2 Prepared Statements 방식으로 방어된 페이지 보기

이전 웹 서버가 있다면 "Ctrl+c"를 눌러 종료하고, 새로운 파일로 웹 서버를 시작한다.

```
C:\Python\security>python sql_injection_patch_prepared_statements.py
* Running on http://127.0.0.1:5000/ (Press Ctrl+C to quit)
```

브라우저에서 http://127.0.0.1:5000/item_search 주소로 이동하여, 앞서 입력창에
SQL 인젝션을 확인했던 tom'을 넣어서 전송한다. 해당 값은 문법 요소가 아닌 문자열
상수로 취급되어 에러가 나지 않고 결과만 없게 된다. 기타 여러 가지 이상한 값들을

넣어도 문제가 없다.

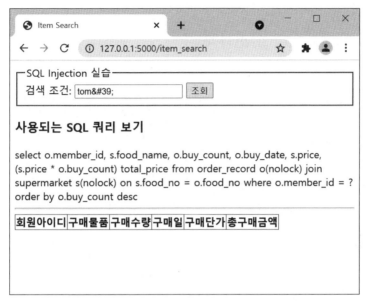

그림 2-2-15 Prepared Statements로 방어된 페이지

4.3 Prepared Statements 방어 원리 보기

여기서 적당히 멈출 수도 있지만, 앞의 화면에서 에러가 나지 않은 결과만 가지고 내부로 들어간 인자가 문법 문자가 아닌 일반 문자열로 취급되었다는 것이 증명은 되지 않을 것이다. 이 책의 목표가 흘러가는 데이터를 살펴보는 데에 있으니, 하나의 테스트 페이지를 통해서 Prepared Statements 가 어떻게 입력한 공격 데이터를 무력화하는지 살펴보자.

4.3.1 검증 테이블 만들기

먼저 MSSQL에서 이스케이프 처리가 어떻게 되는지 살펴보기 위해, escape_test라는 테이블을 하나 만들고 hey, hey', hey" 3개의 문자를 각각 입력해 보자. 여기서는 처음에 create table문을 먼저 선택해 실행하고, 그 뒤에 INSERT문을 한 줄씩 선택해서(한꺼번에 선택하면 중간에 에러가 나면서 멈춘다) 차례로 실행해 본다. 실행하다 보면 두 번째 INSERT문은 hey 뒤에 작은따옴표가 2개 있어("") 문법 에러가 나면서 입력이 안 되고, 세 번째 INSERT문은 3개의 작은따옴표 중 앞의 2개가 ' 문자를 이스케이프 한 문자로 처리하여 실제 hey' 문자가 입력된다.

```
CREATE TABLE escape_test
(
    my_text char(30)
)
go
-- 괜찮음
INSERT INTO escape_test VALUES('hey')
-- 에러 남
INSERT INTO escape_test VALUES('hey'')
-- escape 처리됨
INSERT INTO escape_test VALUES('hey''')
```

SQL 쿼리   query_2부_2장_08.sql

실제 들어간 데이터를 셀렉트해서 보자. 세 번째 INSERT 구문해서 이스케이프 처리되어 hey'가 들어간 것이 보인다.

```
select * from escape_test(nolock)
```

SQL 쿼리   query_2부_2장_09.sql

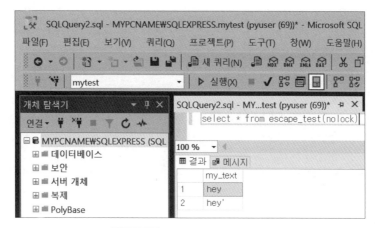

그림 2-2-16 이스케이프 처리한 데이터

4.3.2 Prepared Statements를 사용한 입력 프로그램 만들기

앞의 Prepared Statements 페이지를 값을 넣으면 escape_test 테이블에 해당 값을 넣는 페이지로 수정해 보자. 기존 페이지와 템플릿을 대부분 유지하고, 주제와 상관없는 잡다한 변경을 최소화하기 위해서 쿼리하는 부분만 조금 변경했다. 값을 넣지 않은 경우는 "아무것도 안함"이라고 표시하고, 값을 넣어 조회 버튼을 클릭한 경우는 "insert함"이라는 문구와 사용자가 입력한 값을 옆에 표시하게 했다. 템플릿 파일 수정은 없다.

```python
from flask import Flask, render_template, request
import pyodbc


def get_cursor():
    # 연결 문자열을 세팅함
    server = "localhost"
    database = "mytest"
    username = "pyuser"
    password = "Test1234%^&"

    # 데이터베이스에 연결함
```

```python
    mssql_conn = pyodbc.connect('DRIVER={ODBC Driver 17 for SQL Server}; \
        SERVER='+server+'; PORT=1433;DATABASE='+database+'; \
        UID='+username+'; PWD='+ password)

    # 커서를 생성함
    cursor = mssql_conn.cursor()
    return cursor

cursor = get_cursor()

# flask 웹 서버를 실행함
app = Flask(__name__)

@app.route("/item_search", methods=["GET", "POST"])
def item_search():
    search_text = ""

    if request.method == "POST":
        search_text = request.form["searchText"]

    search_sql = "insert into escape_test values(?)"

    if search_text:
        cursor.execute(search_sql, search_text)
        result_rows = [["insert 함", search_text, "", "", "", ""]]
    else:
        result_rows = [["아무것도 안함", "", "", "", "", ""]]

    return render_template("sql_injection.html", rows = result_rows,
        search_text = search_text, sql_query = search_sql)


# 이 웹 서버는 127.0.0.1 주소, 포트 5000번에서 동작하며, 에러를 자세히 표시한다.
if __name__ == "__main__":
    app.run(host='127.0.0.1', port=5000, debug=True)
```

코드 보기   sql_injection_prepared_statement_insert.py

해당 코드를 C:\Python\security 폴더에 sql_injection_prepared_statement_insert.py 이름으로 저장한다.

4.3.3 Prepared Statements를 사용한 입력 데이터 확인

이전 웹 서버를 "Ctrl+c"를 눌러 종료하고, 새로운 파일로 웹 서버를 시작한다.

```
C:\Python\security>python sql_injection_prepared_statement_insert.py
 * Running on http://127.0.0.1:5000/ (Press Ctrl+C to quit)
```

브라우저에서 http://127.0.0.1:5000/item_search를 호출한 후, 입력란에 아까 SQL 인젝션을 확인했던, tom' --을 넣어서 전송한다.

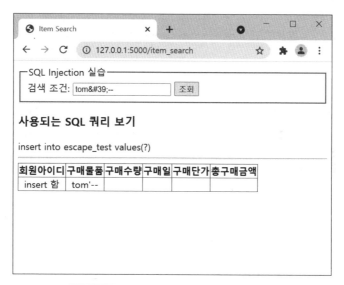

그림 2-2-17 Prepared Statements를 이용한 입력

실제 데이터베이스에 어떻게 들어갔는지 확인해 보면, 마치 아까 작은따옴표 2개를 통해서 이스케이프 처리를 한 것처럼, 사용자가 입력한 문자열 그대로 저장되어 있다. 내부 전달 과정에서 "문자열로 취급 및 이스케이프 처리"가 같이 일어난다고 생각

할 수 있을 것 같다. 이 과정을 통해 고정된 실행 계획을 가지도록 정적 쿼리로 설계된 Prepared Statements가 사용자가 입력한 문자열을 문법 요소가 아닌 문자열 상수로 취급 하다는 것을 간접적으로 살펴볼 수 있지 않았나 생각한다.

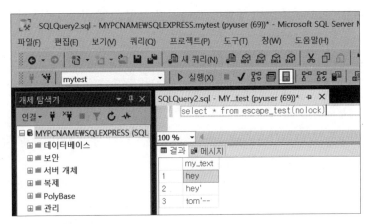

그림 2-2-18 Prepared Statements를 이용해 입력한 데이터

다시 돌아가서, Prepared라는 의미를 생각해 보면 SQL 서버에서 미리 쿼리 실행 전략 을 고정시켜 세울 수 있도록 준비한다는 의미가 된다. 이렇게 전략이 결정되면, 다음 에 다시 전략을 계산하기 전에는 컴파일된 바이너리와 같이 고정된 전략을 가지게 된 다. SQL문에서 전략에 영향을 미치는 요소가 join, union 등의 연산자나 where문에서 언급하는 컬럼명 등의 구조에 영향을 주는 문법 요소들이기 때문에, 결국 SQL문이 입 력되는 상수들을 빼고는 내부적인 문법 구조가 고정되어 버리는 효과를 가지게 된다.

그래서 바깥에서 아무리 문법 문자에 해당하는 문자열들을 내부에 인젝션하더라도, 이 미 고정된 구조는 유지한 채 문법 요소에 영향을 주지 못하고 입력되는 문자열 상수로 만 취급된다. 아마도 이는 최초에는 시간이 많이 걸리는 쿼리 실행 계획을 재사용 함 으로서 성능적인 이점을 가지게 되는 데서 출발한 것 같은데, 해당 방식이 SQL 인젝션 을 근본적으로 예방 가능한 특징을 가지고 있어서 SQL 인젝션의 으뜸 가는 방어 권고 요소가 된 듯하다.

5. 방어 전략 2 – 스토어드 프로시저(Stored Procedure) 살펴보기

굳이 이렇게 하나 더 시연을 하는 이유는 문제점을 없애는 데에 정답이 하나밖에 없는 건 아니라는 점을 보여주고 싶은 이유 때문이기도 하다. 먼저, 스토어드 프로시저가 무엇인지 알아보자. 스토어드 프로시저는 간단히 설명하면 SQL 서버 내에 저장되어 있는 바깥에서 호출이 가능한 메서드라고 생각하면 된다. 물론 MSSQL은 스토어드 프로시저와 별개로 진짜 함수라 불리는 문법도 있긴 하지만, 개념적으로 외부에서 접근 가능한 함수라고 생각하면 이해가 편할 듯싶다. 메서드와 마찬가지로 입력과 출력을 가지고 있으며, 인자가 있을 수도 없을 수도 있다. 프로그램에서는 인자에 값을 넣어 스토어드 프로시저를 호출하면, 해당 결과가 SQL문을 실행한 것과 마찬가지로 프로그램으로 반환된다. 실제 스토어드 프로시저 내부는 SQL 문법으로 이루어져 있다.

5.1 스토어드 프로시저 만들기

SSMS에서 스토어드 프로시저를 하나 만들어 보자. 거의 SQL과 같지만, 앞에 CREATE PROCEDURE문이 있고 그 다음에 입력인자 @memb_id가 딸려온다. 내부 문법을 보면 Prepared Statements와 비슷하게 o.member_id = @memb_id 부분에서 스토어드 프로시저로 넘어온 인자를 쿼리와 합쳐 필요한 조건문을 만든다(앞의 pyodbc의 물음표 대신 MSSQL에서는 @변수이름을 사용했다고 생각하면 될 듯하다). 테이블 만들 듯이 같은 방법으로 생성해 보자.

```
CREATE PROCEDURE Select_Buy_Items
    @memb_id char(20)
AS
    select o.member_id, s.food_name, o.buy_count, o.buy_date, s.price,
    (s.price * o.buy_count) total_price from order_record o(nolock)
    join supermarket s(nolock)
```

```
  on s.food_no = o.food_no
  where o.member_id = @memb_id
  order by o.buy_count desc
```

SQL 쿼리 query_2부_2장_10.sql

해당 프로시저를 SSMS에서 실행하는 방법도 Prepared Statements 호출 방식과 비슷하다.

```
exec Select_Buy_Items 'tom'
```

SQL 쿼리 query_2부_2장_11.sql

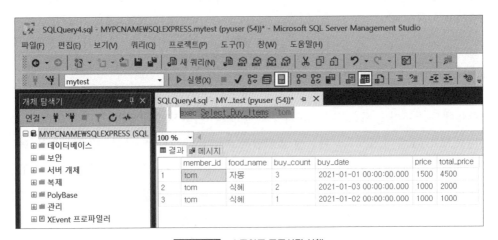

그림 2-2-19 스토어드 프로시저 실행

5.2 스토어드 프로시저 방식으로 프로그램 고치기

이제, 기존 Prepared Statements 방식 페이지를 수정해 스토어드 프로시저를 호출하도록
변경해 보자. 쿼리 부분만 조금 고치면 변경이 된다.

```
from flask import Flask, render_template, request
import pyodbc


def get_cursor():
    # 연결 문자열을 세팅함
    server = "localhost"
    database = "mytest"
    username = "pyuser"
    password = "Test1234%^&"

    # 데이터베이스에 연결함
    mssql_conn = pyodbc.connect('DRIVER={ODBC Driver 17 for SQL Server}; \
        SERVER='+server+'; PORT=1433;DATABASE='+database+'; \
        UID='+username+'; PWD='+ password)

    # 커서를 생성함
    cursor = mssql_conn.cursor()
    return cursor


cursor = get_cursor()

# flask 웹 서버를 실행함
app = Flask(__name__)

@app.route("/item_search", methods=["GET", "POST"])
def item_search():
    search_text = ""

    if request.method == "POST":
        search_text = request.form["searchText"]

    search_sql = "{CALL Select_Buy_Items (?)}"

    cursor.execute(search_sql, search_text)
```

```
    result_rows = cursor.fetchall()

    return render_template("sql_injection.html", rows = result_rows,
        search_text = search_text, sql_query = search_sql)


# 이 웹 서버는 127.0.0.1 주소, 포트 5000번에서 동작하며, 에러를 자세히 표시한다.
if __name__ == "__main__":
    app.run(host='127.0.0.1', port=5000, debug=True)
```

파이썬 코드   sql_injection_patch_stored_procedure.py

해당 코드를 C:\Python\security 폴더에 sql_injection_patch_stored_procedure.py 이름으로
저장한다.

5.3 스토어드 프로시저 방어 결과 보기

이전 웹 서버를 "Ctrl+c"를 눌러 종료하고, 새로운 파일로 웹 서버를 시작한다.

```
C:\Python\security>python sql_injection_patch_stored_procedure.py
* Running on http://127.0.0.1:5000/ (Press Ctrl+C to quit)
```

마찬가지로 tom' --을 넣어도 안전하게 방어해준다.

그림 2-2-20   스토어드 프로시저 방어 화면

혹시 이전과 비슷하게 이스케이프 테스트를 해보고 싶다면, 다음과 같은 인서트 형태의 프로시저를 하나 생성해서 테스트해봐도 된다(결과가 동일하니 시연은 생략한다).

```
CREATE PROCEDURE Insert_Escape_Text
    @mytext char(30)
AS
    insert into escape_test
    values (@mytext)
```

SQL 쿼리   query_2부_2장_12.sql

결과적으로 보면 스토어드 프로시저와 Prepared Statements의 효과는 비슷하다. 미리 실행 계획도 세우고, 인자는 상수로 취급된다. 조금 더 생각해보면 스토어드 프로시저쪽이 통제 면에서는 좀 더 강력할 수 있는데, 왜냐하면 Prepared Statement 같은 경우는 프로그램 쪽에서 원하는 대로 수정이 가능한 요소지만, 스토어드 프로시저는 데이터베이스에 저장된 프로그래밍 개념이므로, 일반적으로 DBA 쪽에서 통제를 하는 경우가 많기 때문이다. 따라서 프로그램을 수정한다고 MSSQL 내부에 있는 쿼리를 변경시킬수는 없으므로 좀 더 보안적으로는 강력하다고 본다. 물론 유연성 면에서는 떨어진다고 볼 수도 있겠지만, 해당 부분은 NoSQL의 스키마 변경이 RDB보다 자연스러운 부분처럼 항상 장단점이 있다고 본다.

다만, 스토어드 프로시저는 내부를 마음대로 만들 수 있는 쿼리여서 프로시저 내부에서 받은 인수를 문자열로 재조합하는 방식이라면(예를 들어 해당 인자를 스토어드 프로시저 내부에서 다시 한 번 조합해 where문 뒤에 명시적으로 합친다거나), SQL 인젝션이 일어날 수도 있다. 물론 이렇게 쓰는 건 적절한 스토어드 프로시저 이용법은 아니지만, 해당 기술에 이해가 적은 프로그래머가 만든다면 일어날 가능성이 없지는 않다. 내부에서 단일 CRUD로 만드는 게 일반적이기는 한다.

6. SQL 인젝션 방어 전략 정리

앞에서 파이썬 샘플을 통해서 데이터가 어떻게 악용되고, Prepared Statements나 스토어드 프로시저를 통해서 어떻게 방어가 되는지를 살펴봤다. 사실 인젝션이나 뒤에서 살펴볼 크로스사이트 스크립팅(XSS) 같은 문제들은 데이터베이스나 브라우저의 종류에 따라서 공격 케이스가 달라져서 경우의 수를 모두 고려하여 개발자나 보안 엔지니어가 로직을 고안해 필터링하기에는 복잡한 요소들이 많다. 왜냐하면 해당 인젝션의 대상이 되는 다양한 종류의 파서의 동작을 세밀한 부분까지 잘 이해해야 하기 때문이다. 그러므로 앞에서 보인 단순하면서도 안정되고, 공식적인 방어 기법에 의존하는 것이 좋다. 다만 앞에서 설명했듯, 왜 방어가 되는지에 대해서 데이터 관점에서 이해해야, 혹시나 예외적인 상황이 생겼을 때 해당 데이터를 추적하고 예외가 발생한 원인을 찾아 적절한 방어 전략의 수정을 할 수 있지 않을까 생각한다.

또한 OWASP에서도 부가적인 방어라고 언급했지만, 직접적인 방어 말고도 인젝션에 추가로 영향을 미치는 어찌 보면 더 중요한 요소들이 추가로 있다. 하나는 애플리케이션 실행 계정이 필요한 최소 권한으로 필수 테이블만 조회할 수 있게 하고, 스키마 변경이나 시스템 함수 기능 등의 실행은 막는 등의 부분이다. 또한 이 부분은 프로그램만이 아니라 조회 권한을 가진 사람들의 악용까지도 최소한으로 만든다. 이와 더불어 각각의 변수의 타입 검증 등 외부 입력 변수에 대한 정확한 설계 및 검증 등이 함께 이루어지면 더더욱 안전한 설계가 될 듯싶다. 해당 부분은 심층 방어(Defense in Depth)라는 개념에서 다루듯이, 하나의 방어가 혹시나 뚫리더라도, 다른 방어1가 막게 되는 안전한 시스템을 지향하게 된다. 다중 필터 마스크라고 생각하자.

물론 이런 다층적 방어 부분은 사용성이나 설계 변경의 용이성과는 충돌이 되는 경우가 생길 가능성도 높아서 여러 부서들의 이해관계를 기반으로 적절한 선택을 해야 할 듯싶다. 개인정보의 경우는 프로그래밍적인 요소 이외에도 네트워크 구간에서 데이터베이스에 호출되는 모든 쿼리를 감사하고 통제하는 접근 제어 솔루션을 운영해야 하기도 한다. 하나의 해법이 모든 것을 해결해 주는 경우는 현실에선 그리 많지 않다.

7. Prepared Statements 사용 예외 사항

Prepared Statements가 좋은 SQL 방어 도구이기는 하지만, 앞서 말했듯이 문법이 정형화된 쿼리를 날리는 용도이므로 적용이 안 되는 경우가 있다. 이러한 부분이 반드시 해당 호출이 SQL 인젝션 방어를 위해서 만든 것은 아닌 듯하게 느껴지는 것이다.

이를테면, 입력받은 테이블과 컬럼명에 따라서 동적으로 조회하여 결과를 보여주는 페이지를 만들 경우(예를 들어 입력한 특정 테이블의 샘플 데이터 10개를 가져오는 등),

해당 값을 조합해 문법 요소를 만들어 내야 될 가능성이 높기 때문에(select나 from 뒤), 실행 계획이 변경되는 쿼리를 계속 만들어 낸다고 볼 수 있다. 이 경우는 문법 요소가 계속 변경되기 때문에 Prepared Statements를 사용해서 파라미터화된 쿼리를 날릴 수는 없다고 본다.

이때 인자로 넘어오는 테이블이나 컬럼 변수의 입력값 확인을 통해 위험한 문자들을 제거하는 방식으로 할 수밖에 없을 듯싶다. 개인적이라면 테이블 컬럼명 생성 표준에 따라 허용되는 문자와 아스키 문자, 숫자 정도만 허용 리스트로 선택할 것 같다.

8. 그 외의 Injection들

여기서 모든 인젝션을 찬찬히 다루어도 좋겠지만, 처음에 얘기했듯이 인젝션의 범위는 크게 보면 애플리케이션으로 들어오는 모든 데이터에 대한 주제여서 범위가 너무 넓기 때문에 일부는 뒤에서 다른 주제를 얘기할 때 다루겠다. "OWSAP injection theory" 같은 주제로 구글을 검색해 보면 SQL, LDAP, 시스템 명령어, HTML, XML, JSON, HTTP 헤더, 파일 경로, URL, 프로그램에 따라 다른 특수한 스트링 포맷 등 여러 가지 주제를 다루고 있다. 해당 요소들이 의미가 있는 이유를 앞에서의 SQL 인젝션 예제 경험을 통해 유추해 보면, 프로그램들이 내부나 외부와의 데이터를 교환할 때 위와 같은 포맷들을 통해서 데이터를 전달해서, 내부에서 파싱하여 처리하는 부분이 많기 때문이라고 여기면 될 것이다.

해당 부분을 방어하기 위해서는 SQL 인젝션 방어로 사용된 스토어드 프로시저나 Prepared Statements 와 비슷하게 각 인젝션 타입에 특화된 공통 방어 방식이 있다면 해당 방어 모듈이나 프레임워크를 1순위로 채용하고, 예외적인 상황이나 시간, 레거시 등으로 여의치 않은 경우에는 허용 리스트를 기반으로 검증된 데이터만을 통과시키는 것이 2순위, 검증된 이스케이프 함수(URL encoding, HTML encoding 등)를 사용하는 것이 3순위, 마땅한 함수가 없거나 데이터의 자유도에 대한 요구사항이 높아서 허용 리스트 방식을 사용하기 힘들다면 문법을 깨뜨릴 수 있는 문장이나 특수 문자를 삭제하는 블랙리스트 커스텀 필터를 만드는 게 최후의 수단이라고 본다. 물론 4번은 설계자의 이해도에 의존하기 때문에 제대로 설계하지 않거나, 향후 기술 스펙이 변해 예측 못한 다른 요소가 생길 경우 위험해질 가능성이 매우 높다고 본다.

또한 그러한 바탕 위에 다른 측면에서 권한을 최소화(웹 서버 실행 권한은 필요한 권한만 가지도록 설계한 전용 계정으로 실행하거나, 시스템 명령어 실행이 필요할 시 범용 명령어 실행 메서드보다는 디렉토리 생성 같이 특정한 용도로만 기능을 제한한 특정 메서드를 사용 한다든지)하는 여러 방어 측면을 설계와 운영 부분에 적용하는 것이 맞지 않나 생각한다. SQL 인젝션 예제를 통해서 인젝션의 일반적인 특성에 대해서는 충분히 개념을 전달했다고 생각하고 JSON이나 HTTP 헤더, 파일 경로 등의 주제들에 대해서는 다른 챕터에서도 비슷한 관점으로 다루게 될 것이므로 여기서 내용을 마무리한다.

9. 마무리하며

사실 인젝션을 설명하다 보면, 약간은 모순된 느낌에 빠지게 된다. 한 측면에서 보면 인젝션이 보안의 모든 요소에 영향을 주는 매우 중요한 위치를 차지하고 있지만, 인젝션을 이해하는 중요한 열쇠는 보안적인 패턴보다는 각 인젝션의 목적이 되는 데이터베이스, 대상 시스템 같은 도메인이나 해당 현상이 일어나는 실제 장소인 프로그래밍 언어 환경의 이해에 있다고 생각한다. 만약 그러한 대상이 되는 기술 자체를 이해하지 못하는 상태에서 인젝션에 대해 논하는 것은 분명 탁상공론이 되기 쉬울 것이다.

또 다른 측면에서 보면, 세부적인 보안 대처 방식은 대상이 되는 기술에 종속적이기는 하지만 전체적인 맥락에서 인젝션은 데이터가 외부로부터 프로그램 안으로 들어가는 모든 행위를 나타내기 때문에 프로그래밍 언어 설계 그 자체의 이슈인 듯한 부분도 있다. 처음에는 어려워 보이는 대상이 잘 알게 되면 생각보다 별것 아닌 경우도 많고, 잘 알고 있어서 대단하지 않은 듯 보였던 대상도 다시 자세히 따져 보면 어려워져 버리는 경우가 종종 있으니, 그 둘 사이에서 균형을 잘 유지하는 것도 중요하다고 생각한다.

Chapter 03

스크립트 문제

스크립트 문제는 명시적으로 클라이언트나 서버에서 돌아가는 모든 종류의 스크립트가 문제이기는 하나, 여기서는 전통적인 관점에서 클라이언트 쪽(정확히는 브라우저)의 자바스크립트를 기준으로 설명하도록 한다.

일반적으로 자바스크립트 문제로 이야기되는 크로스 사이트 스크립팅(XSS: Cross-Site Scripting)은 인젝션 문제와 기본적으로 유사한 형태라고 생각된다. 다만, 브라우저와 밀접하게 움직이는 클라이언트 코드인 자바스크립트의 특성으로 인해 최악의 상황에는 브라우저를 뒤에서 조정할 수 있는 지속적인 비동기 루프까지 일으킬 수 있기 때문에 더 특별히 다뤄지는 게 아닌가 싶다. 어찌되었든 간에, 단발성이 아닌 살아 있는 것 같이 사용자를 계속 괴롭힐 수 있는(물론 브라우저를 끄기 전까지로 한정되어 있지만) 특이한 요소이다.

1. 자바스크립트에 영향을 주는 요소들

자바스크립트 문제에 영향을 줄 수 있는 요소들은 브라우저, 프레임워크 특성, 요구사항 정도이다.

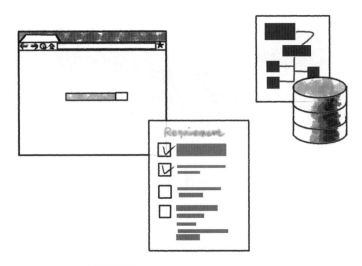

그림 2-3-1　자바스크립트에 영향을 주는 요소

먼저, 브라우저는 다양한 종류가 존재하고, 해당 브라우저마다 XSS 시도에 대해서 서로 다른 디폴트 대응을 하고 있다. 자바스크립트를 이용해 웹 프로그램을 만들어 보면 브라우저 호환성이 얼마나 골치 아픈 문제인지를 알 수 있다. 어떤 브라우저는 모든 XSS 공격 시도에 대해서 허용하고 있고, 어떤 브라우저는 특정한 XSS 공격 시도에 대해 명시적으로 방어해 주기도 한다. 게다가 사용자가 레거시 브라우저를 업그레이드하지 않고 그대로 사용할 수도 있다. 또한 상황에 따라 특정 자바스크립트 코드의 실행이 XSS 시도인지 브라우저 쪽에서 판단하는 것은 참으로 애매한 일이다. 잘못하면 정상적인 자바스크립트 코드의 실행을 막을 수도 있기 때문이다. 해당 부분은 관련된 코드를 직접 살펴보면서 생각해 보자.

두 번째로, 프레임워크의 특성 부분이다. 보통의 프로그래밍 언어들은 웹 프로그래밍을 위해 제공하는 저마다의 웹 프레임워크들이 있다. 해당 프레임워크마다 권고하는 설계가 있는데, 해당 설계를 따라 프로그램을 만들었을 때, 자동으로 어디까지 XSS로 의심되는 시도가 막히게 되는지에 대한 문제가 있다. 어떤 언어는 해당 부분을 특정한 라이브러리를 제공해서 개발자에게 명시적으로 해당 라이브러리를 사용해 방어 코드를 넣도록 하는 경우도 있을 테고, 어떤 경우는 프레임워크 자체에서 모든 전달된 변수에 대해 해당 방어 매커니즘을 디폴트로 자동 반영하는 경우도 있을 것이다. 그런데 여기서도 마찬가지로 지나친 안전을 보장하게 되면 모든 코드를 XSS 위험요소가 있듯이 다루게 되어 기능의 유연성이 막히는 문제가 발생될 수도 있다. 이 부분도 뒤에서 예제를 통해서 살펴보도록 하자.

마지막으로, 프로그램의 요구사항 측면도 많은 영향을 미칠 수 있다. 예를 들어 게시판을 하나 만든다고 해 보자. 해당 게시판의 콘텐츠의 구성이 텍스트 기반인지, HTML 기반인지 또는 자바스크립트의 실행도 가능해야 하는지에 따라서 XSS 방어의 난이도는 많이 차이가 나게 된다. 텍스트 기반인 경우는 XSS로 악용이 될 수 있는 모든 이상한 문자들을 HTML 인코딩 또는 명시적 제거를 통해서 나름 쉽고, 안전하게 데이터를 필터링할 수 있다. 하지만 블로그와 같이 HTML 코드의 허용이 필수로 필요한 경우라면 어떤 HTML 태그나 요소는 허용하고, 어떤 것은 제한할지에 대해서 정교한 정책을 만들고 보안 테스트가 되어야 한다(앞의 인젝션의 허용 리스트와 비슷한 문제이다). 게다가 해당 부분은 위에 얘기한 브라우저 종류 및 버전 별로 검토되어야 한다. 그렇게 되면 흔히 여러 환경에서의 호환 테스트가 그렇듯이 검토해야만 되는 경우의 수는 컨트롤 하기 힘들 정도로 증식된다.

구글에서 "XSS Filter Evasion Check Sheet"라고 찾으면 다음과 같은 링크에서 자바스크립트 확인 회피를 시도하는 XSS 공격에 악용될 수 있는 HTML 태그 및 이벤트, 쿠키, 스타일 문법 등의 예제를 보여주는데, 아주 다양한 패턴들이 존재한다.

```
[XSS Filter Evasion Check Sheet - OWASP]
https://owasp.org/www-community/xss-filter-evasion-cheatsheet
```

만약 요구사항에 관리자들에게 필요하다며 게시판 작성 시 자바스크립트 기능도 활성화해달라고 한다면 더욱 복잡해진다. 이런 경우 해당 부분은 위험해 곤란하다고 협의하거나, 자바스크립트 방어를 포기하고 사용자 권한 관리 쪽에 포커스를 두거나(상당히 위험하겠지만), 마법사 방식의 커스텀 편집기를 만들어서, 사용가능한 자바스크립트 코드 기능을 제한하면서 사용자가 직접 자바스크립트 편집을 하지 않게 하고, 실제 코드의 생성 및 수정 처리는 서버단에서 하게 하는 방법도 있을 수 있다. 대신 개발 리소스는 엄청 들 것이며, 서버 단의 검증 체크의 설계도 필요할 것이다.

특정 사이트들에서는 BBCODE라는 게시판용 커스텀 스크립트 언어를 쓴다고도 하지만, 아무래도 HTML 호환성을 포기하는 대가가 있게 될 것이다. 그리고 아마 저런 새로운 스크립트가 유명해지고, 자바스크립트만큼 기능성이 확장된다면 역시 복잡도에 기반한 악용을 하는 시도는 늘어날 것이기 때문에 현실에 완벽한 해답은 없어 보인다 (아이러니하게도 취약점 히스토리가 많다는 것은 종종 그만큼 인기가 많고 사용하기 편리하다는 반증이다).

2. 자바스크립트 공격의 종류

보통 웹을 찾아보면 자바스크립트 공격은 3가지 종류로 나눌 수 있게 되는데, 반사 (Reflected), 저장(Stored), 돔 기반(DOM Based)이다. 특성에 의해 반사는 비지속적 (Non-persistent), 저장은 지속적(Persistent) 기법으로도 분류한다.

개인적으로 반사와 돔 기반은 비슷한 종류라고 본다. 왜냐하면 두 항목의 차이는 브라우저 외부에서 입력된 스크립트 조각이 프로그래밍 언어의 출력 명령(PHP의 echo 같은)을 통해 화면에 표시되느냐, HTML 코드 내에 포함된(또는 외부 링크일수도 있지만) 기존 자바스크립트에 의해서 화면에 표시되는가의 차이일 뿐이기 때문이다. 두 가지는 인젝션 챕터나 나중에 설명할 클라이언트 코드처럼 브라우저 파서가 외부에서 들어온 자바스크립트를 어떻게 처리하는지의 측면이라고 보면 될 것이다. 해당 공격은 보통 스크립트 태그가 포함된 링크 클릭을 이용해 단발적으로 일어나게 된다.

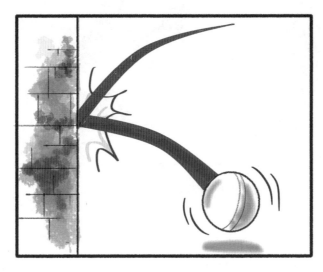

그림 2-3-2   반사되는 스크립트

저장 방식의 경우는 보통 반사보다 심각한 문제라고 보는데, 해당 부분에는 두 가지 측면이 있다. 하나는 보통 해당 공격 데이터가 게시판의 게시글 같이 데이터베이스에 저장된 상태로 보관되어, 게시글을 보는 불특정 다수에게 노출이 된다는 부분이다. 다른 하나가 사실 이 글에서 얘기하고 싶은 요점이기도 한데 XSS를 적극적으로 잘 막아주는 브라우저도 이 타입의 스크립트에 대해서는 쉽게 선뜻 악용의 여부를 판단하기 힘들어 무척 소극적이라는 부분이다. 왜냐하면 이 타입은 사실 저장이라는 이름 때문에 저장된 타입이라는 관점에서 보는 일이 많지만, 프로그램의 관점에서 보면 프로그램 내부에서 의도적으로 생성 한지도 모르는 자바스크립트를 브라우저가 막아야 하냐는 딜레마가 있기 때문이다.

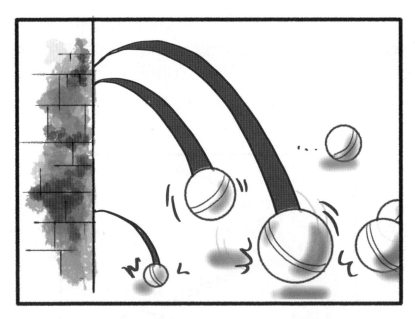

저장되어 자동으로 실행되는 스크립트

이제, XSS 주요 공격 방식인 반사와 저장 공격에 대해서 브라우저들이 어떻게 반응을 하고 있는지 코드와 함께 살펴보도록 하자.

3. 반사(Reflected) vs 저장(Stored) XSS 공격 살펴보기

앞의 SQL 인젝션과 마찬가지로 플라스크는 기본으로 화면 렌더링 과정에서 XSS 공격이 방어가 되지만, 일부러 재현을 위해서 취약한 코드를 만들어 보려고 한다.

3.1 XSS 재현하는 파이썬 프로그램 만들기

다음의 코드를 보면 반사 XSS와 저장 XSS를 구분하기 위해서 하나는 데이터베이스에서 가져오는 것처럼 꾸민 fake_get_from_database 메서드로부터 가져오고, 하나는 request.args.get을 이용해서 GET 인자로부터 가져오게 했다. 2개의 구분은 현재로는 크롬, 엣지 브라우저 모두 XSS 필터 지원이 사라진 상태라서 브라우저 방어 측면에서는 별 차이가 없으나, 차후 스캐너 챕터 측면에서도 그렇고, 이번에 2가지 타입의 XSS에 대해 다루면서 각각 방어 측면에서 어떤 의미를 가지게 되는지를 살펴보기 위해서 구분했다.

```python
from flask import Flask, render_template, request

# flask 웹 서버를 실행함
app = Flask(__name__)


def fake_get_from_database():
    data = "<script>alert('stored xss run')"
    return data


@app.route("/xss", methods=["GET", "POST"])
def xss():
    reflected_xss_string = ""
    stored_xss_string = ""

    if request.method == "GET":
        if "inputText" in request.args:
            reflected_xss_string = request.args.get("inputText",
                                                    default="", type=str)
            stored_xss_string = fake_get_from_database()

    return render_template("xss_has_vulnerability.html",
                        reflected_xss_string=reflected_xss_string,
```

```
                        stored_xss_string=stored_xss_string)


# 이 웹 서버는 127.0.0.1 주소, 포트 5000번에서 동작하며, 에러를 자세히 표시한다.
if __name__ == "__main__":
    app.run(host='127.0.0.1', port=5000, debug=True)
```

코드 보기 xss_has_vulnerability.py

앞의 코드를 C:\Python\security 폴더에 xss_has_vulnerability.py 이름으로 저장한다.

다음은 랜더링에 사용할 HTML 소스인데, 입력 필드에 내용을 넣어 전송하면, GET 인자로 받은 reflected_xss_string 값과 내부값으로 받은 stored_xss_string 값을 각각 해당되는 div 태그 내에 뿌려주는 역할을 한다. 일부러 취약점이 있는 페이지로 만들기 위해서 변수를 받을 때 |safe 필터를 통해서 안전한 문자열로 취급해 플라스크의 자동 필터링 기능을 사용하지 않았다.

```
<html>
    <head>
        <style>
            table, td, th {
                border:  1px solid black;
                text-align:  center;
            }
            table {
                border-collapse:  collapse;
            }
        </style>
        <script "http://code.jquery.com/jquery-3.6.0.min.js" ></script>
        <script type="text/javascript">
            $(document).ready(function(){
                reflected_xss_string = "{{reflected_xss_string|safe}}";
                stored_xss_string = "{{stored_xss_string|safe}}";
```

```
            $("#inputText").val(reflected_xss_string);
            $("#reflected_xss_string").html(reflected_xss_string);
            $("#stored_xss_string").html(stored_xss_string);
        });
    </script>
    <title>XSS</title>
</head>
    <body>
        <form id = "xssText" action = "xss" method = "get">
            <fieldset>
                <legend>XSS 실습</legend>
                XSS 스크립트:
                <input type="text" id="inputText" name="inputText">
                <input type="submit" name="button" value="실행">
            </fieldset>
        </form>


        <h4>스크립트 표시</h4>
        <hr>
        [reflected_xss]
        <div id ="reflected_xss_string"> </div>
        [stored_xss]
        <div id ="stored_xss_string"> </div>


    </body>
</html>
```

코드 보기　xss_has_vulnerability.html

해당 코드를 C:\Python\security\templates 폴더에 xss_has_vulnerability.html 이름으로 저
장한다.

3.2 XSS 재현해 보기

기존 웹 서버가 실행되어 있다면 "Ctrl+c"를 눌러 종료 후, 새 파일로 웹 서버를 실행시킨다.

```
C:\Python\security>python xss_has_vulnerability.py
* Running on http://127.0.0.1:5000/ (Press Ctrl+C to quit)
```

이후 브라우저에서 http://127.0.0.1:5000/xss 주소로 이동하여, 입력란에 〈script〉alert ('reflected xss run')이라고 적은 후, "실행" 버튼을 누른다.

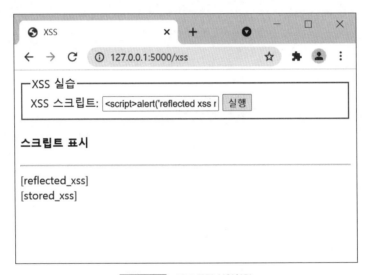

그림 2-3-4 XSS 공격 시연하기

이렇게 되면 get 인자로부터 받은 값과 fake_get_database 메서드로부터 받은 2개의 스크립트 문자열이 페이지에 뿌려지며 자바스크립트가 실행되어, 먼저 "reflected xss run" 이라는 경고창이 뜨고, 확인을 누르면 다시 "stored xss run"이라는 경고창이 뜬다.

그림 2-3-5 XSS 공격 시연 결과

"F12" 키를 눌러 개발자 도구에서 페이지 소스를 보면 다음과 같이 2개의 alert을 띄우는 스크립트 코드가 그대로 변수에 어사인되어 div 태그로 들어가는 것을 볼 수 있다.

그림 2-3-6 XSS 공격 후 소스 보기

마이크로소프트 엣지 브라우저에서도 실행해 보면 마찬가지 결과가 나온다.

4. 브라우저 입장에서 생각해 보기

사실 원래 저 동작은 2018, 2019년도에는 각각 다르게 동작했다. 저장 XSS 관련 스크립트는 그때도 여전히 허용되고 있었지만, 반사 XSS 같은 경우는 엣지 브라우저와 크롬 모두 스크립트가 실행되는 것을 방어하는 필터들이 있었다. 다만 2018년에 엣지 브라우저에서, 2019년에 크롬 브라우저에서 각각 그 기능이 제거되었다(자세한 부분은 구글에서 "edge remove xss filter", "chrome remove xss auditor"로 검색해서 나오는 기사 내용들을 살펴보자).

그렇다면, 어째서 앞의 프레임워크 단에서의 방어와 비슷한 브라우저에서 방어하는 로직이 굳이 사라지게 되었을까? 브라우저 입장에서 해당 코드를 생각해 보자. 반사 XSS 경우 브라우저는 해당 현상이 일어나고 있다는 것을 누구보다 잘 알고 있다. 왜냐하면 해당 스크립트 코드 조각을 보낸 것이 바로 자기 자신이고(사용자가 입력한 값을 브라우저가 전달했으니), 응답받은 코드에 보낸 코드 조각이 똑같이 있으므로(일단 브라우저는 요청 후 서버로부터 전송된 HTML 응답을 해석하게 되니까, 처음 받는 건 스크립트가 포함된 HTML 소스이다) 자기가 보낸 코드가 반사되었다는 사실을 알 수 있다. 후에 스캐너를 다루는 챕터에서 다시 이야기하겠지만, 웹 취약점 스캐너의 주요 원리도 이와 비슷하다.

반사 XSS의 경우는 엣지 브라우저나 크롬 모두 잘 인지하고 있지만, 현재는 방어를 플러그인 필터 등으로 양보하고 있는데, 그 이유는 크게 2개 정도인 듯하다. 하나는 XSS 취약점 중 실제 사용자에게 영향이 큰 경우는 저장 XSS인 경우인데 브라우저 입장에서는 해당 스크립트가 공격 스크립트인지, 프로그램 내부에서 정상적으로 보내진 스크립트인지 알 수 없다. 왜냐하면 해당 스크립트는 예제 코드에서 봤듯이 브라우저가 직접 전송한 코드가 아니어서 판단의 적절한 기준이 없다고 볼 수 있다.

나머지 하나는 구글에서 "xss cheat sheet"라고 검색하면 엄청 해당 검사를 빠져나가는 수많은 방법이 나오는데, 가장 문제는 브라우저 스크립트 파서에 대한 부분으로 브라우저 종류 및 버전별로 실행이 될 수도, 안 될 수도 있다는 것이다. .

```
[xss filter evasion cheatsheet]
https://owasp.org/www-community/xss-filter-evasion-cheatsheet
```

그래서 이런 부분에 대해서 일일이 다 확인을 하는 것은 유지 보수를 위한 노력에 비해
성과가 적다는 생각이 들어서 그만뒀을 것이라는 추측이 있다. 특히 앞에서 얘기했듯
이 아무리 잘 잡더라도, 비교적 효용성이 낮은 반사 XSS만 잡을 수 있기 때문이다. 반
사 XSS의 경우는 해당 스크립트 코드가 들어간 링크를 누군가 명시적으로 클릭하기 전
에는(물론 인지 못하고 클릭할 가능성이 높지만) 일어날 수 없기 때문이다.

5. XSS 방어 코드 예제 보기

그러면 이제부터 취약한 코드를 방어하는 코드를 만들어 보자.

5.1 XSS 방어 파이썬 프로그램 만들기

플라스크 코드 쪽은 앞의 예제를 기준으로 호출하는 템플릿 소스 경로만 수정한다.

```
from flask import Flask, render_template, request

# flask 웹 서버를 실행함
app = Flask(__name__)
```

```
def fake_get_from_database():
    data = "<script>alert('stored xss run')"
    return data


@app.route("/xss", methods=["GET", "POST"])
def xss():
    reflected_xss_string = ""
    stored_xss_string = ""

    if request.method == "GET":
        if "inputText" in request.args:
            reflected_xss_string = request.args.get("inputText",
                                                     default="", type=str)

            stored_xss_string = fake_get_from_database()

    return render_template("xss_patch.html",
                           reflected_xss_string = reflected_xss_string,
                           stored_xss_string = stored_xss_string)


# 이 웹 서버는 127.0.0.1 주소, 포트 5000번에서 동작하며, 에러를 자세히 표시한다.
if __name__ == "__main__":
    app.run(host='127.0.0.1', port=5000, debug=True)
```

코드 보기   xss_patch.py

해당 코드를 C:\Python\security 폴더에 xss_patch.py 이름으로 저장한다. 이후 템플릿 파일을 만들어 보자. 마찬가지로, |safe 필터만 제거한다.

```
<html>
    <head>
        <style>
            table, td, th {
                border:  1px solid black;
                text-align:  center;
            }

            table {
                border-collapse:  collapse;
            }
        </style>
        <script src="http://code.jquery.com/jquery-3.6.0.min.js" ></script>
        <script type="text/javascript">
            $(document).ready(function(){
                reflected_xss_string = "{{reflected_xss_string}}";
                stored_xss_string = "{{stored_xss_string}}";
                $("#inputText").val(reflected_xss_string);
                $("#reflected_xss_string").html(reflected_xss_string);
                $("#stored_xss_string").html(stored_xss_string);
            });
        </script>
        <title>XSS</title>
</head>
    <body>
        <form id = "xssText" action = "xss" method = "get">
            <fieldset>
                <legend>XSS 실습</legend>
                XSS 스크립트:
                <input type="text" id="inputText" name="inputText">
                <input type="submit" name="button"  value="실행">
            </fieldset>
        </form>

            <h4>스크립트 표시</h4>
        <hr>
```

```
        [reflected_xss]
        <div id ="reflected_xss_string"> </div>
        [stored_xss]
        <div id ="stored_xss_string"> </div>


    </body>
</html>
```

코드 보기   xss_patch.html

해당 코드를 C:\Python\security\templates 폴더에 xss_patch.html 이름으로 저장한다.

5.2 XSS 방어 코드 시연하기

기존 웹 서버가 실행되어 있다면 "Ctrl+c"를 눌러 종료 후, 새 파일로 웹 서버를 실행시킨다.

```
C:\Python\security>python xss_patch.py
* Running on http://127.0.0.1:5000/ (Press Ctrl+C to quit)
```

이후 크롬 브라우저에서 http://127.0.0.1:5000/xss 주소로 이동한다. 입력란에 앞과 동일하게 〈script〉alert('reflected xss run')이라고 적은 후, "실행" 버튼을 누른다. 앞에서와 다르게 자바스크립트가 실행이 안 되고 화면에 데이터베이스 메서드에서 가져오거나, get으로 입력한 값이 표시된다.

그림 2-3-7 XSS 방어가 된 경우

실제 HTML 인코딩 처리가 된 것을 보기 위해 소스 보기를 하면 다음과 같이 인코딩 처리가 자동으로 되어 변수에 어사인이 된 것을 볼 수 있다. 앞서 암-복호화를 다룰 때 살펴본 것처럼 해당 인코딩 처리가 되면 브라우저에게 스크립트나 태그가 아닌 일반 글자로 해석된다.

그림 2-3-8 XSS 방어가 된 소스 보기

6. 응용 – 비동기 호출과의 만남

마지막으로 최악의 상황을 묘사해 보기 위해서, 극단적이긴 하지만 비동기 동작 모드에서 공격 코드가 들어옴으로써 일어나는 상황을 한번 만들어 보자.

6.1 비동기 XSS 호출을 일으키는 파이썬 프로그램 만들기

우선 파이썬 코드는 다음과 같다. 2개의 라우팅 경로가 있는데, /xss_ajax는 기본 XSS 페이지로 반사 XSS가 전달되고 있으며, 밑의 /get_data 경로는 웹 페이지에서 호출을 하려고 만든 경로인데, 내용을 보면 단순하게 id값 인자를 받아서 "hello, 받은 id"값을 합쳐서 반환한다.

```python
from flask import Flask, render_template, request

# flask 웹 서버를 실행함
app = Flask(__name__)


@app.route("/xss_ajax", methods=["GET", "POST"])
def xss():
    reflected_xss_string = ""

    if request.method == "GET":
        if "inputText" in request.args:
            reflected_xss_string = request.args.get("inputText",
                                                     default="", type=str)


    return render_template("xss_ajax.html",
                           reflected_xss_string = reflected_xss_string)
```

```
@app.route("/get_data", methods=['GET'])
def get_data():
    your_id = request.args.get('id')
    return "hello, " + str(your_id)



# 이 웹 서버는 127.0.0.1 주소, 포트 5000번에서 동작하며, 에러를 자세히 표시한다.
if __name__ == "__main__":
    app.run(host='127.0.0.1', port=5000, debug=True)
```

코드 보기   xss_ajax.py

해당 코드를 C:\Python\security 폴더에 xss_ajax.py 이름으로 저장한다.

다음은 템플릿 소스이다. 스크립트를 보면 입력되는 값을 전달하는 기능과 AJAX로 호출되는 GetData 함수가 있다. GetData 함수는 my_id 인자에 tom이라는 값을 넣어, 플라스크의 get_data 라우팅 주소를 호출한다. 그리고 반환된 결과를 아래의 div 태그 안에 표시한다. 마찬가지로 XSS에 취약한 페이지를 구현하기 위해서 |safe 속성으로 데이터를 받는다.

```
<html>
    <head>
        <style>
            table, td, th {
                border: 1px solid black;
                text-align: center;
            }


            table {
                border-collapse: collapse;
            }
```

```
        </style>
        <script src="http://code.jquery.com/jquery-3.6.0.min.js" ></script>
        <script type="text/javascript">
            var a = {{reflected_xss_string|safe}};
            $(document).ready(function(){
                reflected_xss_string = "{{reflected_xss_string|safe}}";
                $("#inputText").val(reflected_xss_string);
                $("#reflected_xss_string").html(reflected_xss_string);
            });


            function GetData(){
                var my_id = "tom"
                $.ajax({
                    url : '/get_data',
                    type : 'GET',
                    data : {id: my_id},

                    success: function(res){
                        $("#spanName").html(res);
                    }
                });


            };
        </script>
        <title>XSS</title>
</head>
    <body>
        <form id = "xssText" action = "xss_ajax" method = "get">
            <fieldset>
                <legend>XSS 실습</legend>
                XSS 스크립트:
                <input type="text" id="inputText" name="inputText">
                <input type="submit" name="button"  value="실행">
            </fieldset>
        </form>
```

```
        <h4>스크립트 표시</h4>
        <hr>
        [reflected_xss]
        <div id ="reflected_xss_string"> </div>


    </body>
</html>
```

코드 보기　xss_ajax.html

해당 소스를 C:\Python\security\templates 폴더에 xss_ajax.html 이름으로 저장한다.

6.2 비동기 XSS 호출 시연하기

기존 웹 서버가 실행되어 있다면 "Ctrl+c"를 눌러 종료 후, 새 파일로 웹 서버를 실행시킨다.

```
C:\Python\security>python xss_ajax.py
* Running on http://127.0.0.1:5000/ (Press Ctrl+C to quit)
```

브라우저에서 http://127.0.0.1:5000/xss_ajax 주소로 이동하여, 텍스트 박스 안에 setInterval(function() {GetData();}, 3000);를 넣고 "실행" 버튼을 누른다. 해당 코드는 setInterval 함수를 이용해서 매 3초(3000)마다 GetData() 함수를 반복 호출하는 코드이다.

이번에는 경고도 뜨지 않고 화면상으로는 실행이 안 되고 있는 것처럼 보이지만, "F12"키를 눌러서 Network 상황을 보면 그림 2-3-9와 같이 주기적으로 계속 AJAX 호출을 통해 GetData 함수가 뒤에서 실행되고 있는 것을 확인할 수 있다. 최근에는 사실 이런 경우가 아니더라도 AJAX 호출을 통해 사용자 모르게 브라우저 백그라운드에서 돌아가는 호출이 많은 편이다.

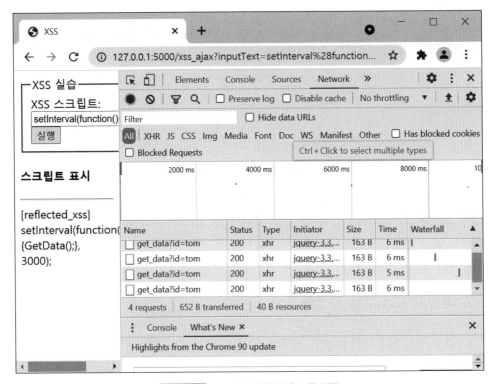

그림 2-3-9 AJAX를 이용한 무한 실행 예제

소스는 그림 2-3-10과 같은데, 사실 흥미로운 점 중 하나는 안의 스크립트를 실제 실행하게 되느냐는 해석하는 브라우저 엔진 맘대로라는 것이다. 예를 들면 이전 브라우저 버전에서는 앞에 〈script〉setInterval(function() {GetData();}, 3000); 식으로 스크립트 태그를 넣어도 코드가 동작했는데, 현재 상황에서 확인해 보니 크롬과 엣지 브라우저 모두 이 경우 스크립트 문법 에러가 나면서 공격이 동작하지 않는다. 그래서 브라우저 엔진 패치에 따라 기존에 일어나던 유효한 공격이 무효해질 수도, 그 반대 상황이 일어날 수도 있어서 더더욱 애매한 문제가 되어버린다.

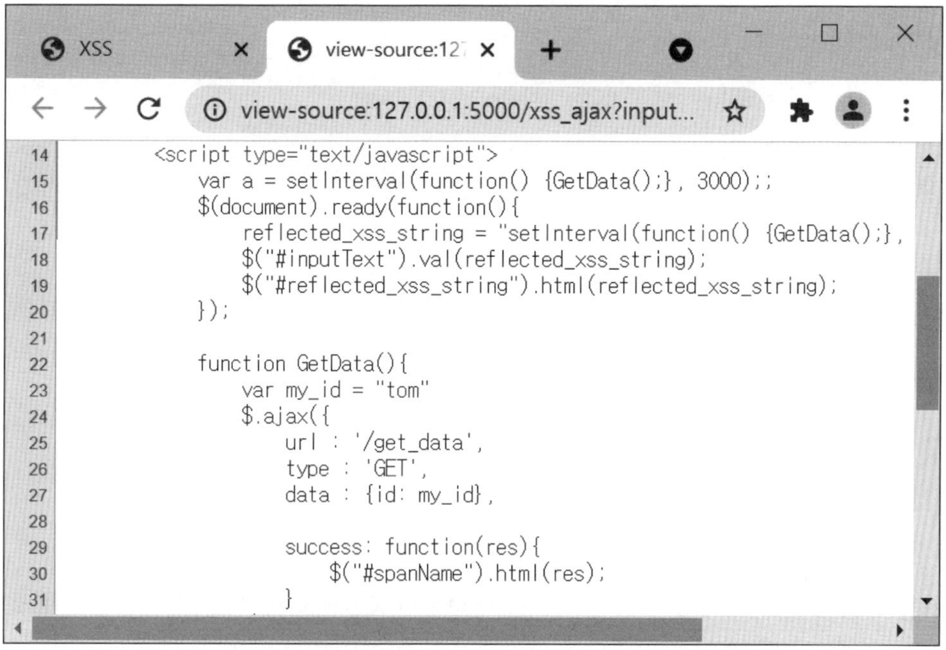

```
14     <script type="text/javascript">
15         var a = setInterval(function() {GetData();}, 3000);;
16     $(document).ready(function(){
17         reflected_xss_string = "setInterval(function() {GetData();},
18         $("#inputText").val(reflected_xss_string);
19         $("#reflected_xss_string").html(reflected_xss_string);
20     });
21
22     function GetData(){
23         var my_id = "tom"
24         $.ajax({
25             url : '/get_data',
26             type : 'GET',
27             data : {id: my_id},
28
29             success: function(res){
30                 $("#spanName").html(res);
31             }
```

그림 2-3-10 AJAX를 악용한 XSS 코드 보기

결국, 논리상 어떻게 스크립트를 작성하고 어떤 AJAX 기능을 호출하는지에 따라서 마음대로 행동할 수 있다. 이렇게 되면 SQL 인젝션이 일어났을 때 공격자가 마음대로 쿼리를 만들어 내거나, 업로드 취약점으로 웹쉘(Web Shell) 등이 올라갔을 때와 비슷한 상황이 된다. 물론 외부 사이트를 직접 호출하는 경우는 동일 출처 정책(Same Origin Policy) 때문에 404 에러가 발생한다. 그래서 CSRF 공격 같은 경우는 아이프레임(iframe) 등으로 해당 상황을 회피하려 시도한다.

종종 보안 교육에서 브라우저를 마음대로 조정한다고 해서 시연되는 BeEF(The Browser Exploitation Framework Project) 같은 툴도 결국은 이와 비슷한 원리로 잘 짜인 AJAX 형태의 루프화된 스크립트가 기반일 것이다. 저 루프 안에서 특정 페이로드를 받아서 실행시킨다고 상상해보자.

추가로 name 변수에 1;setInterval(function() {GetData();}, 3000);을 넣어도 마찬가지로 다음과 같은 반복 실행을 하는 문법이 똑같이 만들어질 것이다.

```
<script>
…
var a = 1; setInterval(function() {GetData();}, 3000);
....
</script>
```

7. XSS 방어 설계

그렇다면, 앞서 이야기했던 여러 측면을 정리하며 XSS 이슈에 어떻게 접근해야 될지 한번 생각해 보자. 우선 브라우저들이 자동 필터 지원을 결국은 중단할 만큼 XSS의 패턴은 HTML, CSS, 자바스크립트의 자유도에 비례해서 너무 다양하고 앞으로도 다양성이 추가될 가능성이 높다.

7.1 반사(Reflected), 돔 기반(DOM Based)과 저장(Stored) XSS의 접근 방법 차이

반사, 돔 기반 XSS의 경우에는 브라우저가 인지해서 어느 정도 방어할 수는 있겠지만 (물론 지금은 지원을 하지 않으므로 플러그인 형태로만 존재하겠지만), 사람들이 사용하는 브라우저는 워낙 종류와 버전이 다양해서 브라우저 측면에서의 방어만을 믿을 수는 없다. 원칙상으로는 페이지의 자바스크립트나 프로그래밍 언어에서 참조하는 외부 모든 인자에 대해서(HTTP 헤더의 모든 값 포함) 사용 전에 안전하게 필터링해줘야 하는데, 이도 쉽지는 않다.

하지만 브라우저에서 서버로 들어가는 입력(GET, POST, AJAX 호출, HTTP 헤더 등)과 출력(서버로부터 브라우저로 전달되는 AJAX, HTTP, 자바스크립트, CSS 응답)을 알 수 있다면, 입력 스크립트가 출력에 영향을 주는 부분을 발견할 수 있고, 이 부분은 웹 취약점 스캐너를 통해서 효과적으로 찾을 수 있다. 앞으로 예제를 통해 살펴보겠지만, 스캐너는 사람이 수행하면 거의 불가능한 많은 인자를 리스트업해서 해당 인자에 입력 및 응답 값을 기반으로 판단하게 된다. 다만, 이 경우 앞에서 실제 영향을 주지 않는 변수들을 모두 확인하는 조금은 사치스러운 측면이 있지만 시간과 전기요금만 충당된다면 해당 부분은 자동화의 장점으로 볼 수 있을 것 같다.

반대로, 중요하고 민감한 저장 XSS 같은 경우에는 운이 따르지 않는 이상 스캐너로 발견하기란 무척 힘든 상황이다. 해당 데이터가 우연히 스캐닝 과정에서 소스에 노출되거나, 해당 데이터를 전송한 후에 바로 확인이 가능한 상황이여야 한다(입력값을 데이터베이스에 저장 후 바로 화면에 뿌려준다든지 하는 등). 추가로 스캐너는 문제를 발견하는 것이지 문제가 없음을 100% 증명하는 툴은 아니라는 것을 잊지 말자. 스캐너가 사용한 수많은 XSS 패턴들이 모든 현존하는 XSS 패턴을 커버한다는 보장은 할 수 없기 때문에, 스캐너 검사에 통과되었더라도 다양한 HTML, 자바스크립트 문법에 해당하는 취약점 패턴들이 숨어있을 수 있다. 이 부분은 스캐너 챕터에서 좀 더 자세히 살펴보도록 하자.

7.2 방어 전략

먼저, 어느 보안 분야나 마찬가지이지만 영향을 최소화하기 위해서 자바스크립트나 HTML을 표시하는 기능을 필요한 만큼만 최소화해서 구현하는 것이다. 공격 표면(Attack Surface)을 줄이는 것과도 비슷하다. 가장 좋은 방법은 굳이 HTML 형태나 자바스크립트를 뿌려줄 필요가 없어서 앞에서 보았던 HTML 인코딩 같은 기법을 통해 브라우저가 태그로써 해석하는 부분을 무효화하는 것이지만, 해당 부분이 여의치 않은 경우 이상적인 가정에 가깝긴 하나 사용할 수 있는 태그와 기능의 제한이 가능하다면 가능한 태그와 문법만 허용하는 허용 리스트 방식으로 확인하면 좋을 것이다. 만약 해당 부분을 자체적으로 안전하게 설계하기 힘들다고 판단한다면 OWASP에서 제공하는 ESAPI 같은 필터 등을 사용하는 게 최선일 듯하나, 그런 외부 오픈소스 필터를 사용할 경우의 가장 큰 문제는 유지보수가 지속적으로 지원되느냐 하는 문제이다(실제 2021년 현재 ESAPI 같은 경우는 자바와 자바스크립트, Node.js 외의 다른 기타 언어들은 지원을 중단했다).

외부 필터가 지원을 안 하는 언어라면 앞의 예제에서 보았듯이 괜찮은 웹 프레임워크나(메이저 언어들이라면 기본적으로 내장되거나 권고하는 웹 프레임워크가 있을 것이다) 여러 자바스크립트 라이브러리를 쓰는 방법도 해결책일 것이다. 아마도 해당 라이브러리에 문제가 생긴다면, 그쪽에서 빠르게 패치를 제공할 것이기에 그렇다. 사실 보안은 어느 정도 이렇게 신뢰성 있는 외부 프로젝트들에 많이 의지하는 것 같다. 회사에서 구입해 사용하는 상용 백신 솔루션 같은 경우도 해당 백신 회사의 지적인 프로젝트의 품질을 믿고 의지하는 것이라고 볼 수 있다.

하지만 양쪽 어느 경우라도 위의 |safe 옵션처럼 풀어준 후 커스터마이즈가 필요한 경우는 해당 소스를 변경하거나 추가 기능을 보강해서 설계해야 될 필요가 있다(해당 부분까지 지원해주면 좋겠지만 너무 큰 바람 같다). 또한 필터나 프레임워크의 사용 시 기본적인 XSS에 대한 이해와 자바스크립트의 이해, 방어의 한계 등을 잘 인지하고 있어야 문제가 있을 때 대처할 수 있다는 것 또한 잊으면 안 된다.

다른 접근으로 Content Security Policy라는 HTTP 헤더 정보를 통해서 각 페이지에서 접근할 수 있는 이미지, 스크립트, 폰트, 미디어, AJAX 호출 등을 어떤 도메인 기준으로 허용할지를 정할 수 있지만, 그에 맞춰서 페이지 스크립트도 설계해야 하고, 브라우저별 호환성도 따져봐야 하는 등 쉬워 보이지는 않는다. 또한 모든 브라우저들이 빠짐없이 해당 스펙을 동일하게 지원해야 보안이나 서비스 면에서 안심할 수 있을 것이며, 해당 부분을 적용하더라도 만약의 경우를 생각해서 기본적인 XSS 필터는 적용하는 게 맞을 것 같다는 생각도 든다.

8. 마무리하며

결론적으로 말하자면, 스크립트 문제 및 인젝션 문제에 대해서는 요구사항이나 설계의 자유도가 높아질수록 점점 방어하기는 어려워진다. 모든 보안 분야가 마찬가지로 자유도를 높게 줄수록 방어하기는 더 어려워지며, 포기해야 할 트레이드 오프도 생길 수 있다. 결국 해당 부분의 영향을 최소화하기 위해서는 대상이 되는 시스템과 요구사항, 기술, 프로세스, 관련된 사람들을 잘 이해하고 적당한 타협점을 협의하는 방법밖에는 없을 듯싶다. 생각보다 현실에서의 보안은 명확하지 않은 애매한(주어진 코드나 요구사항, 여러 외부 환경, 이해 당사자에 따라 달라지는) 영역들이 상호작용하는 분야인 듯하다. 그나마 애플리케이션 보안 부분이 제일 고지식하고 명확한 면이 있어, 어쩌면 맘이 편한 분야 같다는 생각도 든다. 진행될수록 앞뒤 다른 장들에서 다룬 이야기들이 조금씩 다시 나오게 되는데, 최초에 밝혔듯이 어느 측면에서 보면 보안의 원리가 결국은 엇비슷하기 때문이다. 애플리케이션 보안은 프로그램과 데이터 간의 술래잡기 같은 측면이 있다.

Chapter 04

클라이언트 코드

이번 챕터에서는 인젝션과 비슷한 무게로 애플리케이션 보안을 이해하는 데 필요한 클라이언트 코드에 대해서 살펴보려고 한다. 개인적으로 인젝션이 "행위"라면, 클라이언트 코드는 그 행위가 일어나는 "환경"이라고 생각한다. 웹과 애플리케이션에서 클라이언트 코드가 어떤 범위와 어떤 의미를 가지고 있는지 살펴보자.

1. 클라이언트 코드의 의미

우선 클라이언트 코드(Client Code)의 의미는 무엇일까? 해당 용어는 공식적으로 통용되는 용어는 아니지만 개인적으로 해당 의미를 "조작 및 편집 가능한 코드"라고 말하고 싶다. 추가로 해당 범위는 코드 자체만을 뜻하기보다는, 클라이언트 코드에 영향을 줄 수 있는 모든 행위와 매체가 포함된다고 본다.

예를 들어, 동전을 넣는 오락기에 전기 충격을 주어 코인 숫자를 늘리려고 했던 딱딱이라는 장치나 게임을 조작하는 매크로 및 주어진 대로 키보드, 마우스 신호를 주는 기계 장치들, 로컬에 설치된 SQLite3 파일의 조작, 쿠키 수정, 메모리 수정, 패킷 수정, 전통적인 웹 공격 기법 등이 모두 포함된다. 서버를 침투하려는 여러 시도의 경우도 서버 사이드 측면의 공격이라고 생각할 수도 있지만, 반대의 관점에서 필요 없는 서비스를 실수로 오픈한 경우를 빼고는 모두 클라이언트(서버 사이에 이루어지는 서비스인 경우도 넓은 범위에서는 외부인이나 프로그램 등의 클라이언트를 위한 것이므로)를 위한 인터페이스를 제공하기 때문에 클라이언트 측면의 공격이라고 볼 수도 있다. 사실상 내부로 들어갈 수 있는 인터페이스가 없다면 거의 모든 경우에서 공격은 불가능할 테니 말이다.

그림 2-4-1　오락실 딱딱이

또한, 비교적 안전하다고 여겨지는 모바일 환경의 애플리케이션 등도 탈옥, 루팅 등의 적절한 상황을 만나게 되면 웹이나 PC 내 프로그램과 마찬가지로 자유롭게 조작할 수 있다. 물론 그러한 조작을 할 수 있는 능력이나 툴이 있느냐는 별개의 문제겠지만, 해당 분야에 특화된 공개된 공격용(또는 방어 점검용) 프레임워크나 스크립트 툴들에 의해서 해당 부분이 점점 쉬워지고 있는 것도 사실이다.

개인적으로는 이 클라이언트 코드를 명확히 인지하고 있느냐가 애플리케이션 보안 문제의 70% 정도를 차지하는 하는 중요한 주제라고 생각된다. 이 클라이언트 코드를 제대로 이해하기 위해서 프로그래밍 언어와 네트워크를 공부하고, 다양한 프로토콜과 웹, 컴퓨터 내부의 동작 등을 이해하기 위해서 계속 노력해야 한다.

반대 관점에서 서버 사이드 코드는 서버 안에 존재하고, 조작이 불가능하게 설계가 보장되어 있는 로직을 의미한다. 이 서버 사이드 코드를 안전하게 설계하기 위해서는 여러 가지 노력이 필요하지만, 아이러니하게도 안전한 설계를 위해서는 클라이언트 코드가 어떤 범위와 의미를 가지는지를 정확히 이해하고 있어야 한다. 물론 외부의 입력을 받지 않는 폐쇄적인 로직을 구현한다면 가능할지는 모르지만, 현대의 프로그램 환경상 외부의 데이터와 연결 없이 프로그램 자체만 돌아가는 경우는 거의 없을 듯하기 때문에 불가능한 희망이라고 볼 수 있다.

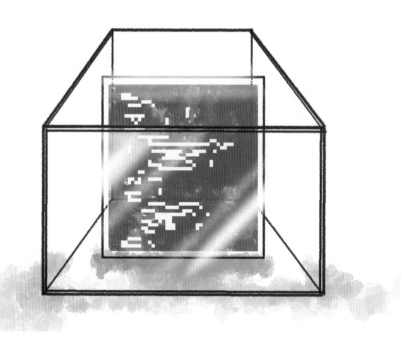

그림 2-4-2   서버 사이드 코드

2. 웹에서의 클라이언트 코드

보안 쪽에서 많이들 하는 얘기 중 하나가 웹 보안이 보안에 입문하기에 가장 쉽다는 것이다. 보안 공부를 가이드하는 글들을 찾다 보면, 웹 보안을 시작으로 점점 윈도우나 리눅스, 모바일 같은 쪽의 보안으로 가는 식으로 웹 쪽이 난이도가 낮은 것처럼 얘기되지만 해당 부분에는 약간의 편견도 있다고 생각한다. 사실 웹 쪽 보안이 상대적으로 쉽게 느껴지는 이유는 표준적인 HTTP 프로토콜, 기존 사람들이 노력으로 만들어 놓은 기능성 좋은 프록시 툴, 브라우저라는 좀 더 제한된 환경 때문이라고 생각한다.

만약 우리가 쿠키도 조작할 수 없고, 버프 스위트, 피들러, 파로스 같은 좋은 프록시 툴도 없고, 브라우저의 개발자 도구 같은 것도 없다면, 웹에 대한 보안의 난이도는 많이 높아질 것이다. 아마 제한된 소수의 사람만이 직접 HTTP 패킷과 브라우저의 메모리 공간을 어렵게 조작하면서 웹 보안에 대한 지식을 독점했을 것이다. 옛날에 SQL 인젝션 같은 기초적인 취약점들이 공공연하게 웹 사이트들에 많이 퍼져 있던 것처럼 말이다.

또한 좀 더 깊이 들어가 보자면 현대의 웹은 서버사이드 쪽으로 들어가게 되면, SQL이나 여러 외부 시스템, 다양한 API들과 연결되어 움직인다. 물론 비교적 단순히 돌아가는 시스템도 많겠지만, 서버사이드 쪽에서는 무엇이든 원하면 만들어 연결할 수 있다는 면에서, 사용자에게 웹 인터페이스를 제공한다는 사실 이외에 일반 애플리케이션과 특별히 많이 틀린 부분이 있나 싶다. 또한 웹 사이트가 잘 돌아가려면 뒤에서 돌아가는 여러 배치 잡 등 시스템 잡 영역에 해당하는 프로그램들도 같이 수행되어야 한다. 표면적으로 웹 인터페이스를 이용해 공격한다고 해서, 뒤에서 돌아가는 그런 시스템들을 고려하지 않는다면 반쪽자리 웹 보안 테스트가 된다고 생각된다.

이러한 이유로 요즘 같이 모든 기술이 점점 연결되어 가고, 데이터가 공유되는 상황에서는 웹에 대한 보안을 이해하기 위해서 서버 깊숙이 숨어 돌아가는 애플리케이션에서 데이터를 처리하는 부분들 또한 모두 이해해야 할 필요가 있기 때문에 사실 꽤 오래전부터 웹과 일반적인 응용 프로그램에서의 경계는 깨졌다고 생각한다. 다만, UI와 조작 가능한 방법 난이도의 차이가 있을 수는 있다. 그래서 웹에 대한 보안 공부를 하면서 브라우저로 대표되는 웹에 제한된 관점으로만 공부하는 것은 잘못된 것이라고 생각한다. 또한 어차피 모든 프로그램의 보안 문제는 원리적으로 보면 유사한 부분이 많다.

3. 웹의 1세대 - 창고

웹의 세대를 나누는 게 맞을까 싶기도 하지만, 웹 프로그래밍 환경이 어떻게 변화되었는지를 설명하는 측면으로 구분해 보려고 한다. 최초의 1세대는 다음과 같이 문서의 보관소 같은 창고 같은 역할을 하는 정적인 페이지로 이루어진 웹이라고 볼 수 있다.

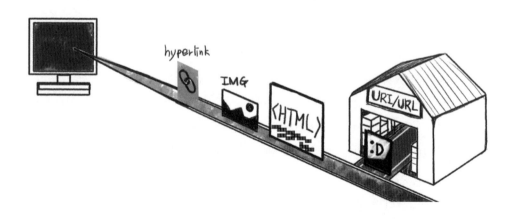

그림 2-4-3   창고 개념의 웹

HTML은 Hypertext Markup Language의 약자로 하이퍼텍스트(Hypertext)는 지금은 너무 당연하게 생각하는 웹 페이지에서 다른 페이지로 이동할 수 있는 링크를 얘기한다. HTML이 널리 퍼지기전 텍스트 파일만 존재했던 환경을 경험해본 적이 있다면 해당 링크 기능이 얼마나 유용한 건지 알 수 있을 것이다. 하나의 문서를 보다가 연결된 다른 문서를 보기 위해서는 편집기에 여러 개의 텍스트 파일을 동시에 띄워 놓고 전체 검색을 통해서 열려진 문서를 왔다 갔다 할 수밖에 없었다. 현재의 비슷한 상황을 생각해 본다면, 전용 IDE에서 메서드가 정의된 위치를 키보드나 컨텍스트 메뉴를 통해 자동으로 이동하는 것과 텍스트 편집기를 통해서 여러 개의 소스 파일들을 대상으로 검색하면서 해당 메서드 위치를 찾아 가는 것과 비슷한 차이라고 본다.

또 Markup Language는 페이지의 구조를 정의하는 언어라는 의미이다. 우리가 HTML 문서 안에서 보는 여러 태그(〈HTML〉, 〈BODY〉, 〈TABLE〉…)들이 그런 역할을 한다. 하얀 종이에 글을 적어서 의미 있는 문장을 만들 듯이, 미리 약속된 이런 태그와 속성들을 이용해서 브라우저는 그림, 미디어 파일, 표 등을 함께 배치하여 우리가 보는 네이버, 다음 같은 웹 페이지들처럼 예쁘게 화면을 표시한다. 사실 웹은 우리가 미적인 관점으로 화면을 보면서 이해하기 때문에 공감각적 의미가 있는 것이지, 내부적으로는 이런 마크업 언어들이 돌아다니는 세상이라고 보면 될 듯하다. 보안이나 개발에서는 이러한 세상을 주로 보면서 살고 있다고 생각하면 될 것이다.

웹의 1세대에서는 우리가 URL(브라우저의 주소창에 우리가 입력하는, http://로 시작하는 사이트 주소들) 경로를 호출하면 해당 웹사이트를 찾아가 원하는 위치에서 원하는 파일을 가져오는 역할에 제한되어 있다. 해당 HTML로 구성되어 있는 문서를 가져와(물론 꼭 HTML 문서만 있는 건 아니고, 텍스트든 그림 파일이든 간에, 웹 서버 폴더에 존재하는 파일들을 모두 지정해서 가져올 수 있다), 브라우저 엔진에서 해석해 구조적으로 표시해주는 역할을 할 뿐이었다. 이러한 브라우저 엔진이 IE냐 크롬이냐 사파리냐에 따라서 화면에 해석해 표시해 주는 방법이 미묘하게 달라서 호환성 문제가 발생했으며, 이것은 앞에 설명했던 자바스크립트에서도 마찬가지로 일어나서 XSS 취약점 같은 경우 브라우저 종류 및 버전별로 해당 현상이 일어나기도 하고 안 일어나기도 하는 애매한 상황을 가져오기도 한다.

4. 웹의 2세대 - 동적 페이지

개인적인 분류로, 웹의 2세대에서는 페이지가 움직이고 체계를 잡기 시작했다고 보면 될 것 같다.

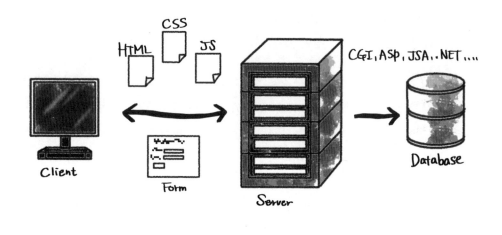

그림 2-4-4　동적 페이지

프로그래밍 코드와 디자인 코드를 분리하기 위해서 디자인 부분만을 담당하는 CSS (Cascading Style Sheet)라는 스타일 관련된 언어가 나왔고, 자바스크립트가 나와서 사용자 행동에 반응을 하며, 브라우저의 돔(DOM-Document Object Model) 구조를 이용하여, 사용자의 행동에 따라 움직이는 것처럼 느끼게 만드는 동적인 웹 페이지 구현을 지원하게 되었다. 또한 단순히 페이지 주소만을 호출하던 1세대와는 다르게 클라이언트와 서버 사이에 폼(Form)이라는 HTML 태그가 있어 데이터를 전달(GET, POST)하게 되었으며, 서버 쪽도 단순히 원하는 페이지를 찾아 전달해 주는 것을 벗어나 사용자의 입력을 통해 폼으로 전달된 데이터를 기반으로 CGI(Common Gateway Interface), ASP, JSP 같은 로직을 이용해 처리하게 됨으로써 프로그램 로직이란 것을 가지기 시작했다.

또한 가공된 데이터를 데이터베이스 안에 저장함으로써 사용자와 서버 간의 단발적인 상호작용 행동에서 벗어나, 사용자의 여러 행위나 상태 등의 히스토리를 저장하게 되어, 지금 우리가 사용하고 있는 여러 가지 포털 사이트나 은행 등의 사이트들이 돌아갈 수 있는 기반 구조가 만들어졌다고 볼 수 있다.

4.1 HTTP 메시지

HTTP 메시지는 다음과 같이 크게 헤더(Header)와 바디(Body)로 나뉜다. 여기에서의 헤더, 바디는 HTML에서의 문법에서의 헤더, 바디와는 조금은 다른 의미이다.

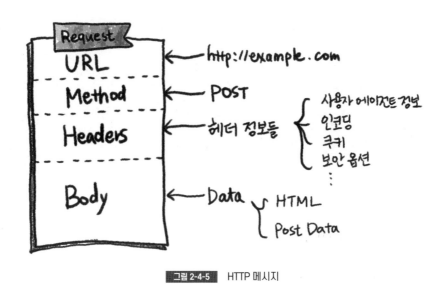

그림 2-4-5 HTTP 메시지

나중에 피들러(Fiddler)란 프록시 툴로 살펴보겠지만, HTTP 바디 부분에 우리가 알고 있는 HTML 소스와(⟨header⟩, ⟨body⟩를 포함한 모두), 폼 전송 시의 포스트(Post) 데이터가 들어가게 된다. 이미지 업로드 시 MIME 인코딩된 데이터도 마찬가지이다.

HTTP 헤더 부분에 들어가 있는 데이터들이 웹 프로그래밍을 공부하다 보면 자주 보게 되는 사용자 에이전트 정보(User Agent), 페이지를 어떤 언어로 보여줄 지 알려주는 인코딩(Encoding), 바로 이전 호출되었던 페이지를 알려주는 레퍼러(Referer), http only 등과 같은 쿠키 옵션들이 들어가게 된다.

4.2 쿠키를 생성하는 파이썬 프로그램 만들기

파이썬 샘플 페이지를 피들러를 이용해 살펴보면서 HTTP 헤더, 바디 부분을 살펴보고 쿠키가 만들어지는 과정을 살펴보도록 하자. 앞 챕터의 소스 구조와 비슷하고, 중간에 보면 입력된 값을 기준으로 set_cookie 메서드를 이용해서 your_id라는 이름의 쿠키를 생성하는 코드가 있다.

```python
from flask import Flask, render_template, request, make_response

# flask 웹 서버를 실행함
app = Flask(__name__)


@app.route("/set_cookie", methods=["GET", "POST"])
def set_cookie():
    cookie_text = ""
    get_cookie = ""

    if request.method == "POST":
        cookie_text = request.form["inputText"]
        get_cookie = request.cookies.get('your_id')

        if not get_cookie:
            get_cookie = "서버로 전송된 쿠키 없음"

    response = make_response(render_template(
```

```
        'client_code_cookie.html', cookie_text=cookie_text,
        get_cookie=get_cookie))

    if cookie_text:
        response.set_cookie("your_id", cookie_text)

    return response


# 이 웹 서버는 127.0.0.1 주소, 포트 5000번에서 동작하며, 에러를 자세히 표시한다.
if __name__ == "__main__":
    app.run(host='127.0.0.1', port=5000, debug=True)
```

코드 보기   client_code_cookie.py

위의 코드를 C:\Python\security에 client_code_cookie.py 이름으로 저장한다.

다음은 템플릿 파일이다. 쿠키를 만들 문자열을 전송하고, 쿠키를 받아서 result라는 아이디를 가진 div 태그 내에 뿌려준다.

```
<html>
    <head>
        <script src="http://code.jquery.com/jquery-3.6.0.min.js" ></script>
        <script type="text/javascript">
            $(document).ready(function(){
                cookie_text = "{{cookie_text}}";
                get_cookie = "당신의 쿠키는: " + "{{get_cookie}}";
                $("#inputText").val(cookie_text);
                $("#result").html(get_cookie);
            });
        </script>
        <title>쿠키 만들기</title>
    </head>
```

```
<body>
    <form id = "setCookie" action = "set_cookie" method = "post">
        <fieldset>
            <legend>쿠키 만들기</legend>
            쿠키값:
            <input type="text" id="inputText" name="inputText">
            <input type="submit" name="button" value="쿠키 만들기">
        </fieldset>
    </form>



    <h4>생성된 쿠키</h4>
    <hr>
    <div id ="result"> </div>

</body>
</html>
```

코드 보기   client_code_cookie.html

위의 코드를 C:\Python\security\templates 폴더에 client_code_cookie.html 이름으로 저장한다.

4.2 쿠키를 생성하며 피들러로 살펴보기

기존 웹 서버가 실행되어 있다면 "Ctrl+c"를 눌러 종료 후, 새 파일로 웹 서버를 실행시킨다.

```
C:\Python\security>python client_code_cookie.py
* Running on http://127.0.0.1:5000/ (Press Ctrl+C to quit)
```

이후 피들러를 켜고(피들러 설치가 안 되어 있다면 부록을 참고해서 설치한다), 브라우저에서 http://127.0.0.1:5000/set_cookie 주소로 이동한다. 쿠키값에 my cookie라고 입력한 다음, "쿠키 만들기" 버튼을 누른다. 전송 후 "당신의 쿠키는:"란에는 아직은 서버로 전송된 쿠키가 없다고 표시된다.

그림 2-4-6   쿠키 만들기

그림 2-4-7에서 Request Headers 부분을 보면 포스트(POST) 방식으로 set_cookie URL을 요청했고, Response Headers 부분을 보면 SET-Cookie라는 명령어를 통해 your_id = "my cookie"라는 쿠키를 생성해 달라고 브라우저에게 요청한다. 브라우저가 서버 쪽으로 전송했을 당시 파이썬 프로그램이 쿠키값을 가져오려 했을 때는 아직 쿠키가 생성되기 전이므로 쿠키가 없다고 표시된다. 실제 상단의 헤더 섹션을 보면 쿠키 정보가 없다.

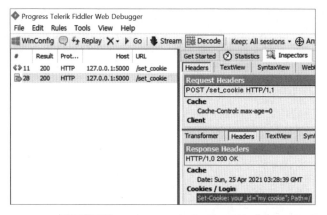

그림 2-4-7 쿠키 만들기 요청에 대한 데이터 보기

반대로 피들러 화면에는 보이진 않고 있지만, 브라우저는 현재 Set-Cookie 명령어를 받아서 해당되는 쿠키를 만들어 냈을 것이다. 해당 부분을 확인하기 위해 브라우저 창에서 "F12" 키를 눌러서 개발자 도구를 띄워서 Application 탭의 Cookies 항목을 보면 http://127.0.0.1:5000 사이트에 your_id라는 쿠키를 메모리 상에 생성한 것을 볼 수 있다. 쿠키는 해당 도메인에 종속적이기 때문에 앞으로 우리가 http://127.0.0.1:5000 사이트에 요청할 때마다 브라우저는 자동으로 해당 쿠키를 같이 전송할 것이다.

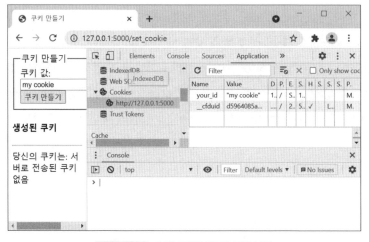

그림 2-4-8 브라우저에 생성된 쿠키 보기

이후, 파이썬 코드 상에서 새로운 쿠키가 안 만들어지도록, 아무 값도 넣지 않고 "쿠키 만들기" 버튼을 누르면, 피들러 헤더에는 아까 만들어진 user_id=my cookie라는 쿠키가 서버로 전달된다. 서버에서는 해당 쿠키값을 얻어 div 태그에 넣은 후, 해당 소스를 브라우저에게 전달한다. 그래서 브라우저 쪽을 보면 이제는 서버로 전송한 my cookie라는 쿠키 내용이 보이게 된다.

그림 2-4-9 서버로 쿠키 전송하기

이제 피들러의 요청 헤더 쪽을 보면 다음과 같이 쿠키가 포함되어 전송됨을 볼 수 있다.

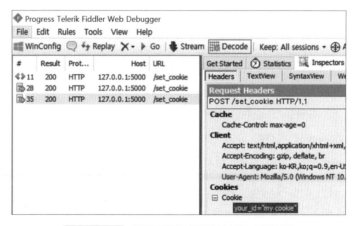

그림 2-4-10 브라우저에서 서버로 전송되는 쿠키 보기

해당 쿠키는 다른 사이트를 호출할 때는 전송되지 않지만(예를 들어, 네이버를 호출하고 헤더를 체크해 보자), 브라우저의 메모리 안에 계속 존재하며 언제든지 http://127.0.0.1:5000 사이트를 호출할 때에 헤더에 같이 첨부되어 전송된다. 반대로 얘기하면 메모리 상에만 있기 때문에 브라우저를 끄게 되면 사라진다. 그래서 대부분의 사이트에서 로그인한 후, 브라우저를 모두 닫아 버리게 되면 해당 사이트에서 브라우저에게 만들게 요청했던 사용자 신원을 보장하는 쿠키가 사라져 로그아웃 된다. 만약 로그아웃이 되지 않고 로그인이 유지되는 사이트가 있다면, PC의 경우는 로컬 파일 쿠키를 사용하거나 모바일의 경우는 관련된 토큰을 로컬 시스템 어딘가에 보관하고 있을 것이다. 보통 해당 경우는 사용자가 명시적으로 로그인 유지 옵션을 선택한 경우에 해당된다.

이 단순해 보이는 쿠키 생성을 통해, 사이트는 사용자의 신원을 보증하고 로그인 상태에서 사이트를 사용할 수 있게 한다. 정상적인 사이트의 경우는 예제처럼 아이디만을 던지는 경우는 없을 것이고 보통 아이디, 패스워드 쌍으로 던져서, 사이트의 내부 데이터베이스에 저장한 아이디와 해시값으로 보관되어 있는 패스워드값을 비교해 맞춰본 후 인증이 된 경우만 쿠키 생성을 요청하게 되며, 일반적으로 쿠키 재사용을 방지하고 특정 시점을 지나면 만료 처리를 할 수 있도록, 시간 및 기타 정보 값들과 적절히 믹스하여 양방향으로 암호화하여 관리할 것이다.

이후 브라우저는 해당 값을 모든 브라우저가 닫히기 전에는 메모리에 안전하게 보관하면서, 해당 사이트의 페이지를 요청할 때 위와 같이 헤더에 포함해 보내게 된다. 서버는 해당 쿠키값을 받은 후 암호화를 해제해서 안의 사용자의 신원을 나타내는 고유 값을 기반으로 사용자가 정상적으로 로그인 되었다고 믿고 작업을 하게 된다(또는 토큰과 같이 해당 값 자체를 고유키로 사용하는 경우도 있다). 이 부분이 무 상태(Stateless)라는 HTTP 통신에서 세션을 유지하게 되는 쿠키의 역할이며, 웹 애플리케이션 보안쪽에서 많이 얘기하는 권한 상승, 세션 탈취 등의 뭔가 있어 보이는 용어가 사실 저 단순한 쿠키나 뒤의 API 파트에서 나올 토큰과 같은 부분에 얽혀 있는 이야기라고 보면된다. 물론 설계나 상황에 따라 여러 다른 측면도 있긴 하겠지만 주요한 부분은 저렇게 인증을 위한 쿠키가 만들어지는 부분을 파고들어 여러 가지로 악용해 보려는 시도라고 봐도 될 듯하다.

앞에서 다룬 내용을 요약하자면 다음의 그림과 같다.

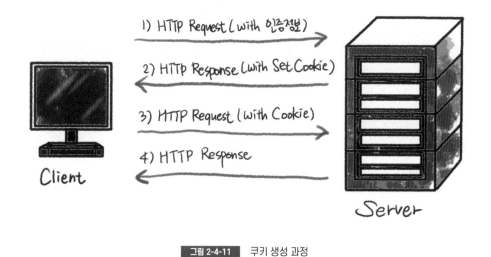

그림 2-4-11   쿠키 생성 과정

5. 웹의 3세대 - 비동기 호출 페이지(AJAX)

웹의 3세대라고 얘기하고 싶고, 사실 현재 웹이 실질적으로 머무르고 있는 단계라고
생각하는 부분이 비동기 호출 페이지의 등장이다. 요즘은 엄청 바깥 쪽이나 안쪽이 다
양한 프레임워크로 화려해지긴 했지만, 원리상으로 그다지 해당 범위를 벗어나진 않는
다고 본다. 비동기 호출이라는 것은 우리가 앞에서 봤던 것처럼 명시적으로 폼을 전송
하는 방식이 아니라, 사용자 입장에서는 멈춰 있어 보이는 페이지의 뒤 단에서, 자바

스크립트 라이브러리인 AJAX(Asynchronous JavaScript and XML)를 통해서 데이터를 주고받는 것을 이야기한다.

아마도 2세대까지의 정식으로 HTML 페이지가 폼으로 요청되고, 서버가 받아 처리하는 부분과 상이한 행위라고 해서 비동기라고 지칭되긴 했지만, 사실상 엄밀히 따지면 요청하고 받는 행위가 페이지의 뒤 단에서 벌어지는 것뿐이므로 사전적 의미에서의 비동기라는 말이 적합한가도 싶긴 하다. 어찌 되었든, 페이지가 멈춰진 상태에서 보통 사용자의 액션이나 주기적인 스케줄링에 기반해 트리거 되어 API 등을 호출해 데이터만을 교환하며, 가져온 데이터를 화면에 업데이트하거나, 사용자가 인지 못하는 뒤 단에서 광고, 사용성 추적 등을 목적으로 서버로 데이터를 전송하는 데 사용하기도 한다(앞서 XSS를 설명하면서 뒤 단에서 주기적으로 특정 URL을 호출하는 AJAX 코드를 잠시 살펴봤다).

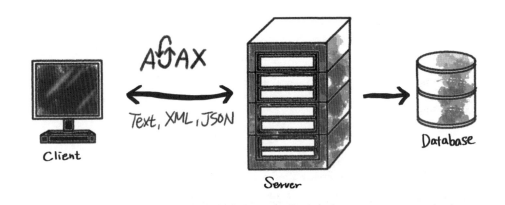

그림 2-4-12 AJAX 호출

위 그림에서 보듯이 클라이언트와 서버 사이에 데이터의 교환만이 있기 때문에 2세대와 같이 폼을 포함한 무거운 웹 페이지 전체가 왔다 갔다 하지 않는다. 아마도 초기에는 문자열 형태로 전송되다가, 좀 더 복잡한 데이터를 구조적으로 전송하기 위하여 XML을 사용하다가, 점점 실용적으로 프로그램 간에서 바로 데이터 구조로 교환할 수 있는 JSON으로 변환되어 왔다고 보며, 현재는 거의 XML과 JSON 두 가지 정도로 대부분의 데이터가 교환되는 것 같다.

5.1 JSON 살펴보기

JSON을 살펴보면 따라다니는 직렬화(Serialize), 역직렬화(Deserialize)라는 낯선 용어가 있는데, 직렬화는 "일반 문자열로 만들기", 역직렬화는 "프로그램에서 사용하는 리스트나 딕셔너리 형태의 구조화된 데이터로 만들기" 정도로 해석하면 어떨까 싶다.

클라이언트 프로그램 내(자바스크립트)에서 사용하는 딕셔너리나 리스트 구조를 웹으로 전송하기 위해 "{", ",", "[" 등의 문자로 이루어진 문자열 형태로 압축해서 만들고, 네트워크 상에서는 단순한 문자열 형태로 전송된다. 다시 서버 쪽의 언어에서 해당 값을 받은 후, 프로그램 내에서 사용하는 자료 구조인 리스트나 딕셔너리 구조로 바꾸어 다차원적인 데이터 형태를 무너뜨리지 않고 자연스럽게 데이터를 교환하는 형태이다.

만화의 한 장면 같은 예를 들자면, 냉장고를 접어서 서류봉투 안에 넣어 배달하고 다시 꺼내어 펼치면 냉장고가 되는 느낌이라고 할까? 냉장고 안에 들어있는 물건들의 종류나 위치는 유지하면서 말이다. 그래서 단순한 교환을 위한 데이터 형태인 XML보다, 프로그램에서 자주 사용하는 데이터 형태를 쉽게 유지할 수 있는 JSON이 인기인 것 같다. 물론 XML도 같은 역할을 해주는 라이브러리가 있지만 2개의 언어를 써보면 JSON이 압도적으로 프로그래밍 사고의 변환이 거의 필요 없이 직관적인 것처럼 보인다. 반대로 얘기하면 데이터 정합성에 엄격한 분야에서는 아직도 XML을 선호하기도 한다. 여기서 보안적으로 중요한 사실은 해당 문법 요소들 보다는 전송되는 형태가 어쨌든 평범한 "문자열"이라는 것이다.

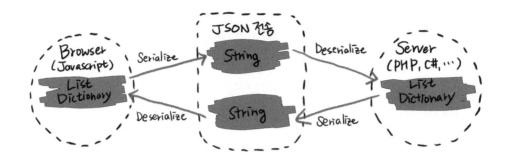

그림 2-4-13　JSON 데이터의 전송

5.2 구글 검색어 자동완성을 통한 AJAX 예제 보기

AJAX에 대한 코드 샘플은 뒤의 피들러로 시연하는 샘플을 통해 보면 될 것 같고, 여기서는 일상 속에서 자주 볼 수 있는 예제 하나를 보이려 한다. 아래는 구글의 검색어 추천 로직으로, 사용자가 c, a, t 즉, cat이라고 적을 때마다 하단 박스에 해당되는 추천 검색어가 나오게 된다. 이제, 이 부분을 피들러를 켠 채로 실행시키고 피들러로 잡힌 호출을 보도록 하겠다.

피들러를 보게 되면(요즘은 웹 뒤에서 몰래 돌아가는 호출이 많아서, 잡다한 호출 등은 가독성을 위해 정리했다). 다음과 같이 /complete/search라는 URL이 3번 호출되었다. 상단 Request 섹션의 Webforms 탭을 클릭해보면, 사용자가 입력하는 글자는 q라는 이름을 가진 인자와 매핑되어 있다. 위의 요청부터 하나하나 클릭해 보면 q 값이 c, ca, cat로 변해가는 것을 볼 수 있다.

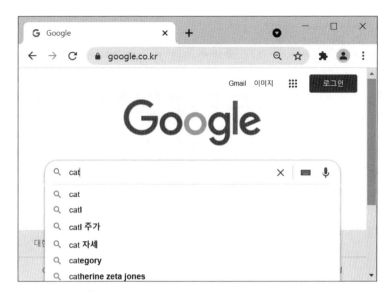

그림 2-4-14   구글 검색어 추천

하단 Response 섹션의 JSON 탭을 보면, 피들러가 왔다 갔다 하는 데이터를 JSON 형태로 해석한 부분이 보인다. 거기에 보면 트리 형태로(원래는 아까 얘기했듯이 {[, 등으로 구성된 문자열을 피들러가 해석해 트리 모양으로 보여주는 것이다. 그냥 문자열로 보려면 Raw 탭을 보자.) "cat", "catl" 등 [그림 2-4-14]에서 봤던 추천 검색어들이 구성되어 있다. 아마도 구글의 메인 페이지를 찬찬히 뜯어보면 저 /complete/search URL을 AJAX 방식으로 호출하고, 결과 값인 JSON 데이터를 받아, DOM 구조를 이용해 숨겨 놨던 네모 박스를 보여주면서, 그 안에 가져온 데이터를 뿌려주는 자바스크립트 코드가 있을 것이다.

이런 상황을 만나게 되면 기술을 모르는 평범한 사용자들은 뒤쪽에서 분주함이 있음을 인지하지 못하고, 내가 입력한 값에 대해서 사이트가 신기하게도 추천 검색어를 뿌려준다고 생각을 할 것이다. 다만 보안이나 개발적인 입장에서는 화면보다는 이 뒤 단의 데이터로 주로 생각을 하고 살펴 봐야하는 것이 다를 뿐이다. 이렇게 따져 보면 웹은 사람의 인지를 이용한 거대한 속임수 같기도 하지만, 이는 디지털화된 영상이나 사진 등의 실상도 마찬가지이다.

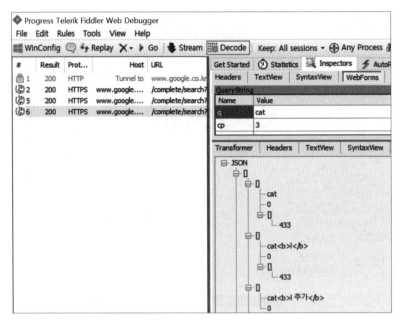

그림 2-4-15 구글 검색어 추천 피들러로 살펴보기

6. 클라이언트 vs 서버 코드

지금까지의 장황한 이야기들은 모두 다음 한 장의 그림을 설명하기 위해서이다. 우리는 여러 가지 예제를 피들러를 통해 살펴봄으로써 HTML 코드나 CSS, 자바스크립트 등을 평문으로 볼 수 있었고(피들러의 Response 섹션의 TextView 탭을 보면 된다), 날아가는 폼값도 피들러로 볼 수 있었고(이는 WebForms 탭), HTTP 헤더 내에 있는 여러 쿠키나 사용자 에이전트, 레퍼러(Referer) 등도 볼 수 있었다(이는 Headers 탭). 또 한 발 더 나아가 브라우저의 뒷면에서 남 모르게 날라가는 AJAX 데이터의 입력과 출력도 하나하나 볼 수 있었다. 결국 이러한 데이터들을 피들러로 볼 수 있다는 얘기는 피들러로 "조작"이 가능하다는 얘기가 된다. 다음 섹션에서 이러한 클라이언트 코드들을 하

나하나 피들러로 조작하는 예제를 보여주면서 해당 부분을 자세히 살펴보려 한다.

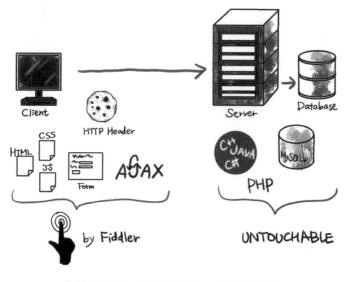

그림 2-4-16 클라이언트 코드 vs 서버 사이드 코드

반대로 우리가 피들러로 볼 수 없어 조작할 수 없는 코드도 있다. 그것은 서버 사이드에서 돌아가는 코드들이다. C#, 자바, PHP, 파이썬 같은 언어로 구성된 서버 측의 로직을 구성하는 코드들은 우리는 내용을 볼 수도 조작할 수도 없다. 하지만 불행하게도 웹 환경에서는 서버 뒤 단의 로직은 사용자의 액션에 따라 특정한 비즈니스를 지원하기 위해 생성된 경우가 대부분이어서 폼이나 AJAX의 입출력 인자, 히든 필드, 비즈니스 체크 로직 등 자바스크립트와 HTML을 잘 분석한다면 내부 구조의 많은 유추가 가능하다.

이후 서버 뒤 단의 로직은 결국 클라이언트에서 날라간 폼값이나 AJAX 데이터 값을 기반으로 동작을 하게 되기 때문에 해당 부분들을 조작하여, 코드에 영향을 미치려는 시도를 할 수 있다. 이것이 웹 UI 기반의 해킹의 많은 부분을 차지한다. 또한 서버 자체가 탈취당했을 때도 공격자의 역량에 따라 서버 사이트 코드를 보거나 영향을 미칠 수도 있다고 본다.

7. 피들러로 클라이언트 코드 조작하기

이제, 앞에 설명한 클라이언트 예제들을 하나하나 조작하는 것을 시연해 보면서 각 행위가 웹 애플리케이션의 보안적 측면에서 어떤 의미가 있을지 생각해 보도록 하자.

7.1 클라이언트 코드 조작 시연 용 파이썬 프로그램 만들기

코드를 보면 get_money 경로를 호출하면 현재 쿠키를 가져오고, process_money 함수(원래는 여러 검증을 하고 돈을 주어야 하겠지만 그냥 바로 요청한 대로 주게 했다)를 호출하여 인출을 하고, save_cookie 함수를 호출하여 넘어온 사용자가 tom, jerry, secret인 경우 각각을 값으로 해서 user_id 쿠키를 새로 만들어 준다. get_balance 경로를 호출하면 json 포맷으로 tom, jerry, secret의 잔고를 각각 반환한다. 나머지는 앞의 쿠키를 생성했던 코드와 비슷한 구조이다.

```python
from flask import Flask, render_template, request, make_response, jsonify

# flask 웹 서버를 실행함
app = Flask(__name__)


def save_cookie(response, customer_id):
    if customer_id in ["tom", "jerry", "secret"]:
        response.set_cookie("your_id", customer_id)
    return response


def process_money(money):
    return money
```

```python
@app.route("/get_money", methods=["GET", "POST"])
def get_money():
    customer_id = ""
    get_cookie = ""
    withdraw_money = ""
    request_money = ""

    if request.method == "POST":
        customer_id = request.form["myID"]
        request_money = request.form["requestMoney"]
        get_cookie = request.cookies.get("your_id")
        withdraw_money = process_money(request_money)

        if not get_cookie:
            get_cookie = "서버로 전송된 쿠키 없음"

    response = make_response(
        render_template("client_code_practice.html", customer_id=customer_id,
                        get_cookie=get_cookie, withdraw_money=withdraw_money))
    response = save_cookie(response, customer_id)

    return response


@app.route("/get_balance", methods=['POST'])
def get_balance():
    content = request.json
    customer_id = content["customer_id"]

    if customer_id == "tom":
        balance = "100000"
    elif customer_id == "jerry":
        balance = "200000"
    elif customer_id == "secret":
        balance = "infinite"
    else:
```

```
        balance = "blocked"

    return jsonify({"balance": balance})


# 이 웹 서버는 127.0.0.1 주소, 포트 5000번에서 동작하며, 에러를 자세히 표시한다.
if __name__ == "__main__":
    app.run(host='127.0.0.1', port=5000, debug=True)
```

코드 보기　client_code_practice.py

위의 코드를 C:\Python\security에 client_code_practice.py로 저장한다.

다음으로 템플릿 코드는 몇 가지 의도적으로 만든 부분이 있다. 우선 10,000원 이상 입력하면 출금을 안 시키게 경고를 띄우는 자바스크립트 로직이 있다. 아이디를 입력하는 myID 텍스트 박스를 보면 maxlength = "5"로 제한되어, 다섯 글자 이상 입력이 안 되기 때문에 secret 아이디는 입력할 수 없는 상태이다. 중간에 보면 앞에서 설명한 AJAX 코드가 보이는데, "잔고 보기" 버튼을 클릭하면 get_balance 경로를 호출하고 잔고를 가져와서, balance라는 아이디를 가진 span 태그에 내용을 표시한다.

```
<html>
    <head>
        <script src="http://code.jquery.com/jquery-3.6.0.min.js" ></script>
        <script type="text/javascript">
            $(document).ready(function(){
                my_id = "{{customer_id}}";
                withdraw_money = "{{withdraw_money}}";
                get_cookie = "{{get_cookie}}";

                result_cookie = "1. 당신의 쿠키는: " + get_cookie;
                result_id = "2. 당신의 아이디는: " + my_id;
                result_money = "3. 인출 금액: " + withdraw_money;
```

```javascript
$("#myID").val(my_id);
$("#requestMoney").val(withdraw_money);
$("#resultCookie").html(result_cookie);
$("#resultID").html(result_id);
$("#resultMoney").html(result_money);

$("#sendForm").click(function(){
    var customer_id = $("#myID").val();
    var withdraw_money = $("#requestMoney").val();

    if (withdraw_money == null || withdraw_money == "") {
        alert("찾으실 금액을 넣어주세요!");
        return false;
    }
    else if (withdraw_money > 10000) {
        alert("10000원 이상 출금 안됨");
        return false;
    }

    if (customer_id == null || customer_id == "") {
        alert("아이디를 넣어주세요");
        return false;
    }
});

$("#showMyMoney").click(function() {
    $.ajax({
        url: "/get_balance",
        type: "POST",
        dataType: "json",
        data: JSON.stringify({"customer_id": get_cookie}),
        contentType: "application/json;charset=UTF-8",
        success: function(data){
        $("#balance").html(data.balance);
        }
    });
});
```

```
            });
        </script>
        <title>클라이언트 코드 실습</title>
</head>
    <body>
        <form id = "getMoney" action = "get_money" method = "post">
            <fieldset>
                <legend>클라이언트 코드 실습</legend>
                아이디:
                <input type="text" id="myID" name="myID" size = "10" maxlength="5">
                 
                출금 금액:
                <input type="text" id="requestMoney" name="requestMoney" size = "5">
                <input type="submit" name="button" id="sendForm" value="인출하기">
                <br><br>
                <input type="button" id="showMyMoney" value="잔고 보기"">
                : <span id="balance"></span>
            </fieldset>
        </form>


        <h4>결과</h4>
        <hr>
        <div id ="resultCookie"> </div>
        <div id ="resultID"> </div>
        <div id ="resultMoney"> </div>

    </body>
</html>
```

코드 보기   client_code_practice.html

해당 코드를 C:\Python\security\templates 폴더에 client_code_practice.html 이름으로 저장한다.

7.2 클라이언트 코드 조작 페이지 실행하기

기존 웹 서버가 실행되어 있다면 "Ctrl+c"를 눌러 종료 후, 새 파일로 웹 서버를 실행시킨다.

```
C:\Python\security>python client_code_practice.py
* Running on http://127.0.0.1:5000/ (Press CTRL+C to quit)
```

이후 브라우저에서 http://127.0.0.1:5000/get_money 주소로 이동한다. 실제 페이지가 뜬 화면을 보면 다음과 같다. 페이지가 만들어졌으니 이제 하나씩 조작해 보자.

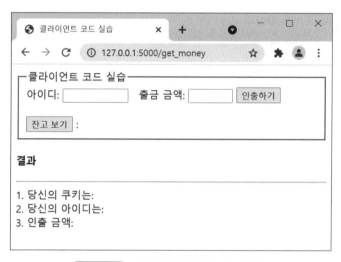

그림 2-4-17 클라이언트 코드 조작 시연 페이지

7.3 전송하는 폼값 바꾸기

첫 번째로 전송하는 폼값을 바꿔 보는 예제를 시연해 보기로 하자. 현재는 자바스크립트로 막혀 있어 10,000원을 초과하는 금액을 인출할 수 없는 상태지만, 10,000,000원을 인출해 보기로 한다. 우선 피들러를 켜고 http://127.0.0.1:5000/get_money 주소로

이동한다. 피들러의 기능 중 하나가 IDE 같이 호출 중간에 디버깅 기능을 걸 수 있는데, 버프 스위트(Burp Suite)나 파로스(Paros) 같은 프록시 툴에서 하나하나 페이지를 보면서 넘기는 것과 같다(원리가 궁금하다면 간단히 설명했으니 부록을 참고하자).

피들러 상단 메뉴에서 "Rules 〉 Automatic Breakpoints 〉 Before Requests(F11)"를 체크한다. 주의할 점은, 이 상태에서는 피들러가 브라우저의 모든 호출을 잡아 버리기 때문에 작업을 끝내면 꼭 피들러를 끄거나 해당 값을 "Disabled(Shift+F11)"로 바꾸어야 웹 페이지들이 정상으로 호출된다.

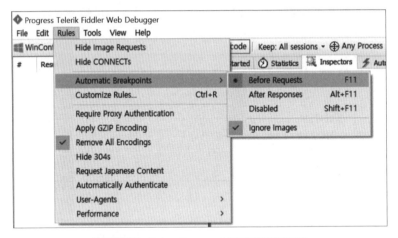

그림 2-4-18 Before Requests 브레이크 포인트 걸기

이후 페이지에서 tom을 입력하고 10000000을 입력한 후, "인출하기" 버튼을 클릭한다. "10000원 이상 출금 안됨"이라는 경고가 뜰 것이다. 자바스크립트에서 막은 것이기 때문에 브라우저 프로세스 내에서 일어난 일이며 실제 서버로 요청이 가지 못했기 때문에 피들러에는 아무것도 잡히지 않는다.

이제 금액을 1000으로 조정한 후, "인출하기" 버튼을 클릭한다. 브라우저 화면을 보면 탭 이름 부분에 빙글빙글 돌아가는 표시가 보이게 되며 더 이상 진행되지 않는다. 현재 상태는 브라우저가 사용자가 입력한 폼값을 플라스크 서버로 전송했지만, 피들러가 중간에서 잡아 서버에 전달을 하지 않고 고집을 부리고 있는 중이라고 볼 수 있다.

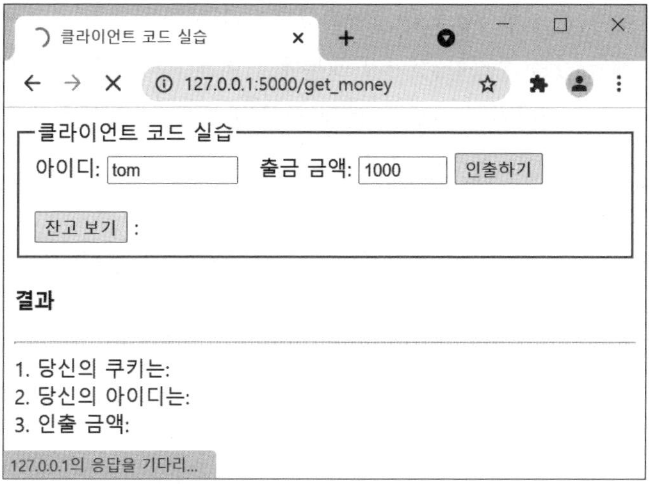

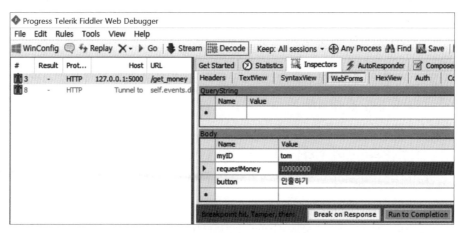

그림 2-4-19　피들러가 요청을 잡고 있는 상태

고집을 부리고 있는 피들러 쪽으로 가보면, 기존에 보지 못한 "Run to Completion"이라는 버튼이 오른쪽 상단의 Request 섹션에 생성되어 있음을 확인할 수 있다. WebForms 탭을 선택하면 우리가 입력한 tom과 1000이라는 숫자가 있다. 아래 그림과 같이 requestMoney에 있는 값을 10000000으로 바꾸고, 이후 "Run to Completion" 버튼을 누른다.

그림 2-4-20　값을 조작한 후 요청 보내기

이렇게 되면 브라우저가 체크해 주던 자바스크립트의 방어 구역을 벗어나 네트워크 상에서 피들러가 해당 값을 수정한 것이기 때문에 서버에는 해당 값이 그대로 전달되어 버리게 된다. 서버의 페이지를 보면 다음과 같이 방어에 의해 인출되지 말아야 했던 tom의 돈 1천만 원이 인출되었다고 나온다.

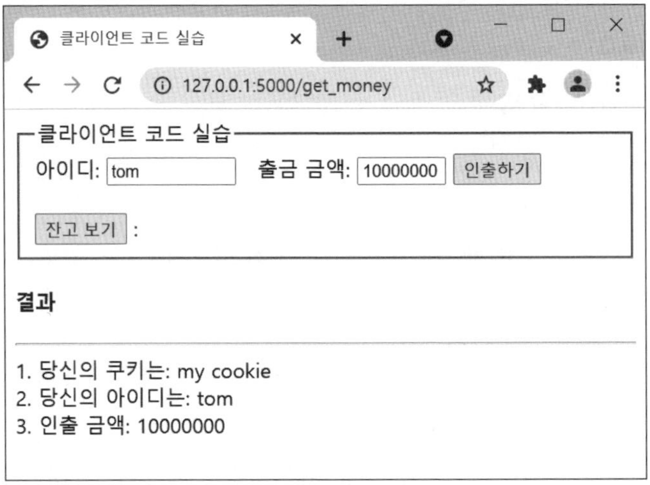

그림 2-4-21 조작된 값

해당 경우는 상당히 간단해 보이지만, 거의 모든 가격 및 사용자 조작에 영향을 미치는 의미 있는 행위이다. 해당 부분은 브라우저의 사용자 인터페이스로 제한된 한계를 넘을 수 있음을 인지할 수 있게 되는 부분이기 때문이다.

예를 들어, 주문서 페이지의 HTML 소스와 자바스크립트 구조를 분석하여 서버로 날라가는 여러 값들을 잘 정리해 볼 수 있다면(A 변수는 가격, B 변수는 적립금, C 변수는 쿠폰, D 변수는 할인 금액, E 변수는 본인 인증 수행 여부 등) 해당 값들이 왔다 갔다 하는 적절한 타이밍에 원하는 값으로 치환해주면 의도한 결과를 얻을 수 있다. 물론, 클라이언트 쪽 방어만 되어 있고 적절한 서버 사이드 방어가 되어 있지 않다는 가정하에서 그렇다. 신문에 가끔 나오는 해커가 몇 백만 원짜리 물건을 몇 백 원에 결제했다는 얘기도 사실 이 단순해 보이는 행위에서 시작된다. 물론 페이지를 분석해 관련 로직을 이해하고 원하는 요소들을 찾아내는 능력은 별개로 필요하긴 하겠지만 말이다.

7.4 서버 사이드 코드의 방어

이렇게 큰일에 대한 해결 방법은, 간단하게 클라이언트 코드를 신뢰하지 않으면 되는 것이다. 위의 파이썬 코드 중 인출을 시켜주는 process_money 메서드 부분을 방어하는 코드로 바꿔본다면, 다음과 같이 폼으로 넘어온 값을 한 번 더 확인하는 수정을 하면 된다. 물론, 실제 프로그램에서는 검증 및 에러 처리를 어떻게 우아하게 해야 할지 고민해야 하겠지만 여기서는 간단한 개념상으로만 살펴보자.

```python
def process_money(money):
    if int(money) > 10000:
        money = "0"
    return money
```

해당 코드를 수정한 후 저장 후, 같은 방식으로 조작을 하게 되면 다음과 같이 서버에서 확인하여 0원으로 출금을 시켜주지 않는 화면이 나온다. 확인 후에는 뒤의 시연을 위해서 다시 예전 코드로 돌리거나 주석 처리를 하자. 피들러의 설정한 브레이크 포인트도 Disabled시키거나, 피들러를 종료했다 켜주자.

그림 2-4-22   서버 사이드 코드 방어 적용

아주 작은 이 차이 하나가 사이트를 취약하게 하는지, 그렇지 않게 하는지를 만든다는 사실이 조금 허무하기도 하지만, 사실 이 차이는 개발자가 클라이언트 코드와 서버 사이드 코드의 차이점을 정확하게 이해하고, 클라이언트 코드를 믿지 않고 서버 사이드에 최종적인 방어를 위한 검증(Validation) 코드를 넣어두었냐는 큰 차이이기도 하다. 하지만 일반적으로 기능 구현과 성능과 버그에 집중하고 있는 개발자가 보안적인 관점에서 코드와 코드가 돌아가는 시스템 환경을 보는 것은 어느 날 쉽게 얻을 수 있는 부분이 아니기는 하다. 그래서 그렇게 시큐어 코딩 교육을 많이 해도 비슷한 취약점이 계속 발생하게 되는 것이다.

그림 2-4-23 서류 가로채기

7.5 HTML 돔(DOM) 구조 바꾸기

두 번째는 HTML 소스 구조를 바꾸는 부분이다. 이 부분은 개발자 도구를 이용해서, 브라우저 메모리 상에서 바로 바꿔치기를 할 수도 있지만, 여기서는 피들러를 통해서 네트워크 상에서 바꾸는 예제를 살펴보려 한다. 시나리오는 아까 아이디 입력 부분이

maxlength로 제한되어 다섯 글자 이상 안 들어 가고 있는 상황에서, 숨겨진 아이디인 secret를 넣어서 돈을 인출하게 하는 것이다. 물론 앞에 있던 전송되는 폼값에서 아이디를 바꾸는 방법도 있겠지만, 여기서는 돔(DOM) 구조를 조작하는 측면을 보려고 한다.

피들러가 응답 소스를 잡고 있는 부분을 확실히 보기 위해서 브라우저를 모두 종료한 후 다시 띄운다. 이후 피들러를 실행해 브레이크 포인트를 아까 와는 반대로 "Rules 〉 Automatic Breakpoints 〉 After Responses(Alt+F11)"를 선택하여 건다(방금 전 아래 메뉴이니 스크린 샷은 생략한다). 빈 창에서 http://127.0.0.1:5000/get_money 주소로 이동한다. 그러면 다시 다음과 같이 페이지가 뜨지 않고 빈 화면만 나오게 된다. 현재 상황은 브라우저가 서버 쪽에 요청을 한 후, 서버 쪽은 브라우저에게 표시할 페이지에 대한 HTML 결과를 전달해 줬는데 피들러가 잡고 브라우저에게 아직 내용을 전달하지 않고있는 상황이다.

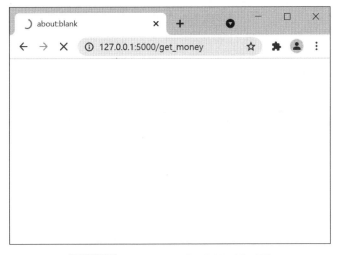

그림 2-4-24 피들러가 서버 응답을 잡고 있는 상태

피들러 화면으로 가면 이번에 하단 Response 섹션 쪽에 "Run to Completion" 버튼이 보이고 있다. "TextView" 탭을 클릭하면 브라우저로 전달될 HTML 코드가 보인다. 해당 소스에서 id="myID"인 인풋 박스를 찾아서 maxlength를 5에서 30으로 바꾼다. 이후

"Run to Completion" 버튼을 누른다. 이제 브레이크 포인트는 Disabled(Shift+F11) 시킨다.

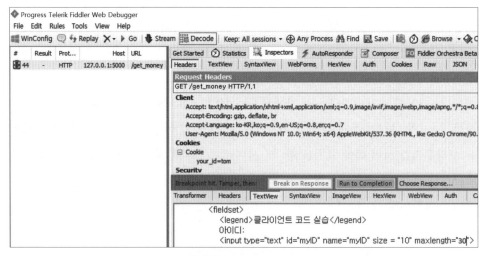

그림 2-4-25 응답 값 수정하기

이제 브라우저 화면으로 돌아가면 피들러가 이제서야 전달해준 소스가 보이게 된다. 해당 인풋 박스 제한이 서른 글자가 되어 secret라는 아이디가 입력되며, 실제 브라우저 소스 보기를 하면 30으로 조정된 값이 보인다. secret 아이디를 넣어 전송해 보는 것은 뻔하니까 굳이 시연하진 않는다.

이 부분도 "그래서?"라고 생각할 수도 있겠지만, 서버에서 클라이언트와의 인터페이스를 위해 전달했던 HTML 소스를 마음대로 변경할 수 있다는 부분에서 큰 의미를 가지게 된다. 그런 일은 없겠지만 마치 SQL 인젝션이나 XSS 코드가 외부에서 들어온 것처럼 원하는 코드들이 들어갈 수 있으며(물론 문법을 잘 준수해야 페이지가 깨지지 않고 동작한다), 여러 상태를 저장해 놓는 용도로 많이 쓰는 히든 필드 값이나 난독화 등으로 복잡하게 숨겨놓은 코드, 더 나아가 다른 페이지의 코드를 가져다가 붙여서 없는 UI를 만들어 내는 행위(원래는 특정 아이디나 조건에서만 노출되는 결제 화면을 넣는다든지)도 할 수 있다. 이 부분은 공격하는 사람의 상상력에 따라 얼마든지 창의적일 수 있으며, 브라우저는 서버가 전달해준 코드라고 생각하기 때문에 XSS 공격같이 방어해주는 일도 없다(설사 방어해줘도 특별한 의미는 없겠지만 말이다).

그림 2-4-26　구조 바꾸기

7.6 자바스크립트 조작하기

이번에는 아까 천만 원을 입력할 수 있었던 예제를 자바스크립트를 조작해서 시연해 보도록 한다. 아까는 Request의 폼인자를 조작했다면 이번엔 Response를 조작해 보자. 브라우저를 띄운 후, 피들러의 브레이크 포인트를 "Rules 〉 Automatic Breakpoints 〉 After Responses(Alt+F11)"를 선택하여 건다.

빈 창에서 다시 http://127.0.0.1:5000/get_money 주소로 이동한다. 역시 마찬가지로 Response 섹션의 "TextView" 탭으로 가면 아까 템플릿 소스 내에서 코딩해 놨던 자바스크립트 코드들이 보인다. 아래의 10,000 이상 금액을 체크하는 볼드체인 else if 코드 내용을 선택해서 지운다. 주의할 점은 자바스크립트 문법을 깨뜨리지 않도록 주의해야 한다. 문법을 깨뜨리면 브라우저가 동적으로 동작을 안 하게 된다.

```
if (withdraw_money == null || withdraw_money == "") {
            alert("찾으실 금액을 넣어주세요!");
            return false;
    }
    else if (withdraw_money > 10000) {
            alert("10000원 이상 출금 안됨");
            return false;
    }
```

이후 "Run to Completion" 버튼을 누르고 10,000,000 이상의 금액을 넣고 전송하면 자바스크립트 체크 로직이 없어져서 전송이 된다. 다만 이 경우는 다시 서버로 갔다 오면 원래 소스가 복구되니 매번 수정을 해줘야 한다. 물론, 프록시 툴에는 이런 수정을 자동으로 치환해 주는 스크립트 형태의 기능들이 보통 있긴 하다.

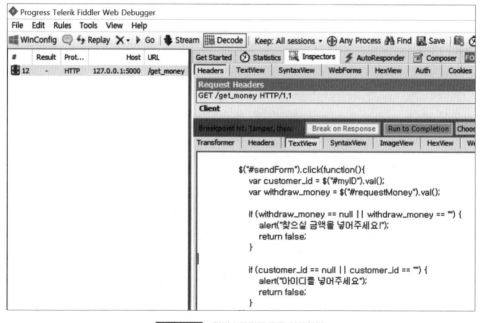

그림 2-4-27　자바스크립트 코드 삭제하기

여기에서 사실 자바스크립트는 페이지의 일부 이기 때문에 당연히 조작 가능하긴 하다. 프로그램에서 자바스크립트 파일은 따로 분리되어 ".js" 확장자 파일로 떨어져 있는 경우도 많지만 해당 경우도 역시 마찬가지이다. 해당 원리를 이용해서 여러 가지 브라우저 단에서 체크하는 검증 로직들을 이론적으로는 모두 우회할 수 있다고 보면 된다. 서버 쪽에 최종으로 검증하는 설계가 없다는 가정 하에 말이다.

그림 2-4-28 내용 바꾸기

7.7 쿠키 조작

이번엔 지금까지 서버가 돈을 지불해야 하는 사람을 체크하는 데 사용했던 쿠키값을 수정해 보려고 한다. 브라우저에서 http://127.0.0.1:5000/get_money 주소를 열고 tom, 100을 입력한 다음, "인출하기" 버튼을 클릭해 쿠키를 생성한다. 이후 그대로 한 번 더 "인출하기" 버튼을 클릭해 만들어진 쿠키를 서버로 전송해 쿠키가 만들어진 아래 화면을 확인한다.

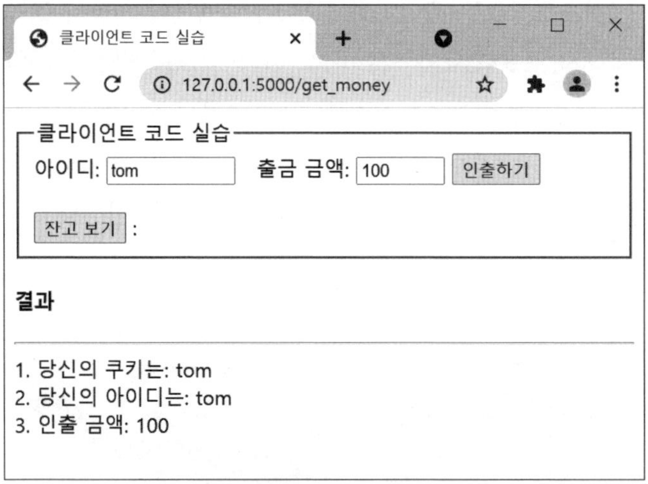

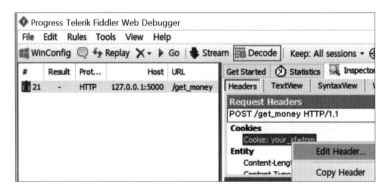

그림 2-4-29　쿠키 생성하기

그리고 피들러에 가서 "Rules 〉 Automatic Breakpoints 〉 Before Requests(F11)"를 확인한
다. 이후 다시 "인출하기"버튼을 누르면 피들러가 전송되는 요청을 잡게 된다.

피들러 화면으로 가서 상단 Request 섹션에서 Headers 탭을 선택하게 되면 HTTP 헤더
로 전송되는 여러 데이터를 볼 수 있다. 그중 쿠키 부분의 값을 선택하고, 마우스 오른
쪽 버튼을 클릭해서 컨텍스트 메뉴를 띄워 "Edit Header…" 메뉴를 클릭한다.

그림 2-4-30　쿠키 편집하기

쿠키 편집 화면이 나오면 Value 부분에서 your_id 쿠키값을 tom에서 jerry로 바꾼다. 이후 Save 버튼을 눌러 저장한다. 이후 앞에서와 마찬가지로 "Run to Completion" 버튼을 클릭하여 전송한다.

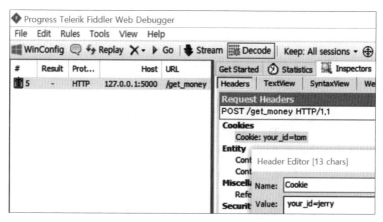

그림 2-4-31 피들러로 쿠키 변경하기

이제 브라우저 쪽을 체크해 보면 넘어온 쿠키값이 jerry로 바뀌어서, 서버 쪽에서 jerry 쿠키를 받았다고 출력해 주게 된다.

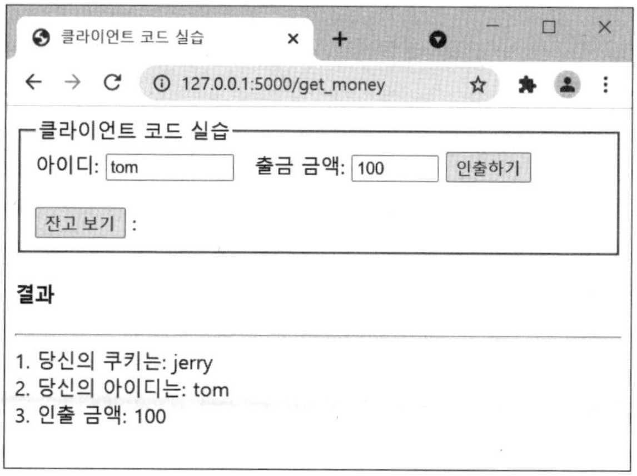

그림 2-4-32 변경된 쿠키 확인하기

물론 실제 현실에서는 이렇게 쿠키를 평문 상태로 사용하게 되는 경우는 별로 없지만, 암호화하더라도 해당 암호화된 값 자체를 바꿔치기할 수 있다는 사실은 변하지 않는다. 암–복호화 설명을 하면서 다루었지만, 암호화하더라도 내부의 값의 고유성은 변경되지 않거나 일회성 토큰이 아닌 경우라면 특정 시간 동안은 유효하기 때문에 다른 체크가 없다면 재생(Replay) 형태의 공격에 사용될 수 있어서다.

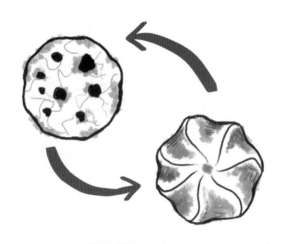

그림 2-4-33   쿠키 바꿔치기

7.8 비동기 호출 조작(AJAX, API)

마지막으로, AJAX 비동기 호출을 조작하는 방법에 대해서 알아보자. 이 부분은 비동기 적인 호출만이 아니라 API 호출도 마찬가지 형태이다.

기존에 만들어 놓은 client_code_practice.html 소스를 보면 잔고 보기 버튼을 클릭했을 때 일어나는 AJAX 호출이 있다. 내용을 보면 쿠키값을 이용해 JSON 데이터를 만들어서, get_balance라는 URL 경로를 호출해 값을 얻어와 balance라는 아이디를 가진 span 태그에 표시해 준다.

```
$("#showMyMoney").click(function() {
            $.ajax({
                url: "/get_balance",
                type: "POST",
                dataType: "json",
                data: JSON.stringify({"customer_id": get_cookie}),
                contentType: "application/json;charset=UTF-8",
                success: function(data){
                    $("#balance").html(data.balance);
                }
            });
        });
```

피들러를 켜고 위의 그림과 똑같이 tom과 100을 입력하고 "인출하기" 버튼을 2번(쿠키값을 페이지에서 가져오기 위해) 클릭한다. 이후 "잔고 보기" 버튼을 눌러보자. 그럼 AJAX 호출을 통해 100000이라는 잔고를 가져와 화면에 뿌려주게 된다.

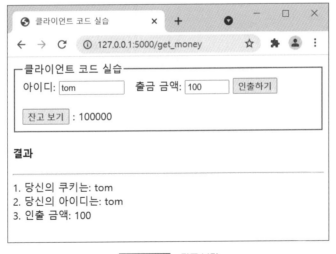

그림 2-4-34 잔고 보기

이 상황에서 jerry의 잔고를 알려면 어떻게 해야 할까? 앞의 예제들을 떠올려 보면 두 가지 방법이 있다. 첫째는 전송되는 폼값을 바꿔치기하여 jerry의 쿠키를 만들어 내거나, 둘째는 헤더에서 쿠키를 직접 바꾼 후, "잔고 보기" 버튼을 눌러도 될 것 같다.

그런데 조금 더 쉽고 직접적인 방법이 있다. 피들러 화면으로 가면 "잔고 보기" 버튼을 눌렀을 때 우리가 만들어 놓은 로직에 의해 get_balance URL을(사실 여기서는 API 같은 역할이다) 호출한 내역이 있다. Request의 JSON 탭 부분을 보면 customer_id=tom 형태의 JSON 데이터가 날라가고 있고, Response의 JSON 탭을 보면 마찬가지로 balance=100000 JSON 데이터가 넘어오는 것이 보인다.

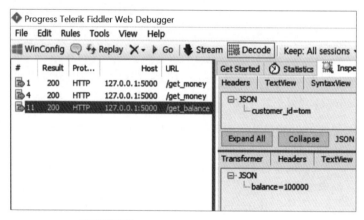

그림 2-4-35 피들러로 잔고 보기 AJAX 호출 확인

이제, 피들러의 다른 기능인 Replay 기능을 이용해 보도록 하겠다. 해당 기능은 기존에 호출한 URL 경로를 다시 똑같이 호출해주는데, 비단 URL 뿐만 아니라 우리가 앞에서 살펴본 쿠키 등이 담겨있는 HTTP 헤더 및 바디를 포함해 통째로 다시 보내주게 된다. 그래서 만약 인증에 사용되는 쿠키나 토큰이 만료되지만 않았다면, 이전에 실행시켰던 호출과 똑같이 로그인 한 듯이 재생을 하게 해주는 것이다. 추가로 단순히 재생만이 아니라 재생하면서 해당 내용을 편집할 수도 있게 해준다.

get_balance 호출을 선택 후, 마우스 오른쪽 버튼을 눌러서 "Replay 〉 Reissue and Edit" 메뉴를 선택한다.

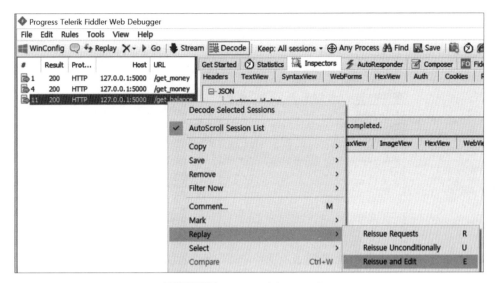

그림 2-4-36 피들러로 호출 Replay 하기

밑에 보게 되면, 새로운 get_balance 호출이 하나 생기면서, 브레이크 포인트를 걸었을 때처럼 멈춰 있게 된다. 위쪽 Request 쪽의 TextView 탭에서 tom을 jerry로 바꾼다. 이후 "Run to Completion" 버튼을 누르면 우리가 조작한 JSON 값으로 get_balance URL을 호출하게 된다.

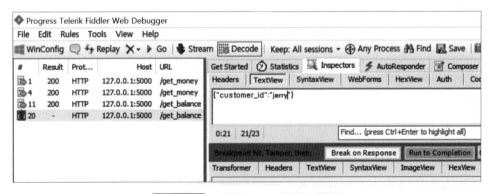

그림 2-4-37 피들러로 AJAX 인자값 수정하기

이후 Response 쪽의 "JSON" 탭을 보면 jerry의 잔고인 200000원을 확인할 수 있다.

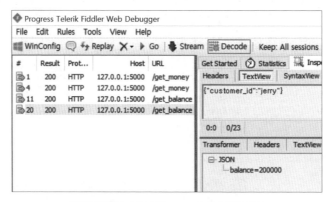

그림 2-4-38 피들러로 AJAX 호출로 잔고 얻기

숨겨진 AJAX 호출의 주요한 문제 중 하나는 이 호출이 브라우저 상에서 보이지 않아서 자바스크립트 AJAX 라이브러리에서 호출됨에도 불구하고 서버 단에서 호출되는 것으로 착각하는 경우가 종종 있다는 것이다. 그래서 이 호출을 조작 불가능한 호출이라고 착각하는 경우가 많다. 물론 서버 사이드 코드 상에서 직접 API를 호출하는 경우도 있긴 하지만, 해당 경우라도 전달되는 인자가 클라이언트에서 전달되는 1차 값의 영향을 받는다면, 마찬가지로 인젝션에서 자유로워질 수는 없다. 이러한 이유로 앞 챕터에서 얘기했듯이 결국 클라이언트 코드의 조작도 넓게 보면 인젝션의 일종이라고 볼 수 있다.

요즘은 많은 웹 프레임워크들이 MVC 타입의 패턴을 채용하고 있다. 페이지는 화면에 뿌려주는 템플릿(뷰) 기능을 주로 맡고, 대부분의 데이터를 API 형태로 만들어진 다른 서버에 요청해 가져오게 된다. 문제는 그러한 경우가 대부분 AJAX 코드 호출로 이루어져 있고, 피들러로 보게 되면 쉽게 보이고 조작도 된다는 것이다.

이렇게 페이지 뒤 단에서 AJAX를 이용해 비동기로 호출되는 웹 경로나 API들이 적절한 사용자의 권한 체크를 하지 않는다면(예를 들면 요청한 데이터를 해당 사용자에게 전달해줘도 되는가 같은), 합법적인(?) 경로를 통해서 시스템의 중요 데이터를 웹 호출을 통해 외부에서 가져갈 수 있게 된다. 또한 이런 합법적인 경로의 호출은 하루에도 정상적인 사용자들에 의해서 수없이 호출되기 때문에 이러한 부분을 모니터링하기도 무척 힘들다. 실제로 개인정보나 기타 정보에 관련된 이런 사고들이 종종 나고 있고, 앞으로도 종종 날 것으로 생각된다.

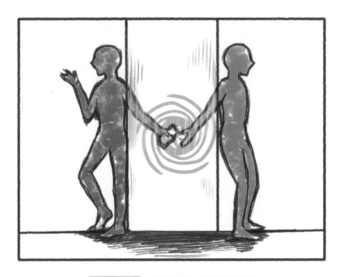

그림 2-4-39   보이지 않는 곳에서의 교환

보통 개발자나 테스터는 시스템이 올바르게 돌아가는 측면에 대부분의 노력을 쏟기 때문에 이렇게 페이지 뒤에서 돌아가는 상황에 대해서는 자세하게 고찰을 하지 못하는 면이 있다. 하지만 반대로 애플리케이션 보안에 관련된 사람들은 이렇게 프로그램의 어두컴컴한 뒷골목의 쓰레기통을 뒤져야 하는 경향이 좀 있다.

수많은 개발자가 만들어 놓은 코드와 페이지를 소수의 사람들이 이렇게 샅샅이 뒤지는 것은 사실 시간이나 리소스상 어려운 일이며, 그래서 열심히 설계 단계에서의 참여, 보안 관점에서의 소스 리뷰, 시큐어 코딩 가이드라인, 개발자 교육 등의 여러 부가적인 활동을 통해서, 개발자의 도움을 나눠 받으려고 하는 노력들을 한다. 물론 스캐너 같은 자동화 툴도 일부 도움은 되지만, 해당 부분에 대한 적절한 사용에 대해서는 해당 파트에서 자세히 살펴보고자 한다.

8. 모든 것에 대한 믹스 및 정리

앞에 시연한 예제를 기반으로 반추해 보면, 우리가 HTTP 통신을 사용할 때 사용하는 폼, 히든 필드, HTML 소스, 자바스크립트, 쿠키 및 레퍼러 등의 헤더값들은 모두 피들러로 볼 수 있었고, 결국 피들러로 수정하여 조작할 수 있다고 코드와 시연에 의해 증명이 되었다. 반대로 우리가 처음 10,000,000원 인출을 막았을 때 파이썬 코드 내에 넣었던 서버사이드 코드는 클라이언트 코드에서 영향을 미칠 수가 없다. 다만, 방어 코드 설계에 잘못된 가정이 있는 경우 교묘하게 조작을 통해 우회만 할 수 있을 뿐이다.

공격자는 사이트의 로직에 대해서 외부의 비즈니스와 클라이언트 쪽에서 볼 수 있는 코드를 분석하여 공격 시나리오를 만들 수 있다. 웹 애플리케이션의 불행한 점 중 하나는 대부분의 방어를 위한 내부 로직들이 사용자 에러를 막기 위해 자바스크립트 단에도 상당 부분 똑같이 복사되어 있어 내부 로직을 파악하기에 일반 애플리케이션보다 분석이 좀 더 편리하다는 것이다.

해당 클라이언트 쪽의 조작을 막을 수 있는 방법 중 하나로는 인자 값의 암호화 같은 수단이 있을 텐데, 클라이언트 쪽에서 자바스크립트 등을 이용해 암호화하는 것은 어차피 공격자도 해당 암-복호화 코드를 훤히 볼 수 있는 상황이기 때문에 별 소용이 없고(자바스크립트 난독화를 한다고 해도 능숙한 공격자에게는 사실 시간 끌기 퀴즈 풀이 정도 밖에 안된다고 본다. 현실에선 항상 히어로가 빌런보다 강한 것은 아니니까), 서버 쪽에서 암호화를 해서 클라이언트에 주더라도 난수, 시간 등의 더미 값을 넣어 항상 다른 값으로 만들어 재사용이 힘들게 하고, 상황에 따라 적절히 만료 관리를 해줘야 하는 부분이 있다.

실제로 전달되는 값이 암호화되었다고 안심하다가 돌 맞는 경우도 있으니, 해당 부분은 설계 부분에서 잘 고려해야 한다. 결국은 클라이언트 코드를 조작하는 부분에 대해 최선을 다해 막는 것은 맞겠지만, 한편으로는 어느 정도 마음을 비우고 서버사이드 설계와 사용자 동선에 따른 데이터에 기반한 모니터링에 초점을 맞춰야 하는 것 같다.

보안적으로 안전한 설계 및 모니터링 부분에 대해서는 뒤에서 다시 다루려고 한다.

9. 클라이언트 코드의 OWASP TOP 10에서의 의미

이제, 웹 클라이언트 코드의 마지막으로, 지금까지 다뤄온 클라이언트 코드들이 실제 의미가 있는 요소인지를 보기 위해서 OWASP TOP 10 항목을 한 번 살펴보자. OWASP 는 자원자들로 운영되는 커다란 보안 커뮤니티로 몇 년에 한 번 정도 빈도수와 중요도 에 따라 세계에서 가장 많이 일어나는 10개의 웹 취약점을 정리해서 발표한다. 구글에 서 "owasp top 10"이라고 검색하면 관련 문서가 많이 나온다. 현재는 2017이 최신이기 때문에 각각의 항목을 한번 간단히 살펴보자.

그림 2-4-40 OWASP 2017

A1 Injection은 인젝션 파트에서 설명한 것 같이 외부에서 악의적인 코드를 실행하는 인자가 들어와서 이리저리 돌아다니다가 해당 코드를 해석하는 파서와 만나서 실행되어 문제를 일으키는 SQL 인젝션, 커맨드 인젝션 등을 얘기한다.

A2 Broken Authentication은 앞의 쿠키에서 봤던 것처럼 평문 아이디로 계정 관리를 하거나, 암호화했지만 만료 정책이 적절하지 않다거나, 패스워드 찾기에 취약점이 있다거나 하는 등의 인증에 대한 설계가 외부에서 봤을 때 악용할 수 있는 부분이 있을 경우를 얘기한다.

A3 Sensitive Data Exposure는 평문으로 중요 데이터를 전송해 공공 네트워크에서 사용했을 때 피들러 비슷한 가로채기 용 네트워크 툴들로 패킷이 해석되어 내용이 노출된다든지, 와이파이 등에서 암호화 방식이 부실해 내용을 크랙 할 수 있다든지 하는 부분이다.

A4 XML External Entities는 XML 코드 안에 이상한 조각이 들어가서 문제가 나는 XSS의 XML 버전이라고 봐도 될 듯하다.

A5 Broken Access Control은 허용되지 않은 방식으로 API나 AJAX를 호출하거나, 인자를 바꾸거나 권한 없는 사용자로 권한이 필요한 데이터를 얻으려 한다거나 하는 부분이다.

A6 Security Misconfiguration은 뒤의 하드닝 쪽에서 얘기할 주제로 이런저런 웹 서버나 서버, 애플리케이션의 세팅 중, 나름 보안에서 권고하는 "정석" 같은 설정 항목들을 잘못 세팅한 경우이다.

A7 Cross-Site Scripting은 앞에서 설명했 듯 자바스크립트가 들어와 브라우저에게 영향을 주어 원하는 이득을 얻으려 하는 시도로 동기적, 비동기적으로 일어날 수 있음을 얘기한다(저장되어 영구적이냐 인자로 임시적이냐는 측면도 있다).

A8 Insecure Deserialization은 사실 A5의 하위 부분에 포함되어야 할 항목이라고 생각되는데, JSON을 인자로 받아들이는 프로그램에서 조작에 대한 방비가 안 돼 있어

당하는 것이라서 JSON 포맷을 통한 데이터 교환이 활발하고, AJAX가 대중화된 요즘 워낙 자주 일어나는 일이라서 좀 더 주의를 기울게 하기 위해서 따로 번호를 분리한 게 아닐까 싶다.

A9 Using Components with Known Vulnerabilities는 취약점이 있는 컴포넌트를 사용하는 것으로 웹 게시판의 취약 버전을 패치 안 하고 사용한다든지, 취약할 가능성이 있는 오픈 소스를 사용하는 것인데, 사실 최신 버전을 사용해도 취약점이 없다는 보장을 100% 할 수는 없다. 모든 최신 버전은 또 조금만 지나면 과거기도 하고, 기능 변경 등에 의해서 새로운 취약점이 나올 수도 있기 때문이다. 또한 요즘 오픈 소스들은 사실 워낙 많은 라이브러리들을 서로 공유하여 사용하기 때문에 하나의 핵심적인 모듈이 걸리면 우르르 걸리는 문제가 되는 부분이 있어 조금은 애매한 부분인 것 같다. 어찌 되었든 간에 상용으로 오랫동안 많은 회사에서 사용되거나, 소스가 공개되어 사람들이 많이 사용하고, 유지보수 되며, 안정화된 오픈 소스를 사용하는 것이 최대한 현실적인 관점일 것 같다. 여유와 능력이 된다면 전체적으로 내부에서 소스를 검토하고 쓴다면 더 좋을 듯하다.

A10 Insufficient Logging & Monitoring은 2017년에 새롭게 나온 항목(내용보다는 항목이 새롭다)으로 보안 분야가 점점 데이터의 분석에 관심을 많이 기울이고 있다는 것을 보여주는 것 같다. 사용성과 보안은 반비례한다고 많이들 생각하던 과거의 관점에서, 점점 두 가지를 양립시켜야 업계가 살아남을 수 있다는 관점의 변화와 점점 살펴봐야 할 시스템들의 다양함에 따른 복잡성과 상이한 데이터가 늘어나고 있는 상황에서는 어쩔 수 없는 선택인 것 같다.

하지만 여전히 개발자 입장에서 보안에 필요한 데이터라는 주제는 피부에 닿기 힘든 부분이며(보통 개발자가 보안 모니터링에 필요한 데이터를 개발 때 명시적으로 생각하고 저장해줘야 쉽게 가져갈 수 있지만, 기능 관점에서 필요 없는 데이터가 저장되긴 참 힘든 것 같다. 그건 테스팅이나 데이터 분석 쪽도 비슷한 처지라고 본다), 정말 어떤 데이터가 모니터링에 필수적인 데이터인지를 찾아내고 어떻게 분석하는지에 대한 부분도 쉽진 않기 때문에 어려운 주제 같긴 하다.

그런데 이렇게 보면, 세계에서 가장 자주 일어나고 중요하다고 하는 10개의 웹 취약점 중 앞에 별이 표시된 7개의 주제가 앞에서 얘기한 클라이언트 코드 조작에 대한 이슈라고 볼 수 있다. 그래서 앞에 설명한 예제들이 간단해 보였지만 꽤 보안적으로는 중요한 개념들이었다고 말하고 싶다. 자꾸 반복하지만, 해당 클라이언트 코드에 대해 제대로 이해하려면 시스템, 프로그램, 네트워크를 데이터의 흐름 관점에서 잘 이해해야 하고, 그 부분을 기반으로 새로 개발에 사용되는 주요한 시스템들을 계속 배워 나가야 한다고 생각한다.

10. 모바일(PC)에서의 클라이언트 코드

클라이언트 코드를 이해하는 부분은 PC나 모바일 코드로 넘어가게 되면 또 다른 측면의 이해가 필요하게 된다. 앞에서 얘기한 것과 같이 이러한 환경에서 애플리케이션 클라이언트 레벨에서의 조작은 웹에 비해서 진입 장벽은 많이 높아지는 것 같다. 일단 HTTP처럼 표준이 되는 규약으로 투명하게 데이터 흐름이 통일되어 이루어져 있는 것도 아니고, 피들러 같이 쉽게 특정 흐름을 간단히 조작할 수 있는 툴도 드물다. 환경을 크게만 나누어도 윈도우 진영, 리눅스 진영, 안드로이드 진영, iOS 진영으로 다양하다.

보통 IDA, Hopper 같은 바이너리 파일을 어셈블리 코드로 변환해 주는 정적 분석 툴이나, 스크립트를 만들어 동적으로 사용가능한 프리다(Frida) 같은 각종 디버깅 및 후킹용 프레임워크 등을 사용하기도 한다. 어찌 보면 기존에 리버싱에 특화된 사람들에게는 더 큰 영역 확장의 기회가 생기게 된 것 같고, 웹 베이스의 기술을 중점적으로 쌓았던 사람들은 넘어야 될 벽이 생긴 것 같다.

반대로 분석과 조작을 쉽게 도와주는 툴들이 필요에 의해 점점 좋아지고 있어서, 해당 분야의 진입 허들이 낮아지는 효과도 조금은 생기지 않는가 한다. 기본적으로 소스를 기반으로 하는 작업이기 때문에 어셈블리나 C, 자바 레벨에서의 프로그래밍 지식에 익숙해져 있지 않으면 관련 툴이 있어도 이해가 힘들어 아무것도 못 할 가능성이 높아진다. 추가로 모바일에서는 각 환경에서의 프로그램을 만드는 언어인 오브젝트 C, 스위프트, 자바, 코틀린 등의 소스에 익숙해져야 소스 기반의 분석 및 테스트가 가능할 것이다.

또한, 프로그램들은 그러한 분석을 어렵게 하기 위해 여러 디버깅 방지 로직이나, 난독화 등을 기본으로 적용하고 있다. 플랫폼에 따라 OS나 언어도 다양하기도 하지만, 무언가를 자세히 분석하는 데에 그렇게 호의적인 환경을 제공하는 것 같지도 않다. 그래서 보통 위의 툴을 사용하면서 추가로 탈옥이나 루팅된 환경을 이용함으로써 여러 가지 분석에 대한 OS의 제약 상황들을 넘으려고 노력한다고 생각한다. 물론 체크하려는 프로그램 전체 소스를 볼 수 있는 환경에서 하게 된다면 좀 더 많은 부분에서 앞에서 언급했던 부분들에 대한 번거롭고 어려운 절차를 생략 가능하게 될 수 있을 것으로 보인다.

10.1 탈옥 트윅으로 메서드 조작해보기

일반적으로 모바일 탈옥 환경에서의 실행 방지를 위한 가이드를 보면 탈옥, 루팅 시 설치되는 파일의 위치, 시스템 함수의 권한, 프로세스, 바이너리의 해시 크기를 체크하는 등 여러 다양화된 방어 방법을 권고한다. 실제로 은행 등의 중요한 앱들은 이러한 부분들을 의무적으로 적용하고 있다. 여기에서는 해당 방식의 방어 로직들이 정교한 레벨의 클라이언트 코드 방어이긴 하지만, 공격자 입장에서의 완벽한 방어는 아닐 수 있다는 측면을 살펴볼까 한다.

구글에서 "iOS 탈옥 회피" 등의 키워드로 대해서 검색해 보면, 기술을 악용하는 법적인 문제 때문에 직접적으로 시연하여 언급하진 않지만 에둘러 해당 부분을 설명하는 여러 글들이 있다. 전체적으로 공통된 부분은 해당되는 앱의 바이너리를 추출해 정적 분석이나 디버깅하여 탈옥을 체크하는 메서드의 위치를 알아낸다. 그리고 나서 해당 메서드의 결과를 탈옥이 아니라는 결과를 리턴하도록 적절히 후킹하거나, 바이너리 자체를 패치해서 재실행한다고 보면 된다.

사실 프로그램 자체가 결국에 스스로 만든 메서드나 시스템의 메서드를 호출하는 구조로 얽혀서 동작하기 때문에 디버깅 방식으로 코드를 하나하나 패치하면서 회피하기 보다는, 후킹 방식으로 특정 메서드의 리턴 값이나 나아가 메서드의 내용 자체를 바꾸어 속이는 방법이 매우 효과적인 결과를 가져오는 것 같다. 추가로 해당 부분을 스크립트 등으로 자동화해 놓는다면 자신만이 아니라 많은 다른 사람들도 지식의 결과를 같이 공유할 수 있다. 결국 이러한 부분은 탈옥 탐지와 아울러 광고 재생의 생략, 동영상 등의 재생되는 나라 제한, 스트리밍 데이터의 파일화 보호 등 여러 부분에 걸쳐서 비슷한 화두를 던지는 주제들이라고 생각한다.

해당 프레임워크들을 이용해 프로그램을 분석하고 후킹하는 부분은 해당 블로그 글들을 참고하면 될 듯하고, 여기서는 iOS에서 탈옥이란 것이 일어났을 때 보안 관점에서 어떤 제약들이 풀리게 되는지에 대해서 잠시 소개하고, 후킹 작업을 유틸화한 트윅을 사용하여 어떤 일이 일어나는지 살펴보고자 한다.

10.1.1 탈옥이 되면 달라지는 부분

요즘은 최신 스마트폰으로 갈수록 예전처럼 탈옥할 기회가 가뭄에 콩 나듯 열리긴 하지만, 우선 탈옥을 하게 되면 가장 큰 차이 가운데 하나는 루트 권한으로 사용을 할 수 있고, 특정 트윅을 설치하면 순정 상태에서 애플리케이션 실행을 제한하던 사이닝 (Signing)이 안 된 IPA 파일의 실행이 가능하다는 것이다. 이는 여러 측면에서 민감한 이슈이긴 하다.

둘째는 사용자가 접근할 수 있는 폴더의 제한이 풀려서 다음과 같이 Filza 같은 탐색기 트윅으로 모든 폴더의 내용을 볼 수 있다. 이로 인해 애플리케이션 내부에서 관리하는 여러 파일의 내용을 보거나 편집, 폰 외부로 빼내는 것이 가능하게 된다(해당 트윅이 FTP 서버 역할도 해준다).

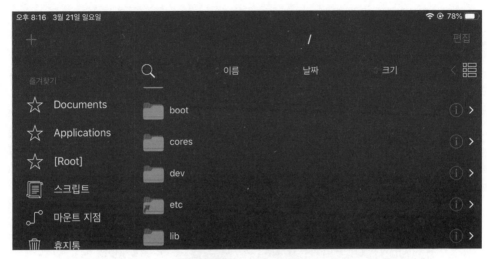

그림 2-4-41 탈옥 트윅 Filza

조금 더 나가서 터미널을 설치하게 되면, 쉘이 열려서 파이썬도 설치 가능하고 일반적인 맥북, 리눅스와 비슷하게 사용할 수도 있다. 결국 기본적으로 막혀 있던 여러 제약 사항을 넘어서 다양한 사람이 만들어 놓은 여러 탈옥 전용 툴과 프로그래밍 기능을 사용할 수 있게 된다.

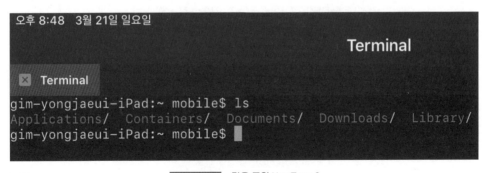

그림 2-4-42 탈옥 트윅 NewTerm 2

10.1.2 후킹을 통해 시스템 정보 변경해 보기

후킹 개념을 시연해 볼 툴은 flex3-beta 라는 iOS 탈옥을 했을 경우에 사용 가능한 제한
된 트윅이다. 해당 프로그램은 실행 중인 프로그램이 사용하고 있는 클래스 및 메서드
들을 열람할 수 있으며, 원하는 메서드를 선택하여 지정한 값을 항상 반환하게 할 수
있다. 어떤 이슈 없는 예제를 보여야 할까 생각하다가 우리가 "설정 〉 일반 〉 정보"를
보면 볼 수 있는 아래 이름 정보 "OOO의 iPad"를 원하는 문구로 변경해서 나오게 하
려 한다.

그림 2-4-43 변경 전 "설정 > 일반 > 정보" 화면

우선 아이패드에 설치된 조작할 앱을 선택하고 "Add Unit…"이라는 메뉴를 선택하면,
그림 2-4-44와 같이 해당 바이너리를 분석해서 관련된 실행 파일과 사용하는 라이브
러리 목록을 로드한다. 탈옥 장비라는 특성상 실제 시연할 환경을 가지지 못한 독자가
많을 것이기 때문에 세부보다는 전체적인 흐름을 보았으면 한다.

이중 시스템 라이브러리인 "GeneralSettingsUI"를 클릭하면 그림 2-4-45와 같이 포함
되어 있는 전체 클래스와 메서드 리스트가 나오며 원하는 이름을 검색하여 찾아볼 수
있다. 원래대로라면 해당 메서드의 이름을 트레이싱, 바이너리 분석 및 디버깅을 통해

서 찾아내야 하겠지만, 이미 알고 있는 상태이므로 devicename라는 검색어로 찾았다. 해당 PSGAboutDataSource 클래스의 메서드 중에서 deviceName이라는 메서드를 찾고 체크한다.

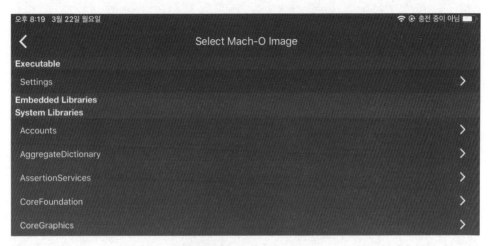

그림 2-4-44　flex3 바이너리 분석

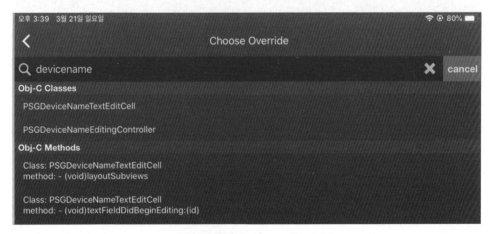

그림 2-4-45　flex3 메서드 선택

그러면 체크한 메서드가 그림 2-4-46처럼 메인 화면의 Units 섹션에 나타나게 되는데, 해당 메서드를 클릭한다.

그림 2-4-46   flex3 선택한 메서드 리스트

그러면 다음과 같은 편집 창이 나오는데 반환되는 값을 바꿔치기 위해서 "Return Value" 값을 클릭한다.

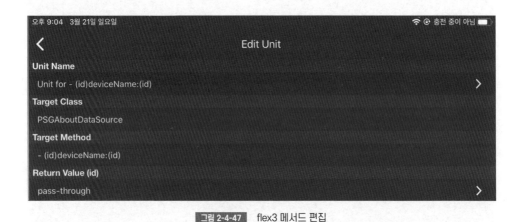

그림 2-4-47   flex3 메서드 편집

이제, 다음과 같이 반환 값으로 오버라이드시킬 데이터 형과 값을 설정할 수 있다. 내용을 바꿀 것이니 NSString 타입으로 설정하고, "changed name"이라고 값을 넣어보자.

이후 메인 화면에서 해당 패치 항목을 활성화시킨다.

그림 2-4-48　flex3 메서드 오버라이드

그림 2-4-49　flex3 메서드 패치 활성화

이후 다음과 같이 설정 메뉴에서 정보를 보게 되면, 호출될 때마다 계속적으로 해당 메서드를 가로채서 결과를 바꿔 주기 때문에 변경한 정보로 보이게 된다.

그림 2-4-50　변경된 이름 정보

물론 방어 방법에 따라서 관련된 메서드들이 하나도 아닐 수 있고, 난독화 등으로 이름을 애매하게 만들었을 수도 있겠지만, 그 부분은 앞의 블로그 등에서 언급되는 여러 가지 분석 방법을 사용하거나, 다른 사람의 결과물을 공유하는 기능을 이용할 수 있다 (이는 프리다 같은 정식 툴들도 마찬가지이다). 해당 조작 과정을 보면 우리가 앞에서 시연한 피들러로 HTTP 패킷을 조작하던 것과 비슷한 느낌이 들지 않나 싶다. 정말 단순화해 생각하게 되면 원하는 코드 위치를 찾아, 패치하거나 가로채서 바꿀 수 있느냐의 문제일 뿐이기도 하다.

위의 상황을 보면 결국 방어하는 입장에서 강력해 보이는 바이너리 기반의 방어 방법도 환경적 한계로 클라이언트 상의 방어일 수밖에 없기 때문에(OS단에서 제공해 주는 보안 기능 또한 위와 같이 바이너리를 직접 컨트롤 할 수 있는 상황이라면 100% 안전하다고 보긴 힘들 것 같다), 해당 방어 부분에 100% 기대지 말고, 프로그램이 탈옥, 루팅이 되어 많은 부분을 결국은 회피 가능하다고 가정하고, 해당 상황에서도 최대한 방어할 수 있는 서버 사이드 인증 또는 그것에 준하는 하드웨어 기반의 설계를 구축하는 게 맞을 듯싶다. 하지만 사용자 인증 측면에서 보면 OS에 기반한 안정성에 이렇게 의심을 가지게 되면, 많은 민감한 부분들이 과도하게 위험하게 느껴지는 모순이 생기는 듯해서 보호해야 할 주제의 중요도에 따라서 적절히 균형을 맞춰야 할 것도 같다.

10.2 pytest로 메서드 동적으로 교체해 보기

조금 더 나아가 지금까지는 값만을 수정했지만, 후킹 프레임워크에서 메서드 자체의 내용을 아예 다른 로직으로 바꿔치는 상황을 생각해 보자. 어떻게 보여주는 게 좋을까 생각하다가 파이썬의 유닛 테스트 프레임워크를 쉽게 해주는 모듈인 pytest를 사용하면 유사한 시연을 쉽게 할 수 있을 것 같아서 시도해 보려 한다. 다만 메서드를 오버라이드하는 방식은 같지만 내부 원리는 전혀 다를 수 있으니 개념적으로만 참조하기를 바란다.

10.2.1 모듈 설치

우선 pytest 모듈을 설치한다.

```
C:\Python\security>pip install pytest
Successfully installed atomicwrites-1.4.0 attrs-21.2.0 iniconfig-1.1.1 packaging-
21.0 pluggy-0.13.1 py-1.10.0 pyparsing-2.4.7 pytest-6.2.4 toml-0.10.2
```

10.2.2 파이썬 테스트 코드 만들기

기본적으로 테스트할 코드를 하나 만들어 본다. 아주 간단한 계산기로 calculate 메서드를 호출하면, multiply 메서드를 호출해 2를 곱한 후 반환하게 된다. 결국 곱하기 2를 하는 기능이다.

```python
class Calculator:
    @staticmethod
    def multiply(input_value):
        result = input_value * 2

        return result


    @staticmethod
    def calculate(input_value):
        result = Calculator.multiply(input_value)

        return result
```

코드 보기　client_code_calculator.py

해당 코드를 C:\Python\security에 client_code_calculator.py 이름으로 저장한다.

그럼 다음은 유닛 테스트 코드를 만들어 보자. sample_number라는 이름의 테스트용 데이터를 만들고(pytest의 픽스쳐-fixture라는 편의 기능을 사용했다), 해당 값은 숫자 2로 지정했다. 이후 test_calculator라는 메서드(test_로 메서드 이름을 만들면 pytest가 알아서 찾아 실행해 준다)를 만들고 Caculator 클래스의 calculate 메서드를 호출하면서 아까 만든 sample_number 픽스처를 넘겨준다. 그러면 2가 인자가 되기 때문에 결국 multiply 메서드를 이용해서 2가 곱해지면 4의 결과가 나올 것이다. assert로 해당 결과가 4와 같은지 확인하고 테스트를 마치게 된다.

```python
import pytest
from client_code_calculator import Calculator


@pytest.fixture
def sample_number():
    number = 2
    return number


def test_calculator(sample_number):
    result = Calculator.calculate(sample_number)

    assert result == 4
```

코드 보기   client_code_calculator_test.py

위의 코드를 C:\Python\security에 client_code_calculator_test.py 이름으로 저장한다.

10.2.3 유닛 테스트 실행해 보기

이후 pytest 명령어로 테스트 파일을 실행하게 되면 테스트가 성공이라고 나오게 된다.

```
C:\Python\security>pytest client_code_calculator_test.py
client_code_calculator_test.py .                                    [100%]
==================================== 1 passed in 0.03s================
```

10.2.4 메서드 바꿔치는 코드 만들기

Pytest 기능 중에 몽키패치(monkeypatch)라는 기능이 있는데, 해당 기능을 사용하면 테스트 실행 중에 특정 메서드의 내용을 바꿔 칠 수 있다. 예를 들어 코드 중 데이터베이스에 저장하거나 API를 호출하는 메서드가 있는데, 테스트 환경에서 해당 액션이 불가능하거나, 부분적인 코드의 실행으로 데이터의 무결성을 깨뜨릴 수 있는 경우, 테스트 시 호출하되 아무런 액션도 하지 않게 하거나 로그를 남기거나 하는 적절한 다른 액션을 하게 할 수도 있다. 해당 기능을 이용하기 위해 테스트 코드를 조금 추가해 보도록 하겠다.

추가된 코드를 보게 되면, multiply_method_dummy라는 곱하기 5를 하는 바꿔 칠 함수가 존재하고, 자동 패치를 지원하는 옵션(autouse=True)으로 gh_patched(monkeypatch)라는 몽키패치 픽스처가 만들어져 있다.

```python
import pytest
from client_code_calculator import Calculator


@pytest.fixture
def sample_number():
    number = 2
    return number


def test_calculator(sample_number):
    result = Calculator.calculate(sample_number)

    assert result == 4
```

```
def multiply_method_dummy(input_value):
    result = input_value * 5

    return result



@pytest.fixture(autouse=True)
def gh_patched(monkeypatch):
    monkeypatch.setattr(Calculator, "multiply", multiply_method_dummy)
```

코드 보기　client_code_calculator_patch_test.py

위의 코드를 C:\Python\security에 client_code_calculator_patch_test.py 이름으로 저장한다.

10.2.5 메서드 바꿔 보기

해당 파일을 대상으로 테스트를 돌려본다. 이번엔 테스트가 실패하기 때문에, 왜 실패했는지를 보여주는 상세 로그가 같이 나타난다. 내용을 보면 test_calculator 호출 시 원래 대로라면 곱하기 2가 되어 4가 나와야 하는데, 몽키패치 기능으로 인해서 multiply_method_dummy 메서드로 실행 도중 바꿔치기가 되면서 10의 결과가 반환되었기 때문이다.

```
C:\Python\security>pytest client_code_calculator_patch_test.py
_____ test_calculator _____
sample_number = 2
    def test_calculator(sample_number):
        result = Calculator.calculate(sample_number)
>       assert result == 4
E       assert 10 == 4
```

```
FAILED client_code_calculator_patch_test.py::test_calculator - assert 10 == 4
========== 1 failed in 0.14s =============
```

이러면 대충 실시간으로 메서드가 가로채진다는 게 어떤 느낌인지 감이 왔을 것 같다. 프리다 같은 툴을 이용한 후킹이라는 기술 부분도 위와 비슷한 방식으로 발생하게 된다고 이해하면 된다.

11. 클라이언트 코드의 OWASP Mobile TOP 10에서의 의미

이제, 모바일 환경에서의 클라이언트 코드가 어떤 비중을 가지고 있을지를 생각해보기 위해서 OWASP Mobile TOP 10(2016) 쪽도 참고하자.

M1 Improper Platform Usage은 플랫폼에서 공식적으로 가이드한 보안 및 프로그래밍 가이드를 잘 지키고 있는가? 정보 저장, 권한 관리 등의 어찌 보면 정말 넓은 영역을 나타낸다. "플랫폼 주인이 정해 놓은 프로그램, 보안 규칙을 잘 지키고 있어?"와 같은 느낌이다.

M2 Insecure Data Storage는 주요한 정보들을 시스템에서 제공하는 안전한 방식이 아닌 로컬의 데이터베이스나 로그, 버퍼나 캐시 등에 저장하거나 남겨 두어서 탈옥, 악성 코드가 걸린 상황에서 노출되거나 가로 채지는 경우를 말한다. 궁극적으로는 (쉽진 않겠지만) 서버나 하드웨어 기반의 솔루션에 넣는 것이 가장 안전 하다고 한다.

M3 Insecure Communication은 통신, 기기 간 전송, SMS, MMS 등으로 전송되는 데이터 중 고유정보, 암호화 키 등 민감한 데이터들이 통신이 중간에 가로채더라도 문제없도록 올바른 방식으로 SSL이나 암호화되어 전달되고 있는지를 얘기한다.

M4 **Insecure Authentication**은 사용자의 인증을 어떻게 하는지의 문제이다. 기본적으로는 서버사이드 인증이 가장 베스트지만, 어쩔 수 없이 오프라인(Offline)이나 로컬 정보 기반의 인증을 해야 될 경우에는 가능한 최대한 쉽게 악용을 할 수 없는 설계를 하라고 얘기한다.

M5 **Insufficient Cryptograph**는 올바른 암호화 방식을 사용하고, OS에서 제공하는 코드 사인을 통한 바이너리의 보호는 탈옥 상태에서는 결국 회피가 가능하니 최대한 리버싱이 어렵게 만들고, 가능한 민감한 정보는 로컬 환경에 저장하지 말라고 얘기한다.

M6 **Insecure Authorization**은 백 엔드에서 호출하는 잘 알려지지 않은 기능으로 서버를 권한 없이 호출할 수 있든가, 권한을 증명하는 토큰이 해당 요청에 포함되어 앞의 피들러로 했던 것 같이 재생(Replay) 공격이 가능하든가 하는 등의 부분을 얘기한다. 결국은 클라이언트 정보가 아닌 서버의 정보만을 기반으로 증명하는 것이 가장 좋다는 것을 얘기한다.

M7 **Client Code Quality**는 잘못되고 비표준적인 코딩 방식으로 인해 버퍼오버플로어라든지, 디도스 공격 포인트를 만들어 낸다든지, 앞에 설명한 SQL 인젝션이라든지 해당 언어가 가지고 있는 프로그램 기능을 취약한 방식으로 잘못 개발한 것을 얘기한다. M1이 OS에 특화된 이슈라면, M7은 클라이언트를 개발하는 언어에 특화된 이슈이다. 이것도 엄청나게 방대한 분야이다.

M8 **Code Tampering**은 코드를 변경하여 특정한 애드온 기능을 무료로 오픈하거나, 사용자가 입력한 계정 정보를 해커의 사이트로 보내거나 하는 코드 수정을 얘기한다. 우리가 보통 얘기하는 프로그램의 조작에 의한 악용이 이 분류에 들어간다고 보면 된다.

M9 **Reverse Engineering**은 앞에서 얘기한 것처럼 리버싱을 통해 주요한 문자열을 추출하거나, 탈옥을 회피하거나, 소스 코드 내용을 분석해 주요한 로직을 빼내거나 하는 것이다. 완전히 막는 것은 힘들지만 난독화 등으로 분석이 힘들게 만들게 하라고

얘기한다. 이건 공격하는 사람에게도 유용하겠지만, 사람처럼 동적으로 방어를 뚫지는 못하는 악성 코드에게는 더 좋은 방어가 될 것 같다.

M10 Extraneous Functionality는 개발이나 테스팅 과정에서 사용했던 디버그 기능이나 관리 기능에 대한 기능이나 힌트를 바이너리 안에 남겨 놓는 것을 이야기한다. 이것도 여러 가지 생각할 부분이 많은 어려운 주제 같다.

이렇게 보면 바이너리에 대한 조작이라는 측면 때문에 접근 난이도는 많이 높겠지만, 10개의 주제 중 M2~M10 사이의 9개 주제가 클라이언트 코드에 대한 주제로 분류된다고 볼 수 있게 된다. 또한 조작의 난이도는 필요한 지식이 OS, 언어별로 다양하고 많아 모바일 앱 쪽이 훨씬 어렵겠지만, 실력이 뛰어난 사람의 공격에는 소스가 전부 노출되고 뚫릴 수 있다는 것은 앞의 웹의 클라이언트 코드와 딱히 다를 것은 없어 보인다. 결국 중요한 방어는 서버사이드 정보 및 코드, 또는 그에 준하는 하드웨어 기반의 방어(사실 이것도 클라이언트 코드와 분리되어 있다는 측면에서는 서버와 비슷한 개념이라고 볼 수도 있을 것 같다), 해당 부분을 이용한 적절한 설계로만 이루어질 수 있다는 사실은 동일한 것 같다.

리버싱 기술에 대해서도 코드를 볼 수 있느냐, 테스트용의 다양한 바이너리 빌드를 개발 쪽에서 제공받거나 직접 만들 수 있느냐에 따라 기술의 사용 방법이 조금 달라질 것 같다는 생각도 든다. 어차피 정말로 실력이 있는 사람이 시도하면 클라이언트 코드는 뚫리는 상황이라는 가정하에서, 해당 분야의 기술에 어느정도 성숙한 사람이 검증해서 어느 정도 안전한지 점수를 객관적으로 매기는 것은 앞에 얘기한 모의 해킹 이슈처럼 조금 기준이 애매하다는 생각이 들기 때문이다. 실제 프로그램 코드에 대한 보안적 리뷰 및 여러 측면의 체크에 의한 방어적 판단과 리버싱을 통한 공격자 관점에서의 판단이 어느 정도 균형을 가져야 객관적이고 좋은 테스트 결과가 나오지 않을까 싶다.

마지막으로 구글에서 "owasp mobile testing guide"라고 찾으면 전문가 집단이 작성한 gitbook이나 pdf 형태로 다운로드 할 수 있는 가이드가 있다. 웬만한 책보다 품질이 좋다고 생각하니 처음에 해당 책을 모바일 보안 공부의 시작점으로 잡으면 어떨까 싶다.

12. 마무리하며

앞에서 웹 환경을 살펴보고, 이후 간접적으로나마 모바일 환경에서의 문제를 살펴보았다. 이렇게 보면 웹이든 모바일 형태의 OS이든 관련 기술의 결을 이해할 수 있냐의 문제이지, 클라이언트 코드라는 측면에서는 2개의 보안적 원리와 문제점은 비슷하지 않은가 싶다. 그래서 보안 분야를 제대로 이해하고 싶다면 시스템과 데이터를 이해하려고 끝없이 노력해야 한다고 생각한다. 추가로 기술 이외에도 가끔 더 큰 벽으로 느껴지는 프로세스나 법률적, 관리적 측면에 대한 이해도 같이 균형이 맞춰져야 하는 숙제도 있지만 말이다.

개인적으로 시간이 지날수록 보안만이 아니라 IT 전체에 있는 많은 분야에서 하는 일들이 결국은 다른 관점에서 시스템과 데이터를 이해하는 본질적으로는 비슷한 업무가 아닌가 하는 생각이 들곤 한다. 그 덕분에 알고 있던 사실들이 갑자기 무의미해지기도 하고, 쉽게 생각했던 분야들이 어렵게 느껴지거나 그 반대의 상황들도 종종 일어나고 있다. 다만, 좀 더 깊이 알수록 그러한 갈등에서 자유로워질 것 같다고 생각한다.

Chapter 05

업로드와
다운로드

이번 챕터에서는 웹 애플리케이션에서 자주 이슈가 되는 업로드와 다운로드 문제를 살펴보려고 한다. 이 부분은 내부에 돌아가는 방식을 이해한다면 해법이 아주 명확한 편이기도 하다. 각각 실제 돌아가는 코드를 한번 살펴본 후, 해당 문제를 보안적으로 바라보는 관점을 설명하려 한다. 그런 과정에서 우리가 직관적으로 생각하는 파일의 업로드, 다운로드라는 행위가 실제로는 디지털 세상의 측면에서는 조금은 다른 관점으로 일어난다는 점도 다루어보겠다.

1. 컴퓨터 안의 데이터

컴퓨터의 데이터라는 것은 사용자나 프로그래머를 위해서 많이 추상화되긴 했지만, 변하지 않는 사실은 0과 1로 이루어진 일련의 숫자를 논리와 표준이라는 임의의 규칙에 맞춰 구분한다는 것이다. 물론 이 0과 1로 이루어진 숫자만을 보고 바로 실제 환경과 동작을 알 수 있는 사람은 거의 없긴 하겠지만, 추상적인 상위 OS에서 하위로 파고 내려가는 리버싱이나 포렌식, 악성 코드 분석 같은 부분을 보면 그런 하위로 내려가는 노력이 필요한 분야는 여전히 건재한 듯하다. 앞에서 봤던 모바일 환경에서 그 경계가 조금 더 모호해진 것 같고 말이다.

보안 쪽에서는 그런 부분 외에도 파일의 특정 공간에 숨겨진 데이터나 프로토콜 안에 숨겨진 데이터 등 보통 밖에서 보기엔 완전하게 하나의 개체로 추상화된 데이터의 조작된 내부를 봐야 하는 경우가 많은 것 같다. 조금 과장된 표현이지만 이런 해체적 관점에서 업로드와 다운로드를 살펴보려고 한다.

2. 다운로드 문제

먼저, 파이썬으로 엑셀 다운로드 코드를 하나 만들어 보자.

2.1 모듈 설치

우선 필요한 모듈을 설치한다.

```
C:\Python\security>pip install pandas
Successfully installed numpy-1.21.0 pandas-1.3.0 python-dateutil-2.8.2 pytz-
2021.1 six-1.16.0

C:\Python\ security>pip install openpyxl
```

```
Successfully installed et-xmlfile-1.0.1 openpyxl-3.0.7

C:\Python\security>pip install flask (기 설치)
```

2.2 엑셀 다운로드 구현

엑셀을 다운로드 하는 파일을 하나 살펴보자. 처음에 테이블 형태의 pandas(일종의 메모리 데이터베이스라고 생각하자) 객체가 만들어지고, io.BytesIO()라는 바이트 형태의 파일 스트림이 하나 만들어진 후, 해당 스트림 안에 pandas 메서드를 사용하여 엑셀 데이터를 만들어 채워 넣게 된다(pd.ExcelWriter(output)).

이후 해당 파일 스트림을 저장 후에 HTTP 형태로 응답을 생성하면서, 엑셀 파일의 전달에 맞는 헤더들을 설정한다. 브라우저는 해당 응답을 받아 엑셀 파일 형태임을 인지하고, 사용자에게 엑셀 파일로 저장하라는 선택 창을 보여주게 된다.

```python
from flask import Flask, make_response
import pandas as pd
import numpy as np
import io

# flask 웹 서버를 실행합니다.
app = Flask(__name__)


@app.route("/excel_down", methods=['GET'])
def excel_down():
    # pandas 객체를 하나 만든다.
    data_frame = pd.DataFrame({'A': 'fruit drink cookie fruit'.split(),
                               'B': 'orange soda pie mango'.split(),
                               'C': np.arange(4)})
```

```
    # 메모리에 pandas 객체를 이용해 엑셀을 만들고 저장한다.
    output = io.BytesIO()
    writer = pd.ExcelWriter(output)
    data_frame.to_excel(writer, 'food')
    writer.save()

    # 엑셀 형태로 HTTP 응답을 주어 브라우저가 파일로 저장하게 유도한다.
    response = make_response(output.getvalue())
    response.headers['Content-Disposition'] = 'attachment; filename=download.xlsx'
    response.headers["Content-type"] = "text/csv"
    return response


# 이 웹 서버는 127.0.0.1 주소를 가지면 포트 5000번에 동작하며, 에러를 자세히 표시한다.
if __name__ == "__main__":
    app.run(host='127.0.0.1', port=5000, debug=True)
```

코드 보기   updown_download.py

C:\Python\security 폴더에 updown_download.py 이름으로 저장한다.

2.2 엑셀 다운로드 시연하기

기존 웹 서버가 실행되어 있다면 "Ctrl+c"를 눌러 종료 후, 새 파일로 웹 서버를 실행시
킨다.

```
C:\Python\security>python updown_download.py
* Running on http://127.0.0.1:5000/ (Press Ctrl+C to quit)
```

이후 브라우저 주소창에 http://127.0.0.1:5000/excel_down 주소로 이동하면, 다음과
같이 pandas 데이터가 저장된 엑셀 파일이 다운로드 된다.

그림 2-5-1 엑셀 다운로드

열어보면 다음과 같이 생성했던 엑셀이 다운로드 되었다.

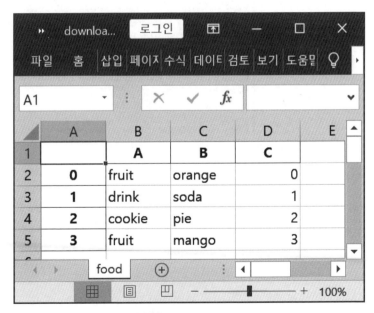

그림 2-5-2 다운로드 된 엑셀 파일

2.3 피들러로 살펴보기

이제 네트워크 단에서 전송되는 부분을 살펴보기 위해서 피들러를 통해 살펴보자. 피들러의 Response 섹션에서 Raw 탭을 클릭해 보면(이제 피들러 사용법은 어느 정도 익숙해졌다고 생각해서 상세한 설명은 생략한다. 잘 모르는 경우는 부록과 클라이언트 코드 챕터를 참조하자), 헤더값 뒤에 암호화된 듯한 엑셀 파일을 인코딩한 데이터가 브라우저로 전달되고 있다. 라이브러리가 알아서 인코딩해주기는 하지만, 아래의 인코딩이 바로 앞의 암-복호화에서 살펴봤던 베이스64 인코딩이다.

그림 2-5-3 피들러로 엑셀 파일 다운로드 보기

앞의 그림에서 헤더 부분 내용을 보면 "text/csv"라는 content-type으로 지정되어, 브라우저가 인코딩된 데이터가 엑셀 파일이라는 것을 명시적으로 알게 하여 파일로 저장하도록 유도한다.

2.4 다운로드 문제 생각해 보기

앞의 예제를 보면 우리가 일반적으로 생각하는 것과는 조금 다르게 파일이 다운된다는 행위가 실제로는 무언가가 서버로부터 클라이언트로 이동하는 게 아닌 엑셀 파일 형태의 일련의 데이터 스트림이 서버에서 만들어져 브라우저 쪽으로 복사되어 전달되는 것이라는 것을 볼 수 있다. 이렇게 보면 사실 다운로드의 보안 문제는 복사된 데이터가 넘어올 때 원하지 않는 형태 및 조건으로 넘어오는 문제라고 볼 수 있다.

그렇다면 어떤 경우에 원하지 않는 형태 및 조건으로 복사되어 올까? 사실 취약점이란 공격자에게 이점을 주는 관점에서 명명되는 것이기에 기대하지 않았던 이상한 데이터가 사용자의 이상한 의도에 의해 넘어오는 부분은 보통 QA에서 관심을 가지는 버그이지 보안 쪽에서 굳이 초점을 두는 부분이 아닐 것이다. 그래서 보통 다운로드 취약점이라고 하면, 서버 쪽에서 원래는 보내길 원하지 않던 파일이나 데이터가 전달될 때를 말한다.

웹에서의 다운로드 행위는 굳이 분류하자면 4가지 정도 타입으로 나눠 볼 수 있다. 첫 번째는 우리가 브라우저에서 이미지 URL을 입력하거나, 웹 페이지에서 해당 이미지가 다운로드 됨으로써 보이게 되는 명시적인 부분, 두 번째는 서버 쪽 프로그램에서 임의의 데이터를 기준으로 URL을 생성해서 우리에게 해당 경로의 파일이나 이미지를 직접 전달해 주는 경우, 세 번째는 위의 엑셀 다운로드 프로그램과 같이 서버 쪽에서 생성된 데이터(보통 데이터베이스에서 조회한 데이터를 엑셀 형태로 만들어 다운로드가 되는 것처럼 보이는 경우가 많다)를 메모리 상에서 파일 콘텐츠 형태로 만들어 전송하는 경우, 마지막으로 가장 특수한 상황이긴 하지만, 사용자가 자신이 올린 파일이나 권한 있는 실제 파일만 다운로드 해야 할 때가 있는 경우이다.

그림 2-5-4　다운로드의 네 가지 형태

첫 번째, URL을 직접 입력해 접근하거나, 화면에서 보이는 경우는 거의 막을 수 없는 상황이다. 블로그 등에서 다운로드를 하지 못하게 이리저리 소스 내용을 꼬아 놓거나 마우스 버튼을 막아 놓는 등의 경우가 많은데, 사실 이런 방어 부분은 크롬 확장 프로그램이나 프록시 툴 및 브라우저에서 캐시된 파일을 이용할 경우는 무용지물이 된다고 본다. 정말 외부에서 다운로드가 되지 않아야 하는 중요한 파일이라면 웹 루트 바깥의 경로에 두어 URL로 다운로드가 되지 않게 하거나, 웹 서버 설정에서 접근 가능 확장자 필터링을 하여 다운로드가 불가능하게 하는 방법 밖에는 없다. 또한 디렉토리 리스팅 등의 웹 폴더 내부의 파일명을 볼 수 있는 등의 힌트를 갖게 되는 상황을 막고(요즘 웹 서버들은 기본적으로 막혀 있긴 하다), 보호는 되면서 특정한 권한을 가진 사람에게만 다운되어야 될 파일이라면, 뒤에서 이야기할 네 번째 경우를 고려해야 한다.

두 번째, 서버 쪽 프로그램에서 사용자가 전송한 인자 또는 헤더 정보 중 특정 값을 기준으로 임의의 URL을 생성해 해당 파일을 전달해 주는 경우로, 보통 해당 경우는 암-복호화의 1세대처럼 규칙은 숨겨 있으나 유추가 되면 원하는 결과를 찾을 수 있게 되는 상황인 경우가 많다(랜덤 값으로 생성할 경우는 해당 주인을 찾아 줄 수가 때문에 그렇다). 이 경우는 클라이언트 코드 챕터에서 얘기한 사용자, 프로그램으로부터 전달된 인자를 믿는 클라이언트 코드의 영역이라고 볼 수 있다. 이 경우 또한 다른 사용자의 파일은 다운로드가 안 되야 한다면 네 번째 경우에 해당된다. "../../" 같은 상위 디렉토리를 거슬러 가는 문자를 파일명이나 경로를 만드는 데 사용될 인자 안에 넣어 악용하는 디렉토리 이동공격(Directory Traversal) 문제 같은 경우는 다음 업로드 예제에서 보이게 될 secure_filename 같은 함수를 사용하여 인자에서 해당 문자들을 제거하는 방법이 있긴 한데, 레거시 코드를 수정하는 경우는 기존 디렉토리나 파일을 만드는 규칙과 충돌이 날 수도 있다.

세 번째는 사실 위와 같이 허용되지 않는 파일을 다운로드 하는 측면의 문제라기보다는, 허용되지 않는 데이터를 조회하는 측면에 가깝다. 이 경우 실제 저장됐던 파일이 이동되는 게 아니고 데이터베이스를 조회한 데이터가 엑셀로 만들어지는 일이 일어날 뿐이므로, 데이터베이스에 조회하는 인자들의 SQL 인젝션이라든가, 비슷하게 데이터를 만들어 낼 때 악용될 수 있는 클라이언트 인자의 조작 부분을 검토해 방어하면 될 것이다.

마지막으로 네 번째는 가장 민감한 형태라고 볼 수 있는데, 사용자의 이력서가 올라가는 사이트나 해당 회원만 다운로드 할 수 있는 파일(예를 들어 웹툰 미리보기)과 같이, 파일의 다운로드 권한을 구분해야 하는 문제이다. 이 경우는 보통 권한을 관리해 주는 추가적인 테이블 설계가 필요한데, 파일의 목록들을 관리하면서 해당 파일들을 다운로드 할 수 있는 사용자 권한을 지정해야 하기 때문이다. 사용자가 해당 파일의 다운로드를 요청했을 때 테이블로부터 다운로드 권한을 체크해 해당 파일이나, 데이터를 사용자에게 보낼지를 결정하게 된다.

그런 파일들은 보통 웹 경로로는 다운로드 할 수 없는 위치에 있거나 바이너리를 저장할 수 있는 데이터 형태의 저장소에 있게 되고, 서버는 해당 사용자의 토큰을 통해 권한을 확인한 후 위의 예제와 비슷하게 특정 타입의 파일 형태로 생성하여 사용자 브라우저에 전달하게 된다. 개인정보 파일이나 아주 중요한 파일의 경우는 저장할 때도 암호화 형태로 저장하며, 일반적인 사용 권한 및 경로의 지정으로는 접근을 하지 못하도록 해야 된다.

다만 이 부분은 모든 다운로드 가능 파일의 사용 권한을 확인하는 설계를 해야 하는 번거로움이 있고, 웹 서버의 기본 다운로드 기능에 의지 않고 일일이 보낼 파일을 직접 가공해야 하는 부분이 있다. 추가로 좀 더 안전하게 하고 싶다면 보내는 파일에 패스워드를 걸거나, 나아가 암-복호화 시간에 얘기한 개인키를 사용자에게 발급하고 공개키로 해당 파일을 암호화해서 보내는 DRM 형태를 가질 수도 있을 듯하다.

위와 같이 여러 상황과 요구사항이 생길 수 있으므로 때마다 적절한 수준의 설계를 하면 될 것 같긴 하지만, 중요한 점은 처음 얘기한 것과 같이 다운로드 문제는 원하지 않는 데이터가 복제되어 나가는 상황이라는 것만 잊지 않는 것이다. 이러한 이해를 기반으로 다운로드가 필요한 애플리케이션의 요구사항을 고려해 찬찬히 고민해 본다면 적절한 설계를 할 수 있게 되지 않을까 싶다.

3. 업로드 설계

다음에는 업로드 동작을 살펴보려고 한다.

3.1 파일 업로드 구현

선택한 파일을 처리하는 /upload_process 코드를 보면 POST로 넘어온 값 중에 이름이 uploaded_file인 폼값을 가져와서 파일을 저장하는 file_object에 담고, 해당 넘어온 파일의 원래 이름인 filename 기준으로 플라스크 실행 폴더에 저장을 한다. secure_filename 이라는 함수는 앞에서 다운로드 할 때 이야기했던 ../ 같은 악용문자들을 제거해주는 함수이다.

```python
from flask import Flask, render_template, request
from werkzeug.utils import secure_filename

# flask 웹 서버를 실행한다.
app = Flask(__name__)


# 업로드 창을 보여준다.
@app.route('/upload')
def upload():
    return render_template('updown_upload.html')


# 업로드 처리를 한다.
@app.route('/upload_process', methods=['GET', 'POST'])
def upload_process():
    if request.method == 'POST':
        file_object = request.files['uploaded_file']
        file_object.save(secure_filename(file_object.filename))
        return '파일 업로드 완료'


# 이 웹 서버는 127.0.0.1 주소를 가지면 포트 5000번에 동작하며, 에러를 자세히 표시한다.
if __name__ == "__main__":
    app.run(host='127.0.0.1', port=5000, debug=True)
```

코드 보기　updown_upload.py

해당 코드를 C:\Python\security 폴더에 updown_upload.py 이름으로 저장한다.

템플릿 부분은 아주 간단해서, file을 입력하는 버튼과 서버로 전송하는 버튼 두 가지가 있다. /upload_process로 폼을 전송하면서, 파일 형태로 보내기 위해 전송 방식이 POST 로 되어 있고, 파일 업로드 시 내용이 깨지지 않게 인코딩을 해달라는 정의(enctype = "multipart/form-data")가 되어 있다.

```html
<html>
    <body>
        <form action = "upload_process" method = "POST"
            enctype = "multipart/form-data">
            <fieldset>
                <input type = "file" name = "uploaded_file" />
                <input type = "submit" value = "파일 업로드" />
            </fieldset>
        </form>
    </body>
</html>
```

코드 보기   updown_upload.html

해당 코드를 C:\Python\security\templates 폴더에 updown_upload.html 이름으로 저장
한다.

3.2 파일 업로드 실행

기존 웹 서버가 실행되어 있다면 "Ctrl+c"를 눌러 종료 후, 새 파일로 웹 서버를 실행시
킨다.

```
C:\Python\security>python updown_upload.py
* Running on http://127.0.0.1:5000/ (Press Ctrl+C to quit)
```

이후 브라우저에서 http://127.0.0.1:5000/upload 경로로 이동하면 다음과 같이 업로드
할 파일을 선택하는 창이 뜬다.

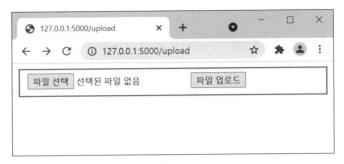

그림 2-5-5   업로드 화면

컴퓨터 내의 이미지 파일을 하나 선택한 후, "파일 업로드" 버튼을 누르면 다음과 같이
업로드가 완료되었다는 화면이 나온다. 플라스크를 실행한 C:\Python\security 안을 보
면 업로드한 이미지가 실제 올라가 있다(앞서 이야기했듯이, 복사해서 저장된 것이다).

그림 2-5-6   업로드 완료 화면

3.3 피들러로 살펴보기

이제, 다운로드와 동일하게 업로드 파일이 올라가는 부분을 피들러를 통해 살펴보자.
버튼을 눌렀을 때 호출되는 /upload_process 호출의 Request 섹션 부분에서 Raw 탭을
마찬가지로 보면, 다운로드와 비슷하게, 헤더 쪽에는 데이터의 종류를 알려주는 con-
tent-type이나, 이미지 데이터가 언제 끝나는지 알려주는 boundary 표시(하단으로 스

크롤을 하면 맨 마지막에 해당 값이 있다), 폼 요소 이름(name="uploaded_file")이나 파일명(IMG_0071.JPG), 파일의 종류(Content-Type: image/jpeg)도 있다. 그 밑에 글자가 깨진 것처럼 보이는 부분이 인코딩된 이미지 파일 데이터이다. 형태를 보게 되면 앞의 다운로드 코드를 본 것과 많이 비슷하며, 전달되는 여러 정보들이 이번에는 브라우저가 아닌, 서버 쪽에서 받는 프로그램을 위한 것이라는 부분만 상이하다고 봐도 될 것이다.

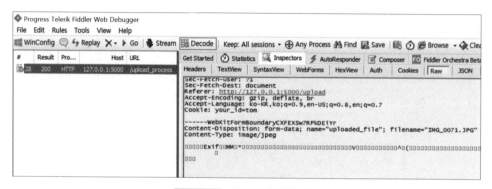

그림 2-5-7 업로드 피들러로 보기

3.3 업로드 문제 생각해 보기

결국 업로드도 다운로드와 비슷하게 전달된 데이터의 올바른 저장 문제라고 볼 수 있다. 다만 조금 다른 측면은 이번엔 보내는 쪽이 사용자 쪽이므로, 데이터 형태가 비교적 정형화되고 컨트롤 될 수 있었던 다운로드와는 별개로 적극적으로 공격자의 조작 개입이 가능하다는 것이다. 정상적인 파일의 헤더 같은 부분에 악성 코드를 살짝 숨겨 놓을 수도 있고(관련 해석기의 취약점이 있다면 영향을 줄 수도 있다), 특정한 명령어를 원격에서 웹 인터페이스를 통해 실행할 수 있게 해주는 웹셸(Web Shell)이라고 불리는 악성 코드를 업로드 하려고 시도하거나, 커맨드 인젝션처럼 특정 파서와 만나서 실행되는 코드를 파일 내에 삽입하거나, 확장자를 바꿔 보거나, 저장되는 경로를 속이려는 등 여러 시도를 할 수 있다.

업로드는 보통 2가지 정도의 타입으로 분류할 수 있는데, 첫번째는 엑셀이나 텍스트 파일을 업로드해 일괄 처리를 하는 형태가 있고, 두 번째는 아까 얘기한 이미지나 이력서 파일 등을 서버로 올려서 해당 형태 그대로 저장해 게시물이나 증빙 목적으로 열람하는 형태가 있다.

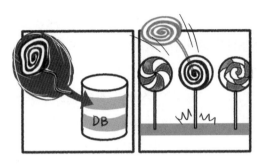

그림 2-5-8 업로드의 두 가지 형태

첫 번째 경우는 보통 업로드 된 파일을 굳이 서버의 특정 경로에 저장할 때 문제가 일어나게 되는데, 종종 처리 중 장애가 날 경우를 대비하거나, 아주 큰 데이터 파일의 경우 일괄 처리를 위해 그런 경우도 있고(사실 이 경우는 데이터 연동을 하는 것이 더 맞아 보인다), 이유 없이 예전 코드를 복사해 쓰다가 그럴 수도 있을 것 같다. 엑셀에 담긴 데이터를 처리하는 경우에는 실제 엑셀 파일 등의 파일 스트림이 날라가지 않고 클라이언트 자바스크립트에서 로컬 엑셀 파일을 파싱해서 내부의 데이터만 JSON 형태로 보내거나, 서버에서 바로 메모리 상에서 처리하고 실제로 저장을 하지 않는 경우가 일반적이고 바람직하다.

다만, 전자의 경우 데이터가 구간에서 평문으로 노출되기 때문에 민감한 데이터의 경우는 이슈가 있을 수 있다. 파일을 저장하는 레거시 코드인 경우에 코드 전체를 뜯어고치기 힘들다면, 저장 경로를 웹 서버 바깥으로 저장하여 다운로드가 불가능하게 하고, 처리 후 삭제를 하게 만드는 것이 보안적으로나 웹 서버에 쓸데없는 파일이 남게 되는 것을 방지하는 차원에서도 좋다. 물론 이 경우에도 바라지 않던 경로를 가리키도록 조작하여 접근하는 이슈는 남을 수 있어서 다음에 나올 두 번째 타입의 경우도 같이 고려해야 한다.

두 번째 경우가 보통 웹을 통한 업로드에서 자주 일어나는 문제인데, 보통 웹 형태로 된 게시판 등에서 이미지를 업로드하거나, PDF 등의 문서 등을 실제 업로드(물론 복사지만) 하는 경우이다. 이 경우 확장자, MIME 타입을 체크하거나, 이름과 경로가 될 인자에서 특수문자를 제거하거나, 업로드 된 파일이 실제 해당 종류의 파일인지 체크하는 등 여러 방법을 혼용해서 방어하긴 하지만 개인적으로 가장 안전한 방법은 저장 경로나 이름을 결정할 때 클라이언트 코드를 전혀 참고 안 하는 거라고 생각한다. 이것이 어찌 보면 당연한 이유는, 복사되어 서버로 저장되는 파일은 원본하고 근본적으로는 다른 복사된 대상이므로 굳이 조작됐을지도 모르는 파일명 같은 원본의 표면적인 속성들을 그대로 사용할 필요가 없기 때문이다.

예를 들어, 서버 쪽의 저장 폴더 경로를 고정된 상수 값으로 정해 놓고 파일명을 날짜와 해시값, 난수 등을 조합하여 서버 로직에 기반한 고유 값으로 생성하고, 저장해야 하는 특정 확장자(예: .jpg)를 명시적으로 지정해 저장한다면, 외부에서 공격을 하고 싶어도 공격할 수 있는 부분이 생기지 않는다(이 부분은 클라이언트 코드에서 언급한 바와 같다). 만약 실제의 내부 포맷과 다른 이상한 파일이 올라가는 게 찜찜한 경우는(예로, .jpg인데 안의 내용은 스크립트) 서버 쪽에서 저장하기 전에 실제 해당 포맷의 파일이 맞는지를 확인하는 메서드를 쓰면 될 듯싶다. 물론 업로드 폴더의 스크립트 실행 권한을 제거하거나, 상황에 따라 업로드 폴더를 웹 경로 바깥으로 빼거나 하는 부분에 대한 고려도 기본적으로 필요하다.

다만, 이러한 설계라 하더라도 상황에 따라 100% 안전하다고는 볼 수 없다. 예를 들어 웹 서버 파싱 모듈에 취약점이 있어서 스크립트로 내용이 구성된 .jpg 확장자의 파일이 호출 시 스크립트로 실행되는 경우가 생길 수도 있다. 모든 것은 프로그램이기 때문에 불가능한 일은 없다. 다만 현실적으로 일어나긴 힘들고 해당 경우는 일어나더라도 해당 서버 모듈의 패치로 해결하는 게 정석일 것이다. 어찌되었든, 버그든 취약점이든 간에 앞에 얘기했듯이 컴퓨터의 모든 건 0과 1의 세상이기 때문에 발생할 가능성이 전혀 없다고 말하지는 못한다.

4. 마무리하며

방어 코드보다는 구현 코드 위주로 구성한 부분이 조금 걸리긴 하지만, 어차피 업로드와 다운로드 취약점에 대한 가이드는 구글을 찾아보면 아주 많이 나오고, 세세한 내용보다는 그 글들이 왜 특정한 방식으로 방어를 하자고 하는지, 그 글을 단순히 신뢰할 경우 생길 수 있는 맹점(Blind Spot)은 무엇인지 생각해 보자는 의미에서, 이번에는 동작 구조를 이해할 수 있는 코드를 위주로 설명했다. 사실 전형적으로 공식화되어 있는 듯한 다른 보안 이슈들에게도 이런 모호한 측면들이 언제든 현실에서 발생할 수 있다.

또 하나, 결국 모든 컴퓨터 안을 구성하는 요소들은 0과 1들을 임의의 로직으로 추상화해 놓은 것이라는 것을 마음속 한 구석에 담아두길 바라는 의미도 있다. 마음의 여유가 있다면 컴퓨터 내에서 코드가 돌아가는 원리를 쉽게 설명하는 책들을 찾아 꼭 한 번 읽어 보기를 권한다. 결국 스스로가 만든 함정에 갇히지 않기 위해서는 다양한 관점에서 같은 대상을 바라보는 훈련도 계속 필요할 것이다.

Chapter **06**

API

API는 사실 보안적으로 봤을 때(사실 프로그램적으로 봤을 때도 비슷한 상황인 것 같지만) 일반적인 다른 프로그램 요소들과 특별히 다르진 않다. 다만 일반적으로 웹에서는 AJAX와 연관되어 돌아가기 때문에 피들러 같은 특수한 툴로 살펴보지 않는 이상 호출이 된다는 부분조차 인지하지 못 할 수 있어서 개발자의 경험이 없으면 조작에 안전하다고 생각해서 보안적인 체크를 놓치게 되는 요소라고 보는게 더 맞을 듯하다.

토큰이라는 인증을 위한 쿠키를 대신하는 조각 개념도 약간 API를 어렵게 보이게 하는 요소이다. 어떤 측면에서는 일반적인 애플리케이션의 인터페이스보다는 표준화(보통 XML이나 JSON 포맷으로 데이터 전달)가 많이 된 요소이기에 더 투명하게 검증할 수 있는 측면도 있다고 본다. 반대로 수많은 API를 연결시켜 만든 설계 때문에 전체적인 데이터의 흐름을 파악하고 모니터링하는 데 더 많은 시간이 소요될 수도 있다.

1. API 이해하기

API(Application Programming Interface)라는 용어는 웹이나 PC 같은 모바일 환경에서도 혼용해 쓰이는데, 가장 기초적으로는 시스템이 제공하는 API를 볼 수 있다. 기본적으로 우리가 만드는 프로그램은 해당 언어의 프레임워크가 지원하는 라이브러리를 쓰고, 해당 라이브러리는 시스템에서 제공하는 API를 최종적으로 사용해 OS와 커뮤니케이션을 하며 화면에 글자를 표시하거나 소리나 애니메이션을 보여준다고 보면 된다.

비슷한 측면에서 인터넷이 발달하면서, 이러한 API들이 네트워크를 통해서도 서비스를 시작하게 되었다. 해당 API들의 공통점은 UI와 분리되어 데이터의 전달만으로 소통을 한다는 것이다. 사실 일반적인 웹 페이지와 API의 차이는 마크업 기능 중에 화면을 표시하기 위한 기능들은 제거되고, 순수하게 데이터를 주고받는 용도로만 사용된다는 것이다. 머리, 꼬리를 뗀 생선 몸통을 생각하면 된다.

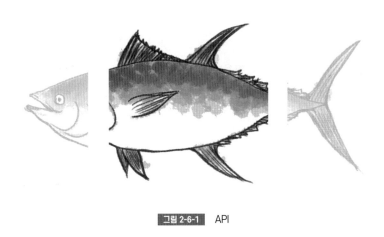

그림 2-6-1   API

인터페이스는 2개의 다른 존재가 연결되는 방식을 얘기한다고 볼 수 있는데, 우리 현실과 연계를 지어도 비슷한 부분이 많다. 예를 들어 우리는 여러 가지 인터페이스를 통해 타인 또는 물건과 소통한다. 편의점에 가면 물건을 사려고 카드나 현금을 주고

포스기로 결제한 후 물건을 받아오게 되고, 친구를 만나면 대화를 나누거나, 음식을 먹거나, 술을 먹거나 하면서 우정을 나누고, 은행에 가면 은행에 정해진 규칙에 따라서 상담원과 은행 업무를 본다.

그림 2-6-2 인터페이스

아이폰이나 안드로이드 폰을 사용하는 것도 폰의 인터페이스(터치, 드래그 및 여러 메뉴에 의한 사용자 인터페이스)를 이용한다고 보면 된다. 우리가 생각하는 예의라는 개념도 사람마다 다를 수 있는데, 예의에 대한 가치관이 다른(인터페이스가 다른) 두 사람이 만나면 관계가 엉망이 되어 버리기도 하듯, 인터페이스도 서로 맞지 않으면 에러가 난다.

프로그램 언어를 배우는 초입 부분에서도 API와 비슷한 부분을 쉽게 볼 수 있게 되는데, 해당 부분이 바로 함수나 메서드이다. 함수를 보면 정해진 타입의 입력 값을 넣어서, 정해진 타입의 출력 값을 얻게 된다. 파이썬에서 사용하는 모듈들도 마찬가지로 해당 모듈을 정해진 방식대로 사용해야 한다. 이러한 것은 내부의 인터페이스라고 봐도 되며, 그렇게 보면 프로그래밍 영역 자체가 수많은 인터페이스 간의 커뮤니케이션으로 이루어져 있다고 봐도 무방할 것이다.

추가로 API에는 보안적으로 한 가지 중요한 부분이 있는데, 호출 권한에 대한 인증이다. 해당 부분은 3가지 정도의 측면을 고려해야 한다.

첫째, 아무리 성능이 좋은 서버가 지원하는 상태라도 많은 사람이 익명으로 계속 호출하게 된다면 성능 문제가 생길 수 있다. 이 부분은 크롤링 툴 등에 의해 UI 페이지를 자주 호출하는 경우에도 비슷한 문제가 생길 수 있지만, API는 좀 더 특정한 목적을 가지고 내부에서 조회한 데이터를 전달하는 목적을 가지고 있기 때문에 좀 더 민감하다고 본다. 공개된 특정 API들은 보통 IP나 계정 토큰을 기준으로 특정 횟수 이상 호출하지 못하도록 제한된 경우가 많다. 유료 API 또한 그 횟수에 따라서 과금을 하는 경우가 많다.

둘째, 데이터의 중요도로써 특정 개인에게만 전달되어야 하는 데이터가 다른 사람에서 전달되거나, 아무에게나 보내지는 것은 바람직하지 못 할 것이다. 이는 애플리케이션에서 얘기하는 클라이언트 코드 조작으로 인한 권한 상승이나 파라미터 조작, 익명 호출 등과 마찬가지 측면이 있다.

셋째, 모니터링 및 통제다. 현재 데이터를 가져가는 주체가 누구인지 특정할 수 없다면, 데이터가 어디로 나가고 있는지(호출하는 IP 정보나 기본적인 클라이언트 정보만으로 불충분하다), 얼만큼 데이터를 제공해야 하는지를 컨트롤할 수 없다. 항상 모든 보안의 마지막은 모니터링이 뒷받침해주어야 하는 측면이 있고, 해당 뒷받침의 시작점은 요청한 대상의 명확한 식별이다.

2. API 만들어 보기

앞의 플라스크 예제에서 URL 경로와 JSON 데이터의 전달을 통해 거의 API와 유사
한 호출을 만들어 내기는 했지만, 정식 API 모듈을 이용해서 JSON 방식으로 통신하는
API를 만들어 보고 살펴보자. 플라스크에 추가 모듈을 설치하면 특별히 많은 노력을
들이지 않고도 API 코드가 구현 가능하다.

2.1 모듈 설치

```
C:\Python\security>pip install flask (기 설치)


C:\Python\security>pip install flask_restful
Successfully installed aniso8601-9.0.1 flask-restful-0.3.9
```

2.2 API 코드 구현

먼저, 파이썬 코드 쪽을 보자. GetSecret 클래스를 보면 인자를 파싱하는 get_parser 메
서드와 실제 API 요청을 처리하는 post 메서드가 있다. post 메서드에서는 넘어온 my_
name 인자에 비밀 정보를 할당해서 JSON 형태로 반환한다. 그리고 해당 GetSecret 클
래스를 /get_secret라는 API 경로에 할당했다. 하단에 최초 UI 페이지인 /call_api 페이
지를 위한 경로가 있다.

```python
from flask import Flask, render_template, request, jsonify
from flask_restful import Resource, Api, reqparse

# flask 웹, API 서버를 실행함
app = Flask(__name__)
api = Api(app)


class GetSecret(Resource):
    @staticmethod
    # 인자 파싱
    def get_parser():
        parser = reqparse.RequestParser()
        parser.add_argument("my_name", type=str, default="")
        return parser

    # API 호출 처리
    def post(self):
        try:
            parser = GetSecret.get_parser()
            args = parser.parse_args()
            my_name = args["my_name"]

            secret = my_name + "' secret number is 123"

            return {"secret":secret}
        except Exception as e:
            return {"secret": str(e)}

# API 경로 등록
api.add_resource(GetSecret, "/get_secret")


# 최초 요청 웹 페이지
@app.route("/call_api", methods=['GET'])
def call_api():
    return render_template('api_default.html')
```

```
# 웹 서버는 호스트 127.0.0.1, 포트 5000번에 동작하며, 디버그 모드이다.
if __name__ == "__main__":
    app.run(host='127.0.0.1',port=5000,debug=True)
```

코드 보기   api_default.py

해당 코드를 C:\Python\security 폴더에 api_default.py 이름으로 저장하자.

다음으로 템플릿 파일 쪽이다. 기존과 비슷하며, getSecret라는 id를 가진 버튼이 눌려지면, AJAX 호출을 일으켜 텍스트 박스의 값을 JSON 형식으로 구성하여 앞의 /get_secret 경로를 호출한다. 결과가 정상적으로 돌아오면 span 태그 내에 해당 결과를 보여준다.

```html
<html>
    <head>
        <style>
            span {
                background-color: #c1d9d8;
            }
        </style>
        <title>API default</title>
        <script src="http://code.jquery.com/jquery-3.6.0.min.js" ></script>
        <script type="text/javascript">
        $(document).ready(function(){
            // 텍스트 박스에 입력된 값을 전송하여 비밀을 얻어 옴
            $("[id^=getSecret]").click(function() {
                var myName = $("#inputText").val()
                $.ajax({
                    url : '/get_secret',
                    type : 'POST',
                    data: JSON.stringify({my_name: myName}),
                    headers: {'Content-Type': 'application/json'},
```

```
                    success: function(response){
                        $("#span1").html(response.secret);
                    }
                });


            });
        });


        </script>
    </head>
    <body>
        <fieldset>
            <legend>API 호출</legend>
            <input type="text" id="inputText" name="inputText">
            <input type="button" align="left" id="getSecret" value="비밀 얻기">
            <br>
            <span id="span1"></span>
        </fieldset>
    </body>
</html>
```

코드 보기   api_default.html

해당 코드를 C:\Python\security\templates 폴더에 api_default.html 이름으로 저장한다.

2.3 API 샘플 실행

기존 웹 서버가 실행되어 있다면 "Ctrl+c"를 눌러 종료한 다음, 새 파일로 웹 서버를 실행시킨다.

```
C:\Python\security>python api_default.py
* Running on http://127.0.0.1:5000/ (Press Ctrl+C to quit)
```

브라우저에서 http://127.0.0.1:5000/call_api 주소로 이동하여, 입력란에 tom을 넣고 "비밀 얻기" 버튼을 클릭한다. 다음과 같이 tom의 비밀이 API를 통해 전달되어 나오게 된다.

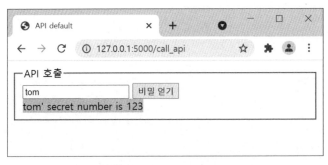

그림 2-6-3   API 호출하기

2.4 피들러로 API 호출 살펴보기

피들러로 보게 되면 get_secret API 호출 시 다음과 같이 JSON으로 왔다 갔다 하는 호출이 일어나게 된다.

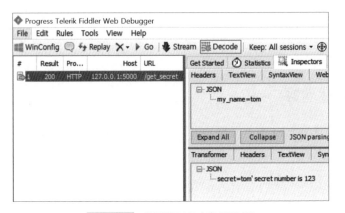

그림 2-6-4   피들러로 API 호출 살펴보기

2.5 API 호출의 문제

그렇다면, 앞의 API가 가질 수 있는 문제점은 무엇일까? 무엇보다도 눈에 띄는 부분은 앞에서 얘기했듯이 특별한 권한 체크 없이 해당 API를 호출해 tom의 비밀을 얻어가는 것이 가능하다는 것이다. 웹에서는 쿠키에 저장된 암호화된 인증 값을 이용해서 신원을 확인하는데, API의 경우는 쿠키를 사용하지 않는다.

아이디/패스워드를 통해 인증할 수도 있겠지만, 보통 호출하는 주체가 마찬가지로 자동화된 프로그램일 경우가 많기 때문에 API 호출 시마다 계정 정보를 전달하는 것은 비효율적이면서 그다지 안전하게 보이지도 않는다. 그래서 일반적으로 쓰이는 방식이 토큰(Token)을 사용하는 것이다.

3. API JWT 토큰 추가하기

토큰이라는 것은 특정한 신원을 보증하는 암호화된 값이라고 보면 된다. 보통 토큰을 처음부터 나름대로 개발하는 방법도 있겠지만, 일반적으로는 이미 사람들이 납득을 할 만큼 설계를 해결해 놓은 방식을 사용하게 될 것이다. 구글에서 검색해 보면 많이 사용하는 방식 중 하나가 JWT라는 토큰 표준이다.

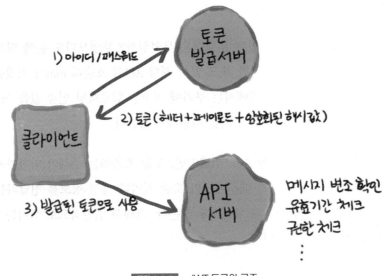

그림 2-6-5 JWT 토큰의 구조

해당 구현을 살펴보면 기본적으로 암호화된 내부 값이 3개의 파트로 나눠져 있는데, 암호화 방식 등의 정보인 헤더, 실제 값들인 페이로드, 페이로드 값이 변조되지 않았음을 스스로 증명하는 RSA나 대칭키로 암호화된 헤더와 페이로드를 합쳐 만든 해시값이 들어 있다(암-복호화에서 나온 변조를 방지하는 개념이다).

기본으로는 토큰 생성용 인증 서버로 계정 정보를 사용해 로그인 하게 되면(해당 부분은 설계 목적에 따라 웹이나 API 방식 모두 구현이 가능하다), 서버가 계정 정보를 체크 후 유효한 정보라면 해당되는 JWT 토큰을 발급하게 된다.

이후 클라이언트 쪽은 계정 정보가 아닌 해당 JWT 토큰을 이용하여 API 호출하게 되고, API 서버 쪽에서는 해당 토큰의 암호화된 해시값을 풀어(앞의 3개의 파트는 단순히 베이스64로 인코딩되어 합쳐 있다) 페이로드가 변조되지 않음을 확인하고, 페이로드 정보를 이용하여 토큰을 만료하거나(JWT 모듈이 기본으로 지원한다), 해당 API에 권한이 있거나, 해당 정보에 권한이 있는 사용자가 맞느냐 등을 확인할 수 있다.

자세한 부분은 구글에서 "jwt token"이라고 검색하여 다음의 사이트 등을 참조하자.

```
[JSON Web Tokens - jwt.io]
https://jwt.io/introduction
```

3.1 모듈 설치

```
C:\Python\security>pip install pyjwt
Successfully installed pyjwt-2.1.0
```

3.2 토큰 사용 API 예제 만들기

이제, 간단한 토큰을 사용하는 예제를 만들어 보자. 파이썬 파일을 보면 토큰을 만드는 MakeToken 클래스 그리고 토큰을 검증하는 SendToken 클래스가 있다.

MakeToken 클래스의 post 메서드에서는 사용자가 전송한 값을 기준으로 JWT의 기본 페이로드 항목인 exp(만료 일자), iat(생성 일자), sub(주제) 세 가지로 페이로드를 만들어 내고, get_secret_key 함수에서 가져온 키 값을 이용하여(암호화 키는 어딘가 안전한 곳에 잘 저장했다 가져와야 한다는 것을 얘기하고 싶어서 따로 get_secret_key 함수를 분리했다) 양방향 암호화된 해시값을 만든 후, 헤더 및 페이로드와 함께 붙여 토큰을 만들어 반환한다. 만료 일자인 exp 항목을 보면 일부러 시연을 위해 생성 후 10초만 유효하게 했다. 해시를 만드는 방식은 HS256(HMAC with SHA-256)으로 SHA-256 해시를 만든 후 암호화 키로 양방향 암호화했다.

SendToken 클래스의 post 메서드에서는 해당 토큰의 해시값을 암호화 키로 푼 다음, 헤더와 페이로드의 유효성 및 토큰 유효 기간 등을 검증하고 주제(sub) 값인 아이디를 페이로드에서 추출해서 다시 클라이언트에게 전송한다.

```
from flask import Flask, render_template, request, jsonify
from flask_restful import Resource, Api, reqparse
```

```python
import jwt
from datetime import datetime, timedelta

# flask 웹, API 서버를 실행함
app = Flask(__name__)
api = Api(app)


# JWT에 사용할 암호화 키 생성
def get_secret_key():
    secret_key = "secret"
    return secret_key


class MakeToken(Resource):
    @staticmethod
    def get_parser():
        parser = reqparse.RequestParser()
        parser.add_argument("my_name", type=str, default="")
        return parser


    def post(self):
        try:
            parser = MakeToken.get_parser()
            args = parser.parse_args()
            my_name = args["my_name"]

            secret_key = get_secret_key()

            # 기본 페이로드 생성(만료일, 생성일, 주제)
            payload = {
                'exp': datetime.utcnow() + timedelta(seconds=10),
                'iat': datetime.utcnow(),
                'sub': my_name
            }
```

```python
            # 토큰 만들어 내기
            secret = jwt.encode(
                payload,
                secret_key,
                algorithm="HS256"
            )

            return {"token":secret}
        except Exception as e:
            return {"token": str(e)}


class SendToken(Resource):
    def post(self):
        try:
            secret_key = get_secret_key()

            # 요청된 Authorization 헤더로부터 토큰값 추출
            auth_header = request.headers.get('Authorization')
            if auth_header:
                my_token = auth_header.split(" ")[1]

            # 토큰값 복호화
            payload = jwt.decode(my_token, secret_key, algorithms=["HS256"])
            user_name = payload["sub"]

            return {"my_name":user_name}
        except jwt.ExpiredSignatureError:
            return {"my_name":"토큰이 만료됨!"}
        except Exception as e:
            return {"my_name": str(e)}


# API 경로 등록
api.add_resource(MakeToken, "/make_token")
api.add_resource(SendToken, "/send_token")
```

```
# 최초 요청 웹 페이지
@app.route("/call_api", methods=['GET'])
def call_api():
    return render_template('api_with_token.html')



# 웹 서버는 호스트 127.0.0.1, 포트 5000번에 동작하며, 디버그 모드이다.
if __name__ == "__main__":
    app.run(host='127.0.0.1',port=5000,debug=True)
```

코드 보기 api_with_token.py

해당 코드를 C:\Python\security 폴더에 api_with_token.py 이름으로 저장하자.

템플릿 코드 쪽을 보면, "토큰 얻기" 버튼을 누르면 입력한 ID를 전송해 토큰을 얻어오며(예제의 간략화를 위해 패스워드 등을 통한 계정의 인증 과정은 생략했다), "토큰 보내기" 버튼을 누르면 헤더의 Authorization 항목에 가져온 토큰을 다시 넣어서 호출하여(헤더에 넣는 걸 권장해서 헤더에 넣었다), 토큰을 포함하여 API를 호출하는 코드를 구현했다. 이후 주제(sub)값이(처음에 입력했던 값이다) 넘어오면 화면에 표시한다.

```
<html>
    <head>
        <style>
            span {
                background-color: #c1d9d8;
            }
        </style>
        <title>API with token</title>
        <script src="http://code.jquery.com/jquery-3.6.0.min.js" ></script>
        <script type="text/javascript">
        $(document).ready(function(){
            var token;
```

```
            // 텍스트 박스에 입력된 값을 전송하여 토큰을 얻어 옴
        $("[id^=getToken]").click(function() {
            var myName = $("#inputText").val()
            $.ajax({
                url : '/make_token',
                type : 'POST',
                data: JSON.stringify({my_name:  myName}),
                headers: {'Content-Type':  'application/json'},
                success: function(response){
                    token = response.token
                    $("#span1").html(response.token);
                }
            });

        });

            // 헤더의 Authorization 항목에 토큰을 넣어 내부의 sub 값을 얻어 옴
        $("[id^=sendToken]").click(function() {
            var myName = $("#inputText").val()
            $.ajax({
                url : '/send_token',
                type : 'POST',
                data: JSON.stringify({my_name: myName}),
                headers: {'Content-Type': 'application/json'},
                headers: {Authorization: 'Bearer '+token},
                success: function(response){
                    $("#span2").html(response.my_name);
                }
            });

        });

    });

    </script>
</head>
<body>
```

```
    <fieldset>
        <legend>API 토큰</legend>
        <input type="text" id="inputText" name="inputText">
        <input type="button" align="left" id="getToken" value="토큰 얻기">
        <input type="button" align="left" id="sendToken" value="토큰 보내기">
        <br>
        <span id="span1"></span>
        <br><br>
        <span id="span2"></span>
    </fieldset>
</body>
</html>
```

코드 보기　api_with_token.html

해당 코드를 C:\Python\security\templates 폴더에 api_with_token.html 이름으로 저장한다.

3.3 토큰 사용 시연하기

기존 웹 서버가 실행되어 있다면 "Ctrl+c"를 눌러 종료 후, 새 파일로 웹 서버를 실행시킨다.

```
C:\Python\security>python api_with_token.py
* Running on http://127.0.0.1:5000/ (Press Ctrl+C to quit)
```

브라우저에서 http://127.0.0.1:5000/call_api 주소로 이동하여 텍스트 박스에 tom이라고 입력 후, "토큰 얻기" 버튼을 누르면 토큰을 가져오고, "토큰 보내기" 버튼을 클릭하면 다시 보낸 토큰을 인증받고 페이로드 안의 sub값인 tom을 받아서 표시해 준다.

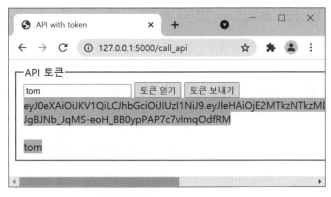

그림 2-6-6 JWT 토큰 사용하기

이후 JWT 모듈의 exp 유효 시간 체크를 확인해 보기 위해서 10초 정도 지난 후에 다시 "토큰 보내기" 버튼을 클릭해 보자. 이제는 토큰 유효 기간이 지나서 토큰이 만료되었다고 나온다.

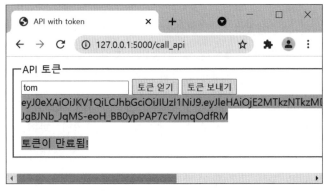

그림 2-6-7 JWT 토큰 만료 확인

4. 애플리케이션 보안 측면의 API

그렇다면 이제 정리 차원에서 애플리케이션 보안 측면에서 API를 어떻게 봐야 하는지를 생각해 보자.

첫째, 앞의 예제에서 본 것처럼 최근의 API들은 사실 엄청 단순한 모양을 가지고 있다(약간 인자들이 복잡한 Windows API나 초창기의 XML 방식에 비해서 말이다). 사실하는 일도 단순하며 외부로 호출되는 메서드와 비슷하다고 보면 된다. 입력을 받아 단순히 로그로 저장할 수도 있고, 구입 목록 같이 입력에 대한 특정한 정보를 줄 수도 있다. 프로그램의 빌드나 다른 API의 호출 등의 특정한 액션 등도 구현할 수가 있다. 보안적으로 봤을 때는 한 가지 중요한 점이 있다. 그것은 API의 입력으로 들어가는 값들이 단순한 에러만이 아니라 API 내부의 로직에 영향을 미칠 수도 있다는 것이다. 이렇게 되면 앞에서 얘기했던 클라이언트 코드와 인젝션에 대한 이야기로 다시 주제가 돌아가게 된다. API가 사용하는 인자 중 나쁜 영향을 미칠 수 있는 인자를 파악하려면 API 내부의 동작과 그 인자의 관계를 이해해야 하는 문제가 된다.

둘째, 앞의 예제에서 구현했던 토큰이다. 이 토큰이 변조되거나, 재사용되거나, 바꿔치기가 되는 문제에 대해서 웹에서의 세션 관리와 동일한 종류의 문제가 발생된다. 추가로 어떻게 토큰을 최초 사용자에게 발급하고, 토큰으로 인한 자격의 유지 기간에 대해서도 고민해 봐야한다. 프로그램이 주로 호출하는 API의 특성상 보통 한번 발급한 토큰을 특별한 제약없이 영구히 사용하는 경우도 있긴 하지만, 관리의 실수로 토큰이 노출되었을 경우 골치 아픈 문제가 발생할 수 있으므로 여러 측면에서 리스크를 검토해야 한다. 위와 같은 JWT 같은 많이 쓰는 표준 라이브러리를 쓰게 되면 위조 및 토큰의 유효 기간 등을 세팅하는 부분은 간단하게 해결될 것 같다.

셋째, 전송되는 API 인자 데이터를 평문으로 보내도 될까 하는 부분이다. HTTPS로 감싸 보내는 방법도 있겠지만 해당 부분은 보내는 쪽의 의도적인 조작이나 중간자 공격에 100% 안전하지는 않을 것이기에 아예 대칭키나 비대칭키를 사용해서 암호화하여 보내는 게 맞을 것 같다. 다만, 그렇게 하더라도 해당 인자가 조합되기 전에 클라이언트 쪽에서 값이 이미 변경되어 있다면 구간의 보호만 될 뿐이지 값 자체의 변조를 막지는 못하는 측면이 있으면 잊으면 안 된다. API의 경우는 넘어온 인자가 모두 조작이 가능한 의도적인 값이라고 볼 수 있으므로 외부로부터 온 인자 값들을 절대 그대로 믿어서는 안 된다.

마지막으로, OWASP에서도 중요하게 강조하고 있는 모니터링 부분이다. 중요한 API일수록 해당 토큰을 발급한 쪽에서 필요한 만큼만 적절하게 API를 호출하는지를 확인해야 하는 경우가 발생한다. 해당 정보가 법적으로 보호되어야 하는 민감한 정보라면 더더욱 그렇다. 해당 부분은 애플리케이션 쪽에서 토큰 및 여러 클라이언트 쪽 정보를 기반으로 기준을 정해 모니터링을 해야 되는 문제이다.

5. 마무리하며

개인적으로 API는 일반 애플리케이션과 보안적으로 특별히 다르게 볼 필요는 없다고 생각하기 때문에 여기서 마무리를 하려 한다. API는 전송하는 데이터와 토큰이라는 관점에서 보게 되면, 일반적인 애플리케이션과 특별히 다르지는 않다. 다만 해당 형태의 구조를 명확히 이해하지 못한다면 미지의 영역이 되어 전혀 다른 것처럼 보일 수가 있다.

요즘처럼 API로 조각조각 나누어진 애플리케이션을 테스트하는 것은 인터페이스들이 늘어나는 결과를 가져오기 때문에 보안 테스트를 해야 되는 입장으로는 꽤 귀찮은 일이기는 하다. 따라서 뒤에서 나오게 될 보안에서 코드 읽기에서의 관점에서 문제를 바라보는 것도 나쁘진 않을 거라고 생각한다.

Chapter **07**

하드닝

하드닝(Hardening)은 보안을 "단단하게" 만든다는 의미로, 앞에 나온 여러 이슈를 포함
하면서도 프로그램 이외의 환경이나 설계적인 요소까지도 포괄하는 주제이다. 어찌 보
면 각종 보안 가이드에 나와있는 "~을 하라"라는 내용들의 집대성이기도 하다. 해당
부분은 일반적으로 취약점 쪽을 기준으로 말하기는 하지만, 일반적인 보안의 원리와도
대부분 맞닿아 있다고 본다.

1. 우리 주위의 하드닝

하드닝은 꼭 딱딱한 보안 업무에만 해당되는 것만이 아니다. 이를테면, 집에 새로운
와이파이 공유기를 설치했을 때에도 우리는 마찬가지로 해당 이슈를 만나게 된다. 공

유기 설정을 원하는 대로 바꾸는 게 가능한 관리자 계정의 패스워드는 어떻게 할 것인지, WIFI 통신의 암호화는 어떤 방식으로 할 것인지, 접속할 수 있는 기기들의 MAC 주소를 지정해 관리할 것인지 등 여러 가지 설정상의 보안 문제들을 고민하게 된다. 요즘 많이 설치하는 IP 카메라 같은 경우도 마찬가지이고, 도어락의 경우만 봐도 비밀번호를 0000 초기값 그대로 사용하는 경우는 없을 것이다.

물론 해당 부분을 모두 다 고려한다고 해도 100% 안전하다는 보장은 못하겠지만, 분명한 것은 100% 안전하지 못 할 상황만은 피할 수 있게 된다는 것이다. 마찬가지로 OS, 웹 서버, 데이터베이스, 애플리케이션 배포 등에 대해서도 전문가들이 보안적으로 안전하다고 생각하는 사례나 절차들이 있다. 해당 항목은 기술적 근거에 기반한 일종의 보안 패턴이라고 볼 수 있다.

그림 2-7-1 공유기와 IP 카메라

2. 하드닝 패턴

이제, 많이 볼 수 있는 하드닝 항목들을 이해를 돕기 위해 몇 가지 비유적 패턴으로 묶어 보려 한다.

2.1 디폴트 배제

하나는 보안에서 기본적으로 이야기되는 것 중 하나인 디폴트 설정 문제이다. 앞서 말한 공유기의 관리자 암호도 마찬가지로, 요즘 공유기들은 최초에 기본 관리자 패스워드를 변경해야 하도록 설정 과정이 변경되었다.

그림 2-7-2 기본 그대로 사용하지 않기

이 카테고리에 속하는 항목들의 예는 디렉토리 리스팅 끄기, 쉽게 유추될 수 있는 관리자 페이지 경로 사용하지 않기, 장비-솔루션의 기본 계정 사용하지 않기, 취약한 샘플 페이지 제거하기, 패스워드 없이 접근되는 데이터베이스 없애기 등이 있을 수 있다.

각 주제들은 사실 기술 영역의 특성에 영향을 받게 되는데, 앞의 플라스크 예제만 봐도 컨트롤러, 뷰를 구현하는 MVC(Model-View-Controller) 환경에서는 실제 디렉토리의 존재는 정적 리소스 외에는 없기 때문에 디렉토리 리스팅 같은 전통적인 디렉토리 기반의 주제 자체들이 의미가 없어질 수가 있다.

또한, 시간이 지나면서 소프트웨어 보안에 대한 인식이 각 업계에서 강화되고, 앞의 공유기의 예처럼 새로운 버전에서는 기존에 취약했던 부분들이 기본적으로 방어되어 배포나 출시되는 경우가 많다. 예를 들어 윈도우 10에서 설치되는 IIS 버전 같은 경우에는 과거 버전들과는 달리 기본적으로 디렉토리 리스팅 기능이 비활성화되어 있고, .txt나 .bak 확장자 파일의 경우도 URL로 접근 시 파일이 실제 존재하더라도 404(리소스 없음) 에러가 발생한다. 따라서 다운로드 하고 싶다면 추가 설정을 해야 한다. 또한 에러 메시지 등도 자세한 시스템 에러는 내보내지 않도록 디폴트로 세팅되어 있으며, 더 나아가 기본적으로 OS 설치 시 웹 서버 및 FTP 서버가 설치되어 있지 않아서 명시적으로 사용자가 추가로 설치를 해야 하도록 되어 있다.

하지만 같은 관점에서 보안 쪽의 귀찮은 부분은 세상에는 항상 오래된 시스템이 있고 해당 시스템이 잘 파악도 되지 않는 경우도 많기 때문에 최신 환경에서는 일어나기 힘든 여러 과거의 취약점 이슈들에 대해서도 소급하여 돌다리도 두드려 가는 마음으로 확인을 해야 할 필요가 있다는 것이다. 이는 마치 테스팅 쪽에서 커버해야 할 레거시 모바일 장비, OS들이 있는 것과 마찬가지이다. 그래서 이쪽은 수동 체크보다는 뒤에 얘기할 스캐너나 자동화 스크립트 등이 도와줄 수 있는 영역이라고 본다.

반대로 취약점을 찾아야 하는 사람 입장에서도 모든 장비나 시스템이 최신 OS로 패치되어 있고 하드닝이나 보안 설계가 꼼꼼히 잘 되어 있다면, 정말 아무도 모르는 취약점 패턴을 찾아낼 수 있는 소수의 능력자(보안 인력이든 해커 든)들만 업계에서 밥을 먹고 살 수 있을지도 모른다. 하지만 세상 일은 대부분 사람이 포함되어 하는 일이고, 그에 따른 실수나 무지, 리소스, 돈 등의 현실적 한계 또한 존재하기 때문에 항상 적정한 균형이 이뤄지는 것 같긴 하다. 윈도우 업그레이드 부분만 봐도 소프트웨어 호환성 때문에 정말 이제는 서비스도 지원되지 않는 XP, 윈도우7을 억지로 쓰는 작은 회사들도 여전히 종종 있다. 이런 면에서 보면 근래의 윈도우나 모바일 쪽에서 OS를 (거의) 강제로 업데이트하는 부분이 선택의 자유도는 많이 떨어지긴 하지만, 보안이나 유지비용 측면에서는 여러모로 현명한 처사인 듯하다.

2.2 최소한의 노출

이 부분은 보안의 다른 철학 중 하나인 필요 없는 노출을 자제하는 것이다. 예를 들어, FTP에 대해서 알기만 하면 누구나 공격할 수 있는 숨겨진 취약점이 있더라도 시스템에 FTP 서비스가 설치되어 있지 않으면 공격할 부분이 없어서 안전해진다. 싸움을 위해 연약한 노출 부위를 최소화한 기사의 갑옷과 같이 공격 면(Attack Surface)을 최소화하는 전략을 쓰는 것으로 앞의 디폴트 배제와 뒤의 방 치우기 주제가 함께 이러한 전략을 서포트하게 된다.

그림 2-7-3   최소한의 노출

이 카테고리에 속하는 항목들은 필요 없는 기능 및 변수 노출을 최소화하기, 민감 정보의 입력-표시-저장을 최소화하기, 불필요한 정보를 로그에 담지 않기, 사용자 에러 메시지에 시스템의 내부를 추측할 수 있는 정보를 자세히 보여주지 않기, 로그인이 틀렸을 경우 추측이 가능한 상세한 메시지를 보여주지 않기 등의 여러 가지 노출을 최소화하는 주제들이다.

2.3 방 치우기

이 부분은 애플리케이션이 실행하는 환경을 깔끔하게 유지해서 관리가 미치지 못하는 영역으로 인한 사고를 막고, 문제가 있을 때 쉽게 알 수 있도록 하자는 의미가 있다. 앞에서 얘기했듯이 디폴트 배제, 최소한의 노출, 방 치우기는 서로 주제가 연결되어 서로가 서로에게 겹치는 경향이 있다.

그림 2-7-4 방 치우기

이 카테고리에 속하는 항목들은 필요 없는 업로드 폴더의 실행 권한을 제거하기, 서버의 백업-테스트-샘플 파일을 제거하기, 개발-테스트를 위한 백 도어 페이지 등을 만들지 않기, 최신 서비스 버전 패치를 적용하기, 운영에 필요 없는 서비스나 포트는 사용하지 않기 등이 있다.

2.4 좁은 문

다음은 한 사람이 겨우 지나다닐 정도의 좁은 문으로 상징되는 권한 제한 부분이다. 권한 제한은 보안에서 전방위로 가장 중시하는 부분이고, 쓰인 의미는 조금 다르지만 "카이사르의 것은 카이사르에게" 같이 자격이 있는 사람에게만 권한이나 정보를 가지게 하라는 것이다.

그림 2-7-5 좁은 문

이 카테고리에 속하는 항목들의 예는 웹 서버나 애플리케이션 실행 권한을 적정한 권한으로 제한하기(전쟁 시 중위한테 핵 미사일 버튼을 맡기지 말자는 의미이다), 익명으로 접근되는 FTP-공유 폴더-클라우드 저장소 사용 안 하기, 공용 계정을 사용하지 않기(누가 문제를 일으켰는지 추적하기 힘들고, 패스워드 노출 확률도 높아진다), 민감한 로그에 접근하는 계정 제한하기, 애플리케이션에 필요한 권한만 부여된 데이터베이스 서비스 계정을 발급하기, 루트로 직접 로그인을 못하게 하거나 기본으로 SUDO 권한을 주지 않기, GIT 같은 소스 저장소의 권한 관리하기 등이 있다.

이 부분은 사실 애플리케이션 관점의 보안 측면이기도 하지만, 보안 정책과 밀접히 관련된 부분이기도 하다. 법적인 부분을 꼭 준수하면서도 사람들의 사용성 측면에 대해 계속 균형을 맞춰가면서 조정해 나가야 하는 부분인 듯싶다.

2.5 여러 개의 문

다음은 앞과 반대로 여러 개의 출입이 가능한 문을 가진 경우의 관리 문제로 너무 많은 다양성과 선택을 제공할 때(사실 파악과 통제가 되지 않아 이러는 경우가 일반적이겠지만) 일어나는 문제이다.

그림 2-7-6 여러 개의 문

이 카테고리에 속하는 항목들의 예는 개발자마다 다른 보안 설계 로직 구현(도메인마다 다른 기준으로 토큰을 만들거나, 업로드 파일 체크 로직을 설계한다고 생각해보자), 정식으로 로그인을 하는 인터페이스 뒤에 숨어 있는 디버그 로그인, 운영 데이터베이스에 쿼리를 날릴 수 있는 여러 가지 숨은 경로의 존재, 다양한 배포 수단, 서로 다른 커뮤니케이션, 상이한 설정과 표준 등이다.

이와 같은 경우를 막기 위해 통일성을 요구하는 것은 유연하지 못하고 딱딱한 요구라고 볼 수도 있겠지만, 사실 그 유연함은 기준이 잡힌 상태에서 여러 측면을 고려하면서 조금씩 확장하는 것이 일반적으로는 더 안전하다고 본다. 또한 일반적으로 겉으로 보기엔 유연함을 표방하는 프로세스의 경우라도 이상한 방향으로는 가지 않도록 내부적으로는 룰보다 더 강력한 핵심이 되는 규칙들이 자리잡고 있는 경우가 많다. 해당 부분은 지키는 사람의 리소스의 문제도 되고, 사건의 추적성에도 큰 영향을 미친다. 큰 건물을 경비하는 경우 야간 시간에 낮에는 들어올 수 있었던 입구를 제한해 통제하는 것도 여러 개의 문 효과를 방지하기 위한 방법이라고 볼 수 있을 것이다.

2.6 다중 방어

다음은 양날의 칼이기도 한 다중 방어를 살펴보자. 다중 방어의 가장 기본적인 형태는 2팩터 인증이다. 일반적으로 패스워드에 더해 다른 한 가지의 수단을 추가 인증하게 하는 것이다.

보통 핸드폰 문자 및 번호 버튼 누르기, OTP, 이메일 등으로 추가 인증을 하게 되어 있다. 패스워드 변경 시에 본인 인증을 거치게 하는 것도 비슷한 부분이다(로그인 할 때의 패스워드 + 다른 인증 수단). 보통 해당 수단들은 서로 물리적으로 떨어져 있거나(패스워드 기억 vs OTP 문자, 지문, 카드키, 신분증 등), 개념적으로 떨어져 있을 수 있다(패턴, 이메일 등).

그림 2-7-7 마왕에게 가는 길

사람들이 보안적인 불편함을 피하려 한다고 보통 생각하지만, 은행 같이 중요하다고 생각할수록 사람들이 해당 귀찮음을 감수하는 경향이 크다(은행을 브라우저에서 아이디, 패스워드 하나만 가지고 맘대로 이용할 수 있다면 누가 불안해서 그 은행을 쓰겠는가?). 반대로 얘기하면 평범한 사이트에 다중 팩터의 인증을 적용하는 것은 보통 비즈니스 부서로부터 접근성이 떨어지게 된다는 우려를 받곤 한다.

이러한 귀찮음을 감수하게 하는 방법 중의 하나가 의미 있는 보상이라고 생각하는데, 다른 부분에 비해서 게임 같은 분야가 아이템이나 능력치를 소폭 늘려주면서 귀찮음을 감수하게 하는데 유리하다고 생각한다. 매출에 영향을 미치지 않는 사용자에게도 매력적인 적절한 부분을 찾는 일이 중요하겠지만, 일반 회사처럼 쿠폰이나 적립금 같이 직접적인 금액이 나가지 않게 되니 부담이 덜할 듯하다.

다른 측면으로 많은 사람들이 여러 사이트에 아이디/패스워드를 동일하게 사용하기 때문에, 보안이 취약한 하나의 사이트에서 노출된 계정 정보가 언제든 다른 사이트에 대한 공격(Credential Stuffing)으로 이어질 수 있다. 그래서 더더욱 중요한 기능 부분에 대해서는 패스워드를 믿지 말고 반드시 다중 팩터 인증을 하는 것이 맞다. 사용자들의 진입 장벽을 높이지 않기 위해서 중요하지 않은 초기 도입 부분에 대해서는 허들을 낮게 하고, 중요한 부분에서 다시 한번 인증을 하게 하거나, 추가 인증 수단을 선택적으로 적용하도록 유도하는 방식이 요즘 추세인 것처럼 보인다.

최근 간편 결제나 송금 때문에 해당 허들이 낮아진 것처럼 보이긴 하지만, 해당 부분이 구현된 환경은 모바일이기 때문에 스마트폰의 소유 인증으로 기본 2중으로 보호되고 있다고 본다. 추가로 인터넷 은행 같은 곳은 비대면이긴 하지만 신분증 검사도 하며, 특정 금액이 넘어가면 OTP 등의 보조 수단을 쓰는 게 기본이다. 또한 FDS 등의 부정 거래를 방지하기 위한 모니터링도 법적으로 필수로 구성되어 운영되고 있다. 다만 너무 까다로워질수록 사용성이나 경쟁력에서 마이너스가 될 수도 있고, 모니터링 및 데이터 시간에 얘기하겠지만 100% 완벽한 방어는 존재할 수 없기에 적절한 사고 손실율을 저울질하는 경우도 있다고 본다.

2.7 안전한 정보 전달

이 부분은 앞의 암호화 및 해당 부분을 응용한 HTTPS 전송 등의 영역을 얘기한다. 가장 중요한 부분은 수집부터 해당 정보가 정말 필요한지를 판단하는 것이다. 여러 주요한 거래 및 개인 정보에 대해서 실제 서비스에 필요한 항목인지 검토하고 시스템 내에서 최소한으로 다루어야 한다.

필요하지 않은 서비스나 로직 구간에 해당 중요 정보를 전달하지 말고, 전달 시에는 앞의 암-복호화 이슈에 따른 신뢰할 수 있는 기법을 이용해 안전하게 전달하며, 저장 시에도 마찬가지이다. 해당 정보가 화면 등에 노출될 때에는 적당한 기준에 따라서 마스킹 등으로 보호한다. 이후 로직상 사용이 끝나게 되면 법적인 이슈, 사후 대응을 위해 남겨야 하는 정보와 파기할 정보를 구분해서 안전하게 저장 및 삭제 처리한다.

그림 2-7-8　안전하게 전달하기

이렇게 보면 단순해 보이지만 실제 상황에서는 프로그램 전체에 거쳐 주요 데이터의 흐름을 설계하고 보호해야 하기 때문에, 해당 프로그램의 요구사항부터 구현까지 잘 고려해서 포지셔닝해야 하는 주제이다.

2.8 공격 대상으로 매력적이지 않은 시스템으로 보이기

남들과 경쟁하는 디펜스 게임에서 자신의 자원을 잘 보존하는 방법 중 하나는 남에게 쉬운 상대로 보이지 않는 것이다. 그러기 위해서는 상대의 공격 수단을 파악하고, 거기에 적절한 나의 방어 수단을 파악하며, 지킬 주요 자원을 결정하고, 각 수단의 장단점을 인지하여 구역을 디자인하고, 우선 순위를 정하고, 공격 경로를 유도하는 등 다양한 전략을 짜야만 한다.

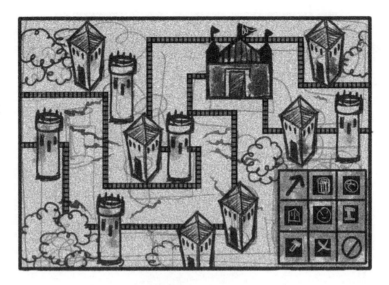

그림 2-7-9   디펜스 게임

기업 또한 공격자에게 쉽게 보이지 않는 방법은 기본적인 방어들을 탄탄히 하며 적절한 방어 기법을 적재적소에 배치하여 공격자가 공격을 시도했을 때 ROI가 나오지 않는다는 판단을 하게 만들어야 한다는 것이다. 그렇게 함으로써 공격을 포기하거나 좀 더 쉬운 다른 대상으로 공격이 옮겨가게 하는 것도 하나의 전략이 된다. 그렇지 않으면 자신이 그 쉬운 대상이 될 수도 있다.

2.9 하드닝 패턴 - 그 외

나머지는 이 책에서 얘기한 여러 주제의 묶음이라고 보면 어떨까 싶다. 《해와 달》에서 호랑이가 엄마를 가장해서 아이들을 속이려고 들거나, 《빨간 망토》에서 늑대가 소녀를 속이려고 하는 것처럼 우리를 속이려고 하는 시도들에 속지 않는 것이다. 상대는 인젝션, 클라이언트 코드, 업-다운로드, 스크립트 코드 등의 형태를 띄고 우리를 속이려고 하고, 우리는 적절한 암호화 및 서버 사이드 로직을 통한 검증, 보안 설계로 공격들을 방어하여야 한다. 피싱이나 랜섬웨어 등의 시도도 이 영역에 들어간다고 볼 수 있다.

그림 2-7-10 해와 달, 빨간 망토

3. 마무리하며

하드닝의 일반적인 특징 중 하나는 많은 부분이 과거의 히스토리로 모인 취약점 및 경험적 절차인 경향성이 강하고, 정형화되어 있다는 것이다. 또한 수동 확인의 경우에도 특정 명령어를 호출해 확인하거나 관련 화면을 살펴보면서 체크하게 된다. 이러한 것은 결국 반복적으로 자동화된 체크를 수행하기 용이하다는 것인데, 이러한 자동화가 집적화되어 있는 결과가 여러 보안 스캐너나 솔루션들이다.

단순한 작업을 지치도록 수동으로 하기 보다는 적절한 ROI를 따져서 무료나 유료 또는 파이썬 등의 여러 언어로 만들어진 프로그램을 만들거나 공유된 프로그램을 통해서 체크하고, 이렇게 아낀 시간을 설계적인 측면이나, 코드 리뷰 등 자동화된 측면으로는 조금 한계가 있는 부분에 리소스를 투자하는 것이 좀 더 효율적이지 않을까 싶다. 이후 자동화 파트에서 다루겠지만 자동화 또한 하나의 작고 크거나, 형식-비형식적 개발 과정이기 때문에 테스트 및 유지보수 등의 측면을 같이 고려해서 결정해야만 한다.

이제, 마지막으로 위의 요소들을 모아서 하나의 전략의 예를 짜보면 다음과 같을 것 이다.

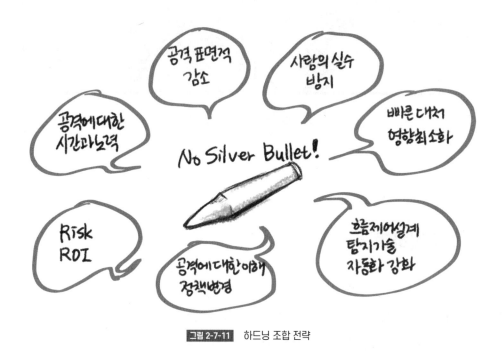

그림 2-7-11 하드닝 조합 전략

서버 사이드 확인, 다중 방어, 모니터링 등을 꼼꼼히 해서 공격의 연결성을 끊고 가능한 공격자의 시간과 노력을 많이 들게 하며, 최소 서비스 설치와 최신 패치 등을 통해 공격 표면적을 감소시킨다. 개인의 과도한 권한을 제한하고, 피싱, 첨부파일, 스크립트 문제등을 주의해 사람의 실수를 방지하며, 모니터링, 로깅, 격리, 대응 프로세스 등의 빠른 대처를 통해서 영향을 최소화한다. 중요하고 현실적인 것에 우선 순위를 두어

ROI를 확보하며, 공격에 대해 이해하고 그에 따라 유연하게 정책을 변경한다. 마지막으로 회사 내 데이터의 흐름을 설계하고 적절한 탐지 기술과 자동화를 강화한다.

구글에서 "소프트웨어 개발 보안 가이드"라고 검색하면 행정안전부와 KISA에서 만든 가이드 문서를 얻을 수 있으며, 이 책의 목표 중 하나가 개발 보안 가이드를 보면 왜 만든 사람이 저렇게 항목을 구성해서 보안 가이드를 만들었는지를 따져 볼 수 있는 배경을 만들어보는 것이었다(얼마나 이루게 될 진 모르겠지만 말이다).

```
[소프트웨어 개발 보안 가이드]
https://www.mois.go.kr/frt/bbs/type001/commonSelectBoardArticle.do?bbsId=BBSMSTR
_000000000045&nttId=74415#none
```

설정 측면에서의 하드닝은 일반적인 애플리케이션 보안 관점보다는 노력이 덜 들고 자동화할 수 있는 요소가 많은 부분이긴 하지만, 수동으로 할 경우 시간이 꽤 걸리고, 휴먼 에러도 일어날 수 있는 부분이다. 또한 실제 노출됐을 경우 단순히 보이는 것 이상으로 큰 영향을 주게 되는 요소라고 본다. 그래서 해당 부분은 단발적인 방어가 아니라 종합적인 보안 정책과도 연관되어 결정되야 되는 측면도 있어 보이며, 단순해 보이긴 하지만 여러모로 균형을 잘 맞추면서 접근해야 될 부분이라고 생각한다.

보안의
기본을
넘어서

PART

3

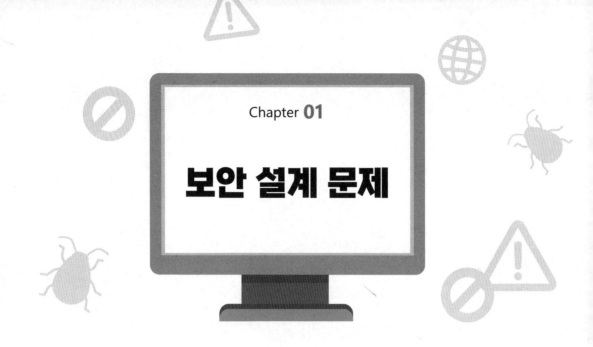

Chapter **01**

보안 설계 문제

보안 설계(Security by Design) 부분은 설명하기가 조금 모호한 분야이기는 하지만, PART 2의 모든 내용이 종합된 분야라고 볼 수 있고, 앞으로 진행될 모든 사항에도 연관이 있을 주제이다.

1. 보안의 포괄성

보안 설계 문제는 어찌 보면 보안 문제를 예방하기 위한 가장 첫 번째 단계라고 볼 수 있다. PART 2에서 다루었던 주제들을 각각 다른 취약점 타입으로 볼 수도 있겠지만, 사실 모든 것은 상호 연관되어 있기도 하고, 동시에 일어나기도 하며, 각각의 측면을 종합해 고려하며 접근해야 할 필요가 있다. 마치 운동을 배울 때 기초 체력부터 하나

하나 기술을 배우지만, 결국 실전에서는 모든 부분이 한꺼번에 동시에 응용되어 필요한 것과 마찬가지라고 생각된다.

그래서 하나하나의 주제에 대해서 주의 깊게 살펴보는 일도 중요하지만, 항상 모든 것은 포괄적으로 움직이는 시스템을 위한 것이라는 것을 잊으면 안 된다. 업-다운로드에 대한 보안 지식은 업로드 기능이 없는 시스템에서는 생각할 필요도 없는 것처럼 보안은 대상 자체가 없으면 아무 의미가 없다. 그렇지만 다른 유사한 분야를 이해하는데 도움은 된다. 현실과의 연관성에 따라서도 큰 문제가 일어날 수도 있기 때문에 항상 현실적인 흐름과 연관하여 생각해야 된다.

또한 좋은 설계라는 것도 어디선가 갑자기 나타나는 고급스러운 존재는 아니라고 본다. 하나하나 작은 기술의 경험이 합쳐져서 전체를 이루는 흐름을 파악할 수 있게 될때, 설계라는 일종의 선택 가능한 패턴이 발생하게 되는 것이라고 본다. 사람들이 얘기하는 고급스러운 설계 작업이나 작은 모듈의 일반적인 설계 작업이나 멀리 떨어진시각에서 보게 되면 도토리 키 재기일 수도 있다.

그림 3-1-1　좋은 설계하기

2. 보안 설계란?

해당 주제는 여러 부서 및 분야와 관련되어 있을 수 있으며, 보는 측면에 따라서 버그라 불릴 수도 있고 책임을 맡은 팀도 다를 수가 있다. 다만 해당 문제의 빠른 해결을 위해서는 경험상 관련된 모든 부서들의 적극적인 협업이 필요하다. 설계로 일어나는 문제는 해당 문제를 재현하는 데, 앞서 얘기했던 클라이언트 조작의 측면이 필요할 수도 있고, 단순히 잘못 설계된 프로세스를 따름에 인해서도 일어날 수 있다.

예를 들어 한 번만 발급되기로 한 쿠폰이 특정 쿠키값을 다르게 변경하거나 로그인을 다시 하면 쿠폰이 발급된다거나, 모바일 게임에서 이벤트 중복 참여, 아이템 복사, 스피드 핵 등의 문제도 마찬가지라고 볼 수 있다. 또한 취약한 비밀번호 찾기 설계나 본인 인증 창 설계, 주문서 검증 설계 등도 있다. 프로세스 측면에서 보면 쉽게 접근할 수 있게 만들어 놓은 익명으로 취득할 수 있는 온라인 게임 아이템 상품들이 도용 등에서 구매 후 환전 가능한 자산으로 악용되는 것도 마찬가지이다.

그림 3-1-2 금지된 지름길로 가기

최근의 예를 보자면 1인당 구매 금액 제한을 두고 지역 경제 활성화를 위해 10%가량 할인해 주는 지자체의 지역화폐를 몇천 명의 사람들을 동원해 원격에서 허위 구매하고 유령 가맹점을 통해서 몇억 원의 허위 결제 수익을 올린 사건이 있다. 외국에서도 아이튠즈 등에 가짜로 음원을 등록 후, 훔친 카드 등으로 해당 음원을 결제 후 정산을 해 문제가 났던 경우가 있다.

그런 사건들은 상식적으로는 일어나지 말아야 일이 일어나는 경우가 많으며, 하나의 도메인(회원, 결제, 등록) 등의 전체적인 흐름을 정리해야 할 경우도 있고, 작게는 여러 데이터베이스나 서버 등의 설정 및 호출 방식 등과 연관되거나 외부 회사와의 전문, 키 교환 등의 상호 연동 부분과 연관될 수도 있다. 어떤 경우에는 관련 모니터링 시스템에 의해서 이상 징후들을 계속 살펴봐야 찾을 수 있는 경우도 있게 된다.

3. 보안 설계 예제

어떤 예를 보이면 좋을까 생각하다가, 이곳저곳에서 많이 쓰이는 본인 인증 부분에 대한 예제를 만들어 보려 한다. 은행이나 웹 사이트 등에서 결제 및 송금을 하기 전에 본인 인증을 위해 핸드폰 전송 문자를 입력한 다음, 실제 해당 액션이 일어나는 상황을 가정해 보자.

3.1 취약한 본인 인증 페이지 만들기

파이썬 코드를 보면 CheckSMS 클래스에서 post 요청을 받으면, 내부에서 가져온 7777 이라는 값과 일치하는지 확인(원래는 해당 사용자에게 보낸 SMS 인증 문자를 보관하는 히스토리 테이블이 있을 것이다)하고, 일치한다면 certify_yn을 Y로 해서 JSON 결과를 반환한다. 서버 내부의 해당 값(7777)에 대해서는 외부에서 알 수 없기 때문에 해당 핸드폰 문자를 받아야만 통과가 가능할 것이다. 물론 여기에도 시도 횟수나 유효 시간을 체크하는 로직이 있어야 하겠지만 예제의 간단성을 위해 생략한다.

DoPayment 클래스에서 post 요청을 받으면, 결제를 수행하고 결과를 반환한다. 여기에서도 특별한 일이 없다면 payment_result , Y를 반환한다. 나머지 부분은 앞선 예제들과 구조가 비슷하다.

```python
from flask import Flask, render_template, request, jsonify
from flask_restful import Resource, Api, reqparse

# flask 웹, API 서버를 실행함
app = Flask(__name__)
api = Api(app)



# 검증용 SMS 키 발급(원래는 데이터베이스 같은 데서 가져올 것이다)
def get_sms_key():
    sms_key = "7777"
    return sms_key



# 결제 진행(원래는 복잡한 체크 로직 후, 결제가 될 것이다)
def do_payment(item_price):
    if item_price > 0:
        payment_result = "Y"
    else:
        payment_result = "N"
    return payment_result


class CheckSMS(Resource):
    @staticmethod
    def get_parser():
```

```python
        parser = reqparse.RequestParser()
        parser.add_argument("sms_number", type=str, default="")
        return parser

    def post(self):
        try:
            parser = CheckSMS.get_parser()
            args = parser.parse_args()
            sms_number = args["sms_number"]

            certify_number = get_sms_key()

            if sms_number == certify_number:
                result = "Y"
            else:
                result = "N"

            return {"certify_yn": result}
        except Exception as e:
            return {"certify_yn": "N"}


class DoPayment(Resource):
    @staticmethod
    def get_parser():
        parser = reqparse.RequestParser()
        parser.add_argument("item_price", type=str, default="")
        return parser

    def post(self):
        try:
            parser = DoPayment.get_parser()
            args = parser.parse_args()

            item_price = int(args["item_price"])
            payment_result = do_payment(item_price)
```

```
            return {"payment_result":payment_result}
        except Exception as e:
            return {"payment_result": "N"}




# API 경로 등록
api.add_resource(CheckSMS, "/check_sms")
api.add_resource(DoPayment, "/do_payment")




# 최초 요청 웹 페이지
@app.route("/secure_design", methods=['GET'])
def design():
    return render_template('secure_design_bad.html')




# 웹서버는 호스트 127.0.0.1, 포트 5000번에 동작하며, 디버그 모드이다.
if __name__ == "__main__":
    app.run(host='127.0.0.1',port=5000,debug=True)
```

코드 보기   secure_design_bad.py

해당 코드를 C:\Python\security 폴더에 secure_design_bad.py 이름으로 저장한다.

다음으로 템플릿 파일 쪽을 보자. checkSMS 아이디를 가진 "인증 번호 체크" 버튼을
클릭하면, 입력한 값을 JSON 포맷으로 만들어 /check_sms URL로 보낸다. response.
certify_yn 결과가 Y로 오면, 인증 UI 부분을 비활성화시키고, isCert 아이디를 가진 히
든 필드를 Y로 업데이트한다.

다시 doPayment 아이디를 가진 "결제하기" 버튼을 누르게 되면, isCert 히든 필드를 체
크 후 Y가 아니라면 인증을 받기 전이므로 먼저 인증을 받으라는 경고창을 띄우게 된
다. 물론 히든 필드를 이용하지 않고 결제하기 버튼을 눌렀을 때 서버 쪽으로 AJAX 호
출을 해서 이미 인증했는지 확인하고 이후 인증 창을 보여줄지 결정할 수도 있겠지만,
해당 경우도 앞의 클라이언트 코드에서 봤듯이 비슷하게 AJAX 체크 결과 코드를 바꾸

어 주면 되어서 딱히 달라지는 건 없다. 이미 인증을 한 상태라면 결제를 진행하고 결과를 보여준다.

```html
<html>
    <head>
        <title>Secure Design</title>
        <script src="http://code.jquery.com/jquery-3.6.0.min.js" ></script>
        <script type="text/javascript">
        $(document).ready(function(){
            var token;

            // SMS 문자를 보내서 인증을 받은 후 히든필드를 업데이트한다
            $("[id^=checkSMS]").click(function() {
                var sms_number = $("#SMSNumber").val();
                $.ajax({
                    url : '/check_sms',
                    type : 'POST',
                    data: JSON.stringify({sms_number: sms_number}),
                    headers: {'Content-Type': 'application/json'},
                    success: function(response){
                        if(response.certify_yn == "Y"){
                            $("#smsResult").css("background-color","#c1d9d8");
                            $("#smsResult").html("인증완료");
                            $("#SMSNumber").attr("disabled","disabled");
                            $("#checkData").attr("disabled","disabled");
                            $("#isCert").val("Y");
                        }
                        else{
                            $("#smsResult").css("background-color","#c1d9d8");
                            $("#smsResult").html("다시 입력해 주세요");
                        }
                    }
                });

            });
```

```
          // SMS 인증을 받았는지 히든 필드를 체크한 후 결제를 진행한다
        $("[id^=doPayment]").click(function() {
            var isCertified = $("#isCert").val();

            if(isCertified != "Y")
            {
                alert("SMS 인증을 먼저 받으세요");
                return false;
            }

            var price = $("#price").val();

            $.ajax({
                url : '/do_payment',
                type : 'POST',
                data: JSON.stringify({item_price: price}),
                headers: {'Content-Type': 'application/json'},
                success: function(response){
                    if(response.payment_result == "Y"){
                        $("#paymentResult").html("결제 완료");
                        $("#paymentResult").css("background-color","cyan");
                    }
                    else{
                        $("#paymentResult").html("결제 실패");
                        $("#paymentResult").css("background-color","cyan");
                    }
                }
            });
        });
    });

    </script>
</head>
<body>
    <fieldset>
        <legend>보안 설계</legend>
```

```
            <input type="text" id="SMSNumber">
            <input type="button" id="checkSMS" value="인증 번호 체크">
            <br>
            <span id="smsResult"></span>
            <input type="hidden" id="isCert" value="N">
            <br>
            <input type="text" id="price" value="1000">
            <input type="button" id="doPayment" value="결제하기">
            <br>
            <span id="paymentResult"></span>
        </fieldset>
    </body>
</html>
```

코드 보기 secure_design_bad.html

해당 코드를 C:\Python\security\templates 폴더에 secure_design_bad.html 이름으로 저장한다.

3.2 본인 인증 페이지 시연해 보기

기존 웹서버가 실행되어 있다면 "Ctrl+c"를 눌러 종료 후, 새 파일로 웹서버를 실행시킨다.

```
C:\Python\security>python secure_design_bad.py
* Running on http://127.0.0.1:5000/ (Press Ctrl+C to quit)
```

브라우저에서 http://127.0.0.1:5000/secure_design 주소로 이동한다. 정상적으로 인증 번호에 7777을 넣고, "인증번호 체크" 버튼을 눌러 인증 후, 다시 "결제하기" 버튼을 누르면 다음과 같이 정상적으로 결제가 된다.

그림 3-1-3　본인 인증 완료

반대로 인증을 받지 않고, "결제하기" 버튼을 바로 누르면 다음과 같은 경고창을 보게
된다.

그림 3-1-4　본인 인증 미 완료

위의 로직을 도표로 그리면 그림 3-1-5와 같다.

3.3　피들러로 회피해 보기

해당 본인 인증 설계의 문제는 무엇일까? 앞의 클라이언트 코드 챕터를 떠올린다면 쉽
게 보안적으로 취약한 부분이 무엇인지 알 수 있다. isCert 히든 필드는 사용자에게 경
고 창을 띄우기 위한 자바스크립트 체크 입장에서는 유용하다. 하지만 해당 값은 "인

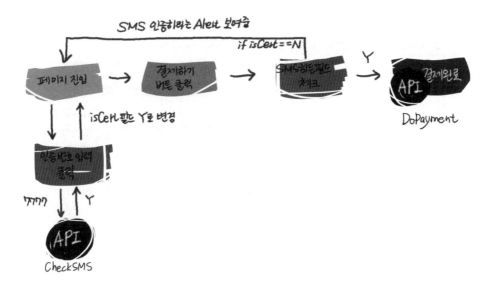

SMS 인증하라는 Alert 보여줌

if isCert==N

페이지 진입 → 결제하기 버튼 클릭 → SMS히든필드 체크 → Y 결제완료 API DoPayment

isCert필드 Y로 변경

인증번호 입력 클릭

� Y

API CheckSMS

그림 3-1-5 취약한 본인 인증 로직

증 번호 체크" 버튼을 눌렀을 때의 AJAX 호출의 결과를 이용해 자바스크립트 상으로 결정되는 값이므로, 브라우저 개발자 도구나 피들러 등으로 "결제하기" 버튼을 클릭하기 전에 임의로 "Y"로 수정해 버린다면, 인증번호 체크를 안 한 상태로 결제가 가능하다. 또한, 클라이언트 코드에서 스크립트를 조작할 경우와 같이 체크하는 스크립트를 아예 응답에서 삭제해도 된다.

피들러로 조작을 해보도록 하겠다. 피들러를 켠 채로 "Rules 〉 Automatic Breakpoint 〉 After Responses(Alt+F11)"를 선택한다. 이후 페이지를 로드하고, 피들러가 응답을 잡고 있는 상태에서 오른쪽 하단의 Response 섹션에서 TextView 탭을 클릭 후, isCert 히든 필드 값을 그림과 같이 "Y"로 바꾸어 준다. 이후 "Run to Completion" 버튼을 눌러 브라우저로 데이터를 전송해 준다. 앞의 브레이크 포인트는 이제 다시 풀어주거나 피들러를 끄자.

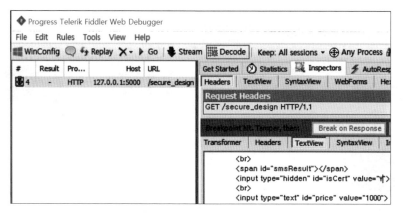

그림 3-1-6   피들러로 히든 필드 조작하기

이제 "F12" 키를 눌러 브라우저 소스를 보면 해당 값이 "Y"로 바뀌었기 때문에, 인증 번호 입력 없이도 다음과 같이 결제가 되어버린다. 이런 스타일의 조작은 팝업 형태로 띄워지는 통신사 등의 외부 본인 인증 창의 회피 등에서도 마찬가지로 비슷하게 적용할 수 있다.

그림 3-1-7   본인 인증 회피하여 결제하기

3.4 본인 인증 설계 패치하기

해당 설계의 문제는 API로 SMS 문자를 체크한 부분은 서버 사이드 인증이 맞지만, 이전 상태를 기억 못하는(Stateless) 웹의 특성상, 두 번째 API 호출인 결제하기에서는

SMS 문자를 제대로 체크했는지를 기억하지 못한다는 것이다(그래서 궁여지책으로 히든필드에 저장한다).

사실 보안 설계의 재밌는 점 중 하나는 이러한 문제를 해결하는 방법이 꼭 하나는 아니라는 것이다. 여러 가지 등가적인 안전한 방법을 생각할 수 있고, 그중 가장 현재 코드나 설계, 주어진 리소스에 적절한 방법을 선택할 수 있다. 하지만 해당 경우 등가적인 방법의 보호 수준은 모두 동일하다고 봐야 된다(물론 가끔은 행운을 바라며 불완전한 차선을 선택할 때도 있지만 대부분 실패하게 된다).

위의 예에서는 첫 번째 API 안에서 SMS 문자를 인증 후, 공격자가 건드릴 수 없는 어딘가에 해당 인증 사실을 저장하고, 결제 API 로직 안에서 해당 정보를 체크해서, 현재 사용자가 올바르게 인증한 사용자인지를 검증하는 방법을 써야 한다. 해당 검증 정보는 서버로부터 부여되는 암호화된 쿠키(이 경우 재사용을 경계해야 한다)나 서버 로직에서 직접 호출(AJAX가 아니다)해서 체크할 수 있는 다른 API의 어딘가 내부 공간 등에 자유롭게 저장할 수 있겠지만, 보통 데이터베이스를 이용하는 것이 가장 일반적이다.

3.4.1 인증용 테이블 만들기

일단 인증에 사용할 sms_cert 테이블을 만들어 보자. SSMS로 가서 다음과 같이 sms_cert 테이블을 생성한다. 보면 seqno가 자동으로 1씩 증가하는데 나중에 인증된 대상을 찾을 때 기준으로 사용하기 위해서이다. 쿼리를 날리는 방법을 모를 경우 부록 또는 인젝션 챕터를 참조하자.

```sql
CREATE TABLE sms_cert(
    seqno int IDENTITY(1,1) NOT NULL,
    member_id char(20) NOT NULL,
    cert_yn char(1) NOT NULL,
    cert_date datetime NOT NULL,
)
```

SQL 쿼리 query_3부_1장_01.sql

3.4.2 본인 인증 페이지 취약점 수정하기

이제 아래의 수정된 내용을 보자. 원래 어떤 사용자 아이디 인지는 암호화된 쿠키 등으로 관리되어야 하겠지만, 예제를 간단히 하기 위해서 get_member_id_from_cookie 메서드를 호출하면 쿠키 안의 암호화된 값에서 tom이라는 사용자 값을 가져오는 것으로 가정했다.

CheckSMS 쪽을 보면 사용자가 입력한 번호가 맞다면, sms_cert라는 테이블에("사용자 아이디", "Y", "인증시간")을 넣어주는 것을 볼 수 있다. 클라이언트 쪽에서도 해당 seqno를 알아야 결제 요청 때 쓸 수 있기 때문에 반환 값에도 해당 값이 추가되었다.

이후 DoPayment 쪽에서는 sms_cert 테이블을 대상으로 seqno가 일치하고, 사용자 아이디가 "tom"이고, 인증 결과가 "Y"이며, 인증 시간이 15분 이내인 건이 있는지 확인한다. 인증 시간 조건을 넣은 이유는 어제 인증을 했는데도 인증했다고 판단하면 공격자가 다음날 공격해도 성공이 되기 때문이다. 현실적으로 사용자가 인증하자마자 15분 내에 공격받는 일은 거의 없다고 해보자. 만일 시간을 너무 짧게 하면(예를 들면 1분) 사용자가 인증 후 결제 버튼을 누를까 말까 고민하다가 1분이 지나면 인증이 안 된다고 나오는 사용성 문제가 생기게 된다.

물론 해당 사람이 인증은 받은 후 15분 내에 공격자가 해당 아이디, 패스워드를 취득해 로그인을 해서 seqno까지 맞춰 공격을 한다면 문제가 생길 가능성이 100% 없다고는 할 수는 없겠지만, 현실에서는 가능성이 거의 없는 일이다. 그럼에도, 걱정이 된다면 조작 시도가 일어난 상황은 맞으므로 로그인 실패 시 계정이 잠기는 것처럼 해당 시도가 수회 이상 일어났을 때 잠그거나, 모니터링 로그를 저장해 살펴보거나, 기준 시간도 더 줄이거나 하는 등의 방법을 사용할 수 있다.

```python
from flask import Flask, render_template, request, jsonify
from flask_restful import Resource, Api, reqparse
import pyodbc
from datetime import datetime, timedelta

def get_connection_and_cursor():
    # 연결 문자열을 세팅함
    server = 'localhost'
    database = 'mytest'
    username = 'pyuser'
    password = 'Test1234%^&'

    # 데이터베이스에 연결함
    mssql_conn = pyodbc.connect('DRIVER={ODBC Driver 17 for SQL Server}; \
        SERVER=' + server + '; PORT=1433;DATABASE=' + database + '; \
        UID=' + username + '; PWD=' + password)

    # 커서를 생성함
    cursor = mssql_conn.cursor()
    return mssql_conn, cursor


mssql_conn, cursor = get_connection_and_cursor()

# flask 웹, API 서버를 실행함
app = Flask(__name__)
api = Api(app)


# 검증용 SMS 키 발급(원래는 데이터베이스 같은데서 가져올 것이다)
def get_sms_key():
    sms_key = "7777"
    return sms_key


# 토큰에서 ID 가져오기(원래는 암호화된 쿠키에서 가져와야 함)
```

```python
def get_member_id_from_cookie():
    id = "tom"
    return id


# 결제 진행(원래는 복잡한 체크 로직 후, 결제가 될 것이다)
def do_payment(item_price):
    if item_price > 0:
        payment_result = "Y"
    else:
        payment_result = "N"
    return payment_result


class CheckSMS(Resource):
    @staticmethod
    def get_parser():
        parser = reqparse.RequestParser()
        parser.add_argument("sms_number", type=str, default="")
        return parser

    def post(self):
        try:
            parser = CheckSMS.get_parser()
            args = parser.parse_args()
            sms_number = args["sms_number"]

            certify_number = get_sms_key()
            now_time = datetime.now()
            member_id = get_member_id_from_cookie()

            # SMS 인증이 성공하면 sms_cert 테이블에 인증 성공 결과를 넣는다.
            if sms_number == certify_number:
                cert_sql = "insert into sms_cert values (?,?,?)"
                cursor.execute(cert_sql, member_id, "Y", now_time)
```

```python
            # auto increment 숫자 얻어오기
            cursor.execute("SELECT @@IDENTITY AS ID;")
            seqno = str(cursor.fetchone()[0])
            mssql_conn.commit()

            result = "Y"
        else:
            result = "N"
            seqno = "0"

        return {"certify_yn": result, "seqno":  seqno}
    except Exception as e:
        return {"certify_yn": "N", "seqno": seqno}


class DoPayment(Resource):
    @staticmethod
    def get_parser():
        parser = reqparse.RequestParser()
        parser.add_argument("item_price", type=str, default="")
        parser.add_argument("seqno", type=str, default="")
        return parser

    def post(self):
        try:
            parser = DoPayment.get_parser()
            args = parser.parse_args()
            item_price = int(args["item_price"])
            seqno = int(args["seqno"])

            member_id = get_member_id_from_cookie()
            due_date = datetime.now() - timedelta(minutes=15)

            # 해당 seqno, member_id, 15분 이내의 인증 성공 건을 가져온다.
            check_sql = "select top 1 cert_yn from sms_cert(nolock) " \
                        "where seqno = ? and member_id = ? and cert_date >= ?"
```

```python
            cursor.execute(check_sql, seqno, member_id, due_date)
            cert_yn = cursor.fetchone()

            # 인증된 건이 있다면, 결제를 진행한다.
            if cert_yn:
                if cert_yn[0] == "Y":
                    payment_result = do_payment(item_price)
                else:
                    payment_result = "N"
            else:
                payment_result = "N"

            return {"payment_result":payment_result}
        except Exception as e:
            print(e)
            return {"payment_result": "N"}


# API 경로 등록
api.add_resource(CheckSMS, "/check_sms")
api.add_resource(DoPayment, "/do_payment")


# 최초 요청 웹 페이지
@app.route("/secure_design", methods=['GET'])
def design():
    return render_template('secure_design_patch.html')


# 웹서버는 호스트 127.0.0.1, 포트 5000번에 동작하며, 디버그 모드이다.
if __name__ == "__main__":
    app.run(host='127.0.0.1',port=5000,debug=True)
```

코드 보기   secure_design_patch.py

해당 코드를 C:\Python\security 폴더에 secure_design_patch.py 이름으로 저장한다.

템플릿 쪽은 어떤 seqno로 테이블 안에 인증 정보가 있는지를 기억하기 위해서 히든 필드에 데이터를 담았다 보내는 코드만 추가됐다. "인증 번호 체크" 버튼(checSMS)을 눌렀을 때 seqno 아이디를 가진 히든 필드에 /check_sms 경로의 API에서 반환된 seqno값을 넣어둔 후, "결제하기(doPayment)" 버튼을 클릭했을 때, 해당 값을 /do_payment 경로의 API를 호출 시 JSON값에 추가해 준다.

```html
<html>
    <head>
        <title>Secure Design</title>
        <script src="http://code.jquery.com/jquery-3.6.0.min.js" ></script>
        <script type="text/javascript">
        $(document).ready(function(){
            var token;

            // SMS 문자를 보내서 인증을 받은 후 히든필드를 업데이트한다
            $("[id^=checkSMS]").click(function() {
                var sms_number = $("#SMSNumber").val();
                $.ajax({
                    url : '/check_sms',
                    type : 'POST',
                    data: JSON.stringify({sms_number: sms_number}),
                    headers: {'Content-Type': 'application/json'},
                    success: function(response){
                        if(response.certify_yn == "Y"){
                            $("#smsResult").css("background-color","#c1d9d8");
                            $("#smsResult").html("인증완료");
                            $("#SMSNumber").attr("disabled","disabled");
                            $("#checkData").attr("disabled","disabled");
                            $("#isCert").val("Y");
                            $("#seqno").val(response.seqno);
                        }
                        else{
```

```
                         $("#smsResult").css("background-color","#c1d9d8");
                         $("#smsResult").html("다시 입력해 주세요");
                     }
                 }
            });


    });
    // SMS 인증을 받았는지 히든 필드를 체크한 후 결제를 진행한다
    $("[id^=doPayment]").click(function() {

        var isCertified = $("#isCert").val();
        var seqno = $("#seqno").val();

        if(isCertified != "Y")
        {
            alert("SMS 인증을 먼저 받으세요");
            return false;
        }

        var price = $("#price").val();

        $.ajax({
            url : '/do_payment',
            type : 'POST',
            data: JSON.stringify({item_price: price, seqno: seqno}),
            headers: {'Content-Type': 'application/json'},
            success: function(response){
                if(response.payment_result == "Y"){
                    $("#paymentResult").html("결제 완료");
                    $("#paymentResult").css("background-color","cyan");
                }
                else{
                    $("#paymentResult").html("결제 실패");
                    $("#paymentResult").css("background-color","cyan");
                }
            }
```

```
            });

        });

    });

    </script>
  </head>
  <body>
    <fieldset>
        <legend>보안 설계</legend>
        <input type="text" id="SMSNumber">
        <input type="button" id="checkSMS" value="인증 번호 체크">
        <br>
        <span id="smsResult"></span>
        <input type="hidden" id="isCert" value="N">
        <input type="hidden" id="seqno" value="0">
        <br>
        <input type="text" id="price" value="1000">
        <input type="button" id="doPayment" value="결제하기">
        <br>
        <span id="paymentResult"></span>
    </fieldset>
  </body>
</html>
```

코드 보기 secure_design_patch.html

해당 코드를 C:\python\security\templates 폴더에 secure_design_patch.html 이름으로 저
장한다.

3.5 본인 인증 패치 확인하기

기존 웹서버가 실행되어 있다면 "Ctrl+c"를 눌러 종료 후, 새 파일로 웹서버를 실행시킨다.

```
C:\Python\security>python secure_design_patch.py
 * Running on http://127.0.0.1:5000/ (Press Ctrl+C to quit)
```

브라우저에서 http://127.0.0.1:5000/secure_design 주소로 이동한다. 앞과 동일하게 피들러로 Response를 잡아 isCert 히든 필드 값을 그림과 같이 "Y"로 바꾸어 보자. 히든필드 값이 Y이기 때문에 자바스크립트에서는 정상으로 판단하여 회피가 되어 경고 창은 뜨지 않지만, sms_cert 테이블 안에 해당 정보가 없기 때문에 다음과 같이 결제 실패가 떨어지게 된다. 보통 악용을 막는 경우 에러 메시지를 모호하게 출력하여 왜 막혔는지를 공격자가 모르게 하는 것이 더 좋다.

그림 3-1-8 본인 인증 회피 방어

다음의 도표가 위의 보강된 로직을 나타낸 것이다. 이렇게 되면 앞에서 아무리 클라이언트 코드를 공격하더라도 문제가 없다. 더 넓은 측면에서 보면 개인정보 도용이나 악성 코드로 인해 핸드폰 문자가 탈취되면 더 이상 애플리케이션으로 막을 방법은 없고, 이후 FDS 같은 결제 모니터링 시스템으로 잡을 수 있는 패턴이기만을 바랄 수밖에는 없다.

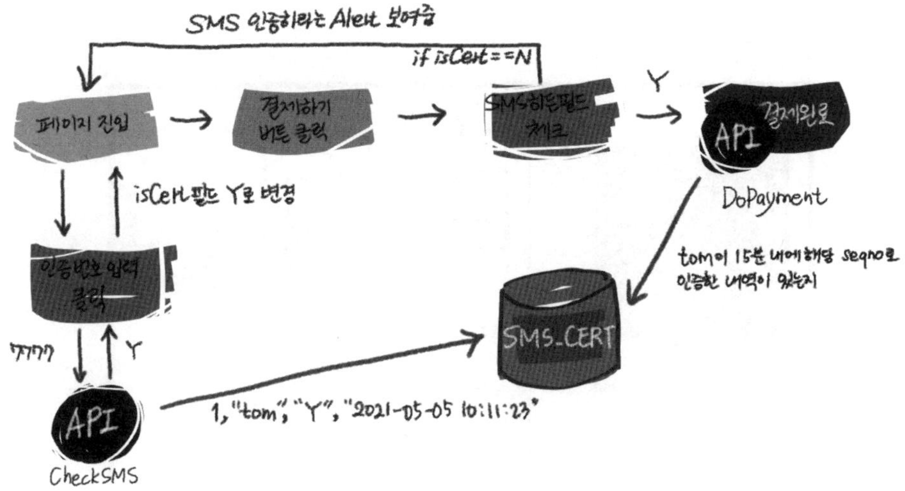

그림 3-1-9 패치된 본인 인증 로직

4. 보안 설계 정리하기

앞서 간단하지만 종종 만날 수 있는 하나의 패턴을 살펴보았다. 그렇다면 보안 설계를 하는 데 있어 중요한 포인트는 무엇일까? 반복적으로 이야기하고 있지만 가장 중요한 점은 보호할 대상을 이해하는 것이다.

만약 우리가 미술관의 보안을 책임지고 있는 사람이라고 가정해 보자. 기본적으로 미술관 운영에 대한 이해, 미술품 자체에 대한 이해, 미술품 도둑들의 심리의 이해를 어느 정도 이해해야 무엇을 할 수 있을지 알게 되지 않을까 싶다. 제한된 예산이 주어졌을 때 가장 가치가 있는 미술품들을 어떻게 지켜야 하는지도 결정할 수도 있고 말이다. 이 부분은 보안에서 어떤 가치 있는 데이터를 지킬지 선택하는 문제와 본질적으로 동일하다고 본다.

그림 3-1-10 미술관 지키기

마찬가지도 애플리케이션 도메인에 대해서 설계를 잘하려면 우선 현재 방어해야 될 대상인 애플리케이션이 동작하고 있는 방식과 설계를 이해하는 것이 가장 중요하다. 어찌 보면 보안적 패턴에 대한 고민은 그 다음일지도 모른다. 보안 설계는 도메인 전체 설계의 애드온 같은 측면으로 봐야한다. 물론 보안 쪽 일을 하는 입장에서 회사의 중심이 아니라는 것은 쉽게 인정하기 싫은 측면이긴 하지만, 넓게 보면 보안은 항상 전체 뷰의 한 측면일 뿐이라는 것을 잊으면 안 된다. 사람도 마찬가지로 스스로를 객관적으로 보기는 참 힘들지만, 스스로를 객관적으로 보기 시작했을 때 에야 좀 더 정확한 판단을 내릴 수 있게 된다.

모의 해킹과 비교해 보자. 모의 해킹이 현재 적용된 설계의 문제 있는 부분을 증명하는 작업이라면(앞서 이야기했듯이 문제없음을 증명하는 것은 테스팅 측면에서 몇 배나 더 난해한 일이다), 보안 설계는 다른 측면에서 설계 자체가 문제가 생기지 않도록 방지하는 측면이 있다. 2개를 상호 보완적으로 서로를 잘 커버해 주도록 배치해서 사용한다면 좋을 것 같다.

다른 측면에서 여러 가이드나 표준을 보다 보면 이러한 패턴화된 보안 설계들을 명문화하려는 노력이 많이 들어간 느낌을 받게 된다(실제 여러분이 보안 가이드를 제작한 적이 있다면 그 입장이 이해가 될 것이다. 다만 스토리로 엮여 있기 보다는 파편화가 되어 있는 편이다). 권고된 무언가를 수행해야 되는 입장이 주어졌을 때 해당 상황을 무조건 받아들여 적용하는 것보다 해당 권고가 어떤 설계 의도로 주어지게 된 것인지를 생각해보고, 기존 설계와 부딪치지 않도록 잘 조화되게 넣는 것도 중요하다.

5. 마무리하며

지금까지 보안 설계에 대해서 설명한 부분이 도움이 되었으면 좋겠다. 일을 할수록 모든 IT 분야의 일을 하는데 있어서 가장 중요한 것은 "기본"이라는 생각이 든다. 기본은 "기초적인 지식"이라는 의미라기보다는 "해당 기술이 나오게 된 원인과 배경을 잘 이해한다"라는 뜻에 더 가까운 듯하다.

자신만의 관점을 가지게 되고, 그 관점으로 해당 분야를 해석하기 시작했을 때부터 정말 그 분야에 발을 들이기 시작하게 되는 것이라고 생각한다. 그런 의미에서 보안은 그렇게 평생 공부해야 될 기본 지식들이 무수히 많은 괜찮은 분야인 것도 같다. 가끔 길을 잃고 힘들어 머뭇거리더라도 멈추지 말고 계속 앞으로 나아가기를 바란다. 이는 스스로에게 건네는 말이기도 하다.

Chapter 02

보안에서의
코드 읽기

이번 챕터에서는 코드 읽기라는 주제로, 애플리케이션 보안에 있어 코드를 읽는 부분이 어떤 의미를 가지고 있는지에 대해서 다뤄보도록 한다. 또한, 코드 읽기를 업무에 적용하려 할 때 어떤 문제가 생길지에 대해서도 이야기해보려 한다.

개인적으로는 일반적인 테스트이든 보안에 관한 테스트이든 간에, 가능하면 블랙박스나 그레이박스 관점에서 진행하는 것에 더해서 소스 기반을 선호하는 편이다. 그렇게 함으로써 미지의 영역에 대한 불안감도 많이 덜고(앞길이 복잡하지만 설계도를 가지고 여행한다고 할까?), 적절히 사용하면 효율성 면에서도 인형 눈 끼우기 같은 단순 작업 측면들을 많이 줄여 줄 때가 있기 때문이다.

1. 코드 보기가 필요한 이유

다음과 같은 단순한 터치스크린 화면 기반의 프로그램에 대한 보안 테스트를 한다고 가정해 보자. 로직은 아주 단순하게 찾을 금액을 넣을 경우 인출되는 프로그램이라고 가정하자. 단순화를 위해 인증이나 비밀번호 등의 체크는 앞에서 이미 진행이 완료됐다고 보자(물론 이전 보안 설계 부분에서 언급한 것처럼 처리 시에도 실제 인증이 정상적으로 이루어졌는지 검증 확인을 해야 한다).

그림 3-2-1   터치 스크린 인출기

일반적인 테스트 및 보안 테스트 요소를 리스트업 해보면, 다음과 같은 상황들이 생길 수 있다.

- {−1}, {0, 1, 2}, {9999, 10000, 10001} − 마이너스값, 경계값

- {1,000,000,000} − 아주 큰 값

- 여러 인젝션에 관련된 문자나 특수 문자

- "show me the money" 같은 개발자가 숨겨 놓은 치트키

- 그밖의 전혀 예상 못한 결과들(버튼을 빠르게 2번 누르거나, 화면의 구석에 "Hi"라고 그리면, 스마트폰의 디버그 모드처럼 비밀 메뉴가 열린다든지)

위의 상황 중에서 앞의 3개 정도는 체계적인 테스트 케이스를 만들어서 커버할 수 있 겠지만, 4~5의 영역은 블랙박스(외부의 UI만 보고 하는)나 그레이박스(외부의 UI와 일부의 내부 데이터 상태를 참조하면서 하는) 테스트 기법을 가지고는 사실 커버할 방 법이 없다.

4번 같은 경우는 잘 악용되는 문구의 사전식 대입 정도가 최선일 것이다. 이런 방식이 보안 스캐너가 취약한 디폴트값들을 찾을 때 하는 일이다. 결국 보안 테스트에 대한 케이스는 요즘 같은 복잡한 앱과 인터페이스 및 서비스들이 엮어 있는 상태에서 블랙 박스 관점에서 접근하면 사실 거의 무한대라고 봐도 될 것이다.

그런데 만약 우리가 해당 화면에 대한 소스를 볼 수 있어서, 입력 박스가 "request_ money"라는 이름을 가지고 있고, 인출 버튼이 눌렸을 때 실행되는 함수가 "click_with-draw"라는 것을 알 수 있다.

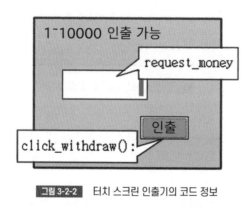

그림 3-2-2　터치 스크린 인출기의 코드 정보

버튼을 눌렀을 때 실행되는 코드가 다음과 같이 이루어졌다는 것을 볼 수 있다면 어떻 게 될까?

```
def do_withdraw(request_money):
    print("인출: " + str(request_money))


def click_withdraw(request_money):
    if isinstance(request_money, int):
        if request_money >=1 and request_money <=10000:
            do_withdraw(request_money)
        else:
            print("잔고 부족")
    else:
        print("정상적인 금액을 넣어주세요")


click_withdraw(10000)
click_withdraw(10001)
click_withdraw("1000")
```

코드 보기   atm.py

```
C:\Python\security>python atm.py
인출: 10000
잔고 부족
정상적인 금액을 넣어주세요
```

코드의 형상 관리나 빌드, 배포가 안전한 프로세스 상에서 이루어지고 있다는 것이 보장되고 있는 상태라면, 우리가 앞에 나열했던 여러 상상 속 테스트 케이스들은 현실적인 상황으로 좁혀질 수 있다. 예를 들어, 위와 같은 코드라면 click_withdraw 함수가 잘 동작되는지 보기 위해 문자, 특수문자 정도를 넣어서 예외 처리가 잘되는지 보고, 1과 10000 사이의 경계값 정도를 확인해 보면 테스트가 마무리될 것이다.

다만, 경험적으로 한 가지 짚고 가자면 명확히 해석되는 코드가 보인다고 해서 해당 코드의 동작을 증명하는 실제 테스트를 해보지 않고 넘어가는 건 아주 위험한 행위이다. 사람이란 언제나 편견이나 그날그날의 컨디션에 따라 착각과 실수를 하기 때문에 눈으로 보기에 확실해 보이는 것도, 실제로는 틀린 경우가 종종 있기 때문이다. 개인적으로, 자신감에 넘쳐 그렇게 하다가 몇 번 돌을 맞은 적이 있다. 개발자와 같이 동시에 코드를 살펴보더라도 서로 의견을 나누다가 편견이 생기기도 한다. 아이러니하게도 서로 상대방의 능력을 신뢰할수록 더욱 그럴 수 있다. 또한 자신이 직접 설계, 개발하면서 로직을 계속 개선했던 코드를 검증하는 경우라면 더더욱 그럴 수 있다.

여유가 있다면 비슷한 수준의 두 사람이 서로 정보를 공유하지 않고 자신의 스타일로 체크해 결과를 비교하는 것도 괜찮다고 본다. 이 부분은 페어 프로그래밍의 효과와는 조금 정반대의 뷰인데, 아르바이트 경험에 비유하자면 백화점에서 많은 과일 상자를 셀 때 두 사람이 동시에 세고 둘의 결과가 일치한다면 넘어가는 방식과 비슷하다. 둘 다 틀릴 수도 있겠지만 동시에 틀릴 가능성은 무척 낮다. 수동 2팩터 인증이라고 할까?).

더 나아가 만약 위의 코드에 개발자가 테스트를 위해서 또는 부정한 이익을 얻기 위해서 다음과 같은 코드를 심어 놓았다면 어떻게 될까? 물론 저런 사고를 막기 위해서 개발자 간의 피어 리뷰나 체크인 전 코드 리뷰를 하거나 개발 환경에서만 유효한 안전한 디버깅 설계를 만들 수도 있겠지만, 리뷰어가 해당 코드의 보안적 의미를 못 알아 차릴 수도 있고, 방어 프로세스가 있다 해도 권한을 크게 가진 누군가에 의해서 언제나 예외가 발생할 상황은 보통 있으니 극단적인 가정을 해보자.

```python
def do_withdraw(request_money):
    print("인출: " + str(request_money))


def click_withdraw(request_money):
    if isinstance(request_money, str):
        if request_money == "show me the money":
```

```
            do_withdraw(1000000000)
            return

    if isinstance(request_money, int):
        if request_money >=1 and request_money <=10000:
            do_withdraw(request_money)
        else:
            print("잔고 부족")
    else:
        print("정상적인 금액을 넣어주세요")


click_withdraw("show me the money")
```

파이썬 코드   atm_backdoor.py

```
C:\Python\security>python atm_backdoor.py
인출: 1000000000
```

아마도 블랙박스 및 그레이박스 스타일의 테스트로는 위의 문제를 절대 잡을 수 없을 것이다. 실제 저런 일은 드물거나 어딘가 들키지 않고 조심스럽게 숨겨져 있겠지만, 일어난다는 가정 하에 맥 쪽에서 일어난 루트 패스워드 없이 루트 권한으로 실행할 수 있었던 다음의 사건이 비슷한 느낌일 듯싶다(물론 내부적 원인은 다를 수 있다).

[애플, 하이 시에라 '루트' 취약점 수정한 보안 업데이트 배포 – IT 월드]
https://www.itworld.co.kr/news/107371

이런 경우는 리그레이션 테스트 케이스(새로운 빌드가 나왔을 때 기존의 주요 취약점 이나 버그 등을 확인하는 것)로도 잡기는 힘들었을 것이다. 왜냐하면 원래는 당연히 일어나지 말아야 하는 저런 희귀 케이스들은 경험상 보통 사건이 일어난 후에야 리그레 이션 테스트에 추가되는 경우가 많기 때문이다. 리그레이션은 회기이기도 하지만 한 회사의 버그 및 취약점 역사를 모아 놓은 케이스 집합이기도 하다. 또 저렇게 일어나지도 않을 모든 케이스를 리그레이션 테스트에 넣어 놓는다면 케이스가 실행 불가능할 정도로 무한대가 될 것이다.

만약 해당 문제와 비슷한 사실을 해커가 아는 상태에서 알리지 않고 사용한다면 얼마나 큰일이 될까 생각해보면, 소스 기반의 취약점 체크가 블랙박스만큼 중요하다는 것을 생각하게 되는 예시가 되지 않을까 싶다.

2. 복잡성의 단순화

다른 케이스로, 만약 관리자 사이트에 있는 모든 파일 업로드 기능을 확인한다면, 또는 소스의 내용을 전혀 파악할 수 없는 상태라면, 모든 페이지를 일일이 살펴보면서 확인하거나 시간이 충분치 않다면 업로드 로직 호출 경로나 감에 의해서 같아 보이는 종류로 묶어서 테스트하고 무사하길 바랄 수밖에 없다. 물론 운이 좋은 경우는 공통 업로드 URL이 존재해서 해당 URL만 호출할 경우도 있을 수 있고, 서로 달라 보이는 경로들이 내부적으로는 공통 함수를 호출할 수도 있다.

이렇게 내부적으로 공통적인 로직이 들어있는지 알 수 없는 경우는 막막하게 느껴지지만, 반대로 소스를 볼 수 있는 경우라면 문제가 달라지게 된다. 소스 내에서 공통된 업로드 처리 함수가 있는지 확인하고, 해당 함수 내에서 외부에서 들어온 업로드 관련 인자들을 어떻게 처리하는지, 어느 폴더에 어떤 방식으로 저장하는지를 확인한 다음 실제 존재하는 업로드 관련 페이지들이 안전한 공통 로직을 이용하는지 여러 분석을 거쳐 테스트 및 증명만 하면 된다.

그림 3-2-3 복잡성의 단순화

최악의 경우 개발자들이 각각 공통 함수를 무시하고, 자신만의 로직으로 업로드 코드를 개발하였다고 하더라도(레거시 기반의 코드에서 이런 것을 볼 수 있다) 어떤 부분이 공통이 아니어서 좀 더 세심하게 들여다볼 필요가 있는지를 정확하게 알 수 있게 된다. 물론 웹의 경우 이런 분석 작업을 클라이언트로 전달되는 HTML, 자바스크립트 소스를 살펴보면서도 할 수 있지만, 들이는 에너지와 정확도 면에서 프로그램 소스를 분석하는 쪽이 훨씬 유리하다.

3. 코드의 사칙연산

언어와 비슷하게 코드의 읽기, 쓰기, 말하기, 듣기 측면을 한번 살펴보자.

3.1 읽기

읽기 측면에서 앞에서 얘기했듯이 코드를 통해서 여러 점검에 필요한 중요 로직들을 얻어낼 수 있다. 특히 전형적인 취약점이 아닌 설계에 대한 보안 문제는 전체적인 로직을 잘 살펴 보아야만 발견할 수 있을 가능성이 높다. 물론 관련 기획 문서를 보거나, 실제 해당 페이지나 기능들을 실행해 보는 것도 효과가 있지만, 소스 읽기는 밖에선 잘 안 보이는 숨겨진 부분들을 다른 관점에서 살펴보게 해준다.

다만 여기서 한 가지 짚고 넘어가고 싶은 것은 해당 효과를 꼭 소스 읽기를 통해서만 얻을 수 있는 것은 아니라는 점이다. 기존에 알고 있는 여러 지식으로부터의 유추나 관련 개발자와의 대화 및 문의에 의해서도 많은 것을 얻어낼 수 있다. 다만, 이 경우도 소스를 어느 정도 이해하고 있을 때 정확한 질문을 던져서 원하는 해답을 얻어낼 수 있을 가능성을 높여주게 된다.

일반적으로 보안 경험을 가진 사람이 보기에는 개발자 쪽은 기본적인 애플리케이션 보안 요소를 잘 모른다고 생각하겠지만, 개발 쪽은 그 반대로 생각할 수 있다는 사실도 잊으면 안 된다. 보안과는 조금 다른 관점으로 소프트웨어를 보는 개발자의 설명을 잘 이해해, 점검에 도움이 되는 형태로 스스로 재가공하는 능력이 필요하다.

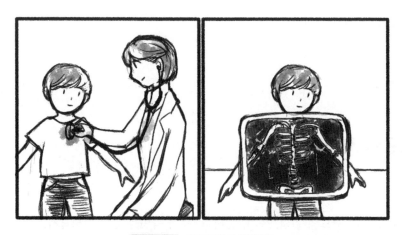

그림 3-2-4 안과 밖에서 체크하기

경험상 마음이 맞거나 일하는 스타일이 맞는 개발자 동료가 있는 것은, 구글 검색엔진이 일을 도와주는 것과 비슷한 든든한 효과를 주게 된다. 그래서 상황이 어쩔 수 없다면 모르겠지만 꼭 혼자서 모든 걸 해결하려고 하는 것은 좋은 태도는 아니다.

첨언하자면, 로직을 이해하기 위해 코드를 읽는 것은 개발을 하기 위해 코드를 읽는 것과는 조금 다른 측면이 있다. 만들기 위한 코드 읽기는 프로그램의 세부 로직과 전체적이면서도 디테일한 구현 방식을 동시에 살펴봐야 하지만, 보안을 위한 코드 읽기는 앞서 얘기했듯이 데이터의 흐름에 따른 요점만을 골라서 읽는다고 보면 된다.

예를 들면, 어떤 입력 인자들이 외부에서 들어오고 해당 인자들이 내부 로직에 어떻게 전달되고, 어떤 처리를 거쳐서, 어떻게 안전하게 사라지게 되는 가의 라이프 사이클을 살펴보는 작업이다(개인정보에서 얘기하는 정보의 라이프 사이클과 같다). 마지막으로 코드를 볼 때는 현실과 차단되어 코드만을 보는 것보다, 블랙박스 시각으로 바깥 쪽의 비즈니스 흐름도 참고하면서 비교해 보는 게 보다 효과적이다.

3.2 쓰기

세월이 지나면서 여러 번 생각이 바뀌는 부분이긴 하지만, 보안이라는 측면에서 프로그래밍에 대한 이해라는 부분은 경력이 길어질수록 점점 필수가 된다고 본다. 게다가 요즘은 모바일 보안에서의 여러 프레임워크나 디버깅이나 코드 가로채기에 대한 니즈, 보안 코드 리뷰 등에 의해서 해당 부분이 더더욱 그렇게 됐다고 본다.

현대의 코드 쓰기 작업은 많은 부분이 수정(Modify)의 측면에서 사용되는 경우가 많은 듯하다. 예를 들어 API를 호출해 결과를 화면에 뿌려줄 경우도 처음부터 맨땅에서 시작하는 경우보다는 다른 사람이 만든 API를 기반으로 구현하게 된다. 구글링을 통해서 많은 코드를 얻고 있고, 해당 언어에 대한 적당한 샘플이 없더라도 다른 언어로 이루어진 코드 조각들을 보면서도 아이디어를 얻게 된다.

그림 3-2-5 레고 만들기

그래서 패턴이 되는 조각 코드들을 적절히 만들거나 참조해 쓸 수 있게 되면(예를 들어 HTTP 요청과 받기, HTTP 소스 분석, 주기적인 처리), 어느 언어를 사용하든 구글을 이용하여 적당히 원하는 동작을 하는 코드를 참조해 만들어낼 수 있다. 어떤 사람들은 해당 웹의 코드 조각들이 품질은 보장하지 못한다고 저평가하지만, 보다 보면 어떤 게 좋은 것이고 어떤 게 나쁜 건지 선별하는 눈이 생긴다. 또한 스택오버플로(Stack Overflow) 같은 경우는 조잡한 코드의 답변은 다른 사람들이 그냥 두진 않는다고 본다. 그리고 만약 그렇게 따지면 우리가 쓰는 오픈소스들도 사실 웹에서 돌아다니는 코드이다. 게다가 요즘은 가상 환경에 의해 서버의 성능이나 병렬 처리 설계로 완벽하지 못한 최적화가 커버 가능한 경우도 많다.

이러한 작업이 가능하기 위해서는 정규 표현식, 데이터베이스 및 쿼리, 스크립트 및 빌드 방식 언어, 빅데이터, 여러 오픈소스 등 여러 언어와 배경 지식들을 평소에 습득하되, 특정한 기술에 의존적인 부분보다는 그 기술을 이루는 근간에 좀 더 중점을 두는 것이 바람직하지 않을까 싶다.

이러한 "서당개 3년"(필자가 딱 이 케이스이다) 스타일의 쓰기는 보안 테스팅을 할 때도 실제 환경상으로 불가능하거나, 실사이트에 영향을 미쳐 수행하기 힘든 부분을 코드를 적절히 변경하여 테스트 환경에서 체크함으로써 최소한의 안전을 보장하게 할 수도 있다. 예를 들어 업로드 코드를 실제 운영 환경에서 돌려볼 순 없지만, 방어를 하는 필터 함수만을 분리하여 유닛 테스트 형식으로 확인한다든지 말이다. 무언가 귀찮거나 반복되어 의미 없는 일을 줄이기 위해서는 자동화의 힘을 꼭 빌려야 하고, 그전에도 API의 취약점을 체크하거나, 프레임워크의 자동화 스크립트를 작성하는 등 기본적인 프로그래밍 지식이 있다면, 적용이 보다 용이한 부분들이 이곳저곳 존재한다. 해당 부분에 대한 능력은 금방 쉽게 습득되는 부분은 아니어서 지속적으로 시간을 들여야 한다. 괜히 어떤 사람이 특정 분야를 잘하는 것이 아니다. 1만 시간의 법칙까지는 아니지만, 개발자가 노력하는 시간의 일부라도 들이려고 노력하자.

그래서 코드를 백지부터 만드는 능력이 떨어져도(요즘에 무언가를 의지하는 기반 없이 이렇게 개발할 수 있는 사람이 얼마나 될 까는 싶다), 우선은 기존 프로그램들을 조금씩 수정해 보는 모드로 공부하는 것을 추천한다. 언어로 따지면 쓰기 전에 우선 많이 이리저리 읽어서 패턴을 익힌 후, 해당 패턴을 이용해서 더듬더듬 쓴다고 봐도 될 것 같다. 프로그램의 좋은 점은 언어의 말과는 달리 잘못 쓰게 되면 아예 안 돌아가거나 버그가 바로 나오기 때문에 한 마디 할 때부터 자동 교정이 된다는 점이다. 숙련된 개발자들이 고민하는 성능이나 협업 및 유지보수에 효율적인 패턴 측면의 문제는 언젠간 넘어야 할 산이라고 보지만, 우선은 잘 걸을 수 있게 된 다음에 뛰기를 시도해 보자. 충분한 경험이 쌓이기 전에는 혼자서 해결이 힘든 에러가 나서 답답함이 많긴 하겠지만, 그 경우 구글이나 주위의 친한 개발자들에게 SOS를 요청하면 된다.

3.3 듣기 & 말하기

취약점이 발견됐을 때 해당 취약점을 올바르게 고치려면 해당 언어와 돌아가는 환경을 올바르게 이해할 수 있으면 좋다. 해당 지식을 기반으로 개발자와 의논하게 되면, 앞에서 얘기한 바와 같이 개발자의 언어로 설명하는 주제들에 대해서도 비교적 쉽게 이해도 할 수 있고(또 이러면서 많이 배우게 된다) 적절한 논의 및 보정, 협의를 할 수 있게 된다.

그림 3-2-6 ▌ 서로 다른 종족 간의 대화

또한 이쪽에서 원하는 부분에 대한 빠른 피드백을 얻을 수도 있고, 단순히 어떠한 작업을 해달라고 요구사항만을 기계적으로 전달하는 것보다는(보통 취약점은 찾을 수 있지만, 대상 취약점을 현재 개발 코드에서 어떻게 수정해야 되는지에 대해 정확하게 모를 경우 이런 신비주의 태도를 취한다고 본다. 극단적으로 보면 "난 가이드를 줬으니 자질구레한 건 당신이 알아서 고쳐"라고 받아들일 수 있다), 사이드 이펙트가 없는 정확한 코드의 수정이 이루어질 수 있다.

개발 쪽에서는 의외로 보안 쪽에서 당연하다고 생각하는 언어의 보안적 측면에 대해서 모르는 경우가 많기 때문에 원하는 방식과 결과만을 이야기하는 것만으로 충분하지 못할 때가 많다. 원리와 결과에 이르는 과정을 이해시켜 주는 것이 종종 필요하고 향후 (보안팀이 원하는) 개발자 스스로의 방어 사고에 의한 예방 효과도 생긴다.

다만, 개발자에 따라서는 자신의 코드 영역에 들어오는 것을 싫어하는 스타일도 종종 있다. 그런 경우 본인의 코드 영역을 간섭받고 있다고 받아들이게 되어 앞의 상세한 접근이 역효과를 가져올 수도 있다. 반대로 적극적으로 코드의 흐름에 대해서 얘기하면서 의논하는 걸 좋아하는 개방적인 개발자도 많이 있다. 각각의 상황에 따라 틀리지만, 적절히 상대의 성향에 맞추어서 잘 협상하는 것이 좋다고 생각한다. 쉽진 않겠지만 한발 물러서는 전략도 필요하다.

4. 현실적 문제들

그렇다면, 코드를 이용한 보안 테스트를 진행 시 어떤 현실적인 문제에 부딪칠 수 있을까?

4.1 부정적인 측면

첫째, 한정된 시간이다. 주어진 시간이 며칠밖에 안 되는 상황에 남이 만든 소스를 들여다보면서 로직을 파악하는 것보다는 주어진 시간을 효율적으로 쓸 수 있는 다른 방식들을 찾아보는 것이 나을 것이다. 시간과 리소스를 생각하여 블랙박스, 그레이박스 아니면 일부만을 보조해서 쓸지를 선택해야 한다.

둘째, "1 대 N"의 문제이다. 수많은 개발자들이 빠르게 만들어내는 소스를 보통 소수의 보안 인력이 살펴봐야 하기 때문이다. 적절히 범위를 제한하거나, 보안에 관련된 요점만을 읽는 스킬을 향상시키는 방법을 계속 고민하고 연습해야 한다. 처음에 특히 낯선 언어의 소스를 읽게 되면 하나하나 문법적인 부분도 따져가면서 읽어야 해서 모르는 것도 많고, 느리고, 난해한 해석 과정을 거쳐야 한다. 이 부분은 프로그래밍을 작성하는 것을 습득하는 것과 비슷하다. 분명한 것은 외국어와 마찬가지로 많이 읽을수록 빨라지고 하나의 언어가 익숙해지면 다른 언어에 적응이 수월해진다.

그림 3-2-7 미지의 영역으로 나아가기

셋째, 소스 자체가 회사의 핵심 자산으로 보호되는 곳에서는 특정 개발자 이외는 주요한 소스를 볼 수 없는 경우도 있을 수 있다. 이 경우는 세월을 통한 증명과 설득밖에는 방법이 없다고 보는데, 해당 회사의 신뢰를 쌓고 코드를 통해 검증하는 방법이 효율적이고 안전한 코드를 만드는데 분명히 도움이 된다는 부분을 설득해야 할 것이다. 하지만 막상 공개된다고 해도 자기가 익숙한 언어가 아니라면 실력이 안 되어 못 볼 수도 있으니 해당 부분에 대해서도 고민해야 한다. 사실 보안 쪽은 소스를 읽는 부분에 대해서 만은 중급 정도의 개발자 정도의 수준으로 자연스럽게 읽을 수 있도록 노력해야 한다고 본다.

마지막으로, 세상엔 많은 언어들이 있고 자신의 일하는 환경에도 많은 언어들이 혼재되어 있을 수 있다. ASP, PHP, C#, 자바, SQL, 자바스크립트, jQuery, Node.js, 스칼라(Scala), 코틀린(Kotlin), 고(Go) 등의 수많은 언어들과 언어의 배경지식들을 적절히 따라잡을 수 있어야 한다. 또 앞으로 나오는 새로운 기술들도 새 프로젝트에서 기존의 보안에 대한 지식 패턴을 적용하기 위해서 어느 정도의 깊이로 따라가야 한다고 본다. 개발이나 소스 저장소, 배포 환경 등 소스 이외의 부분에 대해서도 어느 정도 개념이 원활해야 소스 자체에 접근하는데 필요한 병목을 줄일 수 있다.

4.2 긍정적인 측면

첫째, 패턴화가 가능하다는 것이다. 한 프로젝트 안에는 수많은 유사한 구조와 로직들이 있고, 해당 부분은 다른 프로젝트에서도 동일하게 존재할 가능성이 아주 높다. 회사 내에서 코드나 구조의 복사는 바이러스가 전파되듯 퍼지며, 많은 소스가 구글 검색이나 해당 언어 및 라이브러리의 가이드, 다른 시니어, 이전 개발자의 코드 등을 기반으로 만들어지기 때문에 이런저런 사유로 유사한 로직과 패턴들이 많은 편이다. 특히 웹 같은 경우는 언어가 다르더라도 전체적인 구조나 프레임워크 패턴들이 유사한 부분이 많다.

둘째, 일반적인 외국어와 마찬가지로 소스를 많이 보게 되면 그만큼 읽는 속도가 빨라지고 요점을 골라 읽는 요령이 생긴다. 부가적으로 스스로 로직을 정리하기 때문에 시스템 도메인에 대한 좋은 백그라운드가 형성되며, 경험상 직접 만드는 정도는 아니지만, 간접적으로 프로그래밍에 대한 경험적 노하우가 쌓이게 되어 나중에 자동화 등의 분야에서 코드를 만들어 볼 때도 많은 도움이 된다(서당개 3년이면 풍월을 읊게 된다). 부가적으로 배치 형태의 잡, API 같은 UI 형태가 없는 대상을 분석하고 테스트할 때 프로그램의 형태 및 어떻게 돌아가는지를 이해하고 있어 해당 검증 작업이나 자동화를 용이하게 할 수 있다.

그림 3-2-8　서당개

5. 코드를 이용하기 위한 전략

앞서 이야기한 부분을 정리하는 의미에서, 보안 테스트에 코드를 이용하기 위해 한 번쯤은 개인으로서 고려해야 할 부분들에 대해 살펴보자.

첫째, 모든 경우에서 "시간 vs 선택한 방법의 효율"을 생각해야 한다. 자신이 선호하는 한두 가지 기술 측면에만 의존하면서 진행하다 보면, 자가당착에 빠지게 된다. 안으로부터 보는 게 얼마나 가치가 있는가를 검토해서 확신이 있을 경우만 코드 읽기 방법을 이용해야 한다. 특정 도메인들은 밖에서 보는 것이 더 단순하고 명확할 때도 있다. 특정 방법론이 검증하고자 하는 대상을 앞서서는 안 되며, 방법론은 효과적인 점검을 위한 수단이 뿐이지 가장 중요한 것은 대상에 대한 분석적 파악이 우선이다. 이후 어떠한 방법론을 쓸까 하는 문제는 분석의 결과이지 행동의 목적이 되어서는 안 된다.

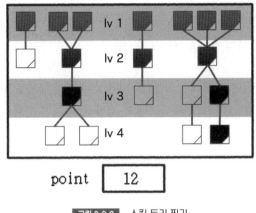

그림 3-2-9 스킬 트리 찍기

둘째, 자신이 선호하는 언어는 있어도 괜찮지만, 직업을 계속해 나가면서 언제 어떤 언어와 환경을 확인해 달라고 던져올지 선택할 수가 없는 부분이 있다(PART 1의 양자역학 자물쇠 비유를 떠올려 보자). 그래서 가능한 특정 언어 자체보다는 언어들이 몸담고 있는 여러 배경 지식을 익히고, 언제라도 새로운 언어나 환경에 적응해야 한다는 각오를 가지고 있어야 한다. 다행히 대부분의 언어는 비슷비슷하고 서로 영향을 받는 경향이 많기 때문에 하나의 언어를 익힌 경험은 다음 언어를 익히는데 허들을 많이 낮춰준다고 본다. 이 부분은 언어 이외에 기술 영역에도 마찬가지로 적용된다.

셋째, 대부분 프로젝트 진행에서 보안 쪽에는 그다지 많은 시간이 있지는 않기 때문에 (대부분의 검증 관련 업무들은 이런 상황인 것 같다) 분석하는 속도도 분명이 중요한 요소 중 하나가 된다. 코드를 읽고, 기능을 분류하고, 테스트 케이스를 제외하거나, 추가하는 것도 보안 테스팅의 중요한 요소이지만 해당 부분에 너무 시간을 소비하면 실제 분석에서 나온 가설들을 직접 수행하며 증명할 시간이 모자랄 수도 있다. 이러한 이유로 아마도 많은 보안팀이 개발의 처음 단계부터 의견을 나누면서 참여하고 싶어 하겠지만 그건 회사마다 인력, 시간, 문화, 편견 등 여러 제약 사항이 많을 것으로 생각된다. 앞에서 얘기했듯이 혼자서 모든 걸 할 수 있다고 생각하는 것보다 믿을 수 있는 동료들과의 좋은 네트워크를 가지는 것이 좋다. 일하는 스타일이 맞는 친한 개발자들을 만들고(물론 일을 위해서 억지로 싫은 관계를 만들라는 건 아니다), 개발자들이 프로그래밍 언어에 접근하는 방식을 계속 관찰하다 보면, 단순히 책이나 혼자서 공부하는 과정에서는 발견하지 못하는 사실들을 배울 수 있게 되는 것 같다.

마지막으로, 쓰기를 포함한 코드의 사용에 대해서도 계속적으로 관심을 가지는 게 좋다. 방어 측면에서 OWASP 같은 사이트에서 제공하는 여러 방어 함수의 효율성과 성능에 대해 살펴보거나, 파이썬 등의 접근이 쉬운 언어로 업무를 귀찮게 하는 부분을 자동화해보는 것도 괜찮다. 보안 쪽은 사실 패턴화된 문제들이 많아서 자동화의 ROI도 좋고 생색내기도 쉬운 편이라 본다. 또한 무언가를 만들면서 다른 사람이 만들어 놓은 모듈이나 솔루션을 사용하는 경우에도 어느 정도 본인의 니즈에 맞춰 커스터마이즈 해서 사용해야 될 일도 분명히 생기는데, 그때도 도움이 된다.

6. 마무리하며

이 챕터에서 다룬 코드만이 절대적인 정답은 아닐 것이다. 다만 보안 쪽에 새로 발을 딛는 사람들이 시작점부터 의식적으로 고민하고 계획을 세워 진행하는 데 조금이라도 도움이 되기를 바라는 마음으로 최대한 정리해 보았다.

Chapter 03

스캐너 vs 수동 테스트

이번 시간에는 보안 쪽에서 백신 프로그램만큼 자주 볼 수 있는 스캐너(Scanner)에 대해서 이야기하고, 사람이 직접 수행하는 수동 테스트(Penetration Test)에 비해 어떤 측면에서 장점이 있고, 어떤 측면에서 단점이 있는지를 살펴보려 한다. 그렇게 함으로써 자동화보다 사람이 잘 할 수 있는 부분이 무엇일지를 생각해 보는 시간이 될 수 있을 것 같다.

1. 스캐너 살펴보기

스캐너는 무언가를 쭉 촬영해서 필요한 정보를 확인한다는 이미지가 있다. 해당 정보는 문자 인식 등에 필요한 글자일 수도 있고, QR 코드, 이상한 징후가 보이는 위치(공항 수하물 스캐너)일수도 있다. 보안 쪽에서 많이 쓰이는 스캐너들 또한 비슷한 역할을 한다. 웹 페이지나 서버 등을 스캔하면서 이상하게 열린 포트는 없는지, 알려진 취약점들이 없는지 확인하고 리포팅한다.

이런 이상적인 관점으로 봤을 때엔 스캐너를 사용하면 모든 문제가 해결될 것처럼 생각되지만, 현실상으로는 많은 부분에서 제약이 있을 수 있다. 이번 챕터에서는 간단한 SQL 인젝션, XSS 취약점을 찾는 2개의 스캐너를 만들어 봄으로서 스캐너의 기본적인 동작 원리를 이해하고, 상용 스캐너들을 어떤 시각에서 접근하면 좋을지를 말하려 한다.

그림 3-3-1 스캐너

2. SQL 인젝션 스캐너 만들기

그렇다면, 스캐너의 원리를 살펴보기 위해 간략한 기능을 가진 SQL 인젝션 스캐너를 만들어 보자.

2.1 스캐너 입장에서 생각하기

우선 스캐너의 입장에서 생각해보자. 스캐너는 우선 하나의 자동화된 프로그램에 불과하다. 스캐너의 입장에서 SQL 인젝션 체크를 하기 위해 얻을 수 있는 정보를 생각해 보자. 하나는 최초 진입 페이지에서 서버에서 전달해 주는 웹 페이지의 헤더 및 소스이며(피들러의 Response 탭에서 보였던 내용들), 다른 하나는 체크에 사용할 데이터(예를 들면 SQL 인젝션을 발생시키는 작은따옴표 문자들)이다. 마지막으로 해당 공격 데이터를 전송했을 때 서버의 응답 결과에 따른 헤더와 소스뿐이다.

결국 스캐너가 할 수 있는 행동은 아래의 3단계로 요약된다.

① 대상 페이지를 분석하여 공격할 요소들을 찾는다.
② 해당 요소들에 공격용 데이터를 삽입하여 페이지를 호출한다.
③ 호출된 결과 값이 오면 공격한 데이터와 해당 결과 값을 기반으로 공격의 성공 여부를 판단한다.

이렇게 가정을 하면, 다음과 같은 숙제들이 생긴다.

① 공격할 요소들은 무엇인가?
② 공격용 데이터는 어떻게 정의하는가?
③ 성공 여부는 어떻게 알 수 있나?

먼저 공격할 요소들은 웹 프로그래밍 언어에서 참조할 수 있는 모든 헤더와 서버로 전송되는 태그 값이다. 이론상 자바스크립트와 AJAX를 이용해 모든 태그 안의 내용을 서버로 보낼 수는 있겠지만, 보통 명시적으로 서버로 보내는 HTTP 요소들에 집중된다(헤더값, 쿠키값, Form 내의 Input 박스, AJAX 호출의 인자 등). 사실 저 값들 중 페이지의 로직에 영향을 미쳐서 실제 인젝션을 일으킬 값들은 극히 적겠지만, 스캐너 입장에서는 어떤 클라이언트 요소들이 취약한 서버 로직과 연결될지 모르기 때문에 방어적으로 다 선택해야 한다. 보통 스캐너를 돌리는 사람의 입장 또한 모든 대상 소스를 살펴볼 순 없기 때문에 비슷하다.

다음으로 공격용 데이터 또한 애매한 영역이다. SQL 인젝션만 보더라도 세상에는 수많은 종류의 SQL 서버들이 있고, 각각에 SQL 인젝션을 일으키는 문법은 일반적으로 조금씩 다르다. 그러면 각각의 SQL 문법들을 이해하고 모든 경우의 공격 방식들을 리스트업 해야 하는데, 이는 결코 쉽지 않다. 하나의 공통적인 공격이 막히는 것을 확인하더라도 시스템의 설계에 따라 다른 공격은 될 수 있게 될지 모르기 때문에 공격을 일반화시키기는 힘들다. XSS 같은 경우도 마찬가지일 것이다.

마지막으로 성공 여부 판단도 애매한 요소들이 많다. SQL 서버의 에러 페이지를 그대로 노출해 주는 경우에는 그나마 SQL 에러가 났다는 것으로 인젝션 위험이 존재하다는 것을 판단할 수 있으나, 서버 프로그램이나 웹 서버에서 에러를 필터링하여 공통 에러 페이지가 전달되거나 커스터마이즈 된 에러가 나타날 경우는 판단하기가 애매할 수 있다. 이 부분은 SQL 서버, 웹 서버, 서버 프로그래밍 언어, 개발 설계에 따라서 서로 다를 수 있다.

2.2 스캐너 동작 시나리오 잡기

먼저, 앞의 인젝션 챕터에서 구현했던 SQL 인젝션에 취약한 페이지를 다시 보자.

그림 3-3-2 취약한 SQL 인젝션 페이지

다음이 작은따옴표를 넣어서 발생한 에러 페이지이다.

그림 3-3-3 SQL 인젝션 에러

피들러로 살펴보게 될 경우 다음과 같이 폼값이 날아가고, 에러 결과가 돌아오는 상황을 볼 수 있다.

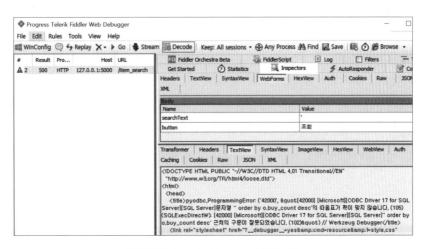

그림 3-3-4 피들러로 본 SQL 인젝션 에러

앞의 3가지 사실을 기반으로, 고민하던 문제 3개를 생각해 보자.

① 공격할 요소들은 무엇인가?

➜ 현재 페이지 같이 간단한 구조에서는 폼값만 사용해서 전송한다는 것을 알고 있다. 폼 요소에서 어디로 호출될지(action), 어떤 방식일지(method)를 알 수 있고, 안의 인풋 박스 중 어디에 값을 넣어야 할지(type="text" 형태의 인풋 박스) 알고 있다.

② 공격용 데이터는 어떻게 정의하는가?

➜ 유효한 공격이 무엇인지 알고 있다. '나 tom' 등이다.

③ 성공 여부는 어떻게 알 수 있나?

➜ 이 환경에서는 간단하게도 SQL 에러만 반환되면 된다. 에러가 날 때마다 서버가 응답을 보내 준 소스 내에 pyodbc.ProgrammingError라는 문구가 포함되고 있다.

해당 시나리오를 기반으로 프로그램 기능을 생각한다면 그림 3-3-5와 같다. 점검할 페이지에서 폼 요소들을 가져와서 폼 내 입력이 가능한 인풋 태그들을 추출하고, 이후 테스트를 원하는 SQL 취약점 패턴들을 가져온다. 이후 각각의 패턴에 대해서 해당 페이지 공격에 사용할 데이터를 만들어 낸 후, 공격을 하고 주어진 공격 성공 판단 문자열로 결과를 판단한다.

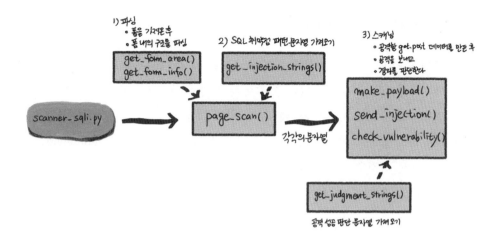

그림 3-3-5 SQL 인젝션 스캐너 설계

2.3 모듈 설치하기

페이지에 요청을 보내는 부분은 requests 모듈을 이용하고, 페이지를 구조적으로 분석하는 부분은 beaufulsoup4 모듈을 사용한다.

```
C:\Python\security>pip install requests
Successfully installed certifi-2021.5.30 charset-normalizer-2.0.3 idna-3.2
requests-2.26.0 urllib3-1.26.6

C:\Python\security>pip install beautifulsoup4
Successfully installed beautifulsoup4-4.9.3 soupsieve-2.2.1
```

2.4 SQL 스캐너 코드 만들기

소스를 보게 되면 앞의 설계 그림에 표시한대로 맨 아래의 page_scan 함수가 전체적인 동작을 제어하며, get_injection_strings 함수에서 공격에 사용한 문자열을 가져온다. 해당 문자열은 ', tom, tom' 3개로, 2번째 tom 문자열은 유효한 공격 문자열이 아니다. 이후 get_form_area 함수를 이용해 item_search 페이지 내의 폼 영역을 beautifulsoup을 이용해 구조적으로 가져오며, get_form_info 함수를 이용해 해당 폼 객체 내의 인풋 태그들을 모두 리스트 업해서 정리한다.

make_payload 함수를 이용해 해당 인풋 값들 중에서 type이 text인 항목들만 골라 공격 시 인자로 사용할 payload 딕셔너리 객체를 만들어 낸다. 마지막으로 send_injection 함수를 이용해 payload 공격을 던진 후, check_vulnerability 함수에서 get_judgment_strings에서 얻은 검증 문자열(여기에서는 pyodbc.ProgrammingError 로만 간단히 판단)을 기반으로 결과를 검증한다.

참고로 @dataclass라는 문법 부분은 파이썬 3.7부터 나온 데이터를 구조화해 담아두기 위한 클래스 문법을 간략화한 데이터 전용 클래스인데, 소스를 단순하게 정리하기 위해서 사용했다.

```python
from dataclasses import dataclass, field, asdict
from typing import List
from bs4 import BeautifulSoup
from urllib.parse import urljoin
import requests

s = requests.Session()


@dataclass
class InputField:
    type: str = ""
    name: str = ""
```

```python
    value: str = ""


@dataclass
class FormField:
    action: str = ""
    method: str = ""
    input_fields: List[InputField] = field(default_factory=list)


@dataclass
class JudgmentString:
    strings: list[str] = field(default_factory=list)


@dataclass
class InjectionString:
    strings: list[str] = field(default_factory=list)


# 판단에 사용할 문자열들을 가져온다
def get_judgment_strings():
    judgment_strings = JudgmentString()
    judgment_strings.strings += \
        {"pyodbc.programmingerror"}
    return judgment_strings


# 공격에 사용할 문자열들을 가져온다.
def get_injection_strings():
    injection_strings = InjectionString()
    injection_strings.strings += \
        {"'", "tom", "tom'"}
    return injection_strings
```

```python
# 페이지 중 <form>~</form> 태그 사이의 값을 가져온다.
# 현재 소스에서는 form 이 1개만 있다고 가정한다.
def get_form_area(url):
    soup = BeautifulSoup(s.get(url).content, "html.parser")
    form_area = soup.find("form")
    return form_area


# 폼 내부에서 input 필드를 모두 가져온다.
def get_form_info(form_area):
    form_field = FormField()
    form_field.action = form_area.attrs.get("action").lower()
    form_field.method = form_area.attrs.get("method", "get").lower()

    for input_tag in form_area.find_all("input"):
        input_field = InputField()
        input_field.type = input_tag.attrs.get("type", "text")
        input_field.name = input_tag.attrs.get("name")
        input_field.value = input_tag.attrs.get("value", "")

        form_field.input_fields.append(input_field)
    return form_field


# 공격 인자를 넣어 호출한 페이지의 응답 값 안에 판단에 필요한 문자열이 있는지 확인한다.
def check_vulnerability(response, url, payload):
    judgment_strings = get_judgment_strings()

    for judgment_string in judgment_strings.strings:
        if judgment_string in response.content.decode().lower():
            print("인젝션 발견: ", url, "\n테스트 데이터: ", str(payload),
                "\n검출 문구: ", judgment_string, "\n", "-"*10)


# 공격용 인자를 만든다.
```

```python
def make_payload(form_info, injection_string):
    payload = {}

    for input_field in form_info.input_fields:
        if input_field.type != "submit":
            payload.update({input_field.name: injection_string})

    return payload


# 페이지에 공격용 인자를 실어 전송 후 결과를 받는다.
def send_injection(url, form_info, payload):
    if form_info.method == "post":
        response = s.post(url, data=payload)
    elif form_info.method == "get":
        response = s.get(url, params=payload)
    return response


def page_scan(start_url):
    form_area = get_form_area(start_url)
    form_info = get_form_info(form_area)
    injection_strings = get_injection_strings()

    for injection_string in injection_strings.strings:
        payload = make_payload(form_info, injection_string)
        url = urljoin(start_url, form_info.action)

        response = send_injection(url, form_info, payload)
        check_vulnerability(response, url, payload)


if __name__ == "__main__":
    page_url = "http://127.0.0.1:5000/item_search"
    page_scan(page_url)
```

코드 보기　scanner_sqli.py

해당 코드를 C:\Python\security 폴더에 "scanner_sqli.py" 이름으로 저장한다.

2.5 스캐너 돌려보기

먼저, 스캔 대상이 될 페이지를 띄워보자. 인젝션 챕터에서 만들었던 SQL 취약점이 있던 샘플 페이지를 다시 띄운다. 기존 웹서버가 실행되어 있다면 "Ctrl+c"를 눌러 종료후, 새 파일로 웹서버를 실행시킨다.

```
C:\Python\security>python sql_injection_has_vulnerability.py
* Running on http://127.0.0.1:5000/ (Press Ctrl+C to quit)
```

이제 점검할 페이지가 생겼으니 커맨드 창을 하나 더 실행해, 만들어 놓은 스캐너를 실행해 보자. 해당 페이지를 읽어 3개의 페이로드를 던진 후, 유효한 ', tom' 2개의 페이로드에 대한 결과를 출력한다.

```
C:\Python\security>python scanner_sqli.py
인젝션 발견: http://127.0.0.1:5000/item_search
테스트 데이터: {'searchText': "'"}
검출 문구: pyodbc.programmingerror

    ----------

인젝션 발견: http://127.0.0.1:5000/item_search
테스트 데이터: {'searchText': "tom'"}
검출 문구: pyodbc.programmingerror

    ----------
```

3. XSS 인젝션 스캐너 만들기

다음엔 XSS 취약점을 찾는 스캐너를 만들어 보자. 사실 위의 SQL 인젝션 취약점을 찾는 스캐너를 만들 때 XSS 취약점을 찾는 스캐너도 같이 돌아갈 수 있도록 구조를 만들었고, 대부분의 취약점에 대해 스캐닝 방식은 같기 때문에 소스 중 일부만 수정하면 된다.

3.1 스캐너 동작 시나리오 잡기

우선 코드를 수정해 보기 전에 아까 SQL 인젝션에서 고민하던 문제들을 XSS 기준으로 생각해 보자.

① 공격할 요소들은 무엇인가?

→ SQL 인젝션과 동일하다.

② 공격용 데이터는 어떻게 정의하는가?

→ 유효한 공격이 무엇인지 알고 있다. 시연 때 사용하던 ⟨script⟩alert('reflected xss run')를 사용하면 된다.

③ 성공 여부는 어떻게 알 수 있나?

→ SQL 인젝션과는 다르게 에러가 명시적으로 나진 않기 때문에 에러가 나는 상황이라도 에러를 기준으로 볼 수는 없다. 스크립트 관련 에러는 브라우저에서 F12 키를 눌러 콘솔 창에서나 확인가능하지, 소스상에서는 판단할 수 없다. 하지만 우리는 한 가지 중요한 사실을 알고 있다. 방어가 안 된다면 소스상에 ⟨script⟩alert('reflected xss run') 문자열이 그대로 노출될 것이고, 방어가 된다면 HTML 엔터티로 변환되어 <script>alert('reflected xss run') 식으로 문자열이 들어가 있을 것이다. 그러면 우리가

공격에 사용했던 문자열이 응답 소스 내에 HTML 엔터티 치환 없이 그대로 노출되고 있는지 확인하면 된다.

3.2 코드 만들기

파이썬 페이지 소스의 변경은 인쇄할 종이가 아까울 만큼 아주 작다. 공격 및 판단 데이터를 반환하는 get_injection_strings , get_judgment_strings 함수 내 리스트와 시작 페이지인 page_url 경로만 수정했다. 이는 비슷한 기능들을 열심히 모은다면 하나의 스캐닝 코드로 많은 걸 점검할 수도 있다는 뜻이기도 하다. 물론, 점점 설계 상 고려해야 할 경우의 수가 많아지기는 할 것이다.

```python
from dataclasses import dataclass, field, asdict
from typing import List
from bs4 import BeautifulSoup
from urllib.parse import urljoin
import requests

s = requests.Session()


@dataclass
class InputField:
    type: str = ""
    name: str = ""
    value: str = ""


@dataclass
class FormField:
    action: str = ""
    method: str = ""
    input_fields: List[InputField] = field(default_factory=list)
```

```
@dataclass
class JudgmentString:
    strings: list[str] = field(default_factory=list)


@dataclass
class InjectionString:
    strings: list[str] = field(default_factory=list)


# 판단에 사용할 문자열들을 가져온다
def get_judgment_strings():
    judgment_strings = JudgmentString()
    judgment_strings.strings += \
        {"<script>alert('reflected xss run')"}
    return judgment_strings


# 공격에 사용할 문자열들을 가져온다.
def get_injection_strings():
    injection_strings = InjectionString()
    injection_strings.strings += \
        {"<script>alert('reflected xss run')"}
    return injection_strings


# 페이지 중 <form>~</form> 태그 사이의 값을 가져온다.
# 현재 소스에서는 form 이 1개만 있다고 가정한다.
def get_form_area(url):
    soup = BeautifulSoup(s.get(url).content, "html.parser")
    form_area = soup.find("form")
    return form_area


# 폼 내부에서 input 필드를 모두 가져온다.
```

```python
def get_form_info(form_area):
    form_field = FormField()
    form_field.action = form_area.attrs.get("action").lower()
    form_field.method = form_area.attrs.get("method", "get").lower()

    for input_tag in form_area.find_all("input"):
        input_field = InputField()
        input_field.type = input_tag.attrs.get("type", "text")
        input_field.name = input_tag.attrs.get("name")
        input_field.value = input_tag.attrs.get("value", "")

        form_field.input_fields.append(input_field)
    return form_field


# 공격 인자를 넣어 호출한 페이지의 응답 값 안에 판단에 필요한 문자열이 있는지 체크한다.
def check_vulnerability(response, url, payload):
    judgment_strings = get_judgment_strings()

    for judgment_string in judgment_strings.strings:
        if judgment_string in response.content.decode().lower():
            print("인젝션 발견: ", url, "\n테스트 데이터: ", str(payload),
                  "\n검출 문구: ", judgment_string, "\n", "-"*10)


# 공격용 인자를 만든다.
def make_payload(form_info, injection_string):
    payload = {}

    for input_field in form_info.input_fields:
        if input_field.type != "submit":
            payload.update({input_field.name: injection_string})

    return payload
```

```
# 페이지에 공격용 인자를 실어 전송 후 결과를 받는다.
def send_injection(url, form_info, payload):
    if form_info.method == "post":
        response = s.post(url, data=payload)
    elif form_info.method == "get":
        response = s.get(url, params=payload)
    return response


def page_scan(start_url):
    form_area = get_form_area(start_url)
    form_info = get_form_info(form_area)
    injection_strings = get_injection_strings()

    for injection_string in injection_strings.strings:
        payload = make_payload(form_info, injection_string)
        url = urljoin(start_url, form_info.action)
        response = send_injection(url, form_info, payload)
        check_vulnerability(response, url, payload)


if __name__ == "__main__":
    page_url = "http://127.0.0.1:5000/xss"
    page_scan(page_url)
```

코드 보기   scanner_xss.py

해당 소스를 C:\Python\security 폴더에 "scanner_xss.py" 이름으로 저장한다.

이제, 실행했던 SQL 인젝션 페이지는 "Ctrl+c"로 종료 후, 예전의 취약한 xss 페이지를
실행해 보자.

```
C:\Python\security>python xss_has_vulnerability.py
* Running on http://127.0.0.1:5000/ (Press Ctrl+C to quit)
```

이후 XSS 용 스캐너를 실행해 보면 다음과 같이 검출 결과가 나오게 된다.

```
C:\Python\security>python scanner_xss.py
인젝션 발견:  http://127.0.0.1:5000/xss
테스트 데이터:  {'inputText': "<script>alert('reflected xss run')"}
검출 문구:  <script>alert('reflected xss run')
  ----------
```

4. 현재 스캐너 구조의 한계 생각해 보기

그렇다면, 앞에서 개념적으로 증명한 스캐너의 한계는 무엇일까? 우선 SQL 인젝션 같은 경우는 에러를 기반으로 판단을 한다는 것이다. 만약 여러 설계나 하드닝에 의해 에러를 직접 보여주지 않고 공통 에러 페이지를 보여주거나, 아예 에러일 경우 디폴트 조회 화면을 보여줄 수도 있다. 또 tom' -- 같은 문구에 대해서는 인젝션이 일어나지만 에러를 일으키지는 않는데, 해당 부분을 어떻게 판단할 수 있을지 아니면 좀 더 공격 문장을 명확한 에러 결과가 나오도록 조정해야 되는지에 대한 고민들도 생길 수도 있다.

공통 에러 페이지로 갈 경우 검증 문자열로 확인하지 못하기 때문에 일부 오탐의 가능성을 감수하고 보수적인 관점에서 공통 에러창이나, 500번대 에러(애플리케이션 처리 쪽에서 문제가 있는 경우 발생한다)가 났다는 것을 SQL 인젝션이 일어난 것으로 가정해야 할 수도 있다. 에러 페이지가 발생 안 하는 경우는 블라인드 SQL 공격을 이용해 시간이나, 응답의 일관성을 이용할 수 있을지도 검토해 봐야 된다. 예를 들어 앞의 샘플 페이지에서 tom' and 1=1 --를 입력할 경우는 취약점이 있는 페이지는 에러가 안 나고 tom으로 검색한 검색 결과와 비슷한 결과를 보여주며 취약점이 패치된 페이지는 빈 결과창이 나올 가능성이 높다.

페이지를 파싱하는 문제도 현재는 노출된 text 타입의 인풋 박스만 고려했지만, hidden 타입의 인풋 박스나 여러 헤더값을 프로그램 쪽에서 입력으로 사용했을지도 모르고, 드물지만 자바스크립트를 이용해 전혀 상관없는 페이지 태그 내 값들을 가져와 전송했을 수도 있다. 이런 부분을 고려해 공격 대상 요소들을 적절히 파싱하여 찾는 것도 쉬운 일이 아니다. 전송 부분도 명시적인 폼 전송이 아니라 AJAX를 사용한 전송이라면 자바스크립트 문법을 기준으로 AJAX 전송에서 사용하는 주소와 파라미터 값들을 찾을 수 있어야 할 것이다.

공격의 성공 여부를 판단하는 문자열들의 경우 또한 판단하는 문자열이 혹시나 페이지 소스 안에 우연히 겹치게 된다면 오탐이 나올 수가 있기 때문에 일반적으로 정상적인 페이지에서는 절대 존재하지 않을 문구들을 잘 선택해야 한다.

5. 상용 툴과의 비교

위의 간단한 스캐너를 성숙한 상용 툴과 비교하는 것은 좀 그렇지만, 어차피 상용 툴도 처음엔 이렇게 작은 프로그램으로부터 시작됐을 것이니 한번 비교해 보자. 상용 툴마다 장단점은 있겠지만 앞에서 얘기한 스캐너의 뷰의 한계(클라이언트 기반, 블랙박스) 때문에 일반적인 관점에서 큰 차이는 없다고 본다.

먼저, 스캐닝이 어떻게 돌아가는지 간략하게 살펴보자. 일반적으로 스캐닝은 다음의 과정을 거친다.

① **크롤링(Crawling)**: 전체 테스트할 경로를 메인 페이지나 여러 개의 리스트업 된 페이지들을 통해서 분석하고 무엇을 테스트할지, 해당 페이지에는 어떤 테스트해 볼 요소들이 있을지 리스트업 한다. 적을 알아가는 과정이다.

② **스캔 전략의 선택**: 어떻게 테스트할지 범위와 방식을 정하는 과정이다. 어떤 페이지를 예외 처리하고, 어떤 필터(예: XSS, MSSQL SQL 인젝션)들을 적용하고, 로그인 여부, 페이로드는 어떤 규모로 사용하며, 얼마의 부하로 스캐닝을 할지 등을 결정한다. 이렇게 하는 이유는 두 가지 정도가 있는데, 하나는 큰 사이트의 경우 모든 페이지의 모든 인자에 대해 수만에서 수십만 개의 페이로드를 던지면 거의 무한대의 스캐닝 시간이 나오거나, 대상 시스템이 죽거나, 스캐너가 리소스 문제로 죽을 수 있다. 또 하나는 운영에 다양한 스캐너들을 마음 놓고 돌리다 보면 다양한 공격 시도가 운영 데이터에 대량으로 들어가서 큰일이 날 수 있다(고객 게시판에 〈script〉xxx 이런 글이 엄청 올라간다고 생각해보자). 생각보다 경험이 쌓이기 전까지는 시행 착오가 많은 지점이기도 하다.

③ **스캐닝**: 이제 실제 스캐닝이 들어가게 된다. 무사히 잘 돌아가길 빌면서 돌리면, 생각보다 많은 시간이 들면서 스캐닝이 끝나거나 사이트 상황이나 잘못 가정된 전략으로 인해 예상 못한 에러가 발생할 수도 있다. 스캔 전략에서 얼마나 튜닝을 잘 했는지에 따라 원활하게 스캔 될지가 결정된다.

④ **결과 확인**: 모든 보안 스캐닝, 모니터링 툴이 마찬가지지만 거짓 양성(False Positive)의 딜레마가 시작된다. 스캐너의 판단 로직의 성숙도에 따라 정도는 다르겠지만, 각각의 검출 결과를 보면서 실제 의미가 있는 취약점인지, 스캐너가 올바르게 판단했는지를 체크하고 재현해 보는 과정이다.

⑤ **수정하기**: 개발자가 이해하기 쉽게 가공해 리포트를 한 후, 취약점을 수정하고 해당 수정 페이지 소스의 리뷰 및 해당 페이지에 문제를 일으킨 공격을 선택적으로 재현해 수정을 검증한다.

5.1 크롤링 측면

그림 3-3-6   크롤링

먼저, 크롤링 측면을 살펴보자. 페이지 안의 링크에 걸린 페이지를 무조건 따라가는 것은 조금 위험한 측면이 있다. 사이트 외부로 링크가 나가게 되면 외부 페이지의 링크를 통해 페이지를 확장하게 되는 상황이 생겨서 잘못되면 인터넷 전체를 돌아다닐 수도 있게 된다. 완벽한 옵션이라 보긴 힘들지만 보통 스캐닝 툴에선 크롤링 시 따라가는 도메인 범위를 제한하고, 처음 페이지에서 들어가는 링크 추적 깊이의 제한 옵션으로 해당 문제를 피해간다.

또한 앞에서 얘기한 스크립트 기반으로 동적으로 생성이 되는 링크 및, AJAX 기반의 기능 호출, API 경로와 파라미터 등의 경우는 단순히 HTML 구조만을 파싱해서는 찾아낼 수 없으니 자바스크립트 문법을 좀 더 잘 이해하는 복잡한 크롤링 코드가 필요하게 된다. 보통 상용 툴들이 이런 부분을 충분히 지원한다고 어필한다. 다만 메인 페이지에서 링크로 모든 페이지가 연결되었던 예전 스타일들의 웹들은 크롤링으로 모든 페이지를 찾아낼 가능성이 높았지만 현재의 조각 조각난 "마이크로 서비스 + MVC" 방식의 웹에서는 놓치게 되는 URL들도 많아서 소스 및 수동 기반의 분석을 통해 리스트를 보충해야 할 가능성이 높다고 본다.

5.2 스캐닝 전략 및 스캐닝 측면

다음은 스캔 전략 및 스캐닝 측면이다.

첫째, 스캐닝 측면에서는 차원의 축소 문제가 있다. 보통 커다란 사이트들의 페이지에서는 인자로 취급될 수 있는 폼값이나 HTTP 헤더값들이 수십, 수백 개가 되는 경우가있다. 만약 그런 규모의 페이지가 100개이고, XSS 하나의 필터에 관해서만 500개의 페이로드 테스트를 한다면, 간단히 XSS 테스트 하나만 하는 데도 5만 개의 요청이 웹 서버로 날아가게 된다. 그런 필터가 수십 개라면 몇 백만 개의 쿼리가 날아가는 사태도벌어지게 된다. 부하나 다른 문제도 있지만 저 정도면 병렬로 돌리더라도 꽤 많은 시간이 걸릴 수 있다.

그래서 얼마나 효율적으로 인자와 필터를 선택하고, 필터 안에서도 해당 도메인이나페이지에 유효한 필터만을 날리는지 선택해야 한다. 그런 부분을 위해서 불필요한 인자들을 정규식 패턴 등으로 예외 처리하거나, 해당 도메인에 의미 있는 필터만을 선택해야 한다.

도메인 특성에 따라(파이썬으로 구성된 사이트에 굳이 자바 언어에 특정된 필터를 적용할 필요는 없을 것이다) 자동으로 사용할 페이로드들의 선정을 툴에서 자동으로 지원하기도 한다. 하지만 해당 부분은 툴 자체에 100% 자동으로 맡기긴 힘들고, 소스 레벨에서 해당 도메인의 구조를 이해한 상태에서 미세한 조정을 해야 하는 부분이다. 세상에 공짜 점심은 없다.

둘째, 앞의 얘기와 연결되지만 크롤링된 모든 파일에 모든 필터를 꼭 적용해야 하느냐하는 이슈가 있다. 점검할 가치가 없는 파일들은 적절한 도메인 지식 하에 제외하거나해당 파일의 종류에 따라 의미가 있는 특정한 필터만을 돌리는 작업도 꼭 필요하다.

그림 3-3-7　옵션 선택하기

예를 들어, SQL 호출을 안 하는 페이지들에 SQL 인젝션 필터를 돌리는 것은 시간 낭비이다. 다만, 여러 상황을 고려해 정교하게 필터 정책을 설계하는 게 유리할지, 어차피 자동으로 도는 상황에서 시간이 좀 더 걸리더라도 노력을 들이지 않고 그대로 돌리는 게 유리할지에 대해서는 잘 판단해야 한다. 어디서나 ROI 문제는 생긴다. 그러나 "정말 저 페이지 안에서 SQL을 안 쓴다는 것을 증명하고, 보장할 수 있어?"라는 도전을 받게 되는 상황이라면 그냥 전체를 돌리는 게 나을 것 같다.

셋째, 아무리 앞에 말한대로 조정을 하더라도 사이트가 크거나 복잡한 페이지가 많을수록 필연적으로 많은 쿼리가 날라가게 됨을 피할 수는 없다. 그 경우 사전에 관련 부서에 공지하고 적절히 병렬로 쿼리를 날리면서도 부하 조절을 하는 등의 경감 정책도 필요할 것 같다. 비싼 툴들이 그런 조정에 아무래도 세심한 옵션을 제공한다. 작은 사이트는 스캐닝에 의해 DDOS 공격을 맞은 듯이 피해를 받을 수도 있고, 개발 팀이나 모니터링 팀에서 오류가 계속 난다고 급하게 문의가 올 수도 있다.

넷째, 필터에 포함된 페이로드가 얼마나 객관적이고 의미 있는 이슈들을 담았는가도 중요하다. 실제 위협을 가져올 가능성이 거의 없어 수정하기가 애매한 작은 취약점들을 모두 찾기 위해서 완전한 셋의 필터를 돌리는 게 의미 있는지도 생각해 봐야 한다. 물론, 이부분은 보안 업무를 하는 사람의 가치관 및 전략이 따라 의견이 다를 듯싶다. 상용 프로그램의 경우 상용이라는 부담감 때문에 기존에 나왔던 모든 이슈에 대해 풀 커버하느라 필터가 너무 과도하게 설정된 경향도 있다고 본다. 특히 오픈 소스를 쓰는 것이라면 해당 스캐너의 동작을 깊진 않더라도 가능한 소스 레벨에서 이해해서, 앞에서 생기는 여러 문제들을 해결할 수 있도록 조정하고 적절히 커스터마이즈해야 할 것이다.

다섯째, 스캐닝 결과가 통과되었다고 특정 필터 등은 100% 안전하다는 보장은 하진 못 할 수도 있다. 예를 들어 디폴트 패스워드 검사 필터를 통과했다고 하더라도 사용자가 패스워드를 "안녕하세요"라는 해당 로컬 지역의 인사말로 만들거나(일반적으로 툴들은 서양권의 통념에 맞춰 있다) 폴더를 01022223333(본인 핸드폰 번호) 이런 식으로 만들어 놨다면 스캐너가 통과되었다고 본질적인 디폴트값 사용 관점에서 안전하다고는 하지 못 할 것이다. 그런 필터들은 제약된 사전 기반의 무차별 대입 공격(Brute Force) 같은 성향을 가지고 있기 때문에 컨텍스트에 맞게 결과의 유효성을 판단해야 한다.

여섯째, 로그인과 비로그인 시에도 미묘한 문제가 생긴다. 스캐너를 처음 사용해 보게 되면 운영에 로그인 후 스캐너를 돌리다가 게시판 같은데 이상한 게시물을 잔뜩 달아 열심히 지워본 기억은 한 번쯤 겪게 될 것이다. 반대로 로그인을 안 한 상태에서 안전하게 돌리게 되면 테스트 가능한 스콥이 확연하게 줄어 실효성에 의문이 생길 수도 있다. 로그인 상태의 풀 스캔은 개발 환경에서만 돌린다든지 하는 여러 상황에 맞춘 선택을 해야 한다. 또한 스캐너가 날리는 페이로드는 기괴한 문법 문자가 많아서 당하는 프로그램 입장에서 에러 처리가 안 되어 프로그램이 에러가 나거나 심지어 죽어버릴 수도 있다. 해당 부분은 페이로드를 안전하게 바꾸거나(안전한 페이로드의 효과가 등가인지도 판단하기 어려워서 쉽지 않다) 프로그램의 에러 처리를 변경해야 한다. 이 부분은 설득에 의해 개발팀의 리소스를 얻어야 한다는 데서 역시 쉽지 않다.

번외 측면에서 스캐너만이 아니라 유명한 보안 솔루션이나 장비를 쓰는 경우는 인증 및 감사 측면에서 유리한 면은 있는 듯하다. 실제로 많은 보안 장비들이 이미 법이나 인증 획득에 필요한 기능을 구현해 보안 인증을 받아 놓아서 여러 감사 측면에 유리하게 대응하기 위해서 도입하는 경우도 있다. 다만 아무리 그렇다 하더라도 유명도나 인증, 레퍼런스가 해당 스캐너의 효율성 및 사이트의 안정함과 꼭 등가라고는 할 수 없어서 실무자 입장에서는 해당 필터나 디폴트 방식의 스캐닝이 의미 있는 건지는 잘 이해하고 따져봐야 한다.

5.3 스캐닝 결과 확인 측면

앞에서 봤듯이 스캐너의 원리는 적절한 인자를 찾아 페이로드를 보내고, 결과 데이터 및 응답에서 의도했던 결과 패턴을 찾는 것이다. 이것은 비단 웹만이 아니라 네트워크나 다른 물리적인 스캐너도 마찬가지이다(예를 들어 공항 투시 스캐너는 약한 엑스 선이나 자기를 보내서 반사되는 형태를 기반으로 판단한다고 한다).

그림 3-3-8   꼼꼼히 결과를 검사하기

그래서 앞의 스캐너 소스에서 봤듯이 어떤 가정을 하느냐에 따라서 결과가 의미 있을 수도, 없을 수도 있다. 막상 처음 스캐너를 돌려본 사람들은 쏟아지는 취약점 숫자에 깜짝 놀라다가도, 의미 있는 결과인가를 실제 체크해 보면서 스캐너가 얘기하는 수많은 거짓 양성에 또 한 번 놀라게 된다.

하지만 이는 스캐너 품질의 문제라기보다는 스캐너가 판단할 수 있는 영역이 블랙박스라서 어쩔 수 없는 것이라고 봐야 한다. 스캐너는 사람처럼 블랙박스를 테스트하는 것이 아니라(사람의 블랙박스 테스트는 종합적인 상황을 보면서 수행되기 때문에 스캐너처럼 완전한 의미의 블랙박스는 아니라고 본다), 요청과 브라우저에 전달된 응답 HTML 소스를 기반으로 열심히 판단하긴 하지만, 서버 내의 로직을 보거나 이해할 수 없다는 태생적 한계를 가지고 있다. 다만 블랙박스 측면에서도 제대로 테스트를 하면 서버의 내부 로직을 유추할 수 있듯이 스캐너도 필요한 측면에서 잘 선택해 쓰면 마찬가지의 효과는 있다.

또한 여기에서도 도메인, 프로그래밍적 지식이 필요한데, 왜 스캐너가 해당 페이지에서 특정 패턴의 취약점을 발견했다고 주장하는지를 스캐너와 페이지 측면 양쪽 모두에서 이해하고, 취약점이 맞는지를 판단할 수 있어야 한다. 여기에는 앞 장들에 나온 부분을 포함한 여러 보안 주제들에 대한 이해 및 스캐너가 제공한 필터들의 검출 원리의 이해가 필요하다.

많은 부분 판단이 힘든 경우 스캐너가 어떤 요청을 날렸고, 어떤 결과를 받았는지부터 로그 레벨에서 자세히 살펴보는 것이 도움이 된다고 생각한다. 그게 스캐너가 바라보는 세상의 전부이니 말이다.

6. 수동 테스트(펜테스트)와의 차이

그렇다면, 사람들이 펜테스트하는 방식이 이런 스캐닝 툴과 다른 점은 무엇일까?

6.1 수동 테스트의 장점

그림 3-3-9 빵을 만드는 장인

첫째, 앞에서 얘기했던 업로드 같은 부분을 생각해보자. 페이지를 분석하고, 업로드할 악성 파일을 탑재하고, 프록시 단계에서 파일 이름이나 자바스크립트를 바꾸면서 이런저런 조작을 하는 부분을 스캐너 판단 하에 자동으로 일어나도록 만들기는 무척 어려울 것이다. 일단 업로드하기 전까지를 구현하는 것도 어렵지만, 업로드된 파일이 실제 어떤 경로에 저장되었고 의미 있는지를 판단하는 것도, 업로드 후 업로드된 경로를 명시적으로 알려주는 사이트가 아니라면 자동으로 찾아내긴 많이 힘들 듯싶다. 물론 100% 불가능한 건 아니지만 페이지에서 업로드 기능을 찾아내고, 웹 프록시를 이용하는 과정을 자동으로 구현한다고 생각하면 머리가 많이 아플 것 같다. 이런 측면은 수동 테스트가 훨씬 효율적인 부분이라고 생각한다.

둘째, 위와 비슷하게 여러 개의 중간 단계를 거치면서 각 중간 단계에서 계속적으로 검증을 하는 설계를 가진 페이지에는 적용하기 힘들다. 요즘은 마이크로 서비스나 도메인으로 나눠진 서비스가 많아서 페이지 호출이 복잡한 구조가 많다. 많이 가는 대형 사이트를 가서 피들러로 한번 살펴보면 하나의 페이지를 들어가거나 멈춰 있을 때 눈이 아플 정도로 많은 백그라운드 호출이 있을 것이다. 위의 어려움에 더해서 모든 검증 포인트를 클라이언트 코드를 통해 회피해주는 작업이 필요하게 된다. 일반적으로 스캐너는 요청과 최종적으로 대상 쪽에서 온 응답에 기반에 동작하기 때문에, 서버에서 일어나는 여러 단계의 중간 단계에는 관심이 없다. 물론 어떻게 든 구현은 가능할 것 같지만 이 경우 스캐너의 탈을 쓴 펜 테스트 자동화 스크립트의 영역으로 가게 될 것 같다.

셋째, 마찬가지 관점으로 수동 테스트는 블랙박스와 그레이, 화이트박스의 조합을 적절히 취할 수 있다. 웹 호출을 보다가 데이터베이스의 변화를 관찰할 수도 있고, 미심쩍은 처리 부분의 프로그램 소스를 열어서 볼 수도 있다. 물론 자동화된 테스트도 데이터베이스를 참고하거나 프로그램 내부를 직접 참조할 수 있겠지만 그건 단순한 스캐너 같은 도구는 아니고, 테스트를 위해 잘 디자인된 자동화 스크립트를 직접 제작하는 경우일 것이다. 또한 수동 테스트의 경우 이해하기 힘든 현상을 만날 때 개발자와 의논할 수도 있다.

넷째, 수동 테스트는 단순히 페이지의 분석에서 벗어나, 기존 도메인에 대한 지식과 경험이 녹아 있는 테스트를 진행하며 실시간으로 전략을 바꿀 수도 있다. 이것은 언젠가 AI가 따라잡을 수 있는 분야일진 모르겠지만 현재로서는 요원해 보인다.

6.2 자동 테스트의 장점

그림 3-3-10 빵을 만드는 로봇

첫째, 자동 테스트는 우선 빠른 실행 속도가 장점이다. 대상 서버의 부하가 허용되는 만큼 병렬로 빠르게 돌릴 수도 있고, 명확히 문제와 검증 방식이 정의된 영역에 대해서는 적용이 쉽고 효율이 아주 높다.

둘째, 앞에서 언급한 five orders of ignorance에서 얘기한 것처럼 모든 소프트웨어는 지식을 코드로 구현한 것이다. 솔루션이라는 것은 우리가 가진 보안 지식을 정리하여 소프트웨어 형태로 만들어, 컴퓨터의 힘을 이용해서(어찌 보면 빛을 내는 손전등을 위해 건전지를 사용하는 것과 비슷하다) 자동화된 지식을 반복적으로 재사용하는 것이다. 지식이나 물리적인 힘을 재사용한다는 측면에서의 자동화는 정말 우수한 것 같다. 여러 공장 자동화의 예에서 이런 것들을 많이 볼 수 있고, 천재들이 자신의 지식을 잘 정리해 만든 편하고 감탄이 나는 소프트웨어들을 종종 볼 수 있다.

셋째, 변경이 적은 지식의 영역에서는 일단 세팅이 완료되면 우수한 ROI가 만족된다. 예전에 같이 일하던 분이 여러 나라의 언어로 이루어진 다양한 버전의 설치 프로그램의 검증을 자동화 툴로 진행했는데, 한번 만들어 놓으면 매번 약간의 코드 수정만으로 본전을 뽑는다는 느낌이 들었다. 추가로 자꾸 만들다 보면 자신만의 라이브러리들도 쌓이게 되고, 이미 해결해 놓은 문제들이 많기 때문에 ROI의 I(Investment) 부분이 점점 줄어들 것이다.

넷째, 객관적인 증명이 된다. 사람은 피곤하면 잘못 보기도 하고, 실수도 하고, 슬쩍 해야 될 점검을 모르는 척 건너 뛸 수도 있지만(생각보다 이런 직무유기는 종종 일어나는 일이다), 기계의 장점은 항상 객관적이라는 것이다. 물론 설계를 잘못했거나 어설프게 검증하도록 만들었을 경우에는 지나치게 객관적이어서 문제가 되긴 한다. Garbage in Garbage out이 여기도 적용된다. 앞서 이야기한 소프트웨어를 구성해야 할 올바른 지식들이 필터나 스캐너 프로그램의 철학에 잘 담겨 있는지를 꼭 만들거나 사용하기 전에 확인해 보자.

6.3 자동 테스트 vs 수동 테스트

그림 3-3-11   선택의 문제

이는 마치 "엄마가 좋아, 아빠가 좋아"와 같은 문제이다. 서로의 단점을 보완해 줄 좋은 수단이 동시에 존재하는데 굳이 하나를 외면해야 할 필요가 있을까? 수동 테스트에 익숙한 사람은 스캐너를 잘 다루도록 노력하고, 자기만의 스캐닝 정책을 커스터마이즈 하고, 불편한 부분을 개선하는 노력을 해야 한다. 스캐너는 어찌 보면 수동 테스트에서 귀찮았던 부분을 해결하기 위해 만들었기 때문에 대부분의 일하는 시간을 업무의 중요한 부분에 집중하게 하는데 많은 도움을 준다.

반대로, 주로 스캐너와 같은 자동 점검에 익숙한 사람들은 스캐너가 날리는 쿼리에 대해 로그 및 프록시를 통해 살펴보면서, 각 종류의 필터가 하는 일과 원리를 명확하게 이해해야 한다. 해당 부분을 이해하는 과정에서 결국은 스캐너의 한계를 깨닫고 불안해지면서, 수동 방식이나 소스 보안 리뷰 등의 다른 프로세스로 어떻게 보강을 해야 될지를 고민하게 될 것 같다.

양쪽 다 서로 자신을 알수록 상대방을 잘 이해할 수 있고, 상대방을 잘 이해할수록 자신을 더 잘 이해할 수 있게 되는 측면이 있다고 본다.

7. 마무리하며

설명은 길었지만, 어딘가 많이 부족한 부분이 있을지도 모르겠다. 하지만 결국 소프트웨어는 지식을 담아 재사용하는(나아가 제작 의도와 다르게 다른 데서 응용해 사용하기도 하는) 부분이기 때문에 스캐너를 해당 관점으로 보면서 스캐너 자체의 반짝거림보다는 안에 담긴 숨겨진 지식의 알맹이들에 좀 더 관심을 가졌으면 하는 바람으로 이번 챕터를 마친다.

Chapter **04**

자동화

이번 챕터에서는 자동화에 대해서 다뤄 보기로 한다. 보안은 많은 부분이 자동화를 기반으로 구축되어 있는 분야이며 자동화가 해당 부분에서 어떤 포지션을 가지고 있는지에 대해서 이야기해 보겠다.

1. 자동화란?

이번 챕터에서 몇 가지 자동화의 종류 및 예제를 보겠지만, 실제 우리는 프로그래밍한 줄을 실행하고 있는 시점부터 자동화를 수행하고 있다고 봐도 될 듯하다. 지금 이글을 쓰고 있는 컴퓨터 OS나 브라우저, 워드, 포토샵, 게임 등의 모든 소프트웨어도결국은 자동화의 결정체라고 보는 것이 맞지 않을까 싶다. 사람은 항상 효율성을 추구하는 방식으로 생각하기 때문에(어쩌면 사회적 훈련의 결과일지도 모르겠지만), 사람이 하는 많은 일들은 점점 성숙되다 보면 자동화를 추구하게 되어 버리는 것 같다.

보안 쪽에서 흔히 솔루션이라고 얘기하는 소프트웨어나 해당 기반의 펌웨어 기반의 하드웨어들도 결국은 보안 업무의 자동화가 구현된 결과라고 볼 수 있다. 우리가 매일 사용하고 있는 백신이나, 각종 제어 솔루션, 모니터링 시스템, 방화벽 등 여러 보안 솔루션들도 결국은 보안적 지식을 자동화하여(스캐너에서 얘기한 것처럼 특정한 상황의 최종적인 판단 부분에서는 아직 사람들이 많이 관여해야 하겠지만) 구현한 결과라고 볼 수 있다. 지식을 담은 매체 중의 하나가 자동화라는 개념이라고 보면 어떨까 싶다.

그림 3-4-1   지식의 자동화

2. 자동화의 구성 요소

자동화를 구현하는 데 있어서 가장 필수적이면서도 어려운 요소들은 무엇일까? 가장 기본 단계에서는 "스스로 움직이는 것"이 가장 중요하다고 본다. 로봇이나 자율주행 자동차 또한 사람이 수동으로 운전하는 것처럼 움직일 수 있게 하는 것이 우선일 것이다. 그 다음 단계가 환경을 이해하는 것이라고 본다. 만약 자율주행 자동차라면 도로의 커브, 앞 차와의 간격, 도로 노면 상태, 기후 상태, 보행자 상태, 교통 신호, 사고 상황 등 여러 가지 주행 중 만날 수 있는 환경적인 부분을 인지하여, 앞에서 확보된 여러가지 물리적 자동화 능력(전진, 후진, 회전, 브레이크 등)을 수행할지를 결정해야 한다. 그렇다면, 그러한 환경을 인지하기 위해서는 어떻게 해야 할까? 해당 환경 요소를인지해 우리가 원하는 구조적인 소프트웨어 정보로 바꾸어 주는 센서가 제공되어야 한다. 그리고 마지막으로 중요한 부분이 그 센서 정보를 기반으로 어떤 행동을 할지 판단하는 컨트롤러 모듈이다.

소프트웨어 자동화에서도 마찬가지로 환경을 파악할 수 있는 센서와 스스로 동작하기위한 액션 모듈 부분이 필요하다. 앞의 스캐너의 예에서는 beautifulsoup4 모듈이 센서의 역할을 해서 웹 페이지의 내용에 접근하고 해석할 수 있게 도와줬고, requests 모듈이 공격을 위해 요청을 날리는 액션 모듈의 역할을 했다. 또한 파이썬 언어가 그 요소들을 연결시키고 판단에 필요한 로직들을 스스로나 다른 모듈을 이용해서 채웠다고 볼수 있다(중앙 컨트롤러라고 보면 어떨까 싶다). 또한 상황에 따라 센서와 액션을 동시에 하는 모듈이 있기도 하다.

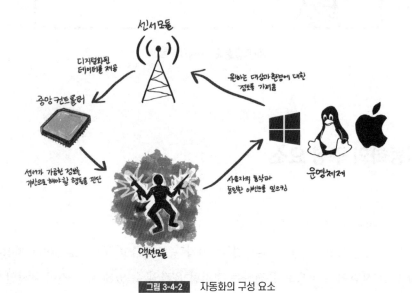

그림 3-4-2　자동화의 구성 요소

이제, 많이 볼 수 있는 몇 가지 자동화 타입에 대해서 살펴보자.

그림 3-4-3　자동화 타입

첫째, "화면 좌표를 기준으로 한 자동화"가 있다. 우리가 흔히 매크로라고 얘기하는 부분으로 특정 프로그램 창 내의 특정한 위치를 반복적으로 클릭한다든지, 키보드 이벤트 명령을 이용해서 원하는 키를 입력한다든지, 화면의 특정한 좌표의 칼라나 이미지 영역 등을 기준으로 판단하여 캐릭터 및 몬스터들의 위치를 판단하여 특정 이벤트를 일으키는 등의 일을 수행한다. 장점은 화면 좌표를 기준으로 하기 때문에 게임, 웹 등 등 어떤 프로그램이 띄워졌냐에 관계없이 원하는 위치를 클릭할 수 있다는 것이고, 단점은 UI의 변경이 일어나면, 화면 배치상의 좌표와 칼라 등이 달라질 가능성이 높기 때문에, 그에 따라 전체적인 자동화 코드의 수정이 빈번하게 일어날 가능성이 아주 높다는 것이다. 보통 해당 프로그램 환경에 대해 적절한 센서를 제공하는 프레임워크가 없는 경우에 일반적으로 초기에 이렇게 접근하게 된다.

둘째, 센서와 행동 기능이 지원되는 경우이다. 셀레늄(Selenium)이나 Pywinauto 같은 자동화 모듈을 이용하는 UI 자동화이다. 클라이언트 코드에서 얘기한 프리다 같은 툴이나 모바일 자동화에 쓰는 앱피움(Appium)도 여기에 속한다고 보면 될 것 같다. 대상은 브라우저이기도 하고 윈도우와 같은 일반 OS 환경이기도 하다. 해당 개체의 태그나 속성을 인지하고, 원하는 값을 가져오고, 특정 행동을 일으킬 수 있다(텍스트 박스에 문장을 넣고, 특정 버튼을 누른다든지). 실제 사람이 마우스나 키보드로 명령을 일으켰을 때와 동일한 방식으로 움직이기 때문에 자동화 사용을 방어하는 측면에서는 제일 까다로운 방식이기도 하다. 상황에 따라 다르겠지만 발생하는 마우스나 키보드 이벤트의 패턴을 분석하면 사람과 구분할 수는 있다.

좌표 방식의 자동화와는 달리 위치나 구성이 조금 달라진다고 해도 내부 속성 등만 그대로 유지되면 코드의 수정이 필요 없을 가능성이 높지만, 웹이나 API 기반으로 움직이는 앱, 프로그램의 경우는 네트워크 지연에 영향을 받을 가능성이 종종 있고 타 애플리케이션의 동작에 의해서도 간섭이 일어날 수 있다. 또한 비표준적인 컴포넌트(예를 들면 게임)들과 만나게 되면 프레임워크가 지원을 못해서 자체적으로 센서를 만들거나 결국은 좌표 방식으로 해결해야 하는 상황도 생긴다. 브라우저의 경우는 셀레늄을 사용하면 헤드리스(Headless) 방식이라고 해서 실제 화면에 보이지는 않고, 메모리상으로 돌아가는 스텔스 브라우저 방식으로 자동화할 수도 있다.

셋째, 보안에서 주로 자동화라고 할 때 얘기되는 "모니터링 및 작업의 자동화"이다. 소스를 특별한 주기로 백업 하여 특정 저장소에 저장하거나, 이벤트를 주기적으로 모니터링하는 등 수동으로는 귀찮고 리소스가 드는 일들을 자동화하는 것이다. 유닛 테스트 같은 경우도 테스트를 자동화한 시도 중 하나라고 볼 수 있다. 해당 부분은 앞의 요소들과도 연동할 수 있고, 머신러닝 등의 다른 분야와도 연결될 수 있다. 개인적으로, 머신러닝은 데이터 해석의 자동화 분야라고 생각한다. 이런 부분은 언어 자체의 수많은 관련 모듈을 사용해서도 구현되고, OS 자체에 내장된 수많은 관리 명령어들을 조합해서도 구현되곤 한다.

3. 보안에서의 자동화

여기서는 개인이 수행하는 범위에서의 자동화를 중심으로 얘기하려 하는데, 그렇게 범위를 좁혀 놓은 이유 중 하나는 이젠 보안 쪽의 많은 자동화들이 개인이 감당하기에는 규모 및 커버해야 하는 정보가 너무 커졌다고 생각하기 때문이다.

백신 같은 분야만 봐도 예전에는 한 명의 개인이 만들어 유지보수가 가능한 부분이었다면, 현재는 백신 회사에 속한 수많은 사람들이 24시간 교대하면서 새로운 악성 코드들에 대응해야 하는 분야가 되었다. 또한 백신이 최신의 악성 코드 공격을 파악하기 위해서 수집해야 하는 다양한 데이터의 양도 이제 한 개인이 수집하기에는 너무도 다양한 환경이고 분석해야 될 데이터의 양이 많다. 많은 백신 회사가 사람들에게 무료인 백신을 제공하는 부분도 점유율을 높이거나, 위험한 숙주들이 너무 늘어나게 되는 것을 방지하는 목적도 있겠지만, 다양한 사용자들의 환경과 그곳에서 발견되는 악성 코드에 대한 정보와 경향을 빠르게 파악하기 위한 목적도 큰 부분을 차지한다고 생각한다. 그렇게 보면 역시 세상에 공짜는 없어 보인다.

그림 3-4-4   다윗과 골리앗의 싸움

이러한 부분은 네트워크, 스캐너, 데이터베이스 접근 제어 및 모니터링, 매체 제어 솔루션, 패치 등의 관리 솔루션도 그렇고, 포렌식이나 리버싱 관련 툴도 마찬가지인 것 같다. 이제는 작은 개인이 이러한 부분에 대해서 무언가 의미 있는 성과를 내기에는 관련된 환경과 데이터가 감당할 수준을 넘어버렸고, ROI와 계속적인 유지보수는 어려운 시기가 된 것 같다. 사용하는 사람들 눈도 높아졌으며 만들어 놓은 부분에 대해서 잘 동작하는가를 증명하는 QA적 측면도 더더욱 해당 부분을 어렵게 만든다. 또한 필요한 기술의 광범위함도 한몫 한다.

이를테면, 만약 데이터베이스 접근 모니터링 솔루션을 만들고 싶다면 여러 데이터베이스의 통신 패킷들을 파싱하고 원하는 값들을 뽑을 수 있어야 한다. 물론 현재에 딱 맞는 오픈소스 라이브러리가 있을지 모르지만, 있다고 하더라도 그 라이브러리가 적용 후 새로운 데이터베이스 버전이 나왔을 때 더는 업데이트가 안 된다면 어떻게 할지 생각해 보자(다른 많이 사용되는 오픈소스 라이브러리들도 마찬가지라고 생각될지 모르지만, 수많은 사람에게 필요한 데이터베이스에 쿼리를 날리는 등 범용의 목적을 가진 라이브러리와 데이터베이스 패킷을 파싱해야 하는 특수한 라이브러리의 유지보수가 계속될 확률이 어느 쪽이 클까?).

물론 많은 인력 풀과 투자의 여유를 가진 회사들에게는 이런 근간 기술의 직접 개발 및 유지보수에 대한 제약이 적을지는 모르겠지만, 일반적으로 성숙된 분야의 툴을 스스로 만드는 것은 힘든 부분 같다. 물론 규모 있는 오픈소스 같은 분야에 기여하는 부분은 다르겠지만, 왠지 그런 활동은 개인의 활동이라기보다는 규모 있는 비영리 기업이나 봉사 단체의 활동에 가깝다고 본다. 그리고 일반적으로 큰 규모의 오픈소스 프로젝트들은 여러 기업들의 컨소시엄 비슷한 후원이 은근히 뒷받침되어 있다.

그렇다면 작은 개인의 입장에선 무엇을 자동화해야 할까? 이 부분은 틈새 시장이라는 생각으로 접근함 어떨까 싶다. 아직 변동성이 크거나 시장성이 없어서 정식의 외부 솔루션들이 개발되지 않거나, 솔루션이 있더라도 많은 투자를 하지 않아서 어설픈 분야들이 있다. 또는 솔루션을 들여놓기에는 너무 부담이 되어서 부족하나마, 유사한 효과를 가진 프로그램을 만들고 싶을 때도 있을 것이다.

또는 솔루션의 기능이 부족해서 뭔가 추가적인 보충을 해보고 싶을 때 솔루션 개발사나 오픈 소스에서는 보통 해당 부분의 개선이 여러 이유로 쉽지가 않다. 해당 회사의 입장에서 수많은 고객사의 다양한 요청을 하나하나 다 들어주다가는 수백 개의 유지해야 할 소스 트리가 생길 리스크가 발생하게 된다. 아니면 최악의 경우 예산이 없어서 몸으로 때워야 할 때 간략하게라도 툴을 만들어 커버를 해야 할 수도 있다.

또 다른 측면에서는, 일상의 모든 일이 자동화에 해당된다고 봐도 될 듯싶다. 엑셀 작업을 돕는 수많은 매크로와 함수들이 있듯이 파이썬 같은 접근이 편한 언어를 가지고 일상의 작은 일들을 자동화하는 것도 괜찮아 보인다. 처음부터 거창한 무언가를 만들려 하는 것보다는 이러한 작은 조각 조각들을 구현하다 보면, 언젠가 꽤 큰 퍼즐에 대해서도 그 동안 모은 조각들을 기반으로 처음 생각보다 어렵지 않게 만들어 낼 수도 있다. 프로그램을 주 직업이 아닌 보조 기술로 접근하는 사람들에게는 이런 접근법이 현실적일 것 같다.

그림 3-4-5   일상의 연습

예를 들어, 데이터베이스의 모든 테이블에 대해서 특정 쿼리를 날려서 원하는 정보를 가져오는 일을 해야 한다면 쿼리 분석기에서 일일이 쿼리를 만들어낼 수도 있겠지만 (SQL이나 텍스트 편집기들을 잘 쓰는 사람들은 여러 팁을 통해서 모든 테이블에 대한 쿼리를 일괄로 만들어 낼 수도 있긴 하겠지만), 파이썬으로 데이터베이스에서 테이블

목록을 얻어내거나 적당히 조건에 맞는 문법과 조합하여 쿼리를 만든 다음, 각각의 쿼리로 조회하여 결과를 엑셀 등에 정리하면 좀 더 수월할 것이다. 게다가 해당 작업이 매일매일 일어나거나, 쿼리가 자주 특정 패턴으로 변경되거나, 대량으로 일어난다면 시간을 아끼게 된다고 느껴서 매우 만족스러울 수 있다.

여러 오픈 소스로 제공되는 대시보드 같은 프로그램들도 결국은 이러한 자동화에 대한 장벽을 해당 분야에 익숙한 전문가들이 낮춰주려 하는 노력인 것 같다. 그렇게 보면 레디스나 일래스틱서치 같은 NoSQL 데이터베이스들도 키, 값 베이스의 데이터들을 쉽고, 효율적으로 저장하게 해주는 많은 노력들이 자동화의 산물이 되어 제공된다고 보면 된다. 파이썬 같은 프로그래밍 언어나 거기에 속해져 전세계 사람들에 의해 황송할 정도로 무료로 개발되어 제공되고 있는 모듈들도 마찬가지인 것 같다. 우리 중 일부는 가끔 자동화의 1차 생산자가 되기도 하지만, 대부분의 사람은 2차 생산자나 3차 생산자인 경우가 많다.

이렇게 보면 특정 분야의 자동화라는 말은 별 의미는 없는 것 같기도 하다. 적용되는 형태는 다를지 몰라도 적용되는 기술의 배경은 많은 부분들이 서로 겹치게 되는 것 같다. 결국은 자동화는 프로그래밍 또는 프로그래밍으로 감싸진 좀 더 사용자 친화적인 2차 기술들을 이용하여 일을 하는 것이라고 정의 내리고 싶다. 뒤에서는 지금까지 얘기했던 부분에 대해서 타입이 서로 다른 4가지의 파이썬 자동화 예제를 소개한다.

4. 자동화 예제 1 - 셀레늄으로 스캐너 구현하기

셀레늄(Selenium)은 웹 자동화 분야에서 많이 쓰이는 오픈 소스로 수많은 유료 툴들의 손을 들게 만든 장본인 중에 하나다. 요즘은 이런 상용보다 뛰어난 오픈 소스들이 점점 더 많아지는 듯 보인다. 해당 솔루션은 웹 드라이버란 다른 오픈 소스와 합쳐지게 되면서 더 더욱 좋아지게 됐는데, 기본적인 컨셉은 브라우저마다 웹 드라이버를 제공하고, 브라우저 종류에 상관없이 하나의 코드로 모든 브라우저에서 같은 동작을 하게 하는 것으로 브라우저 자동화 계의 자바나 파이썬이라고 봐도 되며, 앞에 얘기한 프리다(Frida)나 앱피움(Appium) 정도의 무게를 가지고 있다고 본다.

전통적으로는 QA 쪽에서 관심이 많았고, 요즘은 크롤링에서 로그인 작업 등을 위해 많이 쓰이는 툴이지만, 보안적으로는 브라우저를 직접 움직일 수 있게 한다는 특성 때문에 여러 봇 기반의 호출을 막는 방어에 대해서 회피가 훨씬 용이하다는 특징이 있다. 마치 게임 자동화에서 특정 외부 장치가 실제 키보드 마우스 신호를 내어 봇 체크를 회피하려 시도하는 것과 비슷하다고 본다.

단점은 실제 브라우저가 띄워지고 조작하는 이벤트가 일어나야 하기 때문에 한 번에 하나의 브라우저만 띄울 수 있고 스크립트가 돌아가는 동안 다른 행동을 못한다는 것인데, 크롬 같은 경우 헤드리스(Headless)라는 메모리상에서만 움직이는 브라우저를 지원해서 해당 약점을 극복할 수 있다. 다만 헤드리스 브라우저는 HTTP 패킷 정보가 일반 브라우저와 미세하게 달라 좀 더 방어하는 입장에서 봇으로 검출하기가 수월하다는 얘기가 있다. 또한, 직접적으로 데이터나 API를 통해서 접근하기 힘든 특정한 웹 페이지 등에 액션을 내려야 할 때도 써도 될 듯싶다(물론 패스워드 관리는 고민해야 한다).

어떤 예제를 만들까 고심하다가, 앞선 챕터에서 다룬 beautifulsoup4를 이용해 만든 스캐너를 셀레늄을 이용해 만들어 비교해 보려 한다. 기존 예제를 떠올려 보면 requests 모듈을 이용해서 요청을 보내서 소스를 받은 후, 해당 소스를 beautifulsoup4 라이브러리를 이용해서 돔(DOM) 구조를 파싱 했다. 여기서는 셀레늄을 이용해 2개의 라이브러리의 기능을 대체해 보려고 한다.

4.1 모듈 설치하기

```
C:\Python\security>pip install selenium
Successfully installed selenium-3.141.0
```


4.2 웹 드라이브 다운로드 받기

구글에서 "chrome web driver"라고 검색하여 자신의 크롬 브라우저 버전에 맞는 웹 드라이버를 다운로드 받는다. 해당 드라이버가 셀레늄의 호출을 크롬에게 전달해 주는 역할을 한다.

```
[ChromeDriver - WebDriver for Chrome]
https://chromedriver.chromium.org/downloads
```

해당 파일의 압축을 풀어서 chromedriver.exe 파일을 파이썬 소스와 같은 디렉토리인 C:\Python\security 폴더에 복사한다.

4.3 페이지 구조 파악하기

셀레늄은 동작을 지시할 때 페이지에 내에 있는 돔 구조에 기반에 명령을 내린다. 그래서 해당 명령을 내릴 부분들을 스크립트를 만들기 전에 미리 파악해야 한다. 물론 인풋 태그 등은 최대한 앞의 예제와 비슷하게 셀레늄을 이용해 자동으로 찾아보려 한다.

기존 SQL 인젝션 샘플 페이지를 실행한다. 기존 웹서버가 실행되어 있다면 "Ctrl+c"를 눌러 종료 후, 새 파일로 웹서버를 실행시킨다.

```
C:\Python\security>python sql_injection_has_vulnerability.py
```

브라우저에서 http://127.0.0.1:5000/item_search 주소를 열어 tom'을 입력하여 에러를 일으키고 페이지 소스 보기를 하면, 에러 메시지 부분이 보이게 된다. 전체 소스에서 에러를 찾아도 좋겠지만 정확하게 판단하기 위해서 errormsg라는 class 속성을 가진 p 태그 안의 내용으로 에러를 판단하면 되겠다. 나머지는 페이지 구조가 간단하니 자동으로 찾아서 동작을 수행하려 한다.

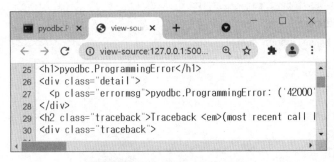

그림 3-4-6　SQL 인젝션 에러의 돔 구조

4.4 셀레늄을 이용한 코드 만들기

기존 scanner_sqli.py 페이지의 구조를 최대로 유지하면서, 셀레늄을 사용하는 것으로 변경한 코드가 아래에 있다. request 와 beautifulsoup4 모듈을 사용했던 부분을 모두 셀레늄 코드로 대체했다. 볼드체로 된 소스를 살펴보면 전체적인 구조는 둘 다 돔(DOM)을 기반으로 한 파싱을 하기 때문에 함수 이름만 다르고 기능은 비슷하다.

크게 달라진 부분은 웹 페이지의 텍스트 박스에 이벤트를 일으켜 직접 입력을 하기 때문에 인자를 넣던 페이로드 관련 코드가 사라졌고, request를 이용해 이미 프로그램에 도착한 응답 소스를 기반으로 동작하는 beautifulsoup4에 비해서 실시간으로 전송 버튼을 눌러 결과를 받아 해석하는 셀레늄 쪽은 네트워크 지연에 따른 타이밍 문제가 발생할 수 있기 때문에 WebDriverWait 메서드를 사용해 3초 정도까지는 해당 객체를 찾는 시간을 기다리기로 했다. 나머지 부분은 메서드 이름들이 직관적이어서 이전 스캐너 예제를 이해했다면 특별히 다르지는 않을 것이다.

```python
from selenium import webdriver
from selenium.webdriver.common.by import By
from selenium.webdriver.support.ui import WebDriverWait
from selenium.webdriver.support import expected_conditions as ec
from selenium.common.exceptions import TimeoutException
from dataclasses import dataclass, field, asdict
from typing import List
from urllib.parse import urljoin


@dataclass
class InputField:
    type: str = ""
    name: str = ""
    value: str = ""


@dataclass
class FormField:
    action: str = ""
    method: str = ""
    input_fields: List[InputField] = field(default_factory=list)


@dataclass
class JudgmentString:
    strings: list[str] = field(default_factory=list)
```

```python
@dataclass
class InjectionString:
    strings: list[str] = field(default_factory=list)


# 판단에 사용할 문자열들을 가져온다
def get_judgment_strings():
    judgment_strings = JudgmentString()
    judgment_strings.strings += \
        {"pyodbc.programmingerror"}
    return judgment_strings


# 공격에 사용할 문자열들을 가져온다.
def get_injection_strings():
    injection_strings = InjectionString()
    injection_strings.strings += \
        {"'", "tom", "tom'"}
    return injection_strings


# 페이지 중 <form>~</form> 태그 사이의 값을 가져온다.
# 현재 소스에서는 form 이 1개만 있다고 가정한다.
def get_form_area(url):
    # 브라우저를 띄우고 최대 3초동안 기다리면서 form 태그를 찾는다.
    browser.get(url)
    try:
        element = WebDriverWait(browser, 3).until(
            ec.presence_of_element_located((By.TAG_NAME, "form"))
        )
    except TimeoutException:
        print("not found")
        return ""

    return element
```

```python
# 폼 내부에서 input 필드를 모두 가져온다.
def get_form_info(form_area):
    form_field = FormField()

    form_field.action = form_area.get_attribute("action").lower()
    form_field.method = form_area.get_attribute("method").lower()

    input_tags = form_area.find_elements_by_tag_name("input")

    for input_tag in input_tags:
        if input_tag.get_attribute("type").lower() != "text":
            continue

        input_field = InputField()
        input_field.type = input_tag.get_attribute("type")
        input_field.name = input_tag.get_attribute("name")
        input_field.value = input_tag.get_attribute("value")
        form_field.input_fields.append(input_field)

    return form_field


# 공격 인자를 넣어 호출한 페이지의 응답 값 안에 판단에 필요한 문자열이 있는지 체크한다.
def check_vulnerability(response, url, injection_string):
    judgment_strings = get_judgment_strings()

    for judgment_string in judgment_strings.strings:
        if judgment_string in response.lower():
            print("인젝션 발견: ", url, "\n테스트 데이터: ", str(injection_string),
                "\n검출 문구: ", judgment_string, "\n", "-"*10)


# 페이지에 공격용 인자를 실어 전송 후 결과를 받는다.
def send_injection(url, form_info, injection_string):
    # 브라우저에서 url을 로딩한다.
    browser.get(url)
```

```python
    # 텍스트 입력 박스들에 인젝션 문구를 넣은 후 전송 버튼을 누른다.
    for input_field in form_info.input_fields:
        input_element = browser.find_element_by_name(input_field.name)
        input_element.send_keys(injection_string)

    form_element = browser.find_element_by_tag_name("form")
    form_element.submit()

    # 최대 3초 동안 기다리면서 errermsg라는 class 이름을 찾는다.
    try:
        element = WebDriverWait(browser, 3).until(
            ec.presence_of_element_located((By.CLASS_NAME, "errormsg"))
        )
    except TimeoutException:
        return ""
    return element.text


def page_scan(start_url):
    form_area = get_form_area(start_url)
    form_info = get_form_info(form_area)
    injection_strings = get_injection_strings()

    for injection_string in injection_strings.strings:
        url = urljoin(start_url, form_info.action)
        response = send_injection(url, form_info, injection_string)
        check_vulnerability(response, url, injection_string)


if __name__ == "__main__":
    # 크롬 웹 드라이버를 생성한다.
    browser = webdriver.Chrome()

    page_url = "http://127.0.0.1:5000/item_search"
    page_scan(page_url)
```

코드 보기   automation_ui_selenium.py

해당 코드를 C:\Python\security 폴더에 automation_ui_selenium.py 이름으로 저장한다.

4.5 프로그램 돌려보기

새 커맨드 창을 띄워 실행하게 되면 크롬 브라우저가 뜨면서 자동으로 데이터를 전송하고, 에러를 일으키면서 인젝션 여부를 체크하여 결과를 보여준다. 처음 보게 된다면 이렇게 브라우저가 자동으로 움직이게 되는 것이 신기하게 느껴질 수도 있을 것이다.

```
C:\Python\security>python automation_ui_selenium.py
인젝션 발견:  http://127.0.0.1:5000/item_search
테스트 데이터:   tom'
검출 문구:  pyodbc.programmingerror

   ----------

인젝션 발견:  http://127.0.0.1:5000/item_search
테스트 데이터:   '
검출 문구:  pyodbc.programmingerror

   ----------
```

그림 3-4-7 셀레늄 브라우저 자동 실행 화면

5. 자동화 예제 2 – 메모장으로 파이썬 스크립트 저장하여, 실행 후 지우기

웹 UI의 자동화가 있다면 시스템 UI의 자동화 부분도 있다. 여기서는 좌표 방식의 툴이 아닌 프로그램 객체를 찾아 움직이는 경우를 시연해 보려 한다. 요즘은 웹과 앱들의 시대라서 그런지 이쪽은 유명한 오픈소스 자동화 라이브러리는 없는 듯하고, 몇 가지 버전을 이어오는 라이브러리들이 있다. 여기에서는 간단한 메모장을 가지고 시연하지만 실제 여러 데스크톱 애플리케이션을 자동화하기 위해서는 라이브러리가 해당 컴포넌트를 지원도 해줘야 하고 풀어야 할 문제가 많다. 게임 같은 건 당연히 뭔가 게임사 자체에서 내부 자동화 테스트를 위해 커스터마이즈를 하지 않는 한 불가능하다.

5.1 모듈 설치하기

```
C:\Python\security>pip install pywinauto
Successfully installed comtypes-1.1.9 pywin32-300 pywinauto-0.6.8
```

5.2 코드 만들기

메모장만 컨트롤하면 되므로, 바로 코드를 보자. 코드를 보면 각 윈도우에 속해 있는 텍스트나 내부 컨트롤 기준으로 동작을 내리게 된다. 컨트롤 이름들은 라이브러리에 내장된 함수나 윈도우 스파이 등으로 찾아낼 수 있다. 기본적으로는 앞의 셀레늄과 관련 영역만 다를 뿐 동작 방식은 같다고 본다(사실 스크립트 자동화 툴이 대부분 서로 엇비슷하다). 메모장으로 프린트를 하는 파이썬 확장자 파일을 만들어 저장한 다음 실행 결과를 화면에 뿌리고, 이후 만든 파일을 지운다.

```
from pywinauto.application import Application
import subprocess
import time
import os

# 메모장를 띄운다.
app = Application().start("notepad.exe")

# 메모장에 파이썬 스크립트를 입력한다.
app.UntitledNotepad.Edit.type_keys("print {(}'ui automation sample'{)}", with_
spaces = True)

# 파일을 C:\python\security 폴더에 UTF-8 포맷으로 저장한다.
app.UntitledNotepad.menu_select("파일(&F)→저장(&S)")
app.다른_이름으로_저장.Edit1.set_edit_text("C:\python\security\samplecode.py")
app.다른_이름으로_저장.ComboBox2.select("모든 파일")
app.다른_이름으로_저장.ComboBox3.select("UTF-8")

time.sleep(1.0)
app.다른_이름으로_저장.Button1.click()
app.UntitledNotepad.menu_select("파일(&F)→끝내기(X)")

# 파일을 실행 하고 실행 결과를 받아 프린트 한다.
cmd = subprocess.run(["python", "samplecode.py"], capture_output=True)
stdout = cmd.stdout.decode()
print(stdout)

# 메모장으로 작성했던 파일을 지운다.
os.remove("samplecode.py")
```

코드 보기   automation_ui_notepad.py

해당 코드를 C:\Python\security 폴더에 automation_ui_notepad.py 이름으로 저장한다.

5.3 프로그램 돌려보기

실행을 하게 되면 메모장이 실행되어 파이썬 스크립트를 입력 후 저장된다. 이후 실행
된 후 결과를 출력하면서 파일이 지워진다.

```
C:\Python\security>python automation_ui_notepad.py
ui automation sample
```

그림 3-4-8 실행 중인 메모장

6. 자동화 예제 3 – 주기적으로 돌아가면서 작업하기

위와 마찬가지로 UI의 자동화가 있다면 시스템 작업 자체를 자동화하는 작업을 할 수
도 있다. 이 부분은 언어와 라이브러리가 지원하는 대로 마음껏 할 수 있어서 프로그
램을 만드는 일과 동일하기 때문에 프로그래밍에 익숙할수록 더 많은 일을 할 수 있을
것이다. 데이터를 주기적으로 이관하는 일부터 스캐닝까지 원하는 작업을 끼워 넣으면
되는데, 보통 Cron이나 윈도우 스케줄러를 이용하는 경우가 있고, 각 프로그래밍 언어
에서 지원하는 스케줄러 모듈을 사용하는 경우가 있다.

여기에서는 Advanced Python Scheduler 모듈을 사용해 만들어 보자. 해당 스케줄러는

스케줄러 자체로도 돌 수 있고, 다른 프로세스가 돌아가는 뒤에서 주기적으로 돌아갈 수 있다. 예를 들면, 정상적으로 잘 돌아가고 있는 웹 서버 뒤에서 주기적으로 상태를 기록한다 거나 하는 일이 가능하다. 원래는 책 제목처럼 구글을 주기적으로 검색하는 예제를 만들까 고민했지만, 기본적으로 API를 사용하지 않은 크롤링에 대해서는 구글에서 불법이라고 규정하고 있으므로 보안 책에서 해당 예제를 소개하지 않는 것이 옳다고 판단했다. 이러한 이유로 기존에 만들어 놓은 SQL 인젝션 페이지를 대상으로 하려고 한다. 참고로 근래의 구글 검색은 파싱의 기준이 되는 내부 클래스 이름 등을 매번 랜덤으로 생성하여 파싱을 힘들게 하고, 프로그램이 호출할 경우는 브라우저와 다른 소스를 주는 등 크롤링과 조작이 어렵도록 방어가 되어 있다.

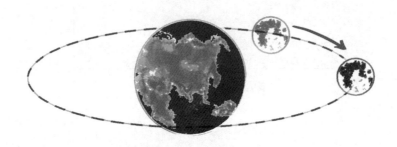

그림 3-4-9 주기적으로 실행하기

6.1 모듈 설치

```
C:\Python\security>pip install apscheduler
Successfully installed apscheduler-3.7.0 tzlocal-2.1


C:\Python\security>pip install lxml
Successfully installed lxml-4.6.3
```

```
C:\Python\security>pip install pandas (기 설치)
C:\Python\security>pip install requests (기 설치)
```

6.2 파이썬 코드 만들기

밑의 코드 중 run_job 안에 주기적으로 실행시키기를 원하는 어떤 작업 내용이라도 넣으면 되는 구조이다. 5초에 한 번씩 돌도록 되어 있고, 원래는 beautifulsoup4 등의 파싱 모듈로 테이블 내용을 파싱하는 것이 일반적이겠지만, pandas 모듈의 read_html 메서드를 이용해 HTML을 가져와 테이블 내의 데이터를 파싱해 dataframe을 구성하게 했다.

```python
from apscheduler.schedulers.blocking import BlockingScheduler
import requests
import pandas as pd
from datetime import datetime


class TestJob:
    @staticmethod
    def run_job():
        s = requests.Session()

        headers = {
            'User-Agent': 'Mozilla/5.0 (Macintosh; Intel Mac OS X '
                          '10.14; rv:79.0) Gecko/20100101 Firefox/79.0',
            'Host': '127.0.0.1',
            'Referer': 'http://127.0.0.1:5000/item_search/'
        }

        # tom을 파라매터로 페이지를 호출하자
```

```
        page_url = "http://127.0.0.1:5000/item_search"
        payload = {"searchText": "tom"}
        response = s.post(page_url, headers=headers, data=payload)


        # 호출 결과를 pandas 로 파싱(소스 내 table들을 dataframe으로 만들어 줌)
        df_table_list = pd.read_html(response.text)
        # 첫번째 테이블을 가져와 화면에 현재 시간과 함께 출력한다.
        df = df_table_list[0]
        print("크롤링 시간: " + str(datetime.now()))
        print("*"*50)
        print(df)
        print("*"*50)



if __name__ == "__main__":
    # 포그라운드 스케줄러 실행 모드
    schedule = BlockingScheduler(timezone="MST", standalone=True)
    test_job = TestJob()

    # 스캐줄링 잡 등록
    schedule.add_job(test_job.run_job, "interval", seconds=5)
    try:
        schedule.start()
    except (KeyboardInterrupt):
        print("종료 처리")
```

코드 보기   automation_schedule_job.py

해당 코드를 C:\Python\security 폴더에 automation_schedule_job.py 이름으로 저장한다.

6.3 프로그램 돌려보기

우선 테스트할 페이지를 띄워보자. 인젝션 챕터에서 만들었던 SQL 취약점이 있던 샘플 페이지를 다시 띄운다. 기존 웹서버가 실행되어 있다면 "Ctrl+c"를 눌러 종료 후, 새 파일로 웹서버를 실행시킨다.

```
C:\Python\security>python sql_injection_has_vulnerability.py
* Running on http://127.0.0.1:5000/ (Press Ctrl+C to quit)
```

이후 새 커맨드 창을 띄워 스케줄러를 돌린다. 5초에 한 번씩 스케줄러가 돌면서 해당 사이트에 tom을 입력해 결과를 가져온 다음 해당 부분을 pandas로 파싱에 화면에 뿌려준다. 추가로 해당 크롤링된 데이터를 잘 정리해 데이터베이스에 저장하거나, 통계적으로 가공하거나, 웹 페이지를 만들어서 보여주거나 할 수도 있다.

```
C:\Python\security>python automation_schedule_job.py
크롤링 시간: 2021-04-29 19:53:46.541959
********************************************
   회원아이디 구매물품  구매수량                    구매일  구매단가  총구매금액
0    tom     자몽     3  2021-01-01 00:00:00  1500   4500
1    tom     식혜     2  2021-01-03 00:00:00  1000   2000
2    tom     식혜     1  2021-01-02 00:00:00  1000   1000
********************************************
크롤링 시간:  2021-04-29 19: 53: 51.363151
********************************************
   회원아이디 구매물품  구매수량                    구매일  구매단가  총구매금액
0    tom     자몽     3  2021-01-01 00:00:00  1500   4500
1    tom     식혜     2  2021-01-03 00:00:00  1000   2000
2    tom     식혜     1  2021-01-02 00:00:00  1000   1000
********************************************
```

7. 자동화 예제 4 – 데이터베이스에서 개인정보 찾기

보안 쪽에서 가장 많이 쓰이는 프로그래밍 요소 중 하나는 패턴에 대한 해석이 아닐까한다. 어찌 보면 이것은 보안 쪽에서 발생하는 데이터가 그만큼 비정형적인 경우도 많아 정리를 많이 해야 한다는 불행한 반증이기도 하다. 패턴의 해석 방식 중에서 가장자주 보는 것이 정규 표현식이다.

다음 챕터에서 다룰 모니터링과도 연결될 내용이긴 하지만, 결국 데이터를 기반으로모든 것을 자동 또는 수동으로 검사할 수밖에 없기 때문에, 결국 통계적으로 가공된데이터이든 아니면 로(Raw) 데이터 자체이든 그 안에서 패턴을 찾아야 한다. 물론 특정한 데이터베이스 안에 담겨있는 숫자 데이터의 변화를 체크하는 경우도 있긴 하겠지만, 그 숫자의 임계치가 만들어지는 배경을 살펴보게 되면 특정한 조건이 발생할 때의도적으로 쌓은 경우라고 볼 수 있고, 그런 특정한 조건이 주어지는 상황 또한 또 다른 패턴이라고 볼 수 있다.

만들어 볼 예제는 MSSQL 데이터베이스 안의 모든 테이블을 대상으로 샘플 데이터를조회하고, 그 안에 개인정보 패턴이 있는지를 검색하고 결과를 출력하는 프로그램이다. 개인정보 패턴을 찾는 정규 표현식은 구글에서 찾은 개인정보보호위원회와 KISA배포한 "홈페이지 개인정보 노출방지 안내서"를 참조했다. 개정이 계속되어 링크는 계속 바뀌니 구글을 이용하여 다운로드 하기를 바란다.

지금껏 이야기한 것을 그림으로 간단히 정리하면 다음과 같다.

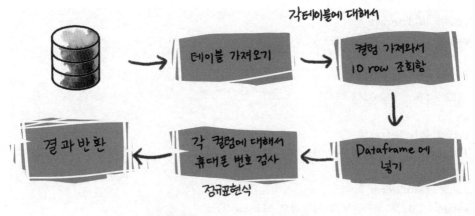

그림 3-4-10 데이터베이스 개인정보 체크 설계

7.1 데이터베이스에 개인정보 데이터 만들기

코드를 보기 전에 개인정보가 담긴 테이블이 있어야 결과가 나올 것이기 때문에 우선 MSSQL Management Studio를 실행하여 데이터베이스에 테이블을 2개 추가하고 데이 터를 넣어보자(쿼리 실행 방법을 모르는 경우 부록 및 인젝션 챕터를 참조한다).

```
CREATE TABLE Secret_A
(
    MemberNo int,
    MobileTel varchar(20),
)
go


CREATE TABLE Secret_B
(
    MemoNo int,
    Memo varchar(100),
)
go
```

```
INSERT INTO Secret_A
values (10, '010-1111-2222')
go
INSERT INTO Secret_A
values (20, '010-3333-4444')
go
INSERT INTO Secret_B
values (2000, '전화번호는 011-1234-5678입니다')
go
INSERT INTO Secret_B
values (2001, '개인정보가 아니예요 010-2222')
```

SQL 쿼리   query_3부_4장_01.sql

데이터를 조회하면 다음과 같이 조회 데이터가 나온다. 내용을 보게 되면 Secret_A 테이블에는 MobileTel 컬럼의 2개의 행 모두 개인정보가 들어있고, Secrest_B 테이블은 Memo 컬럼 한 개의 행에 개인정보가 있다. 나머지는 그저 일반 숫자이다. 해당 데이터베이스에는 이외에도 앞의 챕터들에서 만들었던 몇 개의 테이블이 같이 들어 있을 것이다.

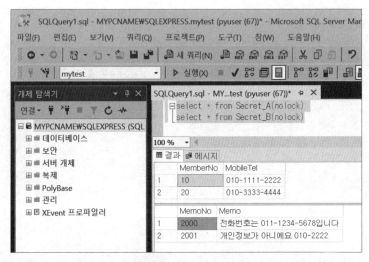

그림 3-4-11   개인정보 테이블

7.2 모듈 설치

```
C:\Python\security>pip install pyodbc (기존 설치)
```

7.3 파이썬 코드 만들기

파이썬으로 만든 코드를 살펴보자. 이제 많이 익숙해졌을 듯싶은데, get_table_names 함수에서 테이블 이름들을 얻어오고, 각 테이블을 루프를 돌면서 get_column_names 함수를 이용하여 컬럼 이름들을 가져온다. 이후 make_dataframe 함수를 이용하여 조회한 데이터를 pandas 데이터 프레임에 담고, 각 테이블의 각 열의 데이터를 가져와 검사후, 결과를 저장한다. 데이터 클래스는 일부러 모든 데이터를 하나로 다 모으기 위해서 테이블들, 테이블, 컬럼, 컬럼의 검출 결과 식으로 계층식으로 구성했다.

```python
import pyodbc
import pandas as pd
import re
from dataclasses import dataclass, field, asdict
from typing import List


@dataclass
class DetectedPayload:
    detected_type: str = ""
    detected_values: list[str] = field(default_factory=list)


@dataclass
class Column:
    column_name: str = ""
    detected_payloads: list[DetectedPayload] = field(default_factory=list)
```

```python
@dataclass
class Table:
    table_name: str = ""
    columns: list[Column] = field(default_factory=list)


@dataclass
class Tables:
    tables: list[Table] = field(default_factory=list)


def get_cursor_and_connection():
    server = 'localhost'
    database = 'mytest'
    username = 'pyuser'
    password = 'Test1234%^&'

    mssql_conn = pyodbc.connect(
        "DRIVER={ODBC Driver 17 for SQL Server}; \
        SERVER=" + server + "; PORT=1433;DATABASE=" + database + "; \
        UID=" + username + "; PWD=" + password)

    cursor = mssql_conn.cursor()
    return cursor, mssql_conn
cursor, mssql_conn = get_cursor_and_connection()


# sysobjects를 이용해 모든 테이블 이름들을 가져와 tables 객체에 넣음
def get_table_names():
    tables = Tables()
    sql_get_tables = "SELECT name FROM sysobjects WHERE xtype='U'"
    cursor.execute(sql_get_tables)
    rows = cursor.fetchall()

    for row in rows:
        table = Table()
```

```
        table.table_name = row[0]
        tables.tables.append(table)
    return tables


# 해당 테이블의 컬럼 이름을 얻어와 table 객체의 colunms 프로퍼티에 넣음
def get_column_names(table):
    column_names = []

    sql_get_columns = "SELECT column_name FROM " \
                      "INFORMATION_SCHEMA.COLUMNS WHERE TABLE_NAME = ?"
    cursor.execute(sql_get_columns, table.table_name)
    rows = cursor.fetchall()

    for row in rows:
        column = Column()
        column.column_name = row[0]
        table.columns.append(column)
    return table


# select 뒤에 넣을 컬럼 항목 만들기(a, b, c 이런 식으로 만들어진다)
def make_column_query(columns):
    column_query = ''

    for column in columns:
        column_query = column_query + column.column_name + ','
    column_query = column_query[:-1]
    return column_query


# 테이블에서 10 row를 가져와 Panda Dataframe에 담는다
def make_dataframe(table):
    column_query = make_column_query(table.columns)

    query1 = "SELECT top 10 " + column_query + " FROM " \
             + table.table_name + "(nolock)"
```

```python
    df = pd.read_sql(query1, mssql_conn)
    return df


# 핸드폰 패턴을 찾아서 Column 객체의 detected_payloads 속성에 넣는다.
def check_personal_pattern(data_cells, column):
    mobile_tel_pattern = "(01[016789][~.\s]?[0-9]{3,4}[~.\s]?[0-9]{4})"

    detected_payload = DetectedPayload()

    for data_cell in data_cells:
        data_cell = str(data_cell)
        match_mobile_tel = re.search(mobile_tel_pattern, data_cell)

        if match_mobile_tel:
            detected_payload.detected_values.append(match_mobile_tel.group(1))

    if len(detected_payload.detected_values) > 0:
        detected_payload.detected_type = "mobile"
        column.detected_payloads.append(detected_payload)


if __name__ == "__main__":
    tables = get_table_names()

    # 구조 파악 및 검사하기
    print("-"*30 + "체크 테이블" + "-"*30)
    for table in tables.tables:
        print("[" + table.table_name + "]")


        table = get_column_names(table)
        my_dataframe = make_dataframe(table)

        # 컬럼 이름을 가져와서,
        for column in table.columns:
```

```
            # 컬럼 이름에 해당하는 수직 row 데이터를 가져온다.
            data_cells = my_dataframe[column.column_name].tolist()
            check_personal_pattern(data_cells, column)


    # 검출 결과 출력
    print("-"*30 + "검출 결과" + "-"*30)
    for table in tables.tables:
        for column in table.columns:
            if len(column.detected_payloads) > 0:
                for detected_payload in column.detected_payloads:
                    print("테이블:컬럼 - " + table.table_name
                        + ":" + column.column_name)
                    print("타입:검출 값 - " + detected_payload.detected_type
                        + ":" + str(detected_payload.detected_values))
```

코드 보기   automation_db_inspection.py

해당 코드를 C:\Python\security 폴더에 automation_db_inspection.py 이름으로 저장한다.

7.4 프로그램 돌려보기

이제, 프로그램을 실행해 보자.


```
C:\Python\security>python automation_db_inspection.py

----------------------------체크 테이블----------------------------
[supermarket]
[order_record]
[secret_member]
[escape_test]
[sms_cert]
```

```
[Secret_A]
[Secret_B]
-----------------------------검출 결과-----------------------------
테이블:컬럼 - Secret_A:MobileTel
타입:검출값 - mobile:['010-1111-2222', '010-3333-4444']
테이블:컬럼 - Secret_B:Memo
타입:검출값 - mobile:['011-1234-5678']
```

결과를 보면 개인정보 패턴이 없는 supermarket 같은 테이블들은 그냥 넘어갔고, 개인
정보가 들어있는 Secret_A, Secret_B 테이블에서만 개인정보를 찾아서 결과를 보여주고
있다. 실제 구현 시 해당 값들을 화면이 아닌 데이터베이스 등에 체계적으로 쌓아 확
인용으로 사용하는 게 좋을 것이다.

7.5 프로그램 확장하기

위의 코드는 아주 간단한 개념 증명(POC) 레벨이라고 볼 수 있다. 실제 환경에서 사용
하려면 어떤 부분의 확장이 고려되어야 할까?

첫째, 위에는 핸드폰 번호 하나밖에 패턴이 없지만, 여러 개인정보 패턴을 검사할 수
있어야 한다. 적용 시에는 가이드에서 제시된 패턴이 현재 도메인에 맞는 적절한 패턴
인지도 고민을 해야 하고, 특정 도메인에서만 사용하는 개인정보를 패턴을 추가로 구
현해야 할 수 있다. 개발 언어마다 정규표현식 문법이 조금씩 다르므로 그런 부분들도
주의해야 한다.

둘째, 검색 기능의 확장이 필요하다. 여기서는 데이터베이스가 하나밖에 없다고 가정
하지만 일반적으로 회사 내에는 수많은 서버들이 있고, 해당 서버 내에 데이터베이스
나 스키마가 복수 개 있는 경우도 있다. 서버 목록을 관리하고, 해당 서버에 존재하
는 데이터베이스를 찾는 부분이 고려되어야 한다. 오라클, MySQL 같은 RDB라면 위

의 MSSQL에 대한 코드를 비슷하게 수정해 쓸 수 있겠지만, Redis, MongoDB 같은 NoSQL 데이터베이스라면 데이터를 파싱해서 분류하는 작업이 해당 데이터베이스에 따라 다르다. 쿼리 형태도 다를 뿐 아니라, 넘어오는 데이터도 JSON 베이스의 키, 값 데이터가 여러 깊이로 쌓여 있거나 키가 수백만 개 있는 경우도 있기 때문에 해당 부분을 어떻게 접근할지도 고민해야 한다. 기존 테이블, 컬럼, 값에 대한 개념을 NoSQL 데이터베이스의 요소들과 매칭시킬지 분리해 다룰지에 대한 문제도 마찬가지로 고민이 필요하다.

셋째, 언제나 우리를 괴롭히는 거짓 양성의 문제가 있다. 패턴 방식으로 찾을 때 필연적으로 생기는 단점 중 하나는 항상 개인정보가 아니지만 개인정보 패턴과 일치하는 유사 데이터들이 검출 결과에 무수히 나온다는 점이다. 안전한 컬럼명, 특정 패턴들의 통계적 분포 등의 기준으로 실제 개인정보가 아닌 유사 데이터들을 어느 정도 자동으로 걸러주는 기능이 있어야 한다. 검사해야 되는 대상 자체를 키나 도큐먼트의 유형별 유사도에 따라서 제외해야 할 수도 있다.

넷째, 결과를 어떻게 관리하고 보여줄지도 고민해 봐야 한다. 엑셀로 담을 것인지, 데이터베이스로 담아 웹 페이지에서 관리하게 할 것인지 또는 히스토리나 결과에 대한 관리 및 검증에 대해서도 생각해 봐야 한다.

추가로 만들어진 프로그램에 대해서 어떻게 정상적으로 동작했다는 것을 보장할 수 있을지에 대해서 검증할 수 있는 방법도 생각해야 한다. 버그나 기능적 빈틈이 있을지도 모르는 프로그램이라면 해당 프로그램을 돌림으로서 개인정보를 안전하게 제거하고 있다는 자신을 하기 힘들지도 모른다. 이렇게 열거하고 보면 할 것이 엄청 많이 보이지만, 기본적으로 돌아가는 프로그램을 만들고 하나하나 문제를 해결하다 보면 점점 프로그램이 모양을 갖추게 된다.

8. 마무리하며

'자동화'라는 망망대해 같은 주제를 짧은 예제 몇 개로 요약한다는 것이 다소 무리일 수도 있지만, 앞에서 이야기했듯이 프로그래밍 자체가 자동화이며 프로그래밍 언어 공부가 곧 자동화를 공부하는 것이라고 봐도 무리가 없다. 시작부터 무언가 크고 멋진 결과를 꿈꾸기보다는 자신 주변에 있는 작은 자동화 요소들을 찾아서 조금씩 연습을 하면서 각자 자동화의 씨앗을 잘 키워 열매 맺기를 바란다.

Chapter **05**

모니터링 문제

이번 챕터에서는 모니터링에 대해서 얘기해 보겠다. 모니터링은 보안만이 아니라 모든 IT 영역에서 이슈가 되는 부분이기도 하지만, 간단한 예제와 함께 보안에서의 모니터링이 무엇일지에 대해서 가볍게 생각해 보려 한다.

1. 물리 보안 vs 소프트웨어 보안

흔히 물리 보안을 소프트웨어 보안과 다른 좀 더 쉽고 명확한 분야로 취급하는 경향이 많은 것 같지만, 2개의 분야는 동등한 레벨의 연결 고리를 가지고 있다고 생각한다. 예로서 특정한 가게를 도난에 안전하게 지키려고 노력한다고 생각해 보자. 가장 기본적으로 CCTV, 동작 감지기 등의 가게 주변의 환경의 변화를 모니터링하고 알려주는 센서들을 왜 설치하는 걸까? 결국은 특정한 상황을 알려주는 데이터를 얻기 위해서라고 볼 수 있다.

그림 3-5-1   도난 방지하기

만약 CCTV가 처음부터 적절하지 않은 장소에 설치된다면 어떤 일이 벌어지게 될까? 잘못되거나 의미 없는 데이터를 가지고 판단 및 모니터링하는 결과를 가지게 될 것이다. 또한 현실적으로 사람이 잠시도 빼먹지 않고(또는 지치지 않고) 모니터링하는 모든 데이터들을 100% 보고 있을 순 없으니 촬영되는 데이터에 대해서 여러 소프트웨어적인 요소들을 적용하여 이상 현상을 포착하려고 한다.

CCTV를 예로 들면 화면의 변화, 화면 안의 대상의 움직임, 해당 움직임의 의미 등을 프로그래밍(나아가 통계나 데이터 분석)을 사용해 해석해서, 침해가 일어난다고 의심되는 특정 이벤트를 알람으로 발생하게 하여 효율적인 모니터링을 하려고 한다. 이러한 관점에서 바라보게 되면 물리적 모니터링은 소프트웨어적인 데이터 모니터링과 문제의 성격으로 보아 별 차이는 없어 보인다.

또한 이러한 데이터의 해석 부분은 이후 현실적인 액션이 있어야만 의미가 있을 수 있다. 가게 자체적인 셀프 CCTV의 구축이 효율이 적은 이유 중 하나는 누군가 계속 제대로 모니터링을 해야 하며, 사건이 발생했을 때 조치할 방법이나 즉각적으로 행동할 사람이 없다면 효용성이 많이 떨어지기 때문이다. 며칠 분량의 CCTV를 뒤지면서 원하는 장면을 찾아본 경험이 있다면 사후조치로 과거의 원인을 찾는다는 게 얼마나 사람을 힘들게 만드는 일인지 알 수 있을 것이다.

이러한 부분이 보호해야 할 자산을 가진 사람들이 중앙 집중적인 관제 및 이상 현상이 발생 시 조치가 가능한 순찰 서비스를 제공하고 있는 여러 대형 보안 업체의 서비스들을 사용하는 이유라고 생각된다(기업이 대형 관제 서비스를 이용하는 경우도 마찬가지이다). 해당 서비스에서 영상 및 이벤트 데이터들은 실시간으로 원격으로 저장되어 안전하게 보존, 백업되며, 각 이벤트는 관제사 및 프로그램들에 의해서 확인되고, 문제가 있을 시 물리적 조치를 행사할 수 있는 요원들이 움직이기 때문일 것이다. 물론 실제로는 그런 부분이 상징적인 효과일 수도 있고(저 가게는 **에 의해 지켜지고 있으니 시도하지 말자) 관련하여 부담스러운 비용이나 프라이버시 문제가 있을 수도 있을 것이다.

2. 결국 중요한 것은 데이터

이 책의 초반부에서 보안의 주요한 부분 중 하나가 데이터의 흐름을 따라다니는 일이라고 언급했는데, 모니터링도 크게 그 범위를 벗어나지는 않다고 본다. 시간이 지날수록 현실의 많은 데이터는 0과 1로 이루어진 형태로 등가적으로 변환되어 컴퓨터 안으로 들어가고 있다. CCTV의 영상도, 다른 여러 센서의 데이터도, 사람들의 행동들도 모두 디지털화됨으로써, 현실의 많은 부분이 이제는 컴퓨터 내의 문제로 등가적으로 치환되었다고 볼 수 있을 듯하다. 그렇게 컴퓨터 내의 데이터 문제가 되어 버리면 그동안 사람들이 고안해낸 여러 컴퓨터 내의 데이터 문제를 해결하는 기법들을 사용할 수 있게 되겠지만, 동시에 그렇게 됨으로써 몇 가지의 새로운 차원의 문제도 발생하게 되었다고 본다.

첫째, 정확하게 현실의 특징을 충분히 반영하여 디지털로 변환되었냐는 문제가 있다. 예를 들어 예전의 CCTV의 해상도가 낮았던 시절에는 해당 데이터를 가지고 100% 정확한 판단을 하기 힘든 문제가 있었다. 또한 CCTV 위치가 잘못되어 특정 시간에 태양빛이 너무 밝게 들어와 영상을 제대로 인지 못 할 수도 있고, 센서가 고장날 수도 있으며, 센서의 임계치 등 설계가 처음부터 적합치 않았을 수도 있다.

이런 부분은 소프트웨어 보안 쪽에서도 마찬가지라고 보는데, 우리는 데이터베이스 안에 모든 데이터나 로그가 애초부터 그런 형태로 자연스럽게 쌓인 거라고 생각하지만, 실제 그 데이터를 생성하게 한 대상은 컴퓨터 바깥 세상의 존재나 그 존재의 행동일 가능성이 높다. 그렇다면 그 데이터를 만들어낸 대상이 가지고 있는 본래 특징을 올바르게 판단이 가능할 정도의 정확한 데이터인가를 우선적으로 따져봐야 한다. 영화에서 나오듯 CCTV나 센서를 보고 있는 감시 요원들이 트릭을 쓰는 대상들을 멍청히 놓치게 되는 이유는 이 판단을 위한 원천 데이터 자체가 왜곡되는 경우라고 볼 수 있다. 또는 아예 처음부터 소프트웨어에서 내부 구성 요소로부터 생겨난 외부의 영향을 받지 않는 데이터일 수도 있겠지만. 그 경우에도 우리가 최종 모니터링에 사용할 기반 데이터를 제대로 만들어낸 것인지에 대해서 항상 여러 측면에서 고민을 해봐야 하는 것 같

그림 3-5-2 데이터의 착각

다. 그래서 데이터를 만들어낸 도메인을 제대로 이해하면서 데이터의 수집부터 시작해, 올바른 판단에 이용할 수 있는 데이터를 만들어 내고, 위의 소프트웨어적인 해결 도구들을 적합하게 사용했는지를 면밀히 검토해야 한다.

둘째, 우리가 현재 데이터라고 믿고 있는 세상이 실제 우리가 원하는 현상을 모니터링하기에 근거 요소들을 충분히 보유하고 있는가에 대한 문제가 있다. 이 세상이 많은 부분 근사와 추정으로 이루어져 있긴 하지만, 가능한 현재 모니터링하고 싶은 부분에 대해 적절한 이벤트를 만들어 낼 수 있는 데이터를 수집하고 있는지는 확인해 봐야 한다.

보안이나 QA 쪽 데이터가 다소 그런 면이 있기는 하지만, 시스템의 동작을 위한 데이터와 시스템을 모니터링하는 데이터는 겹칠 때도 많지만 별개일 수도 있다. 시스템의 여러 동작 간에 모니터링을 위한 데이터를 일부러 쌓아야 하는 경우도 있고(거래소 같은 데서는 차후 원인 추적을 위해 모든 단편적인 처리에 대해 일반 기업 기준에서는 과도할 정도로 하나하나 로그를 다 쌓는다고 한다), 뒤에서 준 실시간적으로 집계하여 효율성 있게 모니터링하기 위한 기반 데이터를 만들어야 하는 경우도 있을 수 있다. 이러한 부분은 저장 비용, 성능적 측면과도 밀접히 연관되어 있는 경우가 많으므로, 뻔한 말이기는 하지만 새로운 시스템이 만들어지고 적절한 보안적인 모니터링이 필요하다면, 설계 단계부터 여러 측면에서 모니터링 설계나 관련 예산 측면에서 고려를 해야 하는 부분 같다. 일단 시스템이 본 궤도에서 돌아가게 되면 운영 데이터 안에 모니터링 데이터 및 시스템을 끼워 넣기는 엄청 힘들어지게 된다.

셋째, 과거의 데이터를 기반으로 만들어낸 규칙이 새로운 데이터에 얼마나 적합한지에 대한 부분이다. 머신러닝에서도 학습된 모델이 현재 얼마나 유효한지에 대해 항상 고민하기는 하지만, 굳이 그렇게 복잡한 상황이 아니더라도 기본적인 모니터링 판단에서도 마찬가지이다.

만약 CCTV를 열심히 설치해 놨는데 새로운 문들이 생긴다면 어떻게 될까? 새로운 권한을 가진 사람들이 같이 근무하게 될 수도 있을 것이다. 회사의 근무시간이 고정된 시간에서 자율 출퇴근제로 바뀌어도 마찬가지일 것이다. 또한 재택근무가 된다면 등 현재의 고정된 판단을 가졌던 데이터의 규칙이 언제라도 특정 시점에 바뀔 수 있을 것이다. 기존의 모델이나 규칙이 그런 변화까지 모두 포용 가능하다면 좋겠지만 그렇게 않을 가능성이 더 높을 것이다.

그래서 기존 모니터링 시스템에서 인지했던 데이터들의 예상하지 못했던 변화들을 적절히 2차 모니터링하여 데이터의 대상 및 룰에 대한 변화가 필요하다는 것을 알려 줄 수 있는 설계도 필요할 수 있다. 물론 그렇게 변할 가능성이 있는 데이터를 판단의 기준으로 삼지 않는 접근 방법도 있지만, 당장 효과가 있고 마땅히 그것 외에는 판단이 불가능할 경우도 많아서 해당 판단 기준들을 선뜻 빼는 것은 쉽지 않은 일이다. 여러 트랜드나 구조의 변화 때문에 생성되는 데이터의 성격이 충분히 변할 수 있기 때문에 이러한 변화를 모니터링하는 부분도 역설적으로 모니터링을 구축하기 위한 또 다른 숙제가 되는 듯하다.

넷째, 데이터가 조작에 얼마나 취약하느냐를 따져봐야 한다. 앞에서 얘기한 인젝션 같은 문제로 기대하지 않은 데이터가 들어와 순진한 프로그램을 악용하는 것처럼 순진한 모니터링 프로그램은 조작된 데이터를 그대로 놓쳐버릴 수 있다. 특히 외부의 움직임에 의해 생성되어 들어오는 데이터를 기반으로 모니터링을 할 때는 항상 이런 부분의 무결성에 더 신경 써야 하는 것 같다.

다섯째, 만들어진 모니터링 프로그램은 대부분 명확한 답이 없이 "임계점"을 기준으로 경고 메시지를 띄우는 경우가 많으므로, 해당 임계점을 어떻게 조정하느냐도 민감한 주제가 될 것이다. 좀 더 확실히 놓치지 않기 위해 임계점을 낮추게 되면 수많은 경고 메시지의 늪에 빠지게 될 것이고, 운영의 효율을 위해서 높게 된다면 담당자의 삶의 질은 높아지겠지만 문제를 놓치게 될 가능성 또한 높아지기 때문이다. 이 부분은 뒤의 보안과 데이터 챕터에서 좀 더 자세한 예제를 보자.

마지막으로, 결국은 모니터링은 운영하는 사람의 문제로 귀결된다는 것이다. 해당 부분은 모니터링 업무 자체를 수행하는 입장이나 발생한 일을 처리하는 입장에 모두 해당된다. 아무리 잘 만들어진 시스템이 많이 이벤트와 좋은 대시보드 화면을 보여준다고 해도 결국 최종적으로 오탐인지, 위험이 있는지 판단하는 부분은 사람일 수밖에 없다. 또한 많은 부분에서 주어진 데이터에 대한 도메인 지식을 기반으로 해석해야만 정상적인 판단을 할 수 있는 경우가 많다.

그림 3-5-3 사람의 중요성

사람은 필연적으로 먹고 자는 존재이며, 감정이나 컨디션에 따라 많이 달라질 수 있는 존재이기에 그러한 부분에 따른 판단 오차 및 대응 지연을 최소화할 수 있는 시스템 및 모니터링 리소스의 배치도 마찬가지로 고민할 부분인 것 같다. 시스템적인 입장만 생각하자면 최종 결과를 메일, SMS, 메신저 등으로 보내고 관련된 데이터와 그래프를 보여주면 된다고 생각할 수 있지만, 그 메시지와 데이터를 보고 판단하는 사람들이 처한 환경 또한 간과해서는 안 된다. 물론 그러한 판단을 하는 사람들이 힘을 덜 들이면서도 정확하고, 오차가 없도록 만드는 여러 노력들은 별개로 필요하겠지만 말이다.

때로는 100% 자동으로 이루어지는 선처리도 있겠지만(예를 들어 과열 시의 차단), 최종적으로 해당 원인을 밝혀 개선하거나, 적절한 차단인지 되짚어 검토하거나, 룰을 수정하는 등의 일은 사람의 판단이 결국 필요하게 된다. 그래서 모니터링은 어찌 보면 데이터의 생성 방식부터 최종 판단까지 전체를 물리적, 디지털적으로 잘 다뤄야 하는 종합적인 분야 같다.

3. 간단한 모니터링 예제 보기

간단하지만 모니터링 시스템의 전체적인 모습을 보여줄 수 있는 예제를 고민하다가, 다음과 같은 요소들이 연결된 프로그램을 만들어 보려 한다.

① 데이터의 발생과 전달

② 룰에 의한 데이터 판단

③ 데이터 체크 및 결과 저장

④ 데이터의 시각화

데이터의 발생과 전달은 실제 상황에서는 API나 카프카 같은 메시징 플랫폼 등을 사용해야 하겠지만 문제를 간단히 만들기 위해서 카프카의 먼 조상이라고 볼 수 있는 큐(QUEUE)를 이용해 사람들의 시험 성적에 대한 데이터 메시지를 발생시키고 구독해서 받는 것을 보려 한다. 이후 룰의 처리는 json-logic이라는 파이썬 룰 모듈을 사용하려 하고, 결과는 MSSQL 테이블에 담으려 한다. 이후 plotly라는 그래프 모듈을 이용하여 해당 테이블의 데이터를 적절한 그래프로 보여주려 한다.

3.1 필요한 모듈 및 소스 일부 수정하기

```
C:\Python\security>pip install plotly
Successfully installed plotly-5.1.0 tenacity-8.0.1

C:\Python\security>pip install json-logic
Successfully installed json-logic-0.6.3
```

가능한 모듈 설치에서 추가 작업이 일어나는 상황은 만들고 싶진 않았지만, json-logic
의 경우 pip 명령어로 설치는 되지만 코드는 파이썬 2.x 버전이 최종인 것으로 판단된
다. 해당 버전은 2015년 12월에 최종으로 배포 패키지가 올라왔고, 제작자 깃 페이지
에는 파이썬 3.x 버전을 지원하는 코드가 2016년 4월에 마지막으로 올라와 있다. 파이
썬 쪽에는 자바의 드룰즈(Drools) 같이 인지도와 완성도가 높은 룰 엔진은 아직 없어
보인다. 해당 모듈은 꽤 오래된 버전이긴 하지만 고(Go) 같은 언어로 컨버전 되어 현재
도 사용되고 있으며, 소스 내용을 보면 꽤 간결하고 균형 있게 만들어진 엔진이라 소
개하려 한다. 자세한 룰 부분은 해당 홈 페이지와 깃을 참고한다.

```
[git - nadirizr / json-logic-py, 홈 페이지]
https://jsonlogic.com/
https://github.com/nadirizr/json-logic-py/tree/master/json_logic
```

C:\Python\Lib\site-packages\json_logic__init__.py 파일의 내용을 다음과 같이 수정하거
나, 해당 파일을 제작자 github에 있는 같은 이름의 파일로 바꿔치기한다. 파이썬 3.x
호환을 위해 수정한다고 생각하면 될 듯싶다. 다른 언어도 마찬가지겠지만 파이썬을
사용하다 보면 종종 이렇게 모듈을 고치거나 커스터마이즈하여 쓸 일이 생기니, 그 경
험이라고 생각하면 좋을 듯하다.

① 소스 상단의 import sys문 아래에 아래의 reduce 메서드 관련 코드를 추가한다.

```
import sys
from six.moves import reduce
```

② jsonLogic 함수 내의 아래 코드를 수정한다.

op = tests.keys()[0]를 op = list(tests.keys())[0]으로 수정한다.

```
C:\Python\security>pip install pyodbc (기 설치)
C:\Python\security>pip install flask (기 설치)
```

3.2 테이블 만들기

룰 엔진 체크 결과를 저장할 테이블을 하나 만들자. 최근 다섯 건만을 정렬해 가져오기 위해서 예전 보안 설계 부분에서 봤던 예제처럼 INDENTITY를 이용해 자동 증가하는 seqno 컬럼을 추가했다. 이제 SSMS 실행하여 만드는 부분은 익숙해졌을 것으로 생각해서 생략한다(모르는 경우는 부록이나 인젝션 챕터를 참고하자).

```sql
CREATE TABLE dbo.test_result(
    seqno int IDENTITY(1,1) NOT NULL,
    name varchar (20) NOT NULL,
    previous_score int NOT NULL,
    current_score int NOT NULL,
    pass_yn char(1) NOT NULL
)
```

SQL 쿼리   query_3부_5장_01.sql

3.2 룰 엔진 파이썬 프로그램 만들기

전체 모니터링 시스템 구조는 다음과 같다.

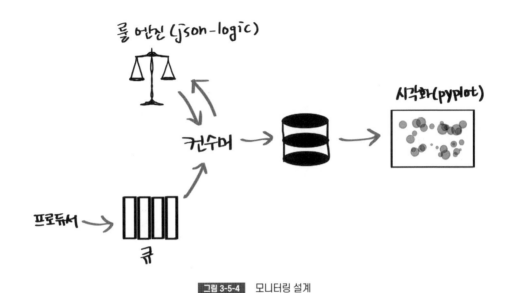

그림 3-5-4 모니터링 설계

동작의 순서대로 따라가면 우선 producer는 make_exam_data 함수를 이용해서 사람들의 시험 결과를 생산하고, 하나씩 큐에 넣고 마지막에 종료 표시를 넣는다. consumer는 큐에서 차례로 데이터를 가져와 check_exam 함수를 이용해 룰 엔진에 던져 합격 여부 결과를 얻고, 이후 insert_data 함수를 이용해 앞에 만들었던 test_result 테이블에 데이터와 결과를 넣는다. 프로그램 전체적으로 보면 맨 아래에 쓰레드를 사용하여 producer와 consumer 함수가 동시에 돌아가도록 하고, 큐의 내용이 모두 사라지게 되면 전체 프로그램이 종료되는 구조이다.

데이터와 룰을 보면 룰이 현재의 시험 점수(current_score)가 80점 이상이고, 이전 시험 점수(mean)와의 평균이 50점이 넘어야 True 결과가 나오기 때문에 5개의 데이터 중 1, 4, 5번째 데이터가 Y가 된다. mean 값은 make_exam_data 함수에서 룰 엔진에 던지기 전에 계산한다.

```
rule = {"and": [
    {">=": [{"var": "current_score"}, 80]},
    {">=": [{"var": "mean"}, 50]},
]}
```

```python
from json_logic import jsonLogic
from dataclasses import dataclass, field, asdict
from threading import Thread
from statistics import mean
from enum import Enum
import queue
import pyodbc


class Const(str, Enum):
    END_MARK = "END"
    PASS = "Y"
    FAIL = "N"


@dataclass
class ExamScore:
    name: str = ""
    previous_score: int = 0
    current_score: int = 0
    mean: float = 0.0


@dataclass
class ExamScores:
    exam_scores: list[ExamScore] = field(default_factory=list)
```

```python
def get_cursor_and_connection():
    # 연결 문자열을 세팅함
    server = 'localhost'
    database = 'mytest'
    username = 'pyuser'
    password = 'Test1234%^&'

    # 데이터베이스에 연결함
    mssql_conn = pyodbc.connect('DRIVER={ODBC Driver 17 for SQL Server}; \
        SERVER=' + server + '; PORT=1433;DATABASE=' + database + '; \
        UID=' + username + '; PWD=' + password)

    # 커서를 생성함
    cursor = mssql_conn.cursor()
    return mssql_conn, cursor


mssql_conn, cursor = get_cursor_and_connection()


# 시험 성적 데이터를 만들어 낸다.
def make_exam_data():
    sample_exams = [
        ["tom", 90, 80],
        ["jane", 40, 50],
        ["lucy", 100, 20],
        ["bread", 100, 100],
        ["sam", 90, 80],
    ]

    exam_scores = ExamScores()

    for sample_exam in sample_exams:
        exam_score = ExamScore()
        exam_score.name = sample_exam[0]
        exam_score.previous_score = sample_exam[1]
```

```python
        exam_score.current_score = sample_exam[2]
        exam_score.mean = mean([sample_exam[1], sample_exam[2]])
        exam_scores.exam_scores.append(exam_score)


    return exam_scores



# 룰을 이용해서 결과를 판단한다
# (현재 성적이 80 이상이고, 전 시험을 포함한 평균이 50 이상)
def check_exam(exam_score):
    rule = {"and": [
        {">=": [{"var": "current_score"}, 80]},
        {">=": [{"var": "mean"}, 50]},
    ]}

    exam_dict = asdict(exam_score)
    rule_result = jsonLogic(rule, exam_dict)

    if rule_result:
        return Const.PASS.value
    else:
        return Const.FAIL.value


q = queue.Queue()

# 시험 성적을 큐에 넣는다.
def producer(queue):
    exam_scores = make_exam_data()

    for exam_score in exam_scores.exam_scores:
        queue.put(exam_score)

    queue.put(Const.END_MARK.value)
```

```python
# 시험 성적과 합격 결과를 테이블에 넣는다.
def insert_data(sample_exam, pass_yn):
    sql = "insert into test_result(name, previous_score, " \
            "current_score, pass_yn) " \
            "values (?, ?, ?, ?)"
    parameters = [sample_exam.name, sample_exam.previous_score,
                    sample_exam.current_score, pass_yn]
    cursor.execute(sql, parameters)
    mssql_conn.commit()



# 큐에서 시험 성적을 가져와 합격 여부를 판단 후 테이블에 결과를 넣는다.
def consumer(queue):
    while True:
        sample_exam = queue.get()
        if sample_exam != Const.END_MARK:
            queue.task_done()
            print(asdict(sample_exam))

            # 룰 엔진에 데이터를 전달하여 결과를 받는다.
            pass_yn = check_exam(sample_exam)
            print(f"룰 체크결과: {pass_yn}")

            # 결과와 함께 데이터를 테이블에 넣는다.
            insert_data(sample_exam, pass_yn)
        else:
            print("큐가 다 처리되었습니다")
            queue.task_done()
            break


if __name__ == '__main__':
    # 큐에 데이터를 넣는 producer 와 cusumer를 각각 쓰레드로 띄운다.
    threads = [Thread(target=producer, args=(q,)),
                Thread(target=consumer, args=(q,)),]
```

```
    for thread in threads:
        thread.start()

    # 큐가 완료될 때까지 기다린다.
    q.join()
```

코드 보기　monitoring_rule_engine.py

해당 코드를 C:\Python\security 폴더에 "monitoring_rule_engine.py" 이름으로 저장한다.

3.3 룰 엔진 실행하기

파일을 실행하면 다음과 같이 각각의 룰 데이터에 대해서 체크하는 결과가 나온다.

```
C:\Python\security>python monitoring_rule_engine.py
{'name': 'tom', 'previous_score': 90, 'current_score': 80, 'mean': 85}
룰 체크결과: Y
{'name': 'jane', 'previous_score': 40, 'current_score': 50, 'mean': 45}
룰 체크결과: N
{'name': 'lucy', 'previous_score': 100, 'current_score': 20, 'mean': 60}
룰 체크결과: N
{'name': 'bread', 'previous_score': 100, 'current_score': 100, 'mean': 100}
룰 체크결과: Y
{'name': 'sam', 'previous_score': 90, 'current_score': 80, 'mean': 85}
룰 체크결과: Y
큐가 다 처리되었습니다
```

test_result 테이블을 조회하면 다음과 같이 데이터가 들어가 있다.

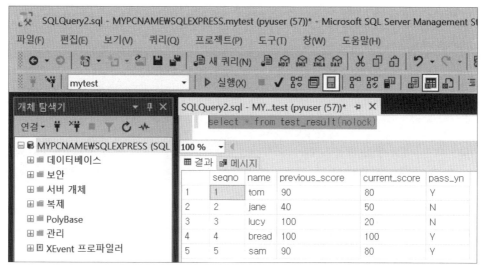

그림 3-5-5 저장된 모니터링 데이터

3.4 시각화 페이지 만들기

이제, 앞의 예제와 연결해서 test_result 테이블에서 데이터를 가져와 현황 그래프를 보여주는 파이썬 프로그램을 만들어 보자. 조금 과장되게 말하면 대시보드 같은 페이지이다. 기본적으로 최종 테이블에 들어온 다섯 건의 데이터를 가져와 리스트에 담고, 오래된 순서부터 보여주기 위해서 리스트들 안의 순서를 역으로 바꾼다. 이후 pyplot 라이브러리에 전달할 객체에 해당 리스트를 할당한다.

현재와 이전의 점수를 보여주기 위해서 2개의 go.Scatter 데이터로 나누었고, 합격, 불합격 여부를 보여주기 위해 합격일 경우는 파란색, 불합격일 경우는 빨간색으로 동그라미를 보여주게 했다. 처음엔 조금 복잡해 보이지만 해당 라이브러리 사용법이라 샘플이나 매뉴얼대로 구성한 것이다.

```python
from flask import Flask, render_template
import plotly
import plotly.graph_objs as go
import pyodbc
import json


def get_cursor():
    # 연결 문자열을 세팅함
    server = 'localhost'
    database = 'mytest'
    username = 'pyuser'
    password = 'Test1234%^&'

    # 데이터베이스에 연결함
    mssql_conn = pyodbc.connect('DRIVER={ODBC Driver 17 for SQL Server}; \
        SERVER=' + server + '; PORT=1433;DATABASE=' + database + '; \
        UID=' + username + '; PWD=' + password)

    # 커서를 생성함
    cursor = mssql_conn.cursor()
    return cursor


def line_plot():
    # 최근 5개의 데이터를 가져온다
    search_sql = "select top 5 name, previous_score, " \
                "current_score, pass_yn " \
                "from test_result (nolock) order by seqno desc"

    cursor.execute(search_sql)
    result_rows = cursor.fetchall()

    name = []
    previous_score = []
    current_score = []
```

```python
    color = []
    for result_row in result_rows:
        name.append(result_row[0])
        previous_score.append(result_row[1])
        current_score.append(result_row[2])
        if result_row[3] == "Y":
            color.append("LightSkyBlue")
        else:
            color.append("red")

    # 과거 건부터 보여주기 위해서 순서를 바꿈
    name.reverse()
    previous_score.reverse()
    current_score.reverse()
    color.reverse()

    # pyplot 그래프용 데이터 만듦
    data = [
        go.Scatter(
            x=name,
            y=current_score,
            type='scatter',
            mode='markers',
            marker=dict(
                color=color,
                size=20,
                line=dict(
                    color='MediumPurple',
                    width=2
                )
            ),
            name='현재 점수'
        ),
        go.Scatter(
            x=name,
            y=previous_score,
```

```python
                    opacity=0.8,
                    type="scatter",
                    mode='markers',
                    marker=dict(
                        color=color,
                        size=15,
                        line=dict(
                            color='MediumPurple',
                            width=2
                        )
                    ),
                    name='지난 점수'
            )

        ]

    graphJSON = json.dumps(data, cls=plotly.utils.PlotlyJSONEncoder)

    return graphJSON


cursor = get_cursor()
app = Flask(__name__)


@app.route('/show_exam_result')
def index():
    line = line_plot()
    return render_template('monitoring_graph.html', plot=line)


if __name__ == '__main__':
    app.run(host='127.0.0.1', port=5000, debug=True)
```

코드 보기 monitoring_graph.py

해당 코드를 C:\Python\security 폴더에 "monitoring_graph.py" 이름으로 저장한다.

다음은 템플릿 코드로 관련 라이브러리 js 파일을 포함하고, Plotly.newPlot 메서드에 앞에서 만들었던 plot=line 데이터들을 전달한다.

```html
<!DOCTYPE html>
<html>
<head>
    <script src="https://cdn.plot.ly/plotly-latest.min.js"></script>
    <script src="https://cdnjs.cloudflare.com/ajax/libs/d3/3.5.6/d3.min.js"></script>
    <meta charset="UTF-8">
    <title>Exam Monitoring</title>
</head>
<body>
    <div class="chart" id="linegraph">
        <script>
            var graphs = {{plot|safe}};
            var layout = {
                autosize: false,
                width: 600,
                height: 400,
            };
            Plotly.newPlot('linegraph', graphs, layout);
        </script>
    </div>
</body>
</html>
```

코드 보기 monitoring_graph.html

해당 코드를 C:\Python\security\templates 폴더에 "monitoring_graph.html" 이름으로 저장한다.

3.5 시각화 페이지 보기

기존 웹서버가 실행되어 있다면 "Ctrl+c"를 눌러 종료 후, 새 파일로 웹서버를 실행시킨다.

```
C:\Python\security>python monitoring_graph.py
* Running on http://127.0.0.1:5000/ (Press Ctrl+C to quit)
```

브라우저에서 http://127.0.0.1:5000/show_exam_result 주소로 이동하면 다음과 같은 페이지를 볼 수 있다. 큰 동그라미가 이번 시험이고, 작은 동그라미가 지난 시험이다. 빨간색이 불합격이고, 파란색이 합격인데, 이 책에서는 jane, lucy의 진한 동그라미 부분이 빨간색이라고 보면 된다. 보통 그래프 라이브러리는 다양한 포맷을 지원하니 데이터를 잘 보여줄 수 있는 방식을 선택해 보여주면 된다.

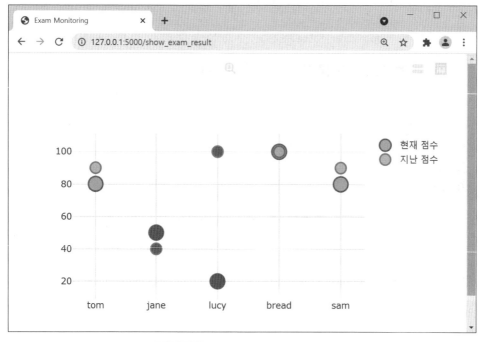

그림 3-5-6　모니터링 데이터 시각화하기

4. 마무리하며

앞에서는 예제를 간단히 만들기 위해 큐에 데이터를 넣고 가져왔지만, 가져오는 방식이 고정된 것은 아니다. 웹이든, 데이터베이스든, 장비든, 로그 파일이든 간에 결국 입력의 형태만 다를 뿐 가져오고 싶은 건 최종적으로 데이터라는 데에는 변함이 없다. 그래서 SIEM-Security Information Event Management 같은 로그와 경고들을 모아주는 솔루션도 가능하다. 모니터링은 과감히 간략화하자면 컴퓨터 내에 적재한 여러 데이터를 기반으로 적절한 체크 포인트를 찾아서, 특정한 데이터의 변화가 일어났을 때 알려주며, 종종 그래프 같은 시각적인 형태로 모니터링하는 사람에게 데이터의 해석 및 추이 파악을 도와주는 단순한 작업이다.

생각보다 모니터링 업무를 하는 사람들에게는 지루하거나 스트레스를 받는 일이며, 발생하는 이벤트를 수동적으로 계속 따라가게 됨으로써 그다지 생산적인 일 같지도 않게 느껴진다. 업무적으로도 대상을 지키는 업무라는 인식이 강해서 하는 일의 중요도에 비해 많은 인정을 받지 못하는 경향도 있다. 때로는 자신의 메인 업무에 부록처럼 따라와 시간을 조금씩 갉아먹는 귀찮은 일일 수도 있다. 보안 운영 업무의 대부분은 필연적으로 이런 모니터링과 일부 또는 많은 부분 연관되어 있다.

반면에 모니터링을 정확히 잘하려면 대상 데이터를 정확히 이해해야 하며, 그러기 위해서 데이터를 만들어내는 전반적인 도메인과 관련된 시스템, 사물, 사람의 행동을 이해해야 하기 때문에 깊이 들어갈수록 생각보다 복잡한 일이기도 하다. 예를 들어 SQL을 모니터링하려면 기본적인 SQL 문법과 회사 내 사용자들이 사용하는 패턴의 이해, 해당 SQL의 대상이 되는 서버, 데이터베이스, 테이블, 컬럼들의 성격을 이해해야만 한다. IT를 포함한 어떤 분야의 일이나 마찬가지로 다들 업무가 익숙해지면서 지루한 일이 될 수도 있지만, 의미를 가지고 데이터의 원천에 관심을 가진다면 전혀 다른 차원의 일로도 볼 수도 있다. 스스로 모니터링 시스템을 설계하거나 개선하는 업무의 롤을 가지고 있다면 더욱 그럴 것이고 말이다.

그림 3-5-7 데이터의 설계

모니터링 업무를 도메인의 데이터를 이해하고 적절하게 데이터를 해석할 수 있는 툴을 적용하는 일이라고 정의해 보면 어떨까 싶다. 그러면 보안의 다른 분야와 마찬가지로 무척 공부할 내용이 많아질 것이다.

Chapter **06**

리버싱과 포렌식

이번 챕터에서는 리버싱(리버스 엔지니어링: Reverse Engineering)과 포렌식(Forensic)에 대해서 다뤄보도록 한다.

1. 리버싱과 포렌식의 연결점

위의 2개의 거대한 주제를 하나의 파트로 묶은 이유는 결과적으로 두 분야의 연결점이 무척 많다고 생각하기 때문이다. 둘 중 한 쪽 분야에 대한 탄탄한 지식은 다른 분야를 접근할 때 허들을 많이 낮춰주고, 일을 함에 있어서도 공통이 되는 지식 영역이 분리하기 힘들 정도로 많이 오버랩 된다고 본다. 비유하자면 포렌식이 생태계과 생물들이 살아갔던 흔적에 주로 관심이 있는 분야라면, 리버싱은 생태계 안에서 살아가는 생물들의 행동 관찰에 관심이 있는 분야라고 본다. 생물을 이해하려면 생물들이 살아가는 환경을 이해해야 하고, 환경을 이해하고 변화를 추적하려면 환경과 환경 안에서 살아가는 존재들의 상호작용을 이해해야 할 것이다.

공룡과 공룡의 발자국 따라가기

이는 보안 전체에 대해서도 마찬가지인 듯싶다. 앞에서 본 내용들을 되짚어 보면 편의상 여러 파트로 나누어서 보안 지식을 분류하긴 하지만, 보안 전체로 보면 모든 분야가 유기적으로 긴밀하게 얽혀 있다고 볼 수 있기 때문에 어느 쪽이나 분위기는 비슷하다고 본다. 반대로 여러 분야의 지식이 특정 수준 이상 균일하게 쌓여 있지 않다면 뭔가 구멍이 뚫려 있듯이 자신이 어설픈 상태에 놓여있다는 느낌이 들게 된다.

2. 리버싱 예제 만들어 보기

먼저, 간단한 예제를 하나 살펴보자. 어디선가 샘플을 하나 가져와도 좋겠지만, 좀 더 간단하지만 컨트롤 되고 이해가 쉬운 예제를 예로 들기 위해서 직접 C++로 프로그램을 하나 만들어서 비주얼 스튜디오의 정적 환경(디버깅 모드 중이라서 동적이라고 볼수도 있겠다)과 오픈소스 디버거에서 동적으로 실행되는 환경 2개에서 해당 코드의 동작을 살펴볼까 한다.

이번 챕터의 특성상, 어쩔 수 없이 처음이자 마지막으로 파이썬 환경을 잠시 벗어나게된다. 윈도우 환경이기 때문에 요즘은 무료로 제공되고 있는(현재 라이센스 정책 상으로는 한 달이 지나면 무료는 유지되지만 가입 후 로그인을 해야 한다) 비주얼 스튜디오커뮤니티(Visual Studio Community) 와 x64dbg를 사용한다. 어셈블리가 낯설겠지만 읽다 보면 어차피 논리적으로 따지면 되는 마찬가지의 프로그래밍 언어기도 하고, 해당방식을 통해 고 수준 언어들의 동작의 뒷면을 잠시보는 것도 나쁘진 않아 보인다.

2.1 Visual Studio Community 설치하기

구글에 "visual studio community"라고 적으면 아래의 다운로드 링크를 찾을 수 있다(버전 업 등에 의해 링크나 화면 구성은 종종 바뀔 수 있으니 구글 검색을 잘 이용하자).

```
[visual studio community - microsoft 홈페이지]
https://visualstudio.microsoft.com/ko/vs/community/
```

Visual Studio Community
Android, iOS 및 Windows용 최신 응용 프로그램뿐 아니라
모든 기능을 갖춘 확장 가능한 무료 IDE입니다.

Visual Studio 다운로드 ↓

그림 3-6-2 비주얼 스튜디오 커뮤니티 설치

다운로드 하여 실행하면 설치 화면이 나오는데, 설치를 진행하면서 Workload 탭에서 "desktop development with C++" 기능을 체크해서 설치한다. 설치가 어려운 경우는 부록을 참조하자.

2.2 C++ 샘플 만들기

이후 프로그램을 실행시키고, "새 프로젝트 만들기"를 선택한다. 위쪽 검색 메뉴에서 "c++"를 입력하면, 다음과 같이 C++로 콘솔 앱을 만드는 항목이 보이게 된다. 해당 항목을 선택하고, "다음" 버튼을 누른다.

그림 3-6-3 C++ 콘솔 앱 만들기

프로젝트 이름을 "ReversingSample"로 위치를 매번 파이썬 파일을 만들던 "C:\Python\Security"로, 솔루션 이름을 "ReversionSample"로 한 후, "만들기" 버튼을 누른다.

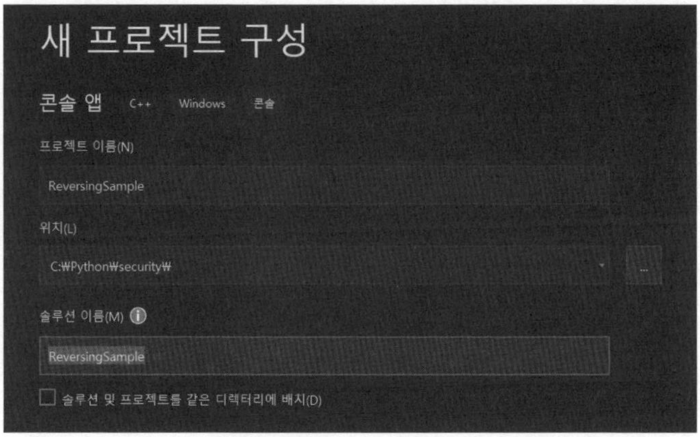

그림 3-6-4 새 프로젝트 구성

다음과 같이 정말 간단한 샘플 코드가 만들어져 나오는데, 커맨드 화면에 "hello world"를 뿌려주는 코드이다(파이썬 코드의 print("hello world\n")문과 역할이 같다고 보면 된다).

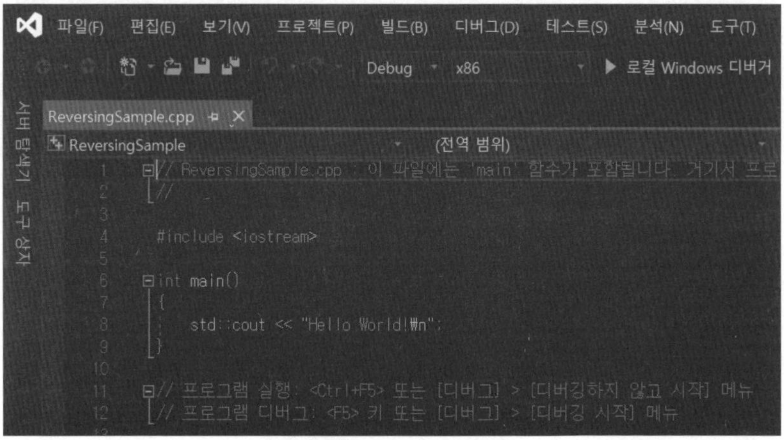

그림 3-6-5 기본 샘플 파일

코드 부분만을 분리해 보면 다음과 같다.

```
#include <iostream>

int main()
{
    std::cout << "Hello World!\n";
}
```

위의 코드 자체는 너무 살펴볼 게 없는 코드이므로, 해당 내용을 모두 지우고 다음과 같이 for문을 돌면서 Hello World 문구를 4번 입력하는 코드로 대체 후 저장해 보자. 마지막에는 출력 후 커맨드창이 바로 종료되지 않도록 getchar() 함수를 넣어 사용자가 글자를 하나 입력해야만 커맨드창이 종료되도록 만들었다.

```
#include <stdio.h>
int main()
{
    for (int count = 0; count < 4; count++)
        printf("hello, world\n");

    getchar();
    return 0;
}
```

c++ 소스   ReversingSample_cpp.txt

3. 정적인 어셈블리 코드 보기

3.1 디스어셈블리 코드 보기

정적인 분석을 위해 이제 화면에서 C++ 코드에 해당하는 어셈블리 코드를 살펴보자. 다음의 그림과 같이 for문 코드 왼쪽 공간의 영역에서 마우스 왼쪽 버튼을 클릭해 빨간 색의 브레이크 포인트를 찍는다. 이후 위쪽 Debug 드롭 박스 옆의 환경을 64비트 어셈블리 코드를 보기 위해서 "x86 → x64"로 바꾼다. 이후 그 옆의 "로컬 Windows 디버거" 버튼을 눌러서 디버깅 모드로 들어간다.

그러면 컴파일 및 빌드가 진행된 후, 아무것도 표시되지 않는(브레이크 포인트 땜에 아직 for문이 돌아가지 못한 상태로 앞에서 피들러로 브레이크 포인트를 건 것과 비슷하다) 커맨드창이 하나 뜨면서, 브레이크 포인트를 찍은 for문 코드에서 멈춰 있게 된다.

그림 3-6-6 디버깅 화면

이후, 해당 for문 코드 위에서 마우스 오른쪽 버튼을 누르면, "디스어셈블리로 이동"이라는 메뉴가 보이게 된다. 해당 메뉴를 클릭한다.

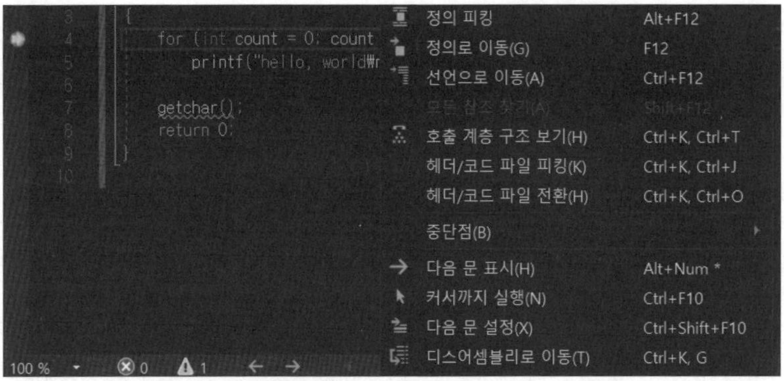

그림 3-6-7 디스어셈블리로 이동

탭이 하나 더 열리면서 현재 코드에 해당하는 아래 어셈블리 코드가 보인다.

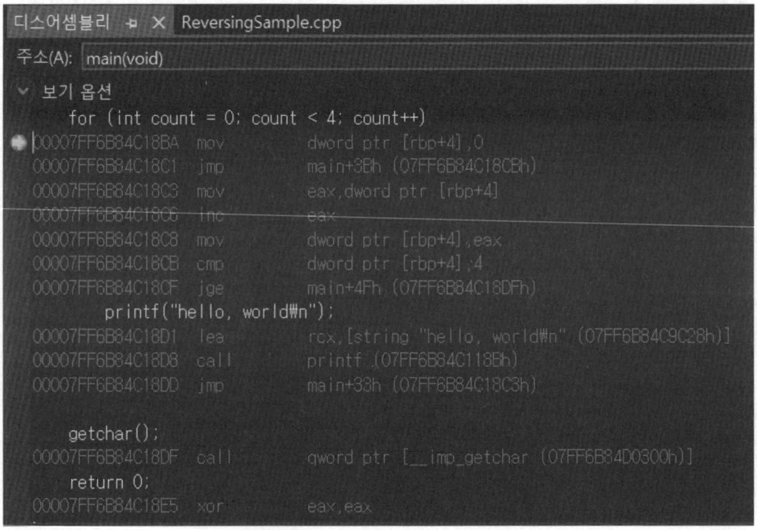

그림 3-6-8 디스어셈블리 코드 보기

3.2 어셈블리 언어에 대한 설명

만약 처음 보게 된다면, 조금은 암호와 같이 느껴질 수 있는 코드가 보인다. 화면을 보면 코드를 비교하기 편하도록 기존 C++ 코드를 흰색 글자로 보여주고, 그에 해당하는 어셈블리 코드를 회색 코드로 그 밑에 보여주고 있다. 어셈블리 코드 쪽을 문법을 보면 세로로 크게 세 가지의 섹션으로 나뉘는데, 첫 번째 섹션이 메모리 주소(00007FF... 같은), 두 번째 섹션이 명령어(mov, jmp 같은), 세 번째 섹션이 인자(eax)라고 보면 된다.

컴파일을 하게 되면 0과 1로만 이루어진 기계어로 된 코드가 만들어지는데 해당 코드가 CPU 쪽으로 전달되어 정해진 명령어들을 수행하면서 컴퓨터가 동작하게 된다. CPU를 0과 1로 이루어진 코드를 이용해 움직이게 하는 부분이 상상이 안 간다면 앞에서 추천했던 내용의 책을 꼭 읽어보기 바란다.

0과 1로 된 코드를 보면서 동작을 상상하는 것은 사람들에게는 낯설기도 하고 코드도 너무 복잡하기 때문에 좀 더 CPU와 상호작용하는 기초 동작에 따라 분류해서 사람이 읽기 쉽도록 정리한 언어가 어셈블리어이다. 지금은 개발자들에겐 약간 고대어처럼 취급되긴 하지만, 처음 컴퓨터가 개발됐을 때에는 기계어가 지금의 C 언어 정도의 입장이고 어셈블리어가 현재의 자바나, 파이썬, .NET 같이 프로그래머들에게 가독성이 좋고, 구조적인 프로그래밍을 쉽게 할 수 있게 해주는 언어였을 것이다. 그런 어셈블리 언어를 차후에 다시 한번 추상적으로 감싼 언어가 C, C++ 같은 언어이고, 그것을 한번 더 추상화한 언어가 자바나 파이썬 같은 언어라고 생각하면 된다.

그림 3-6-9 마트료시카

또한 어셈블리어와 기계어는 1:1 매칭이 되겠지만, 상위 수준의 언어와는 일대다, 또는 다대일의 관계가 될 수도 있다. 예를 들면 고수준 언어로 갈수록 객체지향 같은 구조적인 프로그래밍이나 유지보수를 위해서 만든 여러 가지 추상적인 요소가 있을 수 있겠지만, 컴파일이 되어 실제 실행을 하는 기계어 코드 입장이 될 때는 그런 사람을 위한 구조적인 부분은 기계 입장에서는 거추장스럽기 때문에 모두 걷어 내고 실행에 필요한 요소들만 코드화하게 할 것이다. 그러면 한번 컴파일된 언어는 다시 원복을 시도할 때 원래 언어의 소스 모양 그대로 복원하기 힘들게 되는 일이 생길 수 있다. 아주 예쁘게 디자인한 케이크를 일하면서 한 손으로 편하게 먹기 위해 꽁꽁 뭉쳐버렸다고 생각해 보면, 맛 측면에서는 그대로이겠지만(물론 식감 차이 땜에 달라질 것도 같지만) 원래 모양에 대한 정보가 없기 때문에 완전한 복원은 힘들 것이다.

또한, 자바나 파이썬 같은 언어의 경우 C 같은 언어에 비해서 사용자 측면의 코드만 만들면, 나머지 모든 것은 자동으로 라이브러리 등을 연결해 움직이게 해주는 경향이 있다. 그러다 보니 실제 코딩을 한 코드가 빌드될 때, 기계어로 바뀐 후 여러 미리 만들어진 라이브러리 코드들을 링크하여 사용하기 때문에 실제 기계어 입장에서 실행되는 코드는 처음 코드보다 몇 배는 부풀려져 있다. 그래서 보통 디버거를 돌릴 때 우리가 찾으려는 코드에 닿기 전에 앞에 OS 안에서 동작하기 위해서 필요한 여러 코드(또는 디버깅을 방해하기 위한 방어 코드)의 숲을 빠져나오는 여러 가지 요령을 배워야 하고, 이는 경험적인 요소가 강한 것 같다.

IDE의 Hex-Rays 같은 플러그인을 사용하는 경우는 어셈블리어가 다시 상위 수준의 로직으로 해석되어 좀 더 가독성이 높은 C++로 보이기는 하지만, 앞서 예를 든 이미 뭉쳐져 버린 케이크 같은 이유로 사람이 만든 이해를 돕는 변수명 등의 추상적인 정보는 기계어 쪽에서 이미 사라졌기 때문에 복구라기보다는 어셈블리어의 문법을 정교하게 해석하여 등가적인 C++로 유사 복원했다고 보는게 맞을 듯싶다. 그리고 어쨌거나 그 경우라도 C++를 잘해야 해당 코드를 볼 수 있으니 말이다.

그림 3-6-10 달라 보이지만 똑같은 강아지

자바나 파이썬같이 여러 환경에서 해당 환경만 설치하면 그 위에서 호환되어 돌아가는 언어는 컴파일을 하면 기계어가 아닌 가상 환경에서 해석되는 공통 코드로 만들어지기 때문에 원래의 자바나 파이썬 언어 소스로 디컴파일이 좀 더 쉬운 편이다. 하지만 코드는 항상 그렇듯이 점점 복잡해지고 있고, 해당 언어를 아주 잘하지 않는 이상 남이 만든 코드를 보고 주어진 시간 내에 이해하는 건 쉬운 일은 아닌 듯하다.

3.3 어셈블리 코드 보기

실제 코드를 보는 단계로 들어가기 전에, 프로그램의 리버싱 과정에서 왜 어셈블리어를 사용해야 하는지를 이해하는 게 좋을 것 같아 사족이 길어졌다. 그러면 비주얼 스튜디오에서 만든 코드를 보면서 이미 알고 있는 C++ 코드에 기반한 어셈블리 코드의 동작 방식을 해석해 보자. 환경에 따라 맨 앞의 주소들은 다르게 나온다.

```
for (int count = 0; count < 4; count++)
 1: 00007FF6B84C18BA    mov          dword ptr [rbp+4],0
 2: 00007FF6B84C18C1    jmp          main+3Bh (07FF6B84C18CBh)
 3: 00007FF6B84C18C3    mov          eax,dword ptr [rbp+4]
 4: 00007FF6B84C18C6    inc          eax
 5: 00007FF6B84C18C8    mov          dword ptr [rbp+4],eax
 6: 00007FF6B84C18CB    cmp          dword ptr [rbp+4],4
 7: 00007FF6B84C18CF    jge          main+4Fh (07FF6B84C18DFh)
        printf("hello, world\n");
 8: 00007FF6B84C18D1    lea          rcx,[string "hello, world\n" (07FF6B84C9C28h)]
 9: 00007FF6B84C18D8    call         printf (07FF6B84C118Bh)
10: 00007FF6B84C18DD    jmp          main+33h (07FF6B84C18C3h)
    getchar();
11: 00007FF6B84C18DF    call         qword ptr [__imp_getchar (07FF6B84D0300h)]
    return 0;
12: 00007FF6B84C18E5    xor          eax,eax
```

실제 편집창을 보면 저 잘라낸 코드 말고도 전체 코드는 엄청 길지만, 앞뒤의 코드는 앞서 말한 윈도우 환경에서 커맨드창을 통해서 해당 코드가 실행하기 위한 행사 코드라고 생각하면 될 것 같다.

다음부터 나오는 모르는 어셈블리 키워드들은 구글에서 "어셈블리 eax" 등으로 하나씩 찾아 사용법을 차근히 이해하면 된다(처음에는 바느질로 한 땀 한 땀 따는 느낌으로 봐야 한다). 코드를 보면 rbp, eax, rcx 같은 명칭들이 있는데, 이들은 모두 레지스터를 나타낸다. 레지스터는 CPU 입장에서 보게 되면 프로그램에서의 변수 및 포인터라고 생각하면 된다. 직접 특정한 값을 저장하고 있거나, 값이나 함수가 있는 장소의 주소를 저장하고 있다. 이 값들을 기본 CPU 명령어(OPCODE-Operation Code)들과 조합하여 여러 가지 복잡한 행동들을 단순한 로직의 조합을 통해 수행해 나간다.

rbp, rcx 같은 경우는 64비트에서만 볼 수 있는 레지스터로 만약 앞에서 x86으로 드롭 박스를 선택했다면 나오지 않을 레지스터 이름이다. x86에서는 ebp, ecx 등으로 e로 시작되게 지칭한다. 각 레지스터들은 설계적으로 자주 쓰는 용도를 정해 놓고 사용하게 되는데, 그건 어셈블리 코드를 많이 보면서 사용하는 패턴들을 보면서 경험적으로 익혀야 될 문제 같다.

그럼 코드를 하나하나 풀어보자.

```
1: 00007FF6B84C18BA   mov        dword ptr [rbp+4],0
2: 00007FF6B84C18C1   jmp        main+3Bh (07FF6B84C18CBh)
…
6: 00007FF6B84C18CB   cmp        dword ptr [rbp+4],4
```

1번 라인을 보면 "mov dword ptr [rbp+4],0"이 있다. 대충 살펴보면 rbp(스택의 주소를 관리하는 레지스터)+4 스택 주소 위치에 0을 넣는다. 위에서 보면 C++ 코드의 "for (int count = 0; count 〈 4; count++)"의 count=0에 해당하는 주소라고 생각하면 된다. 이후 2번 라인의 "jmp main+3Bh (07FF6B84C18CBh)"의 점프(jump=jmp) 명령을 통해 해당 주소인 6번 라인 (00007FF6B84C18CB 주소)의 "cmp   dword ptr [rbp+4],4"로 간다. 살펴보면, 아까 넣어 놨던 스택 안의 0을 4와 비교(compare=cmp)하게 된다.

```
7: 00007FF6B84C18CF   jge          main+4Fh (07FF6B84C18DFh)
```

그 다음 7번 라인을 보면 "jge main+4Fh (07FF6B84C18DFh)"로 앞 줄에서 비교한 결과가 크거나 같으면 루프를 벗어나 다음 코드(07FF6B84C18DFh 주소: C++ 코드로 보면 getchar())로 점프하는(jump if great or equal = jge) 코드가 있다. 지금은 0과 4를 비교했기 때문에 당연히 만족이 안 될 것이므로 점프하지 않고 8번 라인으로 넘어갈 것이다.

```
8: 00007FF6B84C18D1  lea       rcx,[string "hello, world\n" (07FF6B84C9C28h)]
9: 00007FF6B84C18D8  call      printf (07FF6B84C118Bh)
10: 00007FF6B84C18DD  jmp      main+33h (07FF6B84C18C3h)
```

8번 라인으로 가면, 문자열 "Hello World\n"가 담긴 주소를 rcx 레지스터에 담는다(Load Effective Address = lea). 이후 9번 라인에서 "call printf (07FF6B84C118Bh)"를 통해 윈도우의 printf API를 호출해서 화면에 "Hello World"를 뿌린다. 이후 10번 라인에서 다시 루프의 시작에서 실행이 안 됐던 3번 라인으로 점프한다(jmp main+33h (07FF6B-84C18C3h)).

```
3: 00007FF6B84C18C3  mov       eax,dword ptr [rbp+4]
4: 00007FF6B84C18C6  inc       eax
5: 00007FF6B84C18C8  mov       dword ptr [rbp+4],eax
```

3번 라인을 보면, 아까 스택에 넣었던 0값을 eax 레지스터로 옮긴 후(mov eax,dword ptr [rbp+4]), 4번 라인 "(inc eax)"에서 1을 증가(increment = inc)시키고, 5번째 줄에서 다시 1이 너해진 eax 값을 아까는 0이 들어있던 스택 주소로 보내 스택에 저장된 값을 0에서 1로 업데이트한다(mov dword ptr [rbp+4],eax). 조금 돌아가는 듯싶지만 스택에 저장된 값을 바로 +1 업데이트하는 명령어는 없나 보다.

```
6: 00007FF6B84C18CB  cmp       dword ptr [rbp+4],4
… (루프를 돌다가…)
11: 00007FF6B84C18DF  call     qword ptr [__imp_getchar (07FF6B84D0300h)]
12: 00007FF6B84C18E5  xor      eax,eax
```

이후 다음 명령어인 6번 라인으로 가면 다시 위에서 설명했던 비교 명령을 통해서 1과 4를 비교하게 된다. 이렇게 계속 반복되다 보면 스택의 0 값은 0, 1, 2, 3, 4…가 되고, 0~3까지는 계속 Hello World를 4번 표시하다가 4가 담기면서 4보다 크거나 같다는(jge) 조건을 만족하게 되어, 비로서 루프를 빠져나가 11번 라인의 "call qword ptr [__imp_getchar (07FF6B84D0300h)]"을 통해 getchar() API를 호출하게 된다. 이후 12번 라인의

"xor eax,eax"을 통해(자기자신을 xor 하면 0이 되니까 대략 C++의 "retrun 0"의 느낌이다) retrun 0으로 메인 프로그램 함수를 종료하게 된다. 대충 정리하면 다음과 같은 그림이 아닐까 싶다.

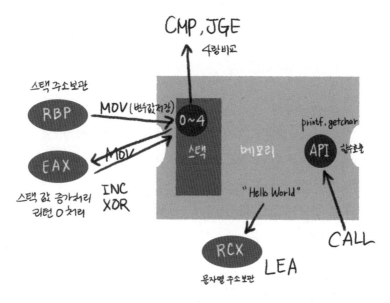

그림 3-6-11 어셈블리 코드 도시화

레지스터들이 열심히 명령어들과 협력하여 입력한 C++ 코드 값들을 수행하고 있다. 이렇게 어셈블리 코드를 보게 되면 기존 고수준 언어와 많이 다르다는 느낌이 든다. 일반적인 프로그래밍 환경에서는 절대 쓰지 말라고 권고하는 점프도 마음껏 하고, 가독성 같은 건 버려 두고 빠른 실행 속도만을 위해 최적화를 추구하는 코드 같은 느낌이 든다.

3.4 작은 변경 후 어셈블리 코드 보기

그렇다면, 한 가지 작은 변경을 해보는 실험을 하자. 다음과 같이 다른 코드를 그대로 유지하면서, for문의 2번째 " < " 만 "<="로 바꾸면 어떻게 될까?

```
#include <stdio.h>
int main()
{
    for (int count = 0; count <= 4; count++)
        printf("hello, world\n");
    getchar();
    return 0;
}
```

예상을 해보자면, 어셈블리에는 jge 말고도 jg(jump if greater than)라는 명령어가 있다는 걸 아니까 기존 코드는 그대로 유지되면서 jge가 jg로만 바뀌면 한 번 더 루프를 돌게 되면서 같아지지 않을까 싶다. 실제 코드를 수정하고 디버그 모드에서 어셈블리 코드를 보면 실제로 다음과 같이 jge가 jg로만 바뀐 어셈블리 코드가 나온다. 상황에 따라 두꺼운 책을 지루하게 보는 것보다는 이렇게 C++ 코드와 비교해 가면서 스스로 원본 코드의 난이도를 조정하면서 어셈블리 공부를 하는 것도 나쁘진 않을 것 같다.

```
for (int count = 0; count <= 4; count++)
 1: 00007FF6B84C18BA  mov     dword ptr [rbp+4],0
 2: 00007FF6B84C18C1  jmp     main+3Bh (07FF6B84C18CBh)
 3: 00007FF6B84C18C3  mov     eax,dword ptr [rbp+4]
 4: 00007FF6B84C18C6  inc     eax
 5: 00007FF6B84C18C8  mov     dword ptr [rbp+4],eax
 6: 00007FF6B84C18CB  cmp     dword ptr [rbp+4],4
 7: 00007FF6B84C18CF  jg      main+4Fh (07FF6B84C18DFh)
        printf("hello, world\n");
 8: 00007FF6B84C18D1  lea     rcx,[string "hello, world\n" (07FF6B84C9C28h)]
 9: 00007FF6B84C18D8  call    printf (07FF6B84C118Bh)
10: 00007FF6B84C18DD  jmp     main+33h (07FF6B84C18C3h)
    getchar();
11: 00007FF6B84C18DF  call    qword ptr [__imp_getchar (07FF6B84D0300h)]
    return 0;
12: 00007FF6B84C18E5  xor     eax,eax
```

4. 동적인 어셈블리 코드 보기

이번엔 VS 가 아닌 실제 디버깅 환경에서 어셈블리 코드를 보면서 비교해 보자.

4.1 실행 파일 생성

이번에는 여러 리버싱 관련 도서들이 시연하는 것처럼 디버거를 이용해서 같은 코드 (다만 앞에 본 것은 디버깅 빌드 버전이고, 이번엔 릴리즈 버전으로 만들려 한다. 디버 깅에 필요한 사족이 다 제거된 버전이라고 보면 될 듯하다)를 살펴보자.

우선 릴리즈 버전의 exe 파일을 만들어 내보자. 위쪽의 네모 모양의 정지 버튼이나 "Shift+F5"를 눌러 디버깅을 중지한다. 이후 아까 Debug 상태의 드롭 박스를 "Release" 로 바꾸고, "빌드〉솔루션 빌드" 명령어를 통해 빌드를 한다.

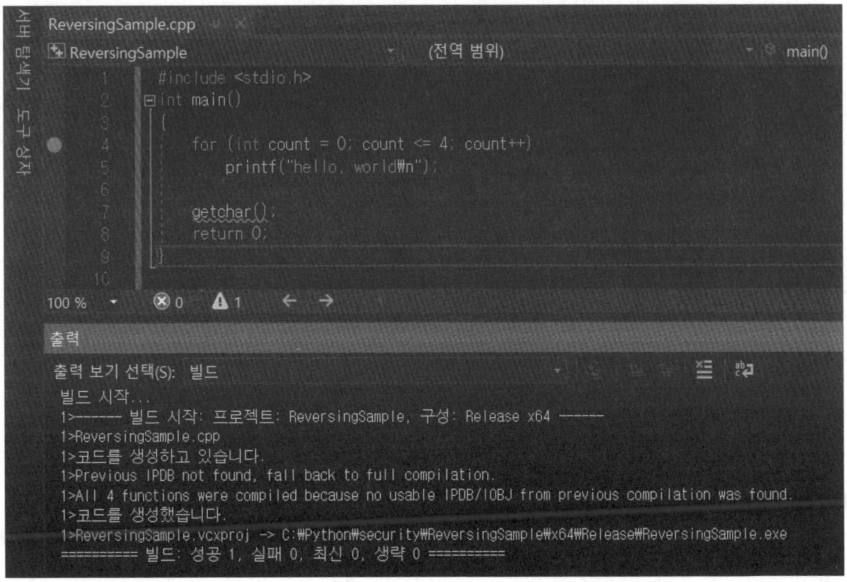

그림 3-6-12 빌드하기

```
1>코드를 생성했습니다.
1>ReversingSample.vcxproj → C:\Python\security\ReversingSample\x64\Release\
ReversingSample.exe
========== 빌드: 성공 1, 실패 0, 최신 0, 생략 0 ==========
```

4.2 x64dbg 설치

이제 디버거 프로그램을 다운받도록 해보자. 64비트 환경을 지원하는 x64dbg라는 프로그램을 사용한다. 아래의 페이지에서 zip 파일을 다운로드 받아서 적당한 폴더에 압축 해제한다. 다운로드 하다 보면 해당 소스포지(https://sourceforge.net) 사이트 접근이 막히는 경우가 있는데, 공부가 목적이니 적절히 크롬 무료 프록시를 사용해 다운로드 하자.

```
[x64dbg]
https://sourceforge.net/projects/x64dbg/
```

이후 release\x64 폴더내에 있는 x64dbg.exe 파일을 실행시킨다. 디버거 창이 뜨면 "파일〉열기" 명령어를 통해서 아까 만들어 놓은 C:\Python\security\ReversingSample\x64\Release 폴더에 있는, "ReversingSample.exe"을 선택한다. 다음과 같이 디버깅이 시작되는 화면이 열린다.

4.3 디버거로 어셈블리 코드 보기

디버거는 프로그램이 시작되면서 CPU에서 실행되는 명령어들에 대해서 어셈블리 레벨에서 가로채서 보여주는 프로그램이다. 그러다 보니 특정 명령어를 기준으로 찾아 건너 뛰거나, 프로그램에서 사용하는 여러 값을 조작하거나 하는 일을 (구조를 잘 이해만 한다면) 자유롭게 할 수 있다.

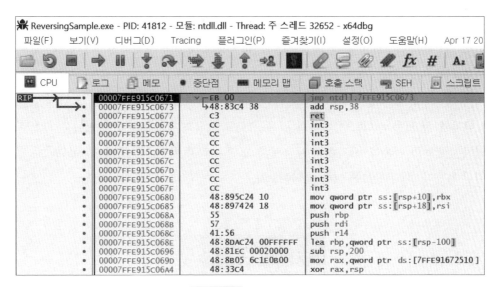

그림 3-6-13 실행 파일 열기

앞서 이야기한 웹에서의 피들러로 조작했던 클라이언트 코드와 비슷하지만, 보다시피 어셈블리와 그 어셈블리와 상호작용하는 시스템 자체의 동작을 이해해야 그것이 가능 하기 때문에 자유롭게 구사하기 위해서는 배우고 익숙해야 할 부분이 많이 필요하다고 생각한다. 다만, 더 많이 필요한 부분은 보안 기술로서의 난이도라기보다는 앞서 다루 었던 대상을 이해하기 위한 프로그래밍이나 SQL 이해 난이도에 가깝다고 생각한다. 다시 한번 말하지만 보안 쪽은 대상을 이해하거나 적절히 다루는 방법을 익히지 못한 다면 아무것도 못한 채 손가락만 빨 수밖에 없다.

이전의 비주얼 스튜디오 환경에서는 원하는 코드에 대응하는 어셈블리 코드를 바로 볼 수 있었지만(브라우저에서 요소 검사를 통해 해당 코드 위치로 이동한 것과 비슷하다 고 볼 수 있다), 실행 파일에서는 우리가 작성한 코드가 실행되기 전에, 윈도우 환경에 서 프로그램이 실행되기 위한 여러 가지 행사 코드들이 먼저 실행될 것이기 때문에 한 줄 한 줄 순차적으로 실행하게 되면 정말 한참을 따라 가야한다.

F8(건너서 단계 진행) 같은 키를 눌러 나름 큰 보폭으로 한 단계씩 이동하다가 원하는

Chapter 6. 리버싱과 포렌식 413

코드를 만날 수도 있겠지만, 그러다 보면 원하는 지점을 놓쳐 처음부터 다시 시작해야
되는 시행 착오를 겪을 수도 있으므로, 디버거에는 특정한 문자열이나 명령어, 패턴
등의 어셈블리 코드 요소를 기준으로 원하는 위치를 찾을 수 있게 검색 기능이 제공되
어 있다. 해당 코드 화면에서 마우스 오른쪽 버튼을 누르고 "다음을 찾기 〉 모든 모듈
〉 문자열 참조"를 선택하면 다음과 같은 프로그램이 가지고 있는 문자열들을 리스트
업하는 화면이 나온다. 오른쪽 문자열 팬에 보면 우리가 뿌려주는 "hello, world\n" 문자
열이 보인다. 해당 항목을 더블 클릭해보자.

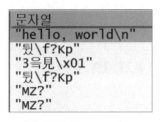

그림 3-6-14 문자열 참조

그러면 아까 비주얼 스튜디오에서 봤던 코드와 비슷하지만 약간은 모양이 다른 코드가
보인다.

| 🖥 CPU | 📄 로그 | 📝 메모 | ● 중단점 | ▦ 메모리 맵 | 🗐 호출 스택 | 🖙 SEH | 🗔 스크립트 | 🕮 기호 | ◇ 소스 | 🔎 참조 |

```
● 00007FF6D49C106E    CC                int3
● 00007FF6D49C106F    CC                int3
● 00007FF6D49C1070    40:53             push rbx
● 00007FF6D49C1072    48:83EC 20        sub rsp,20
● 00007FF6D49C1076    BB 05000000       mov ebx,5
● 00007FF6D49C107B    0F1F4400 00       nop dword ptr ds:[rax+rax],eax
● 00007FF6D49C1080    48:8D0D B9110000  lea rcx,qword ptr ds:[7FF6D49C2240]
● 00007FF6D49C1087    E8 84FFFFFF       call <reversingsample.printf>
● 00007FF6D49C108C    48:83EB 01        sub rbx,1
● 00007FF6D49C1090  ^ 75 EE            jne reversingsample.7FF6D49C1080
● 00007FF6D49C1092    FF15 D8100000     call qword ptr ds:[<&getchar>]
● 00007FF6D49C1098    33C0              xor eax,eax
● 00007FF6D49C109A    48:83C4 20        add rsp,20
● 00007FF6D49C109E    5B                pop rbx
● 00007FF6D49C109F    C3                ret
```

그림 3-6-15 디버깅 코드

코드를 살펴보자. 비주얼 스튜디오와 비슷한 모양이 되도록 16진수 코드가 나오는 중간 부분은 편집해 제거했다.

```
1: 00007FF6D49C1070  ¦ push rbx
2: 00007FF6D49C1072  ¦ sub rsp,20
3: 00007FF6D49C1076  ¦ mov ebx,5
4: 00007FF6D49C107B  ¦ nop dword ptr ds:[rax+rax],eax
5: 00007FF6D49C1080  ¦ lea rcx,qword ptr ds:[7FF6D49C2240]   ¦   "hello, world\n"
6: 00007FF6D49C1087  ¦ call <reversingsample.printf>
7: 00007FF6D49C108C  ¦ sub rbx,1
8: 00007FF6D49C1090  ¦ jne reversingsample.7FF6D49C1080
9: 00007FF6D49C1092  ¦ call qword ptr ds:[<&getchar>]
10: 00007FF6D49C1098  ¦ xor eax,eax
11: 00007FF6D49C109A  ¦ add rsp,20
12: 00007FF6D49C109E  ¦ pop rbx
```

뭔가 조금은 달라 보이지만, 주요 코드를 한번 간단히 살펴보자.

```
3: 00007FF6D49C1076  ¦ mov ebx,5
4: 00007FF6D49C107B  ¦ nop dword ptr ds:[rax+rax],eax
5: 00007FF6D49C1080  ¦ lea rcx,qword ptr ds:[7FF6D49C2240]         ¦   "hello, world\n"
```

루프 코드를 보면 3번째 라인에서 ebx 레지스터에 5 값을 넣는다(mov ebx,5). 그리고 4번은 CPU에게 잠시 쉬어 가라는 명령어고, 5번 라인에서 "hello world"를 출력해 준다.

```
7: 00007FF6D49C108C  ¦ sub rbx,1
8: 00007FF6D49C1090  ¦ jne reversingsample.7FF6D49C1080
```

그리고 7번 라인을 보면 rbx에 1을 빼 준다(sub rbx,1). 이후 jne(jump not equal)가 호출되어 rbx가 0인지 체크하여 0일 때까지 다시 5번째 라인인 7FF62C5F1080 주소로 점프하며 프린트를 반복한다. 앞서 비주얼 스튜디오와 방식은 다르지만 등가의 로직으로 더하지 않고 빼면서 같은지 비교할 뿐이다. 나머지 코드는 비슷하니 설명을 생략한다.

결국 실제 릴리즈되어 실행되는 코드를 살펴보니 아까 디버깅 모드에서 봤던 어셈블리와 약간 모양은 다르지만 동일한 로직을 수행하는 등가 코드라는 것을 알 수 있다.

5. 파이썬의 바이트 코드와 비교해 보기

자바와 같은 언어를 가상머신에서 돌아가는 언어라고 한다. OS마다 자바 가상머신이 설치되어 있고, 자바 코드는 바로 어셈블리로 컴파일되는 것이 아니라 가상머신에 맞는 바이트 코드로 컴파일 되고, 실제 어셈블리로 변환하는 것은 가상머신이 책임진다 (비유해 보자면 원래는 각 나라 말로 각자 번역을 해야 되는데, 우선 공용되는 가상의 대표 언어로 번역 후, 이후 각 언어로 번역된다고 생각해 보자. 각 나라 말이 서로 다른 OS이고, 번역할 언어가 자바나 코틀린일 것이고, 공용 언어가 바이트 코드일 것이다- 이것도 달빅, ART 등 서로 다른 버전이 있다). 그래서 여러 다른 OS 환경에서도 일종의 드라이버의 역할을 하는 가상머신이 항상 같은 동작을 보장해 준다. 사실 OS 별 설계에 따라 미세하게 다른 부분도 있긴 하다. 파이썬을 사용하다 보면 멀티 프로세싱 같은 부분이 윈도우와 리눅스 쪽이 조금 다르게 동작한다.

파이썬도 사실 마찬가지로 해당 언어 내부는 C++로 작성되어 있고, C++로 만들어진 가상 머신 환경에서 해석되어 돌아간다. 파이썬 실행 폴더를 보면 컴파일 하면 유리한 특정 조건에서 __pycache__ 폴더 내에 파일 이름과 같은 .pyc 확장자의 파일이 보이게 되는데 이 파일들이 파이썬 바이트코드로 컴파일 된 파이썬 소스이다. 파이썬 언어의 제작자가 만든 파이썬 가상 머신 전용의 유사 가상 어셈블리 코드라고 생각하면 되겠다. 물리적인 하드웨어와 얽혀 있는 어셈블리 코드와 다르게 C++ 만든 가상 환경이기 때문에 얼마든지 해당 유사 어셈블리는 성능 및 효율 성을 위해 업그레이드되거나 다른 가상엔진으로 대체될 수도 있다.

5.1 등가의 파이썬 바이트 소스 코드 만들기

가상 환경의 바이트 소스가 어셈블리와는 어떻게 다른지 살펴보기 위해서 위의 C++ 코드와 등가인 코드를 만들어 살펴보자. 파이썬에서는 for(int count = 0; count 〈 4; count++)라는 문법은 없다. 같은 결과를 내려면 for i in range(4) 문법이 가장 비슷하겠지만, range 메서드 땜에 코드의 해석이 다를 것 같아서 어셈블리의 동작을 따라해 while문과 비교문, 변수의 증가를 통해서 비슷한 코드를 만들려 한다. 해당 코드는 다음과 같다. 파이썬에서는 dis라는 모듈로 특정한 함수나 파일을 파이썬 바이트 코드로 변환할 수 있다.

```python
import dis


def my_function():
    i = 0
    while i < 4:
        print("Hello World!\n")
        i = i + 1


dis.dis(my_function)
```

코드 보기   reversing_byte_code.py

해당 소스를 C:\Python\security 경로에 reversing_byte_code.py 이름으로 저장한다.

5.2 실행하여 바이트 소스 보기

해당 코드를 실행하면 다음과 같이 바이트 코드를 출력해준다. 보면 왠지 앞에서 봤던 어셈블리와 비슷한 느낌이 난다.

```
C:\Python\security>python reversing_byte_code.py
```

```
5          0 LOAD_CONST           1 (0)
           2 STORE_FAST           0 (i)

6    >>    4 LOAD_FAST            0 (i)
           6 LOAD_CONST           2 (4)
           8 COMPARE_OP           0 (<)
          10 POP_JUMP_IF_FALSE    30

7         12 LOAD_GLOBAL          0 (print)
          14 LOAD_CONST           3 ('Hello World!\n')
          16 CALL_FUNCTION        1
          18 POP_TOP

8         20 LOAD_FAST            0 (i)
          22 LOAD_CONST           4 (1)
          24 BINARY_ADD
          26 STORE_FAST           0 (i)
          28 JUMP_ABSOLUTE        4
     >>   30 LOAD_CONST           0 (None)
          32 RETURN_VALUE
```

조금 낯설지만 맨 앞 볼드체의 5, 6, 7, 8 부분이 파이썬 소스의 라인을 나타내고, 〉〉 표시는 점프 명령어로 이동되는 지점이라는 표시이다. 두 번째 2, 4, 6, 8… 부분이 2 바이트짜리 명령어 코드의 바이트 인덱스를 나타낸다. 뒤의 1, 0, 0 숫자들은 어셈블리와 비슷하게 스택의 위치일 수도, 점프 등의 이동할 주소일 수도, 변수나 상수 위치일 수도 있다. 뒤의 ()로 이루어진 값들은 사람이 쉽게 읽을 수 있게 하는 힌트이다. 파이썬 바이트 코드를 해석하려면 기본적인 명령어 정보는 구글에서 "dis module"이라고 검색하면 나오는 Disassembler for Python bytecode 설명을 보면 되고, 실제 더 깊은 동작은 ceval.c를 봐야 한다.

[스택오버플로 - How should I understand the output of dis.dis?]
https://stackoverflow.com/questions/12673074/how-should-i-understand-the-output-of-dis-dis

처음 보는 코드이지만, 위의 힌트들을 가지고 한번 해석해 보자.

<바이트 코드>

```
5            0 LOAD_CONST          1 (0)
             2 STORE_FAST          0 (i)
```

<파이썬 코드>

```
   i = 0
```

맨 왼쪽 5번에 해당하는 파이썬 코드는 i = 0이다. 명령어 0번 라인을 보면 LOAD_CONST 명령어로 주소 1에 있는 0이라는 상수를 가져온다. 이후 2번 라인에서 STORE_FAST 명령어로 0번 주소(변수 i)에 가져온 상수 0을 할당한다.

<바이트 코드>

```
6    >>     4 LOAD_FAST           0 (i)
            6 LOAD_CONST          2 (4)
            8 COMPARE_OP          0 (<)
           10 POP_JUMP_IF_FALSE   30
```

<파이썬 코드>

```
   while i < 4:
```

다음 코드는 명령어 4번 라인의 LOAD_FAST 명령어로 아까 0을 저장했던 0번 주소(i)

를 가져온다. 이후 6번 라인에서 LOAD_CONST 명령어로 주소 2에서 상수인 4을 가져오고, 8번 라인에서 0번 〈 연산자를 이용해서 i가 4보다 작은지 비교한다. 이후 10번 라인에서 POP_JUMP_IF_FALSE를 만족한다면(i가 4보다 크거나 같아서 while문을 빠져나가는 경우이다), 30번 라인으로 점프한다. 조금의 차이는 있지만 점점 앞의 어셈블리 코드와 흐름이 비슷하게 되지 않나 싶다.

〈바이트 코드〉

```
7        12 LOAD_GLOBAL           0 (print)
         14 LOAD_CONST            3 ('Hello World!\n')
         16 CALL_FUNCTION         1
         18 POP_TOP
```

〈파이썬 코드〉

```
    print("Hello World!\n")
```

다음 코드를 보면 12번 라인에서 LOAD_GLOBAL 명령어로 0번 주소에서 프린트 메서드를 스택으로 가져오고, 14번 라인에서 LOAD_CONST 명령어로 3번 주소에서 "Hello World!\n"이라는 문자열을 가져온다. 16라인에서 CALL_FUNCTION 명령어로 해당 print 메서드를 실행하고, 18번에서 POP_TOP 명령어로 다시 스택을 비워 원래 상태로 만든다.

〈바이트 코드〉

```
6    >>   4 LOAD_FAST             0 (i)
...
         10 POP_JUMP_IF_FALSE     30


8        20 LOAD_FAST             0 (i)
         22 LOAD_CONST            4 (1)
         24 BINARY_ADD
```

```
          26 STORE_FAST              0 (i)
          28 JUMP_ABSOLUTE           4
     >>   30 LOAD_CONST              0 (None)
          32 RETURN_VALUE
```

<파이썬 코드>

```
6       while i < 4:
7           print("Hello World!\n")
8           i = i + 1
```

마지막으로 20번 라인에서 LOAD_FAST 명령어로 0번 주소에서 i를 가져오고, 22번
라인에서 LOAD_CONST 명령어로 4번 주소에서 상수 1 값을 가져와서, 24번 라인에
서 i에 상수 1을 더하고, 다시 26번 라인에서 STORE_FAST 명령어로 0번 주소에 1이
더해진 i를 저장한다(i = i + 1이 실행되었다). 그리고 28번 라인에서 4번 라인으로 점
프하는데 그곳이 다시 while문의 루프가 시작되는 지점이다. 그렇게 계속 i가 증가하면
서 돌다가 10 번 라인에서 i가 4가 되면 30번 라인으로 점프하게 되고, 30번은 어셈블
리와 비슷하게 0번 주소에서 NONE 값을 가져와서 32번 라인에서 RETURN_VALUE
문을 수행하면서 코드를 완료하게 된다.

어셈블리 때와 비슷하게 정리해 보면 다음과 같은 그림이 될 것이다.

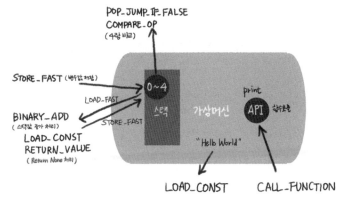

그림 3-6-16   파이썬 바이트 코드 도식

5.3 바이트 코드와 원본 소스와의 변환

위의 예제를 기반으로 생각해보면, 가상머신에서의 바이트 코드는 OS에 상관없이 일정할 것이고(어차피 환경을 타지 않는 C++로 만든 가상의 공용 언어이니까), 그렇게됨으로써 그냥 네이티브 코드보다는 당연히 디컴파일을 통해서 원래 소스 로직 형태로변환하기가 쉽게 될 것이다. 다만 가상 환경의 명령어는 제작자가 자유롭게 변경이 가능할 것이므로, 버전 업데이트로 명령어나 가상 환경 구조가 업데이트된다면 디컴파일러도 따라서 변경이 되어줘야 하는 어려움은 있을 것이다. 특히 소스가 공개된 언어라면 해당 과정이 좀 더 쉽겠지만 공개되지 않은 경우는 더욱 난해할 것이다.

파이썬에서 py 파일과 바이트 코드인 pyc 파일과의 변환에 대해서 예를 들어볼까 했지만, 현재 파이썬 3.9 버전에서 해당 디컴파일 제작자가 회사에 풀타임으로 다니게 되어바쁘다면서 특정 금액의 성금이 모이면 수정해 보겠다고 하는 상태라 3.8까지만 지원하고 있다. 나중을 위해서 명령어만 남기려고 한다. 궁금하다면 3.8 버전으로 수행해봐도 좋을 듯하다.

<.py 파일을 .pyc 바이트 코드로 변환 - 현재 됨>

```
C:\Python\security>python -m py_compile reversing_byte_code.py

C:\Python\security\__pycache__\reversing_byte_code.cpython-39.pyc 파일이 생성됨
```

<.pyc 파일을 py 파일로 복원 - 현재 3.9에서 안 됨>

```
C:\Python\security>pip install uncompyle6
Successfully installed spark-parser-1.8.9 uncompyle6-3.7.4 xdis-5.0.8

C:\Python\security\__pycache__\uncompyle6 reversing_byte_code.cpython-39.pyc
```

6. 리버싱에 대해 생각해 보기

앞의 예제를 통해서 짧고 기초적인 리버싱 과정을 살펴봤다. 다시 근본적인 질문으로 돌아와서, 왜 우리가 저렇게 귀찮은 과정을 거치면서 리버싱을 해야만 할까? 가장 큰 이유는 프로그램 소스가 없기 때문이다. 소스가 있는 프로그램을 리버싱하는 것은 KTX가 있는데 뛰어서 서울에서 부산까지 가는 행동하고 비슷할 것이다.

일반적으로 리버싱의 유용성이 극대화되는 분야인 악성 코드 분야는 소스를 모르는 바이너리가 시스템을 공격하는 형태이고, 해당 공격의 예측 및 방지, 치료를 위해서는 실행 코드의 동작을 알아야 하기 때문에 궁극적으로는 리버싱밖에는 방법이 없다. 물론 다음 챕터에서 다룰 여러 가지 정적 및 동적, 행동기반 관찰의 방법도 있겠지만 그렇게 해결이 되는 대부분은 운이 좋은 쪽이라고 봐도 될 듯하다.

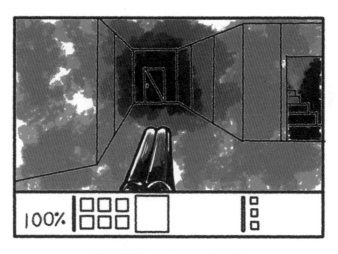

그림 3-6-17　미지의 던전을 탐험하기

리버싱 관련 책들을 보면 간단하게 어셈블리 코드의 동작 원리에 대해 설명한 후 코드에서 원하는 위치를 찾아가며 로직을 이해하거나, 값이나 기능을 원하는 대로 패치하는 부분을 설명하고 이후 후킹 등으로 코드의 흐름을 변경하거나 리버싱을 방해하는 방어수단들을 회피하는 방법들을 설명하곤 한다. 사실 그러한 부분에서 리버싱은 합법과 불법을 넘나들기도 한다.

같은 기술을 이용하여 타사의 프로그램의 동작 원리를 이해하여 카피하고자 하는 용도로 사용될 수도 있고, 앞에서와 같이 탈옥 감지 등을 회피하는 용도로도 쓸 수 있다. 긍정적으로는 많은 백신이나 보안 툴들이 시스템 사용자의 동의를 기반으로 시스템을 보호하는 데 사용되며, 반대로 악성 코드들은 그런 기술을 이용하여 사용자의 부주의를 이용한 동의나 시스템의 취약점을 이용해 자신을 숨기거나 사용자가 모르는 사이에 시스템 프로세스들을 장악해 사용자의 자료나 행동을 기반으로 나쁜 일들을 벌이곤 한다.

나아가 프로그램은 자신이 가진 코드만으로는 움직이지 못하는 존재이므로 사용자가 직접 만든 코드 로직은 정말 적은 핵심 부분에 불과하다. 대부분 타인이 만들어 놓은 모듈을 사용하고 있고, 해당 모듈도 해당 모듈의 언어에서 제공하는 라이브러리나 OS에서 제공하는 API(이것도 마찬가지로 코드라고 볼 수 있다)를 사용해 해당 행동을 수행하게 된다. 이 먹이사슬과도 같은 관점에서 보면 여러분이 어셈블리를 잘 이해하고 미지의 프로그램을 잘 이해하려 한다면 해당 프로그램을 구성하는 언어 및 OS의 기초 API, OS의 동작 원리에 대해 잘 이해해야 한다는 결론이 나오게 된다. "Windows Internal" 같은 OS 동작을 설명하는 책부터 시스템 프로그래밍 책들과 같은 부분이 그런 시도의 출발점이 아닐까 생각한다. 좀 더 낮은 레벨에서 시스템을 안전하게 구축하고자 할수록 이러한 평소에는 상위 언어에 감싸여 신경 쓰지 못했던 부분들에 익숙해져야 하는게 운명 같다.

추가로 많은 악성 코드의 같은 경우는 외부와의 통신을 통해서 주요 로직 모듈을 다운로드 받아 실제 공격 코드를 조립하거나, 데이터를 받거나 전달하는 일도 많기 때문에 "통신"이라는 개념에서 웹이나 다른 통신 프로토콜과도 연관이 된다. 그러다 보면 데이터 은닉(Data Hiding)이라는 정상적인 것으로 위장하여 자신의 행동을 숨기려고 하는 주제와도 만나게 되며, 결국은 프로그래밍이란 주제와 다시 연결이 되는 것 같다.

7. 실험을 통한 리버싱

위에는 코드에 기반한 리버싱에 대한 얘기만 했지만, 블랙박스 테스트를 잘 설계하면 화이트박스 기법에 근사하게 적절히 주요 코드의 동작을 예측할 수 있게 되고, 자바스크립트를 잘 분석하면 서버 사이드의 로직을 어느 정도 예측할 수 있듯이, 외부에서의 관찰을 통해 진행하는 리버싱 영역도 있다고 본다.

종종 만나는 부분이 게임 커뮤니티 같은 데에서 사용자가 여러 실험을 통해서, 데미지 공식을 유추한다든지 하는 부분이다. 사실 이런 부분은 서버 사이드 로직이기 때문에 클라이언트를 아무리 분석해 봐도 일반적으로는 관련 코드가 없을 테니 알 수가 없다.

그림 3-6-18   실험을 통한 리버싱

뭔가 잘 짜인 가설과 시나리오로 이런 반복적인 테스트를 하는 부분은 충분히 다른 측면의 리버싱이기도 하고, 클라이언트의 기반에서 리버싱의 한계를 넘을 수 있게 하는 부분이라고 본다. 마치 별의 움직임을 관찰해서 행성들의 움직임의 규칙에 대한 가설을 세우는 일과 비슷하다고 보면 너무 거창할까 싶지만 말이다. 개인적으로 저런 방식으로 내부 로직을 알아내는 것도 하나의 분석적 재능이라고 본다.

8. 포렌식에 대해 생각해 보기

앞의 예제를 보았으니, 리버싱 얘기에 연결해서 전혀 다른 분야 같이 보이는 포렌식(Forensic)과의 관계에 대해 생각을 해보자.

포렌식의 친숙한 작업 중 하나는 삭제된 파일을 복구하는(Undelete) 작업일 것이다. 속도의 문제 때문에 컴퓨터에서 파일을 삭제할 때(휴지통에 남기지 않더라도), 시스템에 등록된 파일에 대한 구조 정보 위주로 삭제하고, 실제 파일 내용이 저장된 디스크의 자기 공간 부분은 그대로 남겨두게 된다. 왜 전체 내용을 다 지우지 않는가 생각할수도 있겠지만, 파일이라는 것은 디스크 내에 0과 1로 저장된 정보의 형태이고 그것을 완전하게 지우기 위해서는 랜덤 한 형태로 (여러 번) 덮어 씌워야 한다. 그렇게 때문에 만약 몇 기가 정도의 파일을 완전히 삭제하려 한다면 적어도 해당 파일을 디스크 사이에서 복사하는 시간만큼 동일하게 소요된다는 것이다.

매번 파일을 지울 때마다(이건 사용자의 파일도 있을 수 있고, 시스템이 사용하는 파일일 수도 있다) 그렇게 번거로운 작업이 일어난다면 지금의 컴퓨터는 훨씬 더 많이 느려질 것이다. 큰 파일 복사를 할 때나 큰 용량의 파일을 여러 개 다운로드 받을 때 컴퓨터가 느려지는 현상을 떠올려보면 이해가 갈 듯하다. 그래서 파일을 지운 후 딱히 컴퓨터를 더 활발하게 사용하지 않아, 해당 파일이 저장되어 있던 디스크 영역이 다른 파일의 저장 공간으로 재할당되어 덮어 쓰이지만 않는다면, 원래의 파일로 복구가 가능할 가능성이 높게 된다. 물론 실제로 디스크에서 내용까지 삭제를 해도 기존에 저장되었던 잔여 자기장에 기반하여 복구가 가능하다는 얘기도 있지만, 현실적으로는 인식이 가능한 유효한 정보가 얼마나 복구되며 오류는 어떻게 보정할까 싶다.

앞의 어셈블리 코드를 보면 알 수 있지만, 컴퓨터는 의외로 생각보다 단순한 동작의 반복으로 우리가 보는 이 운영체제와 프로그램의 동작들을 구현한다. 단순하게 본다면 레지스터, 스택, 메모리, 디스크에 데이터를 썼다 지우는 정도가 전부라고 봐도 될지 모른다.

그러한 과정에서 파일 삭제의 경우와 같이 무언가 완전히 덮어지지 않고 디스크 내에 남거나, 운영체제나 애플리케이션들이 모니터링이나, 디버깅, 사후 추적의 목적으로 사용자가 인지 못하는 영역에 (몰래) 남기거나, 시스템 설계나 사용자의 부주의 때문에 남긴 부분 등이 존재하게 될 것이다. 또한 특수한 경우를 빼고는 메모리 상에는 속도를 위해 대부분의 보호 목적의 코드가 풀어지고 실행 가능한 코드만 남게 되기 때문에 접근이 가능하다면 의미 있는 정보를 추출하는 것이 좀 더 용이하게 된다. 이러한 부분들에 대해서 살펴보고, 복구하고, 시간의 측면에 따라 재구성하여 컴퓨터를 사용한 사용자의 행동들을 이해하고 증명하는 작업이 포렌식이란 영역이 아닐까 싶다.

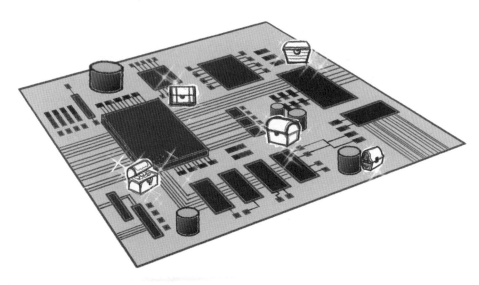

그림 3-6-19 컴퓨터 내의 아티팩트 찾기

조금 공식적으로 얘기하자면, 그러한 데이터들은 아티팩트(Artifact)라고 불리는데, 그 아티팩트들이 존재할 수 있는 장소는 메모리 내의 여러 요소(실행되는 프로세스, 데이터들), 평문으로 저장된 패스워드, 채팅 등 사용자 간에 전달되는 데이터, 네트워크 커넥션 로그, MBR, 레지스트리, 로그 및 설정 파일, 프로그램 파일, 임시 파일, 데이터 파일, 삭제 후 유지되는 데이터 공간 등이 있을 것이다.

이 책의 맨 처음 챕터에서 보안은 데이터의 흐름을 따라가는 것이라고 말했는데, 모든 보안의 분야가 마찬가지겠지만 포렌식 분야야말로 데이터에 완전한 포커스를 두고 흔적을 따라가는 일이라고 본다. 이상적으로는 데이터가 담긴 메모리, 디스크, 레지스터에 모든 필요한 정보가 담겨있다고 볼 수 있겠지만, 해당 데이터들이 구체적인 사용 주체들과 연결되지 않는다면 0과 1로 만들어진 숫자 내에서 쉽게 의미를 찾을 순 없을 것이다. 그렇게 하기 위해 OS마다 다른 디스크 및 메모리의 사용 방식, 프로그램이 동작하는 방식, 사용자가 생각하거나 움직이는 방식(사용자가 생성하는 데이터를 이해하거나, 사용자가 컴퓨터를 사용하는 용도나 스타일에 따라서도 접근이 달라질 수 있다고 본다)까지도 이해할 필요가 있다.

나아가 명시적이진 않은 애플리케이션의 데이터를 추적하고 찾기 위해서는(역시 앞의 리버싱과 마찬가지로 소스를 모르니까) 앞 단에서 별개의 영역으로 느껴졌던 리버싱 영역의 스킬들이 필요하게 된다. 여기에서 2개의 영역이 결국 만나게 된다고 생각하는데, 프로그램이나 운영체제의 행동을 쫓던 리버싱은 필연적으로 대상이 만들어내거나 접근하는 데이터에 관심을 가지게 되고, 데이터를 쫓아가던 포렌식은 데이터를 만들어 내는 프로그램이나 운영체제의 행동에 관심을 마찬가지로 가질 수밖에 없다. 결국 2개 분야의 지식이 만나 상호작용하며 균형을 이루어야만 각 분야가 완성될 수 있다고 본다.

9. 포렌식 예제 1 – 시스템 정보 보여주기

몇 가지 컴퓨터 내의 데이터를 보는 간단한 파이썬 코드를 만들어 보자. 첫 번째는 시스템의 기본적인 정보들을 보여주는 파이썬 코드이다.

9.1 모듈 설치하기

```
C:\Python\security>pip install psutil
Successfully installed psutil-5.8.0
```

9.2 코드 만들기

기본적으로 platform, socket, psutil 3개의 모듈을 이용해 데이터를 가져오려 한다. 특별한 것은 없고 각각의 모듈을 이용하여 시스템 기본 정보, 램, 디스크에 대한 정보를 가져와 데이터 클래스에 담은 후, pprint를 이용해서 단정하게 출력한다.

```python
from dataclasses import dataclass, field, asdict
import platform, socket, psutil
import pprint


@dataclass
class Ram:
    total: str = ""
    free: str = ""
```

```python
@dataclass
class Disk:
    total: str = ""
    free: str = ""


@dataclass
class SystemInfo:
    system: str = ""
    version: float = ""
    architecture: str = ""
    hostname: str = ""
    processor: str = ""
    cpu_core: str = ""
    ram: Ram = field(default_factory=Ram)
    disk: Disk = field(default_factory=Disk)


def get_sytem_info():
    ram = psutil.virtual_memory()
    disk = psutil.disk_usage(path='/')
    ram_totle = str(round(ram.total / (1024.0 ** 3))) + " GB"
    ram_free = str(round(ram.available / (1024.0 ** 3))) + " GB"
    disk_total = str(round(disk.total / (1024.0 ** 3))) + " GB"
    disk_free = str(round(disk.free / (1024.0 ** 3))) + " GB"

    system_info = SystemInfo()
    system_info.system = platform.system()
    system_info.version = platform.version()
    system_info.architecture = platform.machine()
    system_info.hostname = socket.gethostname()
    system_info.processor = platform.processor()
    system_info.cpu_core = psutil.cpu_count()
    system_info.ram.total = ram_totle
    system_info.ram.free = ram_free
    system_info.disk.total = disk_total
```

```
    system_info.disk.free = disk_free


    return system_info



system_information = get_sytem_info()


pp = pprint.PrettyPrinter(indent=4)
pp.pprint(asdict(system_information))
```

코드 보기　　forensic_system_info.py

해당 소스를 C:\Python\security 경로에 forensic_system_info.py 이름으로 저장한다.

9.3 코드 실행하기

코드를 실행하면 다음과 같이 기본적인 시스템 정보들을 보여준다.


```
C:\Python\security>python forensic_system_info.py
{   'architecture': 'AMD64',
    'cpu_core': 4,
    'disk': {'free': '76 GB', 'total': '223 GB'},
    'hostname': 'MYPCNAME',
    'processor': 'Intel64 Family 6 Model 78 Stepping 3, GenuineIntel',
    'ram': {'free': '2 GB', 'total': '8 GB'},
    'system': 'Windows',
    'version': '10.0.19041'}
```

10. 포렌식 예제 2 – 특정 파일에 대한 생성, 수정, 접근 시간 보기

두 번째는 파일의 생성일과 수정일 히스토리를 살펴보려고 한다. 우선 메모장을 열어서 "test"라고 적고 C:\Python\security 폴더에 test.txt라고 저장한다(create). 이후 다시 해당 파일을 열어 "modify"라고 다음 줄에 적고 다시 저장을 한다(modify). 이후 다시 해당 파일을 열어서 본다(access). 우리는 파일을 수정해서 저장하면 해당 파일 자체만 남는다고 생각하지만, 윈도우 시스템은 해당 파일에 대해 생성, 수정, 접근에 대한 기록을 저장해 놓는다.

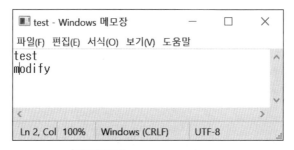

그림 3-6-20 파일 생성 및 수정하기

10.1 파이썬 코드 만들기

코드를 보면 아주 간단해서, OS 모듈을 이용해서 해당 파일의 생성, 수정, 접근 시간을 가져와 출력한다.

```
import os, time

file = "test.txt"

# 파일 생성일 출력
```

```
created = os.path.getctime(file)
created_time = time.strftime('%Y-%m-%d %H:%M:%S', time.localtime(created))
print("생성 시간: " + created_time)

# 파일 수정일 출력
modified = os.path.getmtime(file)
modified_time = time.strftime('%Y-%m-%d %H:%M:%S', time.localtime(modified))
print("수정 시간: " + modified_time)

# 파일 접근일 출력
accessed = os.path.getatime(file)
accessed_time = time.strftime('%Y-%m-%d %H:%M:%S', time.localtime(accessed))
print("접근 시간: " + accessed_time)
```

코드 보기   forensic_file_timestamp.py

C:\Python\security 폴더에 forensic_file_timestamp.py 이름으로 저장한다.

10.2 파이썬 코드 실행하기

파일을 실행하면 해당 파일의 생성, 수정, 접근 시간이 나온다.

```
C:\Python\security>python forensic_file_timestamp.py
생성 시간: 2021-04-04 15:27:07
수정 시간: 2021-04-04 15:27:14
접근 시간: 2021-04-04 15:27:14
```

내용을 보면 한 가지 이상한 점이, 맨 마지막으로 파일을 열어본 시간이 찍히지 않는 다는 것이다. 구글을 찾아보면 윈도우 7부터 성능을 위해서 파일이나, 디렉토리가 접 근되었을 때는 해당 정보를 업데이트 안 한다고 한다. 이를 수정하기 위해서는 관리자 권한으로 커맨드창을 띄워 아래 명령어로 시도해 본 후, 다시 복구하면 된다.

```
<현재 상태 확인>
C:\Python\security>fsutil behavior query disablelastaccess
DisableLastAccess = 1  (사용자 관리, 사용)


<Enable - 관리자 모드>
C:\WINDOWS\system32>fsutil behavior set disablelastaccess 0
DisableLastAccess = 0  (사용자 관리, 사용 안 함)


<Disable- 관리자 모드>
C:\WINDOWS\system32>fsutil behavior set disablelastaccess 1
DisableLastAccess = 1  (사용자 관리, 사용)
```

11. 엑셀의 최근 사용 문서를 레지스트리에서 찾아보기

마지막으로 엑셀의 최근 사용 문서를 찾아보자. 엑셀을 열어보게 되면, 다음과 같이 최근 열었던 문서가 표시된다(오피스 2016 기준).

그림 3-6-21　최근 열어본 문서

11.1 파이썬 코드 만들기

일반적으로 윈도우 프로그램들은 내부 정보들을 레지스트리 키에 넣어 두는 경우가 많다. 코드를 보면 엑셀의 최근 문서가 있는 레지스트리 경로를 읽고, 키 이름이 Item일 경우 출력해 준다. 양해를 구할 부분은 오피스 2016 기준이라서 설치가 안 됐거나, 다른 버전인 경우는 엑셀이 설치되지 않는다고 나오게 된다. 타 버전 엑셀일 경우는 키 위치를 구글에서 찾아 레지스트리 경로를 바꾸거나 추가로 키 루프를 도는 파싱 코드를 변경해야 할 수 있다. 해당 경우 수정해 보거나 코드의 흐름만을 보자.

```python
import winreg

try:
    # 키를 정의 한다.
    hKey = winreg.OpenKey(
        winreg.HKEY_CURRENT_USER,
        "Software\\Microsoft\\Office\\16.0\\Excel\\File MRU")

    # 키 안에 들어 있는 모든 키에 대해 루프를 돈다.
    for i in range(0, winreg.QueryInfoKey(hKey)[1]):
        name, value, type = winreg.EnumValue(hKey, i)

        # Item으로 시작하는 이름일 때 프린트한다.
        if name.startswith("Item"):
            print (name + ":" + value)


except FileNotFoundError:
    print("엑셀이 설치되지 않았습니다.")
```

코드 보기 forensic_excel_recent_files.py

C:\Python\security 폴더에 forensic_excel_recent_files.py 이름으로 저장한다.

11.2 파이썬 코드 실행하기

코드를 실행하면 아까 엑셀 화면에서 봤던 최근 사용한 파일이 보이게 된다.

```
C:\Python\security>python forensic_excel_recent_files.py
Item 1: [F00000000][T01D644B013314FE0][000000000]*C:\work\tests.xlsx
Item 2: [F00000000][T01D57E43CA654240][000000000]*C:\work\아이폰.xlsx
```

12. 마무리하며

얼마나 많이 공감이 됐을지는 모르겠지만 여기까지 여러 예제를 진행하면서 리버싱과 포렌식은 서로 종류가 다른 분야가 아니고 서로의 영역에 대한 지식의 필요한 연결된 분야라는 부분을 얘기하고 싶었다. 더 나아가 보안의 다른 분야에서도 이러한 시스템 레벨의 지식이 필요한 분야가 전체적인 보안의 균형과 분석적인 측면을 만들어주는 데 꼭 필요하다는 생각을 한다.

그림 3-6-22 다르지만 같은 쌍둥이

현실적으로는 포렌식 같은 증명을 하는 작업은 법적으로 증명해야 하는 객관적이고 표준적인 방법이 필요할 것이므로 위와 같은 개인이 만든 파이썬 스크립트보다는 공인된 기관에서 보안적으로 인증된 툴들을 사용하여 관련 증적들을 만들어서 법적인 기반을 마련할 것이다(회사가 인증이나 감사를 받을 때의 기준과 비슷하다고 본다).

다만 해당 툴의 결과를 올바르게 해석하거나 툴의 한계를 극복하는 부분은 앞에서 얘기한 스캐너와 수동 테스트의 경우와 마찬가지라고 본다. 또 다른 측면에서 자동화 시간에 얘기한 것처럼 공식적인 툴들이 지원하지 않거나 아직은 성숙한 결과를 보이지 못하는 개척되지 않은 도메인 영역에 대해서 연구해야 할 경우도 있을 수 있다. 그렇게 보면 보안은 결국 컴퓨터라는 세상을 이해하는 일인 것 같기도 하다.

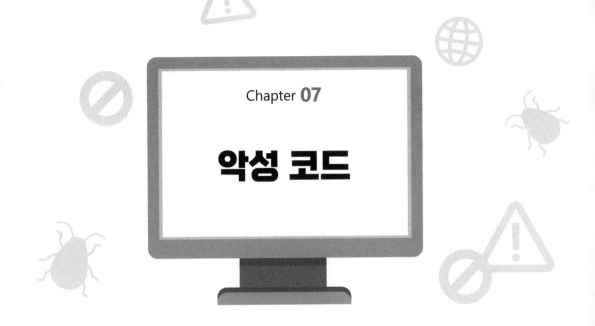

Chapter 07

악성 코드

이번 챕터에서는 앞의 리버싱과 포렌식과 연결하여 악성 코드라는 분야에 대해서 이야기하고자 한다.

1. 랜섬웨어의 행동

다시 한번 강조하지만, 소프트웨어 보안에 마술 같은 부분은 없다. 모든 건 컴퓨터와 연결된 환경 내에서 일어나는 일이며, 결국은 코드에 기반하여 논리적으로 설명이 가능해야 방어나 절충이 가능하게 된다. 그건 악성 코드와 같은 분야에서도 마찬가지로 적용된다. 악성 코드는 비기술적이거나 보안을 잘 모르는 사람들에게는 이해할 수 없는 어려운 현상일 수 있다. 악성 코드가 컴퓨터에 설치되는 과정에 대해서는 하나하나 취약점의 기술적 측면을 살펴보며 이해해야 하는 문제겠지만, 일단 설치된 후에 하는 행동은 일반 프로그램의 경우와 크게 다른 부분이 없다.

예로 계속적으로 많은 화제가 되고 있는 랜섬웨어의 행동을 살펴보자. 걸리면 거의 무조건 시스템을 포맷 후 재설치를 해야 해결이 가능한 악명 높은 이런 악성 코드도 사실 동작은 아주 단순하다고 볼 수 있다. 한번 랜섬웨어의 행동을 사람이 따라해 본다고 가정해 보자.

그림 3-7-1   랜섬웨어의 행위

골탕을 먹이고 싶은 친한 친구(그래야 안 잡혀 간다)가 컴퓨터를 로그인 해 놓은 채로 자리를 비웠다. 해당 컴퓨터로 재빨리 다가가서 친구가 소중하게 생각할 만한 문서 파일이나, 데이터 파일들을 선별하여 ZIP 파일로 압축을 한다. 확장자도 .zip보다는 다른 누군가가 악의로 했다는 것을 명확히 알아챌 수 있게 ".bad"라고 만들어 보자.

내가 아니면 압축을 풀 수 없도록 압축 파일에 나만 아는 복잡한 암호를 걸어서 압축한다(무작위 대입 시도에 의해서 풀어지지 않도록). 내가 암호를 알려주지 않는다면 아마 영원히 해당 파일의 압축을 풀 수 없을 것이다. 이후 압축이 안된 원래 파일을 삭제하는데 가능한 복원이 안 되도록 실제 데이터 영역까지 삭제(Wiping)를 해서 복원을 못하게 만든다. 주의할 점은 시스템에서 사용하는 중요한 파일들은 압축하거나 삭제하면 안 된다. 그런 파일은 굳이 압축할 필요도 없을 뿐더러 운영체제 동작 자체가 망가져 켜지지 않는다면 상태가 골탕을 먹었는지도 모르게 되니까 말이다. 메모장을 열어 패스워드를 알려면 내 메신저로 커피 쿠폰을 보내라는 메시지를 적어 바탕화면에 "복구 방법.txt"라는 이름으로 저장해 놓는다. 그리고 재빨리 어딘가로 도망간다.

위에 사람이 했던 것과 같은 행동을 랜섬웨어는 기존의 악성 코드들과 동일한 방법으로 컴퓨터에 설치된 후, 프로그램 코드를 통해서 좀 더 정교하게 자동으로 수행한다. 그리고 최종 목표는 상태의 데이터(모든 것을 새로 설치해야 하고, 데이터가 사라져 비즈니스에 손실을 주는)를 담보로 패스워드를 인질로 하여 가상 화폐 등을 송금하도록 요구한다.

앞에서 이야기했던 내용을 파이썬으로 구현해 보자.

1.1 모듈 설치하기

ZIP 압축을 위해 사용할 모듈을 설치한다. 파이썬 기본 모듈은 현재 압축을 풀 때만 패스워드를 지원한다.

```
C:\Python\security>pip install pyminizip
Successfully installed pyminizip-0.2.4
```


1.2 랜섬웨어 역할을 하는 파이썬 코드 만들기

코드를 보면 glob 모듈을 이용해 C:\Python\security 폴더 내의 txt 확장자 파일들을 찾아서, pyminizip 모듈을 이용해 .bad 확장자로 압축을 하고, os.remove 메서드로 파일을 지운 후, 커피 쿠폰을 보내라는 메시지 파일을 남긴다. 삭제 부분에서 바이너리 타입으로 파일을 열어 실제 데이터가 저장된 부분을 지우면 좋겠지만, 왠지 실습 상황에 따라 위험할 듯도 해서 단순히 파일 링크만 삭제하는 것으로 대체했다(구현을 해보고 싶으면 구글에서 "python securely delete file"로 검색해 스택오버플로 글을 참고한다). 포렌식 챕터에서 파일 생성, 수정일 확인을 위해서 만든 "test.txt" 파일이 있을 테니, 해당 파일을 대상으로 동작할 것이다. 물론 임의로 텍스트 파일을 만들어도 된다.

```python
import glob
import os
import pyminizip as pyzip


def zip_and_delete(target_file):
    txt_file = target_file
    zip_file = target_file.removesuffix('.txt') + '.bad'
    prefix = None
    compression = 4
    pyzip.compress(txt_file, prefix, zip_file, "HiddenPassword^777", compression)
    os.remove(txt_file)


def leave_message():
    message_file = open("압축파일 푸는 방법.txt", "w")
    message_file.write("Tom에게 커피 쿠폰을 보내라!")
    message_file.close()


file_list = glob.iglob("C:\\Python\\security\\*.txt")

for file in file_list:
    zip_and_delete(file)

leave_message()
print("처리 완료")
```

파이썬 파일   malware_ransomware.py

해당 코드를 C:\Python\security 폴더에 malware_ransomware.py 이름으로 저장하자.

1.3 코드 실행하기

```
C:\Python\security>python malware_ransomware.py
처리 완료
```

Zip 모듈 유지보수가 오래되어 실행 시 나오는 구식화 경고(Deprecation Warning)는 일단 무시하자. C:\Python\security 폴더를 보면 HiddenPassword^777 암호가 걸린 test.bad 파일이 만들어져 있으며, test.txt 파일은 삭제되어 있다. 그리고 커피 쿠폰을 보내라는 "압축파일 푸는 방법.txt" 파일이 생성되어 있다.

2. 백신 프로그램의 입장에서 상상해 보기

그렇다면, 반대로 이러한 악성 코드를 문제가 일어나기 전 적절한 시점에 찾아야 하는 백신 프로그램의 입장은 어떨까? 총기가 허용된 사회에서 테러를 저지를 수 있는 위험한 사람을 찾아내야 하는 것 같은 모호한 입장에 있다고 생각한다.

왜 모호할까? 겉에서 보이는 행동 이외에 사람의 마음속이나 행동의 의도를 알아내긴 힘들기 때문이다. 우선 총을 가지고 있다고 위험한 사람일까? 물론 가능성은 높을 것이다. 하지만 단순히 사복을 입은 경찰관일 수도 있고, 사회 분위기가 어수선해서 자신을 보호하기 위해 총기를 휴대한 사람일 수도 있다.

그림 3-7-2 총을 든 수상한 사람

그렇다면 총기 허가증이 있거나, 경찰이라면 안심할 수 있을까? 반대로 테러를 위해서 치밀하게 준비된 시나리오일 수도 있다. 어떻게 해야 할까? 한 시간 정도만 그 사람의 행동을 관찰하면 될까? 아니 어쩌면 그 사람의 작전 날짜는 10일 뒤이기 때문에 그전까지는 얌전히 눈에 띄지 않도록 있으려 할 것이라 하루 종일 살펴본다 해도 이상한 징후는 없을지도 모른다. 그렇다면 총을 주머니 바깥으로 빼내서 겨눈다고 나쁜 사람일까? 아니 누군가 수상한 범죄자를 발견하고 총을 겨누고 있는 형사일수도 있다.

영화 〈마이너리티 리포트〉와 같이 대상의 악의성을 판단하는 이런 판단의 문제는 백신 업체를 무척 골치 아프게 만드는 측면일 것이다. 그래서 백신이 정상적으로 깔려 있는 컴퓨터에서도 새로운 랜섬웨어가 걸리는 등의 이해할 수 없는 일들도 일어날 것이고 말이다. 위의 테러범을 찾는 문제로 간다면, 테러범이 검출이 안 되는 플라스틱 총이나 케익 상자로 위장할 수도 있고, 경찰이 테러범으로 오해받을 행동(특정 응용 프로그램들이 성능 향상을 위해 자신들을 백신 모니터링에서 예외 처리해달라는 것도 종종 볼 수 있다)을 할 수도 있는 상식적인 선을 넘는 여러 시도가 일어날 수 있기 때문이다. 심지어는 테러범을 찾는 경찰로 위장한 사람이 나타날 수도 있다.

영화나 부패한 나라에서나 일어나는 일 같지만 현실의 소프트웨어 세계에서도 비슷한 일이 발생할 수가 있다. 실제로 PC방 프로그램에 해킹 프로그램을 심어 포탈 검색어를 조작하거나, 아니면 아예 PC방 업체 직원이 상대방의 카드 패를 볼 수 있는 불법 프로그램을 PC방 관리 프로그램 자체에 넣어서 배포했다 걸린 일도 있다. 또한 백신을 가장한 허위 백신이 설치되면서 비트코인을 채굴하거나 하는 행동으로 사용자의 컴퓨터를 좀먹는 일도 종종 발생한다.

3. 백신 프로그램이 할 수 있는 전략을 상상해 보기

최신의 백신 프로그램이 가지고 있는 내부적인 무기와 전략은 해당 개발사가 아닌 이상 알 순 없겠지만, 기본 적으로 널리 알려져 있는 부분을 기준으로 얘기해 보려 한다.

우선 정적 분석이라고 하는 분야가 있다. 위의 테러범을 찾는 문제의 관점에서 생각하면 먼저 의심이 가는 사람의 외모 등 외부적 특징을 보는 것이다. 그런 다음, 지문이나 신분증을 확인하며 이상한 범죄 이력이 없는지 전산을 조회해 본다. 이후 소지품 검사를 해서 총이나 수상한 물품을 소지했는지 확인하고 총기 허가증을 체크한다. 상황에 따라 일반적으로 차별이 금지되어 있지만 테러 의심자를 조사하는 특수한 경우에만 허용된 국적, 종교, 지인, 직업 등 여러 편향적인 부분 또한 체크할 수도 있을 것 같다.

비슷하게 백신 프로그램도 실행이 가능한 파일들에 대해서 같은 조사를 할 수 있다. 파일 내의 특정 이미지나 평문 텍스트(외모)을 검사하거나, 파일의 해시값을 알려진 악성 코드의 해시값(지문, 주민번호)과 비교하거나, 특정 바이트의 특징(신체적, 사회적 특징)을 찾거나, 프로그램 코드를 따라가며 위험한 행동을 하는 코드 패턴을 찾거나 할 수 있다. 조금 더 나아가 사용하는 라이브러리나 실행 파일 압축 방식 등의 패턴 등을 기존에 구축된 악성 코드 데이터베이스를 기반으로 비교해 수도 있을 것이다.

그림 3-7-3 테러범 후보들의 외모

다음으로 동적 분석인데, 해당 체크로 통과된 사람이라도 앞에 얘기했듯이 뭔가 의도적으로 정상적으로 위장한 사람일 수도 있기 때문에 여러 동적인 부분을 체크해 본다. 위험하다고 분류된 특정한 행동을 하거나, 불안한 패턴을 보이거나, 특정한 사람과 연락이나 대화를 하는 등의 부분 말이다. 데이터 분석 및 분류를 통해서 해당 패턴들을 과거의 테러범들의 데이터에 비교하거나 특이한 부분을 찾아 수상한 패턴을 찾을 수도 있을 것이다.

그림 3-7-4 사람들의 행동을 관찰하기

비슷하게 백신에서는 샌드박스로 제한된 가상 환경에서 프로그램을 실행시켜 이상한 행동을 하는지 지켜보거나, 실시간으로 주요한 시스템 API 호출을 모니터링하면서 수상한 외부 사이트와 연결해 데이터를 주고받거나 하는지도 체크할 수 있을 것이다.

4. 프로그램 행동 분석의 명암

이상적으로는 위의 체크 사항들을 통해 위험한 파일을 전부 발견할 수 있다고 말하고 싶겠지만, 여기에는 몇 가지 제약들이 얹어지게 된다. 분석을 방해하는 실행 파일의 압축 방식들이 존재하고(이건 최종 실행 시점에 원래 내용대로 돌아오니 본질적으론 괜찮은 듯싶다), 실시간 엔진이라면 분석 시간에 제한도 생긴다(백신 파일이 내가 실행하려는 파일을 검사하느라 한없이 잡아서 실행이 오래 걸리는 걸 참을 수 있는 사용자는 없다). 감시를 당한다는 것을 알고 감시를 안 할 때 행동을 시작하려는 악성 코드도 있을 수 있고, 특정 조건 하에서만 특정한 코드를 실행하는 경우도 많을 것이다. 앞

그림 3-7-5   가면무도회

의 PC방 프로그램처럼 대부분의 기능은 정상적인 프로그램이고, 그 안에 숨어서 백신에는 안 걸리지만 다른 사용자의 카드 패를 보는 등의 이익을 주는 적당히 나쁜 행동을 할 수도 있다.

결국 위의 정적인 분석, (한계를 가진) 동적인 분석 이외에도 디버거, 디스어셈블러 같은 툴을 이용한 파일의 동작 분석이 필요하게 된다. 디버거, 디스어셈블러를 이용한 방식을 사용하게 되면 물론 해당 프로그램의 진실에 가깝게 접근하겠지만, 아무리 자동적으로 구축을 하더라도 분석하는 사람의 경험 및 재능, 특정 규모의 인력, 시간 등의 제약 요소를 가진 지식 노동 집약적인 특징을 완전히 없앨 수는 없을 거라고 생각한다.

머신러닝 등 데이터를 기반한 분석을 하더라도, 수많은 악성 코드 데이터를 모두 모으고 신규 생성되는 코드 또한 실시간으로 수집해 데이터베이스를 재구축하는 부분도 역시 쉽지 않은 도전이 될 것 같고, 그렇게 하더라도 앞으로 일어날 새로운 패턴의 공격을 막을 수 있을지는 확실히 보장하긴 어려울 것이다. 이러한 이유로 아무래도 방어하는 쪽보다는 공격하는 쪽의 부담이 훨씬 작긴 할 듯싶다.

5. 간단한 정적 분석 샘플 만들기

사실 이 악성 코드의 정적 분석 부분은 앞의 파일의 특징을 추적한다는 면에서 포렌식 부분과 비슷한 성격을 가진 것 같다. 앞에서 파일의 생성, 수정, 접근일을 출력하는 예제를 보였고, 비슷하게 파일 정보를 추출하는 샘플을 하나 만들려고 한다.

5.1 모듈 설치하기

```
C:\Python\security>pip install pefile
Successfully installed future-0.18.2 pefile-2019.4.18
```

5.1 파이썬 코드 만들기

예제를 보면 python.exe 파일에 대해서 정적 분석에서 사용할 수 있는 파일 버전 정보와, 크기, MD5 해시값을 가져와 출력한다. 백신 프로그램은 해당 정보 같은 파일 정보나 파일의 특정 위치의 바이트 패턴을 기반으로 이미 발견된 악성 코드들의 데이터베이스와 비교해서 우선적으로 빠르게 위험 파일들을 걸러낸다.

```python
from dataclasses import dataclass, asdict
import pprint
import hashlib
import os
import pefile



@dataclass
class FileInfo:
    md5_hash: str = ""
    file_size: str = ""
    file_version: str = ""
    product_version: str = ""



def make_version(version_ms, version_ls):
    version = str(version_ms >> 16) + "." \
            + str(version_ms & 0xFFFF) + "." \
            + str(version_ls >> 16) + "." \
```

```
                    + str(version_ls & 0×FFFF)

    return version


file_info = FileInfo()

# os 모듈을 이용해 파일 사이즈를 얻어온다.
file_size = os.path.getsize('C:\\Python\\python.exe')
file_size = str(round(file_size / 1024)) + " KByte"



# pefile 모듈을 이용해 파일 버전을 가져온다.
pe = pefile.PE('C:\\Python\\python.exe')
version_info = pe.VS_FIXEDFILEINFO[0]

file_version_ls = version_info.FileVersionLS
file_version_ms = version_info.FileVersionMS
product_version_ls = version_info.ProductVersionLS
product_version_ms = version_info.ProductVersionMS

file_version = make_version(file_version_ms, file_version_ls)
product_version = make_version(product_version_ms, product_version_ls)

# hashlib 모듈을 이용해 md5 해시값을 가져온다.
f = open('C:\\Python\\python.exe', 'rb')
file_data = f.read()
f.close()

file_info.md5_hash = hashlib.md5(file_data).hexdigest()
file_info.file_size = file_size
file_info.file_version = str(file_version)
file_info.product_version = str(product_version)

pp = pprint.PrettyPrinter(indent=4)
pp.pprint(asdict(file_info))
```

코드 보기   malware_static_analysis.py

해당 코드를 C:\Python\security 폴더에 malware_static_analysis.py 이름으로 저장하자.

5.1 파이썬 파일 실행하기

아래와 같이 실행을 하면 python.exe 파일의 여러 정보를 출력한다. 한 가지 현재 버그인 것 같은 부분은 몇 개 파일을 테스트해 봤는데, file_version하고 product_version이 늘 동일하게 나온다.

```
C:\Python\security>python malware_static_analysis.py
{   'file_size': '99 KByte',
    'file_version': '3.9.4150.1013',
    'md5_hash': '3412d601e0fab94e2360f57e62f7cbba',
    'product_version': '3.9.4150.1013'}
```

6. 동적 분석 및 회피 시도해보기

동적 분석의 예를 보이면 좋을 것 같아서 바이러스 토탈(Virus Total) 사이트에서 해주는 동적 분석(Behavior Analysis)을 이용해서, 시연을 해보려고 한다. 다만 현재 해당 사이트가 파이썬 3.8.9 파일까지는 정상적으로 동적 분석을 하는 것을 확인했는데, 앞의 예제에서 사용 중인 3.9 버전의 파일을 사이트에 올리면 실행에 필요한 api-ms-win-core-path-l1-1-0.dll을 찾을 수 없다는 에러가 난다. 실제 윈도우 10 환경에서는 정상적으로 exe가 실행되어 결과가 나오는 것을 보면 바이러스 토탈 사이트의 동적 분석 환경이 파이썬 3.9 버전의 exe 파일을 아직 지원 못하는 것으로 추정된다. 시간이 지나면 될 것 같지만, 만약 책을 보는 시점에도 안 된다면 번거롭겠지만 3.8.9 버전으로 파이썬을 다운그레이드 설치해서 확인하길 바란다.

6.1 동적 분석에 사용할 파이썬 프로그램

악성 파일 샘플의 경우, 이전에 만들었던 레지스트리 키를 읽어 엑셀의 최근 열었던 파일을 찾아주는 샘플을 사용하려 한다. 해당 샘플을 파이썬 인터프리터가 포함된 하나의 exe 파일로 만들어 해당 파일을 사용하도록 해본다(실행 파일이 레지스트리를 읽는 동작도 동적 동작에 포함되기 때문에 동적 분석에서 발견할 것이다).

```python
import winreg

try:
    # 키를 정의한다.
    hKey = winreg.OpenKey(
        winreg.HKEY_CURRENT_USER,
        "Software\\Microsoft\\Office\\16.0\\Excel\\File MRU")

    # 키 안에 들어 있는 모든 키에 대해 루프를 돈다.
    for i in range(0, winreg.QueryInfoKey(hKey)[1]):
        name, value, type = winreg.EnumValue(hKey, i)

        # Item으로 시작하는 이름일 때 프린트한다.
        if name.startswith("Item"):
            print (name + ":" + value)

except FileNotFoundError:
    print("엑셀이 설치되지 않았습니다.")
```

파이썬 파일 malware_sample.py

해당 코드를 C:\Python\security 폴더에 malware_sample.py 이름으로 저장하자.

6.2 실행(exe) 파일 만들기

우선 pyinstaller를 설치해 보자.

```
C:\Python\security\>pip install pyinstaller
Successfully installed altgraph-0.17 pyinstaller-4.4 pyinstaller-hooks-
contrib-2021.2 pywin32-ctypes-0.2.0
```

malware_sample.py 파일을 아래 명령어를 통해서 하나의 exe 파일로 만들어 보자.
--onefile이라는 옵션이 파이썬이 설치가 되지 않은 PC에서도 실행될 수 있게 하나의
exe 파일에 올인원으로 합쳐준다.

```
C:\Python\security>pyinstaller --onefile malware_sample.py
9103 INFO: Building EXE from EXE-00.toc completed successfully.
```

명령어가 잘 실행되면, C:\python\security\dist\malware_sample.exe 경로에 파일이 생성
되어 있을 것이다.

6.3 바이러스 토탈 사이트에서 동적 검사 결과 보기

이제 바이러스 토탈 사이트로 이동해서 그림 3-7-6 하단에 보이는 "Choose File" 버튼
을 클릭해 방금 전에 만든 exe 파일을 업로드해 보자. 분석이 시작되고 조금 후에 결과
화면이 나온다.

```
[Virus Total]
https://www.virustotal.com/gui/
```

그림 3-7-7과 같이 몇 개의 바이러스 엔진은 이 파일이 좀 위험한 거 같다고 표시한

다. "BEHAVIOR" 탭을 클릭해 본다. 처음 올렸다면 분석 후 결과가 표시되는 데 시간이 몇십 초부터 몇 분까지 걸릴 수 있다. 몇 분 이상 걸리는 때는 보통 분석이 실패하는 경우가 많다.

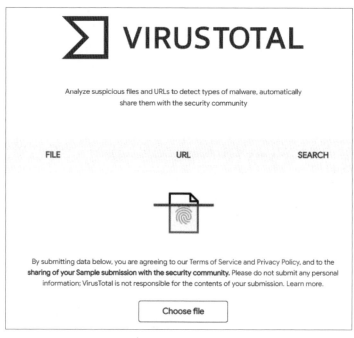

그림 3-7-6 바이러스 토탈

그림 3-7-7 행동기반 분석 중

그러면 해당 exe 프로그램이 생성 수정한 파일이나 접근한 레지스트리 키, 프로세스, 사용한 DLL, 특이한 액션 등 여러 정보들이 표시된다. 이 파일이 뭔가 특별한 일은 하는 게 아니고 레지스트리만 읽어 왔기 때문에, "Registry Actions" 파트 쪽을 보자. 그러면 두 번째 줄에 우리가 코드를 통해 접근한 엑셀 키가(HKCU\···\Excel\File MRU) 보이게 된다.

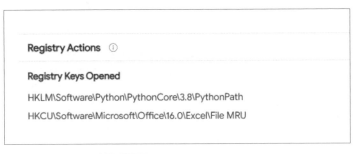

그림 3-7-8 레지스트리 키 접근 검출

6.4 바이러스 토탈 사이트에서 동적 검사 회피해보기

다시 앞의 테러범 사례로 돌아가서, 역으로 악성 코드 입장에서 생각해 보자. 만일 내가 동적 분석을 당했을 때, 거기에 검문당하지 않고 안전한 파일로 인식되려면 어떻게 해야 할까? 가장 좋은 방법은 지금 감시당하고 있다는 것을 인지하고 발톱을 잘 숨기는 일이고, 매우 단순한 방법은 적당히 단속이 끝날 때까지 몸조심하면서 아무 일도 하지 않는 것이다.

파일을 올린 후를 생각해 보면 우리가 동적 분석 결과를 얻기까지 아주 많이 걸리진 않았고, 그렇게 오랫동안 관찰하는 방식은 검사하는 프로그램의 ROI나 파일이 실행되기를 기다리는 사용자의 불편을 초래하기 때문에 힘들 듯싶으니, 우리가 원하는 레지스트리 키를 읽는 동작을 하기 전에 일정 시간 쉬었다 읽게 된다면 동적 분석을 빠져나갈 수 있지 않을까 싶다.

그 가설을 한번 체크해 보기 위해서 파이썬 코드를 조금 수정하여, 360초 동안 잠시 쉰후(sleep) 동작을 하게 하도록 만들어 보자.

```python
import winreg
import time

# 360초를 쉰다.
time.sleep(360)

try:
    # 키를 정의한다.
    hKey = winreg.OpenKey(
        winreg.HKEY_CURRENT_USER,
        "Software\\Microsoft\\Office\\16.0\\Excel\\File MRU")

    # 키 안에 들어 있는 모든 키에 대해 루프를 돈다.
    for i in range(0, winreg.QueryInfoKey(hKey)[1]):
        name, value, type = winreg.EnumValue(hKey, i)

        # Item으로 시작하는 이름일 때 프린트한다.
        if name.startswith("Item"):
            print (name + ":" + value)

except FileNotFoundError:
    print("엑셀이 설치되지 않았습니다.")
```

코드 보기 malware_sample_sleep_360s.py

해당 코드를 C:\Python\security 폴더에 malware_sample_sleep_360s.py 이름으로 저장하자.

이후 다시 exe 파일을 만들어 본다. malware_sample_sleep_360s.exe라는 이전 파일과 하는 동작은 같지만 360초 동안 멈췄다 레지스트리 키를 읽는 파일을 만들어 본다. 혹시 상황에 따라 백신이 검출한다면 해당 폴더만 잠시 예외 처리해보자.

```
C:\Python\security>pyinstaller --onefile -w malware_sample_sleep_360s.py
```

같은 방식으로 바이러스 토탈 사이트에 해당 exe 파일을 업로드 후 결과를 보면, 기대했던 바와 같이 레지스트리의 엑셀 정보를 접근한다는 정보는 보이지 않는다.

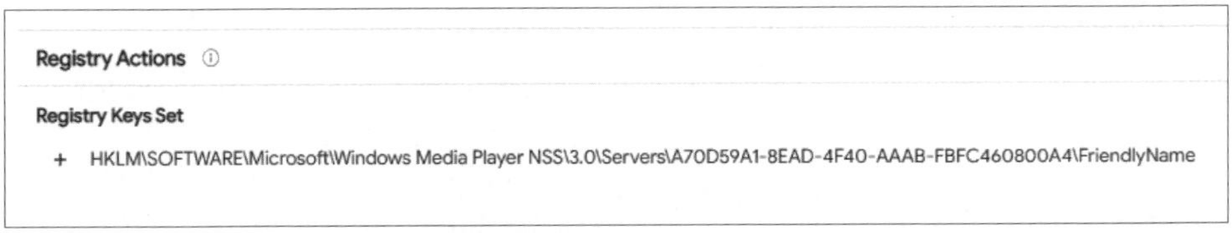

Registry Actions ⓘ

Registry Keys Set

  + HKLM\SOFTWARE\Microsoft\Windows Media Player NSS\3.0\Servers\A70D59A1-8EAD-4F40-AAAB-FBFC460800A4\FriendlyName

그림 3-7-9 레지스트리 키 검출 회피

이렇듯 검사하는 쪽은 시간에 쫓기겠지만, 공격하는 쪽은 360초 후에 공격한다고 특별히 문제가 발생하지는 않는다. 따라서 시스템의 자원을 최대한 적게 쓰면서도 빠르게 방어해야 하는 입장보다 공격하는 쪽이 압도적으로 회피를 하기엔 유리하다고 본다. 다만 일반적으로 저런 바이러스 토탈 같은 일회성 분석 프로그램이 아니라 계속 파일들이 레지스트리에 쓰는 행동을 실시간으로 감시하는 백신 프로그램 입장에서는 리소스는 쓰겠지만 360초 후에 적절히 수상한 행동을 하는 것을 잡을 수는 있을 것이다.

7. 마무리하며

여러 가지 경우를 생각할 수록 악성 코드에 대한 전쟁은 방어하는 쪽이 압도적으로 불리한 영역 같다는 생각이 든다. 그래서 자동화 파트에서도 얘기를 했지만, 이제는 작은 개인의 규모로서는 백신과 같은 지식 집약적 영역에서 빛을 발하기는 힘들다. 백신 프레임워크를 개발하는 것에 대한 실력의 문제가 아니라, 앞서 얘기한 방대한 데이터들과 악성 행동들에 대한 정의의 모호함, 순진한 프로그램과 유사하게 보이는 사회공학적, 현실적 공격들(점유율 높은 PC방 프로그램 회사를 인수해 악성 코드를 심으리라고 누가 쉽게 상상하겠는가?) 같은 점점 정교해지는 공격 패턴들에 대한 집단 지성에 가까운 다양성 및 양적 범위를 커버하기 힘들 것 같다. 어찌 보면 이제는 기술과 돈과 전략을 가지고 있는 거대 규모의 단체들의 물량과 물량 싸움으로도 보인다.

그림 3-7-10 거대 로봇들의 싸움

악성 코드에 대한 안전함은 현실적으로는 OS 개발사의 취약점 패치와 잘 알려진 공격 패턴들과 공격 패턴이 될 잠재적 위협들이 대해서 빠르고 정확하게 방어하는 백신, OS 단에서 악성 코드와 정상 코드의 행동 구분을 원활하게 만드는 보안 설계(그에 의해 백신이 좀 더 잘 판단을 할 수 있게 하는) 등에 의존할 수밖에 없는 것 같다. 물론, 사용자에 대한 예방적인 보안 교육 또한 필요하다.

그래서 OS 및 프로그램 패치를 열심히 하고, 백신 패턴을 최신으로 유지하며, 불법적인 무료 이익을 주는 프로그램이나 사이트를 가능한 이용하지 말고, 랜섬웨어 같은 단순하지만 강력한 무기들을 대비해 백업을 주기적으로 다중화해 안전하게 해놓는 것이 개인으로선 최선인 것 같다. 여기에서도 심층 방어(Defense-in-Depth) 전략이 꼭 필요하다.

소극적인 편법의 측면으로는 공격자가 혼란스럽게 데이터를 잘 위장해(예를 들어 중요한 데이터들의 확장자를 .dll로 만들거나 숨김 파일, 시스템 폴더에 넣는 등. 역으로 일부 백신은 일부러 랜섬웨어를 낚으려고 임의의 파일을 랜섬웨어가 먼저 암호화할 위치에 놓기도 한다) 놓는 것도 하나의 방법이 될 것 같기도 하지만 위장 수법이 드러나는 순간 당한지도 모르고 당하게 되는 역리스크가 분명히 있기 때문에 기본이 탄탄한 정책에 추가해 상대의 공격을 어렵게 만드는 보조적인 방어 수단으로만 생각해야 할 듯싶다. 해당 방식은 어찌 보면 암호화 파트의 인코딩과 비슷한 방법이기 때문에 원숭이도 나무에서 떨어지게 되고, 자기 확신만큼 무서운 건 없다.

또한, 이번 챕터에서 이야기했던 특정한 현상에 대한 자동 및 수동 판단의 모호성 문제는 사실 보안의 많은 분야에서 비슷하게 발생한다. 이상적인 관점만큼 100% 안전한 영역은 보안 분야에 걸쳐 사실상 매우 드물게 존재하는 것 같다. 그래서 이 분야에 대해 많이 알수록, 그 완전함의 한계 또한 알게 되면서 겸손함을 가질 수밖에 없는 것 아닐까.

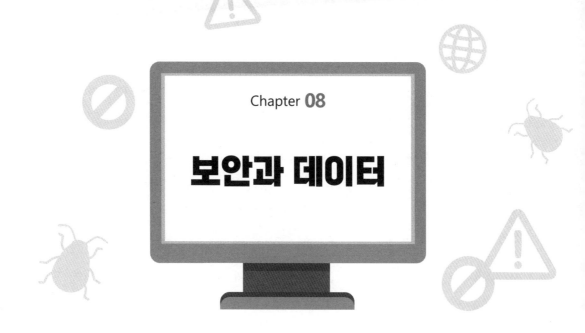

Chapter **08**

보안과 데이터

앞의 모니터링 부분에서 룰 엔진을 소개하면서 보안에 관련된 데이터에 대한 일부 측면들을 얘기한 바 있다. 여기서는 룰 방식에서의 데이터를 바라보는 측면과 지도학습, 비지도학습의 데이터를 바라보는 측면을 간단히 비교하면서 살펴보려 한다.

1. 데이터의 소우주

많은 사람이 데이터, 룰(로직) 기반의 분석, 머신러닝 기반의 분석에 대해서 각각 독립된 개념처럼 얘기하지만, 개인적으로 3가지 요소들이 그렇게 명확히 구분될 수 있는 것으로 보이진 않는다.

우선 데이터는 일반적으로는 원자(Atom)처럼 더 이상 나눌 수 없는 최소 단위같이 애기되는 경우가 많지만, 원자가 실제로는 전자, 양성자, 중성자같이 통계학과 확률의 개념으로 구성되는 있는 불확실한 존재인 것처럼, 데이터 또한 비슷한 개념으로 구성되어 있는 존재라고 본다.

예를 들어, 우리가 가진 데이터 중 하나가 사람의 나이이고, 다른 하나는 신용등급이라고 생각해 보자. 나이라는 데이터는 우리가 생각하는 것처럼 그 자체가 하나의 단위에 불과할 수 있지만, 신용등급이라는 데이터는 수많은 분석 기법 및 관련 데이터들의 산출물이라고 볼 수 있다.

사실 1년 단위로 달라지는 나이라는 부분 또한 세대 차이나 생물학적 관점에서는 인류의 수많은 경험 데이터의 산물일지도 모른다. 모든 데이터들이 그런 건 아니겠지만, 상당 수의 의미 있는 데이터들은 마치 신경망에서 신경망으로 데이터가 입력되듯이 현실의 숨겨진 많은 법칙과 사람에 의해서 선택된 인위적 편견 또는 통계, 확률적인 로직을 거쳐서 최종적인 모습으로 만들어진 히스토리를 가진 연속적인 존재라고 본다.

그래서 우리가 신용등급이 포함된 데이터를 기반으로 특정한 알고리즘을 적용하여 의미 있는 결과를 만들어 냈더라도, 그것이 해당 알고리즘의 덕택인지, 데이터 안에 포함된 피처(Feature)가 원천 데이터를 기준으로 충분히 잘 분석된 기법으로 만들어져서 그런 지는 사실 쉽게 결론 내리기는 힘들다. 그래서 룰이나 머신러닝을 설계하려 할 때 어려운 문제 중 하나가 적절한 피처 데이터의 선택과 나이의 구분 같은 해당 데이터의 의미론적 단위라고 생각한다.

데이터는 작은 구슬 모양의 소우주와 같다.

논리적 흐름을 기초로 생성한 룰이라고 부르는 부분도 똑같이 데이터의 품질에 영향을 많이 받게 된다. 요리와 비교하자면 돌과 나무 조각과 플라스틱(데이터)을 가지고 요리를 만들라고 하면 아무리 뛰어난 요리사(데이터 분석 알고리즘)도 좋은 요리를 만들어 낼 수 없을 것이다. 좋은 재료가 주어질수록 더 실력이 낮거나 요리 문화가 다른 요리사들도 좋은 음식을 만들어 낼 수 있다.

그림 3-8-1　소우주

반면에 좋은 재료라는 측면에서도 어느 정도 요리를 알고 있어야 선별이 가능하고, 요리에 사용하기 적절하도록 잘 다듬을 수 있을 것이다. 그래서 룰 베이스의 검출 건에는 꼭 룰 자체의 판단 기준만은 아닌, 데이터를 생성하는 과정에서 발생한 여러 통계 및 확률 측면의 양념도 같이 버무려 있다고 생각한다. 룰은 딱딱하고 정해진 루트로만 실행되는 것처럼 보이지만 데이터와 맞물리게 되면 보이는 것 이상의 효과를 가져올 수가 있다. 사람들이 일정한 규칙 안에서 살아가지만 그 안에서 자율성과 창의성을 가지고 다른 결과를 만들어 내듯이 말이다. 특정 룰들은 단순해 보이지만 사실 여러 관점에서의 통찰의 결과일 수도 있다.

마찬가지로 아무리 좋은 머신러닝 알고리즘을 사용한다고 해도, 대상 데이터가 해당 알고리즘의 지향점과 부합하는 데이터가 아니라면 아무 소용이 없다. 그래서 실제로는 데이터의 생성, 선택, 이후의 분석은 별개의 작업이 아니라는 생각이 든다. 데이터와 분석 기법은 뫼비우스의 띠처럼 항상 서로가 서로에게 영향을 주는 존재라고 본다. 그래서 데이터만 넣어주면 알아서 좋은 결과를 내줄 수 있는 모델을 가지고 있다는 머신러닝 관련 솔루션을 만난다면 조금은 깊게 생각해 볼 필요가 있다. 당신이나 상대가 누구인지는 상관없이 무조건 원하는 이상형과 결혼할 수 있다고 말하는 결혼 정보 회사와 딱히 차이가 있나 싶기 때문이다.

2. 머신러닝의 종류

머신러닝은 현재 시점에서 크게 지도학습, 비지도학습, 강화학습 세 가지로 나눠진다. 지도학습은 맞는 답을 알고리즘에게 데이터와 같이 알려주고, 그 답에 관련된 내부 피처들의 관계를 구성한 모델을 만들어서, 새로운 문제나 기존 문제들의 답을 찾는 영역이다. 강아지와 고양이를 구별하거나, 숫자를 인식하거나, 음성, OCR 분야 등 답이 정해진 영역을 대상으로 한 분야라고 보면 된다.

반대로 비지도학습은 지도학습이 해결 못하는 또 다른 영역을 해결하려는 시도이다. 답은 모르지만 뭔가 데이터 안에 유용한 규칙이 숨어 있다고 기대하고, 여러 알고리즘들을 통해 해당 데이터들에서 군집이나 이상치 등 타 그룹의 데이터와 구분되는 규칙들을 찾아준다. 데이터들의 속성에 따라 특정 방향으로 각각 드리블한다는 느낌이 있다. 유효한 고객의 그룹을 나누거나 특이한 데이터의 발생을 찾는 등의 분야라고 보면 될 것 같고, 이미지 프로세싱에서 사용되는 푸리에 변환 같이 주파수로 데이터를 나누는 부분도 이곳에 속한다고 본다.

강화학습은 개인적으로는 이상적인 답의 방향이 있다는 부분에서는 지도학습이라고 볼 수도 있을 듯한데, 일반적인 사람이 자신에게 이익이 되는 형태로 계속 삶을 살아가듯, 데이터를 학습해 가면서 가장 이익이라고 생각하는 방향(게임의 승리나 점수의 최대 획득 등)으로 나아가면서 이익을 극대화하는 모델을 선택하는 것이다. 정해 놓은 답이 있는 건 아니지만 이 값(사람이라면 행복?)을 최대화하는 선택을 해달라는 느낌으로 계속 주어진 데이터 셋 안에서 선택을 해간다.

여기에서는 잘 알려진 알고리즘 중 지도학습으로 분류(Classification)를 해주는 랜덤 포레스트(Random Forest)와 비지도학습으로 군집(Clustering)을 나눠주는 K-평균 알고리즘(KMeans), 정상치가 아닌 데이터를 구분해 주는 격리 포레스트(Isolation Forest) 기법을 가지고, 룰 엔진에서 만들어 낸 이상적인 데이터를 기반으로 비교해 보며, 보안에서의 데이터들은 어떤 성격들을 가지고 있는지를 얘기해 보려 한다.

3. 룰 엔진을 기반으로 한 데이터 판단

우선 앞에서 보았던 룰 엔진을 기반으로 데이터를 살펴보도록 하겠다. 시연을 위해 일부 조건을 추가해 시험 성적을 판단하는 기준의 룰은 아래와 같다.

합격 = (현재 점수 70점 이상 and 지난번 점수와의 평균 50점 이상) or (현재 점수 90점 이상)

3.1 모듈 설치

머신러닝 라이브러리 Scikit-Learn과 matplotlib 라이브러리를 설치한다. 시각화 라이브러리는 이전에 소개한 pyplot도 있지만 보통 머신러닝 쪽은 matplotlib과 많이 연동해 데이터를 시각적으로 표시한다.

```
C:\Python\security>pip install sklearn
Successfully installed joblib-1.0.1 scikit-learn-0.24.2 sklearn-0.0
threadpoolctl-2.2.0

C:\Python\security>pip install matplotlib
Successfully installed cycler-0.10.0 kiwisolver-1.3.1 matplotlib-3.4.2
pillow-8.3.1

C:\Python\security>pip install pandas (기 설치)
C:\Python\security>pip install json-logic (기 설치)
C:\Python\Lib\site-packages\json_logic\__init__.py 파일을 대해서 아래와 같이 수정
한다.
    1)  위의 import 문 뒤에 아래의 코드를 추가한다.
        import sys
        from six.moves import reduce
    2)  jsonLogic 함수 안의 아래 코드를 수정한다.
        op = tests.keys()[0]를 op = list(tests.keys())[0]으로.
```

3.2 파이썬 코드 만들기

코드를 보면 make_random_numbers 메서드에서 0~100 사이의 겹치지 않는 랜덤 값을
5,000개 만들어, check_exam_list을 통해서 성공, 실패를 판단한다. 이후 해당 데이터와
결과 값을 모두 dataframe에 담아서 matplotlib을 이용해서 데이터를 보여준다.

```
from json_logic import jsonLogic
from statistics import mean
from enum import Enum, IntEnum
import random
import pandas as pd
import matplotlib.pyplot as plt
```

```python
class Const(str, Enum):
    PASS = "Y"
    FAIL = "N"


class LearningConfig(IntEnum):
    RULE_CURRENT_SCORE = 70
    RULE_MEAN = 50
    RULE_FREE_PASS_SCORE = 90


# 룰을 이용해서 결과를 판단한다
# (현재 성적이 70점 이상 and 전 시험과의 평균이 50점 이상) or 현재 90점 이상
def check_exam_list(score_list):
    rule = {"or":
                [{"and":
                    [{">=": [{"var": "current_score"},
                            LearningConfig.RULE_CURRENT_SCORE]},
                     {">=": [{"var": "mean"},
                            LearningConfig.RULE_MEAN]}]},
                 {">=": [{"var": "current_score"},
                        LearningConfig.RULE_FREE_PASS_SCORE]}]
            }

    exam_dict = {}
    exam_dict["current_score"] = score_list[1]
    exam_dict["mean"] = score_list[2]

    rule_result = jsonLogic(rule, exam_dict)

    if rule_result:
        return Const.PASS.value
    else:
        return Const.FAIL.value


# 랜덤 데이터 만들어 줌.
```

```python
def make_random_numbers(previous_min, previous_max, current_min,
                        current_max, sample_number):
    my_set = set()

    # 겹치는 데이터가 없게 하기 위해서 set을 사용하여 중복 생성 데이터 제거
    while 1:
        previous_score = random.randint(previous_min, previous_max)
        current_score = random.randint(current_min, current_max)
        score_mean = mean([previous_score, current_score])
        my_set.add(tuple([previous_score, current_score, score_mean]))
        if len(my_set) == sample_number:
            break

    random_list = [list(x) for x in my_set]

    # 룰 엔진 정답 맨 앞에 추가
    for index, item in enumerate(random_list):
        result = check_exam_list(item)
        item.insert(0, result)

    return random_list


random_set = make_random_numbers(0, 100, 0, 100, 5000)
sample_dataframe = pd.DataFrame.from_records(random_set)

# 성공은 노랑, 실패는 빨강은 노랑으로 표시되도록 칼라로 치환한다.
sample_dataframe.loc[sample_dataframe[0] == "N", 0] = "red"
sample_dataframe.loc[sample_dataframe[0] == "Y", 0] = "yellow"

# 컬럼 이름을 달아준다.
sample_dataframe.columns = ["result", "previous_score",
                            "current_score", "mean"]
print(sample_dataframe.head(3))

# 과거, 현재 성적을 축으로 하고, 성공 여부를 색으로 표시하는 그래프를 그려준다.
```

```
ax1 = sample_dataframe.plot.scatter(x="previous_score",
                        y="current_score",
                        c="result",
                        colormap="viridis")
ax1.set_title("Rule based")
plt.show()
```

코드 보기 data_by_rule.py

해당 코드를 C:\Python\security 폴더에 data_by_rule.py 이름으로 저장한다.

3.3 실행하여 결과 보기

해당 코드를 실행하면 그림 3-8-2와 같은 그래프가 나오게 된다.

```
C:\Python\security>python data_by_rule.py
   result previous_score current_score  mean
0     red             78            43  60.5
1     red             93             0  46.5
2     red             17            62  39.5
```

그래프 모양을 보면 성공은 노란색으로, 실패는 빨간색으로 보인다. 이 책에서는 진한 쪽이 빨간색이다. 당연하게도 우리가 설정한 룰 조건대로 데이터가 보인다. 우선 현재 시험이 90점이 넘는 경우는 무조건 성공이기 때문에 맨 위의 현재 시험이 90점 이상인 영역은 모두 노란색으로 보인다. 70점이 넘는 경우는 합격 후보에 들긴 하지만, 이전 시험과의 평균이 50점 이상이여야 한다. 이전 시험이 30점 이하인 경우 현재 시험이 70점 이상인 경우만 2개의 합이 100점이 되어야 평균이 50이 되기 때문에, 그래프가 왼쪽으로 대각선을 그리며 올라가다가 90점 프리패스 라인을 만나면서 다시 평평해지게 된다.

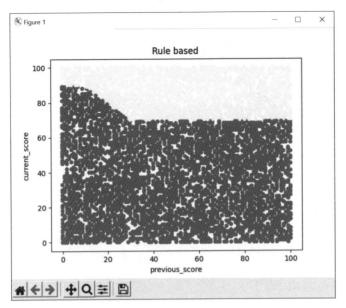

그림 3-8-2 룰 기반 모델 그래프

3.4 룰 방식에 대한 고찰

룰은 일반적인 사칙연산 및 논리식을 통해서 일어나기 때문에 데이터가 고정된 의미를
가지고 있다고 가정 시 가장 명확한 성공과 실패의 결과를 보여준다. 다만 현실의 상
황이 변경되었을 때는 명시적으로 룰 스크립트를 변경해줘야 한다.

룰이 너무 복잡해지거나 룰 숫자가 많아져 버리면 스파게티같이 꼬인 개발 코드와 비
슷하게 되어 어떤 데이터를 잘못 판단할지 예측하기 힘들어지므로, 룰의 생성과 유효
한 룰의 유지보수에 대한 적절한 기준과 검증 방법을 가지고 운영해야 한다.

4. 지도학습 방식-분류와 추정을 기반으로 한 데이터 판단

지도학습 알고리즘은 많은 종류가 있긴 하지만 여기서는 분류 방식에 많이 사용하는 랜덤 포레스트(Random Forest) 방식을 이용하여 룰 결과와 비교해 보려고 한다. 랜덤 포레스트는 소그룹의 피처와 데이터 수로 구성된 이상적인 답변이 찾는 트리들을 랜덤하게(Random) 생성해 숲을 구성하여(Forest), 다수결에 따라 가장 좋은 결과를 선택하는 지도학습 방식 중 하나이다.

4.1 파이썬 코드 만들기

코드를 보면 앞의 구조를 거의 가져왔으며, 나중에 몇 가지 테스트를 하기 위한 If문 분기가 몇 개 있어서 조금 복잡해 보인다. If문 부분은 차후 테스트를 할 때 설명하고, 나머지 로직만을 우선 살펴보자.

앞의 룰 엔진을 위해 만든 데이터를 레이블(Label-데이터의 정답을 얘기한다)과 데이터로 나누고, sklearn 프레임워크에서 지원하는 train_test_split 메서드를 이용해 테스트 데이터와 트레이닝 데이터로 자동으로 나눈다.

이후 model.fit에서 트레이닝 데이터와 트레이닝 레이블을 이용해서 랜덤 포레스트 방식으로 학습을 하며 모델을 만든다. 이후 model.predict를 이용해서 테스트 데이터들을 넣어 결과(여기서는 합격인지 불합격인지)를 얻어낸다. 이후 모델이 얼마나 신뢰가 있는지를 계산하기 위해서 accuracy_score, classification_report 메서드에 테스트 데이터와 정답 레이블을 넣어서 해당 모델의 테스트 성적을 평가한다.

```
from json_logic import jsonLogic
from statistics import mean
from enum import Enum, IntEnum
```

```
import random
import pandas as pd
from sklearn.ensemble import RandomForestClassifier
from sklearn import metrics
from sklearn.model_selection import train_test_split
import matplotlib.pyplot as plt


class Const(str, Enum):
    PASS = "Y"
    FAIL = "N"
    TRAINING_BY_ALL = "TA"
    TRAINING_BY_LOW_SAMPLE = "TL"
    TRAINING_BY_PREVIOUS_AND_MEAN = "TPM"
    TRAINING_BY_CURRENT = "TC"
    TRAINING_BY_PREVIOUS = "TP"
    TRAINING_BY_MISSING_DATA = "TM"


class LearningConfig(IntEnum):
    RULE_CURRENT_SCORE = 70
    RULE_MEAN = 50
    RULE_FREE_PASS_SCORE = 90
    LOW_SAMPLE = 10
    ENOUGH_SAMPLE = 5000


test_mode = Const.TRAINING_BY_ALL.value

# 룰을 이용해서 결과를 판단한다.
# (현재 성적이 70점 이상 and 전 시험과의 평균이 50점 이상) or 현재 90점 이상
def check_exam_list(score_list):
    rule = {"or":
                [{"and":
                    [{">=": [{"var": "current_score"},
                            LearningConfig.RULE_CURRENT_SCORE]},
                    {">=": [{"var": "mean"},
```

```
                        LearningConfig.RULE_MEAN]}]},
                {">=": [{"var": "current_score"},
                        LearningConfig.RULE_FREE_PASS_SCORE]}]
        }

    exam_dict = {}
    exam_dict["current_score"] = score_list[1]
    exam_dict["mean"] = score_list[2]

    rule_result = jsonLogic(rule, exam_dict)

    if rule_result:
        return Const.PASS.value
    else:
        return Const.FAIL.value


# 랜덤 데이터 만들어 줌.
def make_random_numbers(previous_min, previous_max, current_min,
                        current_max, sample_number):
    my_set = set()

    # 겹치는 데이터가 없게 하기 위해서 set을 사용하여 중복 생성 데이터 제거
    while 1:
        previous_score = random.randint(previous_min, previous_max)
        current_score = random.randint(current_min, current_max)
        score_mean = mean([previous_score, current_score])
        my_set.add(tuple([previous_score, current_score, score_mean]))
        if len(my_set) == sample_number:
            break

    random_list = [list(x) for x in my_set]

    # 룰 엔진 정답 맨 앞에 추가
    for index, item in enumerate(random_list):
        result = check_exam_list(item)
        item.insert(0, result)
```

```python
        return random_list

if test_mode == Const.TRAINING_BY_LOW_SAMPLE:
    random_set = make_random_numbers(0, 100, 0, 100, LearningConfig.LOW_SAMPLE)
else:
    random_set = make_random_numbers(0, 100, 0, 100, LearningConfig.ENOUGH_SAMPLE)

ml_df = pd.DataFrame.from_records(random_set)

# 성공은 노랑, 실패는 빨강은 노랑으로 표시되도록 칼라로 치환한다.
ml_df.loc[ml_df[0] == "N", 0] = "red"
ml_df.loc[ml_df[0] == "Y", 0] = "yellow"

# 컬럼 이름을 달아준다.
ml_df.columns = ["result", "previous_score", "current_score", "mean"]
print(ml_df.head(3))

# 데이터 프레임을 라벨과 데이터로 나눈다.
data = ml_df.iloc[:, 1:]
label = ml_df.iloc[:, 0]

# 테이터 나누기
data_train, data_test, label_train, label_test = train_test_split(data, label)

data_test_original = data_test.copy()

# 테스트 1 (과거 성적, 평균으로만 학습시키기)
if test_mode == Const.TRAINING_BY_PREVIOUS_AND_MEAN:
    data_test = data_test.iloc[:, [0, 2]]
    data_train = data_train.iloc[:, [0, 2]]
# 테스트 2 (현재 성적으로만 학습시키기)
elif test_mode == Const.TRAINING_BY_CURRENT:
    data_test = data_test.iloc[:, [1]]
    data_train = data_train.iloc[:, [1]]
```

```
# 테스트 3 (과거 성적으로만 학습시키기)
elif test_mode == Const.TRAINING_BY_PREVIOUS:
    data_test = data_test.iloc[:, [0]]
    data_train = data_train.iloc[:, [0]]

# 학습시켜 모델 만들기(Random Forest)
model = RandomForestClassifier()

if test_mode == Const.TRAINING_BY_MISSING_DATA:
    ml_missing_df = ml_df.query('previous_score < 90 and current_score < 90')
    print(ml_missing_df.head(3))

    data_missing = ml_missing_df.iloc[:, 1:]
    label_missing = ml_missing_df.iloc[:, 0]

    data_missing_train, data_missing_test, label_missing_train, \
    label_missing_test = train_test_split(data_missing, label_missing)

    model.fit(data_missing_train, label_missing_train)
else:
    model.fit(data_train, label_train)

# 학습시킨 모델로 데이터 예측
predict = model.predict(data_test)
print("predict:" + str(predict))

# 결과에 대한 통계 값
accuracy_score = metrics.accuracy_score(label_test, predict)
classification_report = metrics.classification_report(label_test, predict)

print("Accuracy: ", accuracy_score)
print("StatistiC: \n", classification_report)

axis1 = ml_df.plot.scatter(x="previous_score",
                           y="current_score",
                           c="result",
```

```
                        colormap="viridis")
axis1.set_title("Rule based")

axis2 = data_test_original.plot.scatter(x="previous_score",
                                        y="current_score",
                                        c=predict,
                                        colormap="viridis")
axis2.set_title("Random Forest")


plt.show()
```

코드 보기 data_by_random_forest.py

해당 소스를 C:\Python\security 폴더에 data_by_random_forest.py 이름으로 저장한다.

4.3 실행하여 결과 보기

해당 코드를 실행하면 아래와 같은 룰과 랜덤 포레스트 모델로 판단한 2개의 그래프가
나오게 된다.

```
C:\Python\security>python data_by_random_forest.py
result  previous_score  current_score  mean
0    red             11             37  24.0
1    red             95             31  63.0
2    red             39             37  38.0
predict:['red' 'red' 'red' ... 'red' 'red' 'yellow']
Accuracy:  1.0
StatistiC:
              precision    recall  f1-score    support

         red       1.00      1.00      1.00        924
      yellow       1.00      1.00      1.00        326
```

accuracy			1.00	1250
macro avg	1.00	1.00	1.00	1250
weighted avg	1.00	1.00	1.00	1250

결과를 봐도 정확도가 만점(1.0-저 정확도는 랜덤으로 어떤 훈련용 데이터 셋이 선택되느냐에 따라서 실행할 때마다 조금씩 다를 수 있지만, 이 데이터 셋에 대해서는 대부분 1.0이 나온다)이라고 하고, 실제 그래프를 봐도 테스트 데이터라 전체 데이터 수가 조금 작을 뿐이지 룰 베이스로 봤던 그래프와 동일해 보인다. 간단하긴 하지만 머신러닝이 원래의 룰 공식을 모르는데도, 거의 완벽하게 로직을 재현하는 것이 신기하게 보인다.

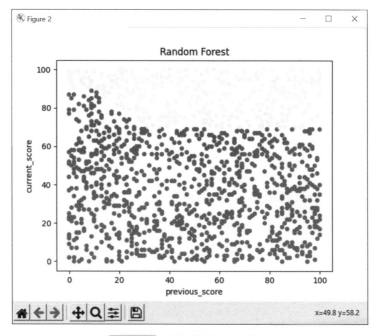

그림 3-8-3 랜덤 포레스트 모델 그래프

4.4 비이상적인 경우 1 - 데이터 수 부족

앞에서 이상적인 경우를 살펴봤으니, 이번엔 비이상적인 경우를 가정해 보자. 첫 번째
는 현실에서 데이터가 너무 조금씩만 발생하는 경우이다. 해당 시험을 보는 사람이 일
년에 10명 정도밖에 없어서 전체 10명의 데이터만 수집할 수 있었다고 해보자.

테스트를 진행하기 위에서 앞의 코드에서 test_mode에 할당된 열거형(Enum) 값을 변
경해 보자.

```
test_mode = Const.TRAINING_BY_LOW_SAMPLE.value
```

해당 값을 변경하면 아래 코드로 인해 랜덤으로 생성되는 샘플 값이 5,000개에서 10개
로 줄어든다.

```
if test_mode == Const.TRAINING_BY_LOW_SAMPLE:
    random_set = make_random_numbers(0, 100, 0, 100, LearningConfig.LOW_SAMPLE)
else:
    random_set = make_random_numbers(0, 100, 0, 100, LearningConfig.ENOUGH_SAMPLE)
```

다시 코드를 돌려보자.

```
C:\Python\security>python data_by_random_forest.py
result  previous_score  current_score  mean
0    red              94            47  70.5
1  yellow             86            74  80.0
2    red              39            40  39.5
predict:['red' 'red' 'red']
Accuracy:  1.0
```

정확도는 만들어지는 10개의 랜덤 데이터 운에 따라 틀릴 수도 있지만, 대충만 봐도
엉뚱한 결과가 나오는 것을 확인할 수 있다.

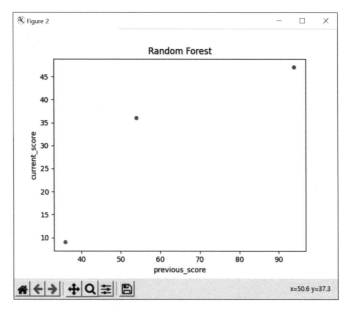

그림 3-8-4 데이터 수가 부족한 경우

지난 시험 0~100점, 이번 시험 0~100점 총 10,000개의 조합된 데이터가 생길 수 있으므로, 10,000명의 국민이 사는 나라에서 설문 조사를 할 때 10명만 랜덤으로 뽑아서 여론 결과를 만드는 것과 비슷한 일이 된다. 충분한 양의 샘플에 대한 조사가 아니기 때문에 당연히 결과는 데이터의 선택에 따라 편향적이고 믿을 수 없게 된다. 이런 경우 답이 전부 맞아 정확도가 1이 나왔더라도 학습 자체가 의미가 없기 때문에 제대로 된 예측을 한다고는 볼 수 없다.

4.5 비이상적인 경우 2 – 데이터 피처 부족

다음으로 수집되는 데이터 피처 자체가 결함이 있는 경우이다. 3가지 경우를 생각해 보자.

① 과거 점수와 평균만으로 데이터 훈련

② 현재 점수만으로 데이터 훈련

③ 과거 점수만으로 데이터 훈련

일단 코드를 돌려보기 전에, 답을 알고 있으므로 한번 대략 어떤 결과가 나올지 유추해 보자. 첫 번째의 경우는 현재 점수가 없어지긴 했지만 "평균 = (현재 점수+과거 점수)/2"의 비례적 관계이므로, 과거와 평균 2개의 데이터가 공급된다면 현재 점수는 해당 데이터 안에 포함되어 있을 것 같다. 그래서 왠지 완전한 3개의 변수를 사용할 때와 거의 비슷한 성능이 나올 듯싶다.

두 번째 경우는 현재 점수 하나밖에 없어 엉망일 것 같긴 하지만, 룰 조건을 보면 내부의 2개 조건 항목이 현재 점수에 기반하기 때문에("90점 이상"일 때, "70점 이상이고" 평균이 50일 때) 왠지 아주 이상한 결과는 안 나올 듯싶다.

세 번째의 경우가 가장 상황이 나쁜데, 가장 중요한 현재 조건을 전혀 알 수 없고 평균값도 유추할 수 없기 때문에 가장 성능이 나쁘게 나올 것으로 예상된다.

해당 세 가지 경우는 아래 코드에 의해서 해당 컬럼들만 남기고 훈련시킴으로써 구현된다(데이터프레임 상으로 0은 과거 성적, 1을 현재 성적, 2는 평균에 해당된다).

```python
# 테스트 1 (과거 성적, 평균으로만 학습시키기)
if test_mode == Const.TRAINING_BY_PREVIOUS_AND_MEAN:
    data_test = data_test.iloc[:, [0, 2]]
    data_train = data_train.iloc[:, [0, 2]]
# 테스트 2 (현재 성적으로만 학습시키기)
elif test_mode == Const.TRAINING_BY_CURRENT:
    data_test = data_test.iloc[:, [1]]
    data_train = data_train.iloc[:, [1]]
# 테스트 3 (과거 성적으로만 학습시키기)
elif test_mode == Const.TRAINING_BY_PREVIOUS:
    data_test = data_test.iloc[:, [0]]
    data_train = data_train.iloc[:, [0]]
```

4.5.1 과거 점수와 평균만으로 데이터 훈련

먼저 이전 시험 점수와 평균값만 가져오도록 test_mode 값을 수정한다.

```
test_mode = Const.TRAINING_BY_PREVIOUS_AND_MEAN.value
```

코드를 다시 돌려보자.

```
C:\Python\security>python data_by_random_forest.py
   result  previous_score  current_score  mean
0  yellow              41             75  58.0
1     red              78             43  60.5
2     red              78             27  52.5
predict:['yellow' 'red' 'red' ... 'yellow' 'red' 'yellow']
Accuracy:  0.9896
```

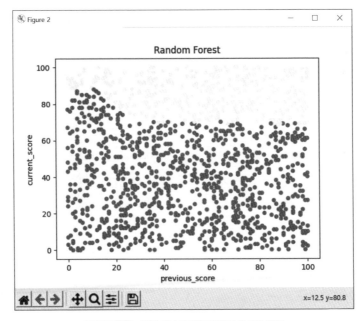

그림 3-8-5 과거 점수와 평균만으로 학습한 경우

예상대로 약간은 떨어지지만 98.96의 적중율을 가져오는 높은 결과가 나온다. 그래프 상으로도 3개의 변수를 모두 사용했을 때와 특별히 많이 달라 보이지 않는다.

4.5.2 현재 점수만으로 데이터 훈련

다음은 현재 점수만으로 판단하도록 test_mode 값을 수정한다.

```
test_mode = Const.TRAINING_BY_CURRENT.value
```

코드를 다시 돌려보자.

```
C:\Python\security>python data_by_random_forest.py
  result  previous_score  current_score  mean
0    red              28             32  30.0
1    red              93              0  46.5
2    red              78             27  52.5
predict:['red' 'red' 'red' ... 'yellow' 'red' 'red']
Accuracy:  0.9512
```

정확도로는 꽤 잘 맞추는 것 같아 보인다. 그렇다면 그래프를 한번 확인해 보자. 합격 산정 체계에서 가장 민감한 부분인 위쪽 대각선 부분이 사라짐으로써 전체적인 정확도 는 괜찮지만, 사실상 쓰면 큰일 날 것 같은 모델이 되었다는 생각이 든다.

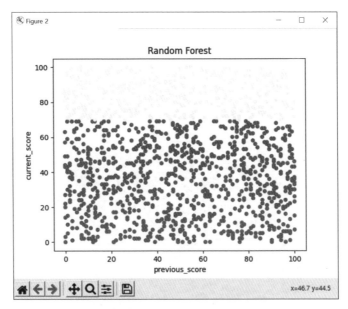

그림 3-8-6 현재 점수만으로 학습한 경우

4.5.3 과거 점수만으로 데이터 훈련

마지막으로 과거 점수만으로 판단하도록 test_mode 값을 수정한다.

```
test_mode = Const.TRAINING_BY_PREVIOUS.value
```

코드를 다시 돌려보자.

```
C:\Python\security>python data_by_random_forest.py
  result  previous_score  current_score  mean
0    red              17             62  39.5
1    red              95             31  63.0
2    red              11             21  16.0
predict:['red' 'red' 'red' ... 'red' 'red' 'red']
Accuracy:  0.7336
```

그래프를 보면 완전 카오스다. 합격은 거의 안 보이고, 샘플 선택에 따라 일부 보이더라도 전혀 무슨 기준으로 판단했는지 모르는 결과가 되어 버렸다.

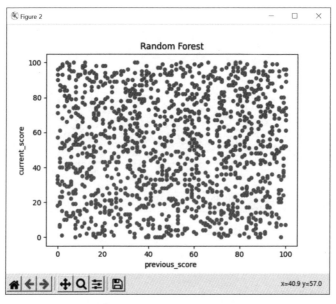

그림 3-8-7 과거 점수만으로 학습한 경우

4.6 비이상적인 경우 3 – 빠진 구간의 데이터를 이용한 학습

마지막으로 우리가 수집한 데이터가 실수나 우리의 무지, 아직 한 번도 발생하지 않음으로써 데이터가 발생하는 범위를 잘못 잡았다고 생각해 보자. 우리가 수집한 전체 데이터 중 하필 로직에 민감한 90점 이상의 데이터들이 모두 누락됐거나, 해당 데이터를 수집을 하지 못했거나, 해당 데이터 구간을 인지 못하는 상황이라고 생각해보자.

데이터 프레임에서는 90점 이상의 데이터들을 삭제해서 학습을 시키고, 테스트 데이터는 90점 이상을 삭제하지 않은 차후 현실에서 일어날 데이터 버전으로 구성한다. 해당 코드가 다음 코드이다.

```
if test_mode == Const.TRAINING_BY_MISSING_DATA:
    ml_missing_df = ml_df.query('previous_score < 90 and current_score < 90')
    print(ml_missing_df.head(3))

    data_missing = ml_missing_df.iloc[:, 1:]
    label_missing = ml_missing_df.iloc[:, 0]

    data_missing_train, data_missing_test, label_missing_train, \
    label_missing_test = train_test_split(data_missing, label_missing)

    model.fit(data_missing_train, label_missing_train)
else:
    model.fit(data_train, label_train)
```

마찬가지로 모드를 수정해보자.

```
test_mode = Const.TRAINING_BY_MISSING_DATA.value
```

다시 코드를 돌려본다.

```
C:\Python\security>python data_by_random_forest.py
   result  previous_score  current_score  mean
0    red               28             32  30.0
1  yellow              41             75  58.0
2    red               78             43  60.5
   result  previous_score  current_score  mean
0    red               28             32  30.0
1  yellow              41             75  58.0
2    red               78             43  60.5
predict:['red' 'red' 'yellow' ... 'red' 'red' 'red']
Accuracy:  0.996
```

뭔가 정확도도 높고 괜찮은 듯싶지만, 아래의 그래프를 보면 민감한 부분 중 하나인 현재 점수 90점 이상의 프리패스인 평평해야 하는 구간이 모델 안에서는 대각선으로 표시되고 있다. 해당 모델은 평소에는 좋은 결과를 가져오겠지만 현재 점수 90점 이상 의 특이점에 도달하게 되면 큰일이 벌어지게 될 것이다.

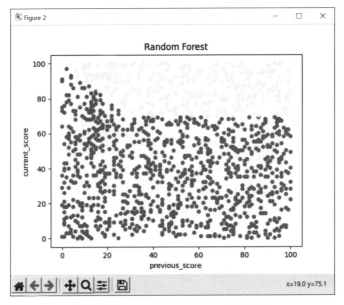

그림 3-8-8   누락된 데이터 구간으로 학습한 경우

이 부분은 우리가 이상적인 데이터를 학습시켜 훌륭한 모델을 만들었더라도 예상치 못한 영향을 주는 현실 구간의 데이터가 들어온다면 모델이 한순간에 무너질 수도 있다는 것을 극단적으로 보여준다.

다른 측면으로 생각하면 모델은 90점 이상의 데이터를 보지도 못했는데도, 그 아래 구간의 데이터를 기반으로 보지도 못한 영역의 데이터의 답을 추정해준 대단한 상황이기도 하다. 다만 그 추정 구간에 예기치 못한 현실의 뒤틀림이 숨어 있다면, 오히려 모르는 영역이라고 정직하게 손을 드는 것보다 큰 재앙이 생길 수도 있게 된다. 그래서 지도학습은 어느 정도 데이터가 갇혀 있는 세상에서 안정적이고 좋은 성과를 내게 되는 것 같다.

4.7 지도학습 방식에 대한 고찰

꼭 지도학습에 국한된 건 아니지만 앞의 예제들을 보면 데이터의 선택이 분석을 위한 기법만큼 중요하다는 것을 느낄 수 있지 않나 싶다.

만약 레고로 공룡을 만들 경우 제일 먼저 생각해야 할 것은, 어떤 모양의 조각(데이터)이 필요한지를 판단하는 것이다. 원하는 조각이 없다면 부품 상자(기존 데이터)를 찾아보거나, 적합한 새 조각(신규 수집, 가공 데이터)을 만들어 내야 할 상황이 될 수도 있다. 공룡을 만들 수 있는 적당한 레고 조각도 없는데 이상한 조각들을 모아서 억지로 만들게 되면, 원하는 모습의 공룡(모델)이 나올 가능성은 거의 없다. 물론 현실의 시스템에서 새 데이터 조각을 만드는 부분은 무척 어려운 일이 될 것이다.

또한 불확실한 정보를 모아서 나름 훌륭하게 예측하고 행동하는 것은 좋은 것이지만, 정말 판단에 충분한 정보가 없는 경우에 판단을 하는 것 자체가 맞는지는 고민해 봐야 한다. 그 사람의 나이와 이름 정보만 알고 있다면 범죄자 인지에 대한 판단은 솔로몬이 와도 판단 못 하게 된다. 우리가 놓치는 데이터는 항상 있을 수 있기 때문에 올바른 답이 언제나 있는 건 아니라고 본다. 머신러닝의 경우는 데이터가 부족한 경우에도 항상 답을 내리려고 노력하는 편이지만 그것이 불확실한 미래에 대해서는 꼭 좋은 측면만은 있는 것은 아니다는 것도 얘기하고 싶다.

정답과의 유사함을 찾는데 특화된 지도학습 방식의 특성을 고려해 볼 때 보안 쪽에서는 유사치를 기반으로 성과를 낼 수 있는 부분이 생각보다 드물다고 생각한다. 백신 같은 분야에서 유사도를 따져서 기존 악성 코드와 비슷한 부분을 찾아낸다고는 하지만 악성 코드 챕터에서 얘기했듯이 유사도는 위험한 대상을 찾는 하나의 관점일 뿐이다.

그림 3-8-9   눈 가리고 폭탄 해체하기

뚜렷한 성과를 낼 수 있는 부분은 모순적으로 방어보다는 오히려 공격 쪽이라고 보는데, 기계가 아닌 사람인가를 확인하기 위해서 숫자나 그림 등 제한된 답을 고르는 캡챠(CAPCHAR) 같은 영역은, 룰로는 무척 풀기 어려운 문제지만 지도학습의 관점에서는 적성에 맞는 전문 분야가 된다고 생각한다.

또한 미래에 유입될 공격 패턴에 대한 불확실성과, 정상 데이터로 가정한 공격들은 유사도 및 과거를 기반으로 한 추정에 의한 방어를 더욱 더 적용하기 어렵게 만드는 부분인 것 같다.

5. 비지도학습 방식 1 - 군집을 기반으로 한 데이터 판단

다음은 비지도학습에서 KMeans를 이용하여 데이터를 군집(Cluster)으로 분류하는 예제를 살펴보자. KMeans는 정해진 개수의 중심점을 랜덤으로 찍고, 이에 따라 데이터를 나누고 다시 해당 군집의 중심을 찾는 과정을 반복해 최적의 중심점을 찾아주는 비지도학습 방식 중 하나이다. 랜덤으로 초기 중심점을 찍어 헤메는 부분을 일부 개선한 KMean++라는 개선 로직도 있다고 한다.

5.1 파이썬 코드 만들기

비지도학습에서는 결과를 참고하지 않기 때문에 기존 코드에서 정답을 맞히거나 트레이닝 데이터를 생성하는 코드는 필요 없겠지만, 코드의 일관성을 유지하는 게 이해에 도움이 될 듯해서 데이터의 생성 흐름을 그대로 유지한 채 필요 없는 레이블 및 피처를 제거하여 사용하도록 코드를 수정했다.

이번엔 랜덤 데이터 셋을 2개(random_set1, random_set2)를 만들게 되는데, 하나는 기존의 0~100 구간의 사각형 영역이고, 하나는 KMeans 알고리즘이 분리된 영역이라고 판단하게 하고 싶은 메인 구간과 좀 떨어진 제2의 영역이다. ml_df.drop 메서드를 이용해서 필요 없는 피처들을 제거하고, 모델을 만들어 데이터를 넣는다.

```
from json_logic import jsonLogic
from statistics import mean
from enum import Enum, IntEnum
import random
import pandas as pd
from sklearn.cluster import KMeans
import matplotlib.pyplot as plt
```

```python
class Const(str, Enum):
    PASS = "Y"
    FAIL = "N"


class LearningConfig(IntEnum):
    RULE_CURRENT_SCORE = 70
    RULE_MEAN = 50
    RULE_FREE_PASS_SCORE = 90


# 룰을 이용해서 결과를 판단한다
# (현재 성적이 70점 이상 and 전 시험과의 평균이 50점 이상) or 현재 90점 이상
def check_exam_list(score_list):
    rule = {"or":
                [{"and":
                    [{">=": [{"var": "current_score"},
                            LearningConfig.RULE_CURRENT_SCORE]},
                     {">=": [{"var": "mean"},
                            LearningConfig.RULE_MEAN]}]},
                 {">=": [{"var": "current_score"},
                        LearningConfig.RULE_FREE_PASS_SCORE]}]
            }

    exam_dict = {}
    exam_dict["current_score"] = score_list[1]
    exam_dict["mean"] = score_list[2]

    rule_result = jsonLogic(rule, exam_dict)

    if rule_result:
        return Const.PASS.value
    else:
        return Const.FAIL.value
```

```python
# 랜덤 데이터 만들어 줌.
def make_random_numbers(min, max, sample_number):
    my_set = set()

    # 겹치는 데이터가 없게 하기 위해서 set을 사용하여 중복 생성 데이터 제거
    while 1:
        previous_score = random.randint(min, max)
        current_score = random.randint(min, max)
        score_mean = mean([previous_score, current_score])
        my_set.add(tuple([previous_score, current_score, score_mean]))
        if len(my_set) == sample_number:
            break

    random_list = [list(x) for x in my_set]

    # 룰 엔진 정답 맨 앞에 추가
    for index, item in enumerate(random_list):
        result = check_exam_list(item)
        item.insert(0, result)

    return random_list



# 2개의 영역으로 나뉜 랜덤 셋을 만든다.
random_set1 = make_random_numbers(0, 100, 5000)
random_set2 = make_random_numbers(200, 300, 10)
random_set = random_set1 + random_set2

ml_df = pd.DataFrame.from_records(random_set)

# 성공은 노랑, 실패는 빨강은 노랑으로 표시되도록 칼라로 치환한다.
ml_df.loc[ml_df[0] == "N", 0] = "red"
ml_df.loc[ml_df[0] == "Y", 0] = "yellow"
```

```python
# 컬럼 이름을 달아준다.
ml_df.columns = ["result", "previous_score", "current_score", "mean"]

# 미사용 값 제거
ml_df.drop(["result", "mean"], axis=1, inplace=True)
print(ml_df.head(3))

# KMean 2개의 클러스터로 학습시키기
model = KMeans(n_clusters=2,algorithm='auto')
model.fit(ml_df)

# 학습시킨 모델로 데이터 예측
predict = pd.DataFrame(model.predict(ml_df))
predict.columns = ["predict"]

# 데이터, 결과 머지
final_df = pd.concat([ml_df, predict], axis=1)

# 그래프 보여주기
ax1 = final_df.plot.scatter(x="previous_score",
                            y="current_score",
                            c="predict",
                            colormap="viridis")
ax1.set_title("KMean")
plt.show()
```

코드 보기　　data_by_kmeans.py

해당 코드를 C:\Python\security 폴더에 data_by_kmeans.py 이름으로 저장한다.

5.2 실행하여 결과 보기

```
C:\Python\security>python data_by_kmeans.py
   previous_score  current_score
0              41             75
1              78             27
2              17             62
```

결과를 보면 KMeans 로직은 세력이 큰 쪽의 영향을 많이 받아서 두 번째 생성한 데이터 셋이 10개밖에 안 되기 때문에 군더더기 데이터인 것처럼 영향이 미비하다. 기존의 메인 데이터들이 거의 반씩 나눠져 있고, 멀리 떨어진 10개의 데이터는 오른쪽 네모 군집의 영역에 속하게 된다.

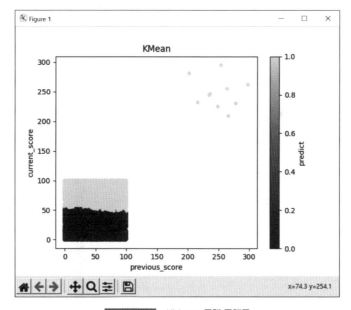

그림 3-8-10 KMeans 모델 그래프

해당 소수 데이터들이 군집을 결정하는데 영향을 미칠 수 있도록 100개로 늘려보자.

소스 내에서 아래의 코드를 수정해 본다.

```
random_set2 = make_random_numbers(200, 300, 100)
```

이후 코드를 다시 돌려보자.

```
C:\Python\security>python data_by_kmeans.py
   previous_score  current_score
0              95             22
1              41             75
2              93              0
```

이제는 메인 사각형에서 벗어나서 독립된 클러스터로 구분되어 다른 색을 가지게 되며
기존의 아래쪽 사각형은 위쪽 사각형과 머지가 되어 버렸다. 우리가 상식적으로 눈으
로 보면서 판단하기 로는 현재가 정상적인 군집 분류가 됐다고 생각할 것이다.

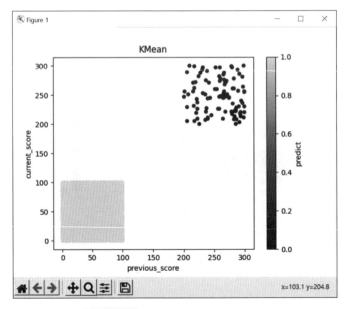

그림 3-8-11 소수 군집 세력이 늘어난 경우

알고리즘의 주요 매개변수 설정에 의해서 수가 적더라도 영향력이 클 수 있도록 옵션을 더 변경할 수도 있겠지만, 해당 부분은 치료약을 복용하는 것과 비슷하게 효과가 강할수록 부작용도 생기게 될 수 있다. 그래서 각각의 알고리즘의 판단에 영향을 주는 주요 매개변수들은 현재의 데이터와 달성 목적에 맞춰 적절한 균형을 이뤄야 한다. 다만 이 부분은 데이터와 모델의 동작, 상호작용의 방향 자체를 정확하게 이해해야만 가능한 부분 같다.

6. 비지도학습 방식 2 – 이상치(Abnormality)를 기반으로 한 데이터 판단

마지막으로 비지도학습에서 주류에 비해 이상하다고 생각하는 데이터를 찾아주는 격리 포레스트(Isolation Forest)를 살펴보자. 랜덤 포레스트와 비슷한 이름에서 알 수 있듯 의사결정 트리의 숲을 사용하는 것은 동일하고, 판단 방식이 특정 포인트들을 격자 모양으로 나누어 격리시키는 데 몇 번의 시도가 필요한가를 기준으로 진행된다.

예를 들어 운동장에 모인 사람들 중 특이한 사람을 찾아본다고 해보자. 검은 머리인 사람과 아닌 사람으로 무리를 구분하고, 그중에서 머리가 길거나 짧은 사람으로 구분하고, 취미가 있거나 없는 사람으로 구분하고…. 구분하다 보면 아무래도 특이한 사람이 소수 군에 많이 속하기 때문에 몇 번의 시도로 쉽게 격리가 될 것이다(통계적으로는 공간에 기반하기 때문에 정확한 비유인지는 모르겠지만). 이상한 데이터가 정상적인 데이터들에 비해 드물게 일어난다는 것을 가정하며, 정상 데이터들은 오밀조밀하게 같은 특성으로 연관되어 모여 있기 때문에 이상치에 비해 일반적인 구분으로 분리해 내기가 힘들 것이다. 다른 예로 산골에 사는 한 사람과 도시에 있는 한 사람을 각각 구분해 보는 상황을 상상해 보자.

6.1 파이썬 코드 만들기

라이브러리가 워낙 잘 만들어져 있기 때문에 앞의 KMeans 코드에서 훈련과 예측 부분만 조금 변경하면 된다. 따로 설명은 필요 없을 듯하다.

```python
from json_logic import jsonLogic
from statistics import mean
from enum import Enum, IntEnum
import random
import pandas as pd
from sklearn.ensemble import IsolationForest
import matplotlib.pyplot as plt


class Const(str, Enum):
    PASS = "Y"
    FAIL = "N"


class LearningConfig(IntEnum):
    RULE_CURRENT_SCORE = 70
    RULE_MEAN = 50
    RULE_FREE_PASS_SCORE = 90


# 룰을 이용해서 결과를 판단한다
# (현재 성적이 70점 이상 and 전 시험과의 평균이 50점 이상) or 현재 90점 이상
def check_exam_list(score_list):
    rule = {"or":
                [{"and":
                    [{">=": [{"var": "current_score"},
                            LearningConfig.RULE_CURRENT_SCORE]},
                     {">=": [{"var": "mean"},
                            LearningConfig.RULE_MEAN]}]},
                 {">=": [{"var": "current_score"},
```

```
                    LearningConfig.RULE_FREE_PASS_SCORE]}]

    exam_dict = {}
    exam_dict["current_score"] = score_list[1]
    exam_dict["mean"] = score_list[2]

    rule_result = jsonLogic(rule, exam_dict)

    if rule_result:
        return Const.PASS.value
    else:
        return Const.FAIL.value


# 랜덤 데이터 만들어 줌.
def make_random_numbers(min, max, sample_number):
    my_set = set()

    # 겹치는 데이터가 없게 하기 위해서 set을 사용하여 중복 생성 데이터 제거
    while 1:
        previous_score = random.randint(min, max)
        current_score = random.randint(min, max)
        score_mean = mean([previous_score, current_score])
        my_set.add(tuple([previous_score, current_score, score_mean]))
        if len(my_set) == sample_number:
            break

    random_list = [list(x) for x in my_set]

    # 룰 엔진 정답 맨 앞에 추가
    for index, item in enumerate(random_list):
        result = check_exam_list(item)
        item.insert(0, result)

    return random_list
```

```
# 2개의 영역으로 나뉜 랜덤 셋을 만든다.
random_set_normal = make_random_numbers(0, 100, 5000)
random_set_abnormal = make_random_numbers(150, 200, 10)
random_set_full = random_set_normal + random_set_abnormal

normal_df = pd.DataFrame.from_records(random_set_normal)
full_df = pd.DataFrame.from_records(random_set_full)

# 컬럼 이름을 달아준다.
normal_df.columns = ["result", "previous_score", "current_score", "mean"]
full_df.columns = ["result", "previous_score", "current_score", "mean"]

# 미사용 값 제거
normal_df.drop(["result", "mean"], axis=1, inplace=True)
full_df.drop(["result", "mean"], axis=1, inplace=True)
print(normal_df.head(3))
print(full_df.head(3))

# IsolationForest 모델 학습시키기
model = IsolationForest(n_estimators=50, max_samples=100,
                        contamination=0.008, random_state=42)
model.fit(normal_df)

# 학습시킨 모델로 abnormal 데이터 예측하기
predict = pd.DataFrame(model.predict(full_df))
score = model.decision_function(full_df)
full_df['score'] = score
full_df['anomaly'] = predict
print(full_df.head(3))

anomaly_data = full_df.loc[full_df['anomaly']==-1]
print(anomaly_data.head(3))

axis1 = full_df.plot.scatter(x="previous_score",
                             y="current_score",
```

```
                      c="anomaly",
                      colormap='viridis')
axis1.set_title("Isolation Forest")

plt.show()
```

data_by_isolation_forest.py

해당 코드를 C:\python\security 폴더에 data_by_isolation_forest.py 이름으로 저장한다.

6.2 실행하여 결과 보기

```
C:\Python\security>python data_by_isolation_forest.py
previous_score       current_score
0                28               32
1                41               75
2                93                0
    previous_score  current_score
0                28               32
1                41               75
2                93                0
    previous_score  current_score       score  anomaly
0                28               32  0.128860        1
1                41               75  0.124610        1
2                93                0  0.029368        1
       previous_score  current_score        score  anomaly
35                  0               2  -0.007840       -1
56                  0               5  -0.004149       -1
119                 4              99  -0.000091       -1
```

실행된 결과를 보면 멀리 떨어진 이상치를 찾은 부작용으로 사각형 모서리의 일부가 이상한 데이터로 분류되어 버렸음을 알 수 있다.

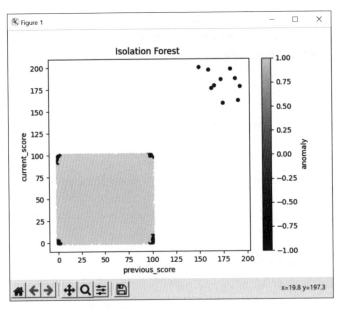

그림 3-8-12 격리 포레스트 모델 그래프

이번엔 오염도(Contamination) 옵션을 높여서 아웃라이어(Outlier) 검출 비율을 높여보자(오염되어 제거해야 할 부위를 좀더 보수적으로 산정한다고 상상해 보자). 다음의 코드를 수정한다.

```
model = IsolationForest(n_estimators=50, max_samples=100,
                        contamination=0.058, random_state=42)
```

이후 다시 코드를 돌려보자.

```
C:\Python\security>python data_by_isolation_forest.py
```

결과를 보면 중심에서 벗어난 외각의 데이터들이 아까보다 좀 더 적극적으로 아웃라이어에 포함되어 검출된다.

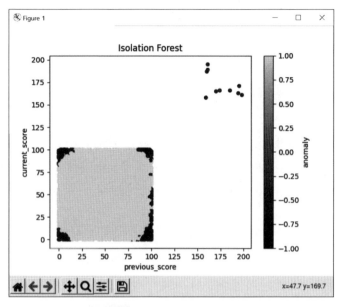

그림 3-8-13　오염도의 옵션이 높아진 경우

위의 조정된 결과를 보게 되면, 룰 방식의 검출과 속성이 비슷하다는 느낌을 받게 된다. 돌아가는 원리는 다르지만 양쪽 다 임계치(Threshold) 성격의 속성을 가지고 검출되는 양과 민감도(다른 말로 False Positive 부작용)를 조정할 수 있다는 것이다. 룰 스크립트에서 시험의 합격 점수를 높이거나 낮추면 그만큼 합격되는 사람이 줄어들거나 늘게 된다는 것을 떠올려 보자.

결국 임계치를 조절할 수 있다는 부분은 비지도학습의 경우에도 나온 결과가 절대적이지 않고, 설계자의 의도(데이터 및 옵션들)에 의해서 왜곡될 수도 있다. 그래서 특히 보안 측면에서 단점이 없이 완벽할 정도로 괜찮은 머신러닝 결과물들은 약간은 색안경을 끼고 볼 필요가 있다고 본다. 모니터링 파트에서 얘기했듯이 항상 적절한 수준의 모니터링을 위해 미묘한 저울질이 필요한 보안 쪽 데이터의 특성상, 대부분 아마 뭔가를 감추고 있거나 담당자가 제대로 데이터나 알고리즘의 효과를 이해 못하고 있는 경우라고 생각한다.

7. 보안에서의 데이터

머신러닝의 이미지를 생각하면, 데이터를 부으면 알아서 원하는 모양을 유도해 만들어 주는 주물과 같다고 생각한다. 또는 편안한 의자 높이를 발견하기 위해 계속 손잡이로 높이를 위아래로 조절하면서 찾는 사람의 모습과도 오버랩 된다. 아무 정보가 없이 세상을 관찰하는 사람과도 비슷하며 사람들이 빨간 신호등 불에서 멈추는 걸 보면서 빨간 불에서 멈춰야 한다는 것을 학습하는 상황과도 비슷하다.

현재 시점에서는 지도학습이 확실히 다른 분야에 비해서 확실한 성과를 나타내고 있다고 생각되는데, 해당 이유를 생각해보면 해당 학습 알고리즘의 탁월함이라기보다는 제한되고 안전한 환경이라는 특성 때문이 아닐까 싶다. 지도학습이 적용되는 글자나 음성, 영상, 의료기록 등등의 분야는 이미 사회나 문화적 과학적 룰에 의해서 제한되어 있는 세상이라고 볼 수 있다. "우라라쿠토"라고 자신만의 단어를 고안해서 얘기해봤자

그림 3-8-14 안전한 놀이터

아무도 알아듣지 못한다. 물론 본인이 유행시켜 신조어를 만들 순 있지만 말이다. 아이러니하게도 룰의 역할을 대체한다고 생각하는 머신러닝의 주요 분야는 사실 세상의 룰에 감싸 있는 환경과 해당 룰들을 이해하는 대상(사람, 시스템)들에 대해서 안정되고 쓸모 있는 결과를 만들어 낼 수 있다.

지금껏 이 책을 통해 살펴본 것처럼 보안의 취약점이라는 것은 표준과 비슷하면서도 실제로는 대상을 비튼 데이터를 악용한다는 측면에서, 해당 알고리즘들이 효과를 가진 분야를 찾기는 그렇게 쉬운 것은 아닌 듯싶다. 앞에서 얘기했듯이 유사도 측면이 효과가 있을 수 있지만, 보안에서 정말 절실한 부분은 보지 못했던 데이터들을 봤을 때 위험한 것인지 판단해야 한다는 것이고, 반면에 해당 이상치 데이터와 유사한 데이터 군들은 평소에 수집하기가 너무 힘들다.

공격 로그는 계속 쌓이지 않느냐고 반문할 수도 있겠지만, 해당 공격들은 대부분 이미 룰로 1차적으로 방어가 된 로직들이고, 해당 로직에서 군집 등 연관된 데이터들을 찾아서 룰로 인지 못하는 숨겨진 영역을 찾는 부분은 앞서 얘기한 여러 가지 부작용 때문에 쉬운 접근법은 아닌 것 같다. 애당초 해당 공격이 막을 만한 가치가 있는 유효한 공격인지부터 따져봐야 할 것이다.

또한, 우리가 수집하지 못했던 미지의 데이터나 시간이 흐르면서 바뀌는 데이터의 변함을 어떻게 인지하고 모델을 업데이트할 수 있는지에 대한 숙제도 있다. 현재의 머신러닝은 아직까지는 데이터를 통해서 모든 걸 할 수 있다는 신념을 보이고는 있지만, 데이터가 불안전하고 미래가 불안하다는 사실에 대해서는 적극적으로 어필을 하지는 않는 듯 보인다.

데이터가 불안한 이유는 데이터가 생성되는 현실이 고정되어 있지 않고, 순수한 하나의 수치가 아니라 다른 여러 데이터들의 복합적인 모델의 결과인 경우가 많기 때문이다. 그래서 시간이나 상황에 따라서 계속 성격이 변하며 내일이 되면 기존과는 다른 접근법이 필요하게 될 수도 있다. 머신러닝 또한 학습의 결과로 하나의 답을 도출하거나 답의 구간 확률 등을 구축할 수는 있겠지만, 그 원천이 데이터이기 때문에 완벽해

질수록 결국 인간의 현실적 선택과 비슷한 딜레마를 만난다고 본다. 100% 완벽함은 세상에 드물기 때문에 데이터를 다루는 머신러닝 또한 어느 정도 이것을 인정하고 오류의 가능성을 오픈하고 나아가는 게 맞을 것 같다.

그런 측면에서 마치 미래에 대체되어 사라질 것과 같이 언급되는 논리를 기반으로 한 룰 영역은 현실 안에서 계속 존재하면서 데이터의 환경을 안정되게 유지하고, 머신러닝이 해서는 안 될 판단을 내리는 순간의 브레이크 역할을 해줄 수도 있을 것이다. 머신러닝과 가장 잘 어울려 보이는 분야인 로봇 공학에도 사람에게 해를 끼치지 말라고 하는 원칙 룰이 있다.

그림 3-8-15 균형 잡기

룰은 또한 사람이 임계치를 결정해 다룬다는 측면에서, 같은 논리 수준의 룰이라도 해당 사람의 데이터 분석 숙련도에 따라 아마추어 수준이 되기도, 프로 수준이 되기도 한다고 본다. 머신러닝의 여러 알고리즘의 접근법과 해석은 룰을 디자인하는 사람들이 데이터를 분석하고, 영감을 얻고, 조건 항목(룰의 이상적인 조건 항목은 머신러닝의 이상적으로 의미 있는 주성분 피처와 동일하다고 본다)및 임계치를 정하는 데 있어 매우 좋은 툴이라고 생각한다. 앞에서의 기시감 같지만 이 문제는 왠지 스캐너와 수동 테스트를 사이를 선택해야 했던 '아빠가 좋아 엄마가 좋아' 문제 같다. 둘은 왠지 계속 데이터를 사이에 두고 서로 도우면서 공존해야 할 것 같다.

마지막
이야기

Chapter **01**

보안의 여러 분야

마지막으로, 보안의 여러 분야에 대해서 가볍게 살펴보고 마무리를 하고자 한다.

1. 보안의 여러 분야들

회사에 따라서 보안 업무는 다양하게 나뉘기도 한다. 큰 회사일수록 세분화가 되고 작은 회사일수록 여러 개의 업무가 하나로 묶여진다고 보면 될 것 같다. 작은 회사들은 IT팀에서 보안까지 담당하고 있는 경우도 종종 본다. 각각 운영 형태는 다르지만 사실 지향하는 점들은 같을 것이기에 각각의 보안 업무들을 살펴보고 그 공통점들을 찾아보려고 한다.

전체적인 흐름을 보면 가장 상단에 법률이 있다. 정보통신망법이나 개인정보보호법 등

법률에서 정해진 부분은 꼭 지켜야 하는 부분이다. 일반적으로 법 조항이 있고, 해당 조항을 실제 관련 회사들이 어떻게 해석하느냐에 따라 어려운 문제이기 때문에 시행령이라는 부분을 두어서 좀 더 자세히 해당 법률을 설명하고 있다. 법률이나 시행령 부분은 그냥 만들어지는 것이 아니고 해당 생성 단계에서 수많은 각 분야 전문가들과 기업들의 의견을 받아서 보통 현실적으로 실행 가능한 수준에서 결정된다.

인증은 보안에서 중요하게 생각하고 있는 법률과 관례를 지키고 있다는 것을 평가받는 서비스이자 의무이다. 보통 인증을 받는다는 것은 법률 및 보안 표준을 모두 잘 준수하고 있다는 것을 의미하므로 회사마다 관련된 사업을 할 경우 필수적으로 받거나 유지하려고 하는 인증들이 있다. 자주 볼 수 있는 인증들은 ISMS-P, PIC-DSS, ISO 시리즈 등이 있고 해외를 대상으로 사업을 하는 기업들은 외국의 법령이나 인증들에 대해서도 준수해야 한다.

그림 4-1-1 법전과 망치

해당 법률과 인증을 기반으로 회사 자체적으로도 보안 정책의 표준을 잡고 프로세스를 만들게 된다. 여기에 더 나아가 해당 정책들이 잘 준수되고 있는지 자체적으로 감사하거나 리스크들을 지속적으로 관리하곤 한다.

서비스나 제품에 대해서도 사전 기획 단계에서 보안성 검토를 진행하고, 설계에 대한 리뷰, 작성된 소스에 대한 리뷰, 만들어진 서비스에 대한 리뷰 등 각각의 단계에서도 보안에 대한 관점으로 체크를 진행한다. 이러한 과정을 기본적인 SDLC(Software Development Life Cycle)과 함께 이루어진다는 의미에서 Secure SDLC라고 부르기도 한다. 주기적으로 외부 컨설턴트나 내부 직원의 관점에서 이루어지는 모의 해킹 활동이 있다.

그림 4-1-2　공정 검사하기

시스템 측면에서도 네트워크를 보안적으로 설계하거나 방화벽, IPS, 백신, 매체 제어 등의 솔루션을 요소 요소에 배치하고 관련된 이벤트나 로그 등을 살펴보곤 한다. 보통 이런 부분들은 통합적으로 모으고 관제 시스템을 구축해서 이벤트를 처리하고 대응한다. 이상한 징후가 보일 때는 여러 측면에서 해당 부분을 살펴보고 대응, 경감시킨다.

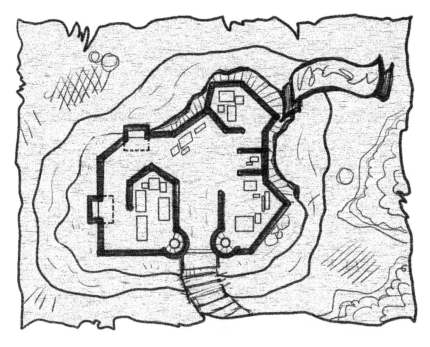

그림 4-1-3 요새의 배치

데이터베이스는 시스템의 영역이긴 하지만 일반적으로 주요한 정보들이 데이터베이스 안에 저장되어 있으므로, 다른 시스템보다 좀 더 체계적으로 사람이나 애플리케이션과 상호작용하는 부분들을 모니터링한다. 관련되어 내부 데이터의 암호화, 접근 제어 등을 위해서 여러 설계와 솔루션도 존재한다. 근래에는 NoSQL의 등장으로 데이터베이스와 시스템의 영역의 경계가 점점 희미해지고 있는 경향성을 보인다.

클라우드 환경으로 운영되는 회사는 모든 보안 요소가 가상 환경 안으로 통합된 것과 마찬가지이므로 위에서 얘기한 많은 것들이 소프트웨어적인 옵션으로 운영된다고 보면 될 것이다. 여러 가지 보안 솔루션들도 클라우드 환경에서 비슷한 효과를 가져오도록 컨버전이 되어 있다. 물리든 클라우드 환경이든 간에, 회사가 가지고 있는 자산은 개별적으로 일일이 조작하기에는 너무 많으므로 자동화 스크립트나 관련 솔루션을 통해서 통합적으로 관리하려고 한다.

최근 회사들은 혼자서 모든 서비스를 다 하는 경우는 없으므로, 연관되어 있는 회사들과 고객의 중요한 정보들을 주고받는 경우가 대부분이다. 이와 같은 정보는 서드파티(3rd Party)라는 영역으로 두고 관리한다. 서드파티 회사들은 비즈니스 형태에 따라 역학적으로 갑이기도 을이기도 한 관계(사실 정상적인 회사라면 관계에 상관없이 동등한 파트너의 입장에서 봐야 할 것이다)이므로 각 회사들에 맞춰 일반적으로 유연한 접근을 하려고 한다. 물류 등의 규모가 큰 분야는 서드파티로 분류할 수도 있지만 독립된 회사만큼 크고 독특한 비즈니스 구조를 가지고 있으므로 개발, 사업 분야와 마찬가지로 해당 분야의 보안만을 전문적으로 분리하는 경우도 있다.

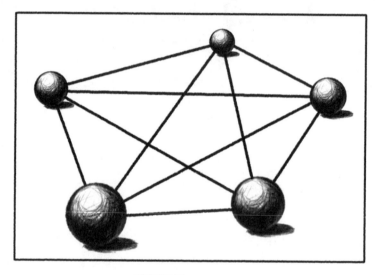

그림 4-1-4 연결된 외부

마지막으로 앞에서 나온 여러가지 활동을 직원들에게 계속 알리고, 직원들이 스스로 행동을 하도록 하는 목적으로 진행되는 인식 제고 및 보안 교육 분야가 있다.

2. 보안 분야들의 공통점

위의 많은 분야가 서로 독립된 분야같이 보이지만 결국은 하나의 목적을 위해서 각자 역할을 하고 있다는 것은 누구나 알고 있을 것이다. 회사의 경우 해당 목적은 법의 테두리 내에서 조직의 구성원이 안전하게 일을 하고, 보안적으로 안전한 서비스를 고객에게 제공하려는 것이다. 해당 목적을 진행함에 있어 각 부분에 대한 공통점을 찾아보려 한다.

첫째, 어떤 분야이든 충분히 괜찮음을 보장하기는 아주 힘들다. 법령을 다 지키고 인증을 모두 받는다 하더라도 "정말로 안전해?"라는 타인의 질문에는 그렇다고 확신 있게 대답하기는 힘들다고 본다. 법률을 준수하고 인증을 합격한다는 것을 현실적인 부분과 비교해 본다면 언어 시험에서 가장 높은 등급을 받는 것과 비슷하다고 생각한다. 해당 자격증을 가지고 있다는 것이 내가 그 언어에 대해서 많은 노력을 했고, 높은 소양을 가지고 있다는 것을 증명하기는 하지만 그 자체가 그 나라 사람처럼 그 언어를 잘 활용한다는 것을 보장하지 못하는 것과 같다.

언제든지 현실의 빈틈에서 위험한 바오밥나무가 자라고 있을 수 있다. 제품이나 서비스에 대한 검증 또한 우리가 개발 과정의 취약점을 완벽하게 체크했다는 것을 증명하긴 힘들며, 시간과 리소스 안에서 충분히 괜찮을 만큼 최선을 다했다고 말하는 것이 현실적일 것이다. 모니터링 또한 앞서 언급했던 여러 이유로 100% 완벽하게 필요한 데이터를 수집하고 정확한 이벤트를 체크하고 있다고는 보장하기 힘들다. 계속적으로 현실의 데이터를 받아들여 부족한 부분들을 업데이트해야 한다.

둘째, 보안의 많은 일이 타 팀의 협조에 의존하는 경우가 많다. 취약점의 수정이나 수많은 시스템의 패치, 데이터베이스의 안전한 관리 등은 개발이나 시스템 관련 팀들이 실제로 수행을 하는 경우가 많다. 그래서 무언가 가이드나 권고, 확인을 할 때 해당 배경과 당위성에 대해서 해당 팀의 입장을 배려해서 설명하고, 가능한 해당 팀에서 가장 이익이 가는 전략으로 접근하는 것이 좋다. 물론 정말 시급하거나 법률을 어기는 부분에 대해서는 그런 접근법을 가질 수는 없겠지만 보통 그런 경우는 해당 팀도 알아서 우선 순위를 조정하게 된다. 여기서 얘기하는 부분들은 중요하지만 리스크에 비추어 시급하지 않거나, 특정 기간의 여유가 있는 경우를 얘기한다.

당연한 일이라고 생각할 수도 있지만 해당 팀의 리소스를 보안팀의 업무에 사용하게 되는 것을 고맙게 생각하고, 기회가 있으면 해당 도움을 어필할 수 있도록 해야 한다. 말 한마디로 천냥 빚을 갚는다고, 어떻게 생각하고 표현하는지에 따라서 합리적으로 일하는 사람이 될 수도, 말만 앞서고 남을 이용하는 사람이 될 수도 있다고 생각한다 (다만 회사에 따라 이게 처세적으로 유리한지에 대해서는 자신은 없다). 보안은 법률을 방패로 일을 하기 쉬운 포지션이지만 가능한 법률을 내세운 통보는 최후의 수단으로 아껴 두는 것이 좋다고 생각한다.

그림 4-1-5 큰 산 앞의 개미

셋째, 모든 분야가 그렇지만 보안 분야도 혼자서 일할 수 있는 영역은 별로 없다. 아니 반대로 냉정히 얘기하면 보안은 시스템이나 개발이 있는 경우 존재할 수 있는 2차적 직업이라고 본다. 해당 부분은 QA도 마찬가지다. 게임으로 따지면 탱커 정도의 직업인데, 탱커 자체가 지킬 대상이 없으면 존재가 무의미하기 때문이기 때문이다. 나중에

은퇴해서 자신이 프리랜서를 해본다고 생각해 보자. 개발자는 프로그램 코드를 통해 자기만의 세상을 구현할 수 있지만, 보안이나 QA는 그런 점이 힘들다. 그래서 항상 보안은 개발과 시스템, 비즈니스를 잘 이해하려고 계속 노력해야 한다. 경호 요원이 경호 대상을 이해해야 하는 것은 당연한 일이다. 물론 개발 또한 비즈니스가 없으면 존재하기가 힘든 건 마찬가지다.

넷째, 연관된 기술적인 부분을 계속 이해하려 노력해야 한다. 기술이 중심이라는 관점에서 말하는 것이 아니다. 어떤 법령이 있다면 해당 법령의 시행령이 왜 이렇게 만들어졌고, 그 시행령이 회사의 여러 기술 분야에는 어떤 영향을 미치며, 어떤 부분을 고려해 적용을 유도해야 하는지에 대한 궁금증을 계속적으로 파고 들어가 연결할 수 있어야 한다. 그러려면 대상을 이해하고 대상과 연관되어 발생하고 사라지는 여러 이해관계의 데이터를 이해해야 하는데, 해당 부분에 필요한 것이 IT 분야의 기술이라고 생각된다. 반대로, 기술적으로 치우친 사람에 대해서는 기술의 큰 그림을 그리고, 그것을 회사의 프로세스와 법률적 측면까지 거슬러 올라가는 반대 방향의 노력을 권고하고 싶다. 기술, 프로세스, 명문화된 규칙 세 가지를 자유롭게 연결시켜야 장기적으로 원활하고 자연스럽게 업무를 진행할 수 있을 것이라고 생각한다.

마지막으로, 다른 팀과 얘기할 때는 상대의 눈높이와 언어에 맞추어 대화를 하는 연습을 해야 한다. 개발팀이나 비즈니스, 기획 팀의 사람들이 보안에 대해서 무지하다고 생각이 들지 모르지만, 그 쪽 사람들 입장에서 자신들의 영역을 제대로 이해 못하는 부분은 피차 마찬가지이다. 그리고 생각보다 눈높이에 맞춰서 이야기하려다 보면 자신의 분야를 더 잘 이해해야 한다는 것을 깨닫게 될 것이다. 눈높이와 언어를 맞춘다는 것은 자신이 알고 있는 지식을 재구성하는 행위이기 때문이다.

3. 마무리하며

지금까지 많은 이야기를 했지만, 다시 출발지로 돌아가 보려 한다. 보안은 결국 데이터를 이해하고 추적하는 분야라는 것이다. 이 얘기를 다시 하기 위해서 PART 1부터 먼 길을 돌아왔다. 여러 관점에서 데이터가 무엇인지 고민하고, 그 데이터와 연관된 시스템과 사람들을 이해하며, 안전한 균형을 맞추게 하는 것이 보안 업무가 아닐까 싶다. 물론, 그 안에서 모든 일은 '사람'이 하는 것이라는 사실을 결코 잊으면 안 된다.

부록

## PART 5

1. 파이썬 설치

파이썬은 윈도우 10에 2021년 7월 기준 최신인 3.9.6 버전을 기준으로 설치한다. 해당 버전 기준으로 전체 소스가 정상적으로 동작함을 확인했다. 다른 버전을 설치한 경우에도 대부분의 코드는 호환되겠지만 일부 모듈 호환성을 해결해야 할 수도 있으니 파이썬에 익숙하지 않은 경우 꼭 3.9.6 버전을 설치하길 권장한다.

1.1 파이썬 다운로드 및 실행

먼저 다운로드를 받기 위해서 구글에서 "python 3.9.6 download"라고 입력하여 상단의 아래 링크로 이동한다.

[파이썬 다운로드 링크 – 파이썬 공식 홈 페이지]
https://www.python.org/downloads/release/python-396/

① 하단의 Files 링크에서 "Windows installer (64-bit)"를 클릭하여 다운로드 후 실행한다.

| Windows installer (32-bit) | Windows | |
| Windows installer (64-bit) | Windows | Recommended |

그림 부록-1 파이썬 다운로드

② "Install Python 3.9.6 (64-bit)" 창에서 "Add Python 3.9 to PATH" 체크 박스를 체크하고, 설치 디렉토리를 C:\Python으로 지정하기 위해서 "Customize installation"을 클릭한다.

그림 부록-2   Install Python 창

③ "Optional Features" 창에서 디폴트 옵션이 모두 체크된 상태 그대로 "Next" 버튼을
누른다(스크린 샷 생략).

④ "Advanced Options" 창에서 모든 사용자가 사용하도록 "Install for all users" 옵션을
체크 후, 설치 경로를 "C:\Python"이라고 간단하게 바꿔준다. 현재 해당 디렉토리가 없
을 테니 "Browse" 버튼을 누르지 말고, 텍스트 박스에서 바로 경로를 수정한다. 이후
"Install" 버튼을 눌러 설치를 시작한다.

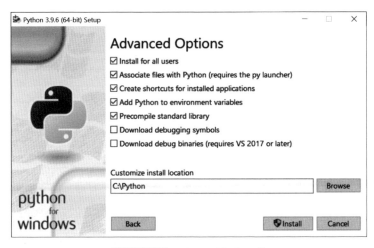

그림 부록-3   Advanced Options 창

5) 설치가 완료되고 "Setup was successful" 창이 나오면 "Close" 버튼을 눌러 닫는다(스크린 샷 생략).

1.2 설치된 파이썬 버전 확인하기

"윈도우키 + x"를 누른 후, "실행" 메뉴를 클릭한다. 실행 창이 뜨면 "cmd"라고 입력후, 확인 버튼을 눌러서 명령어 창을 띄운다. 이후 명령어 창에서 "python"이라고 입력후 엔터키를 누른다. 파이썬 버전을 확인할 수 있다. "Ctrl + z"키를 눌러 명령 프롬프트로 다시 나올 수 있다.

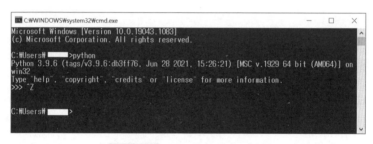

그림 부록-4 설치된 파이썬 버전 확인

2. 파이썬 코드 실행 – 커맨드창

파이썬 코드의 실행은 여러 통합 개발 환경(IDE – Integrated Development Environment)에서 할 수도 있고, 커맨드창에서도 할 수 있다. 본문에서는 커맨드창에서 수행하는 방식으로 진행한다. 사실 통합 개발 환경 메뉴를 통해 실행하는 부분은 커맨드창에서 실행하는 부분을 툴이 한 단계 감싼 것에 불과하다고 보면 된다. 리눅스 서버에서는 커맨드창과 비슷한 명령어 쉘 환경에서 사용해야 되고, 운영 환경에 배포해 사용할 때의 방식 또한 커맨드창에서 사용하는 것에 가깝다. 여기에서는 메모장으로 시연하지만 실제 편집 시 메모장은 가독성이 떨어지므로 뒤에 소개할 통합 개발 환경이나 파이썬 문법을 지원하는 선호하는 문서 편집기를 사용하면 된다.

① 우선 윈도우 탐색기에서 C:\Python 폴더 밑에 코드들을 저장할 "security"라는 디렉토리를 하나 만든다(C:\Python\security 폴더가 생성된다).

② 메모장을 띄운 후 print("test")이라고 내용을 넣는다. 메모장 내용을 저장하면서 파일형식을 "모든 파일", 인코딩을 "UTF-8"(현재 윈도우 10 메모장 기본 저장 형식), 이름을 "test.py"라고 입력해서 미리 만들어 놓은 C:\Python\security 폴더에 저장한다. 파이썬을 전혀 모르는 경우를 위해 스크린샷을 첨부했다.

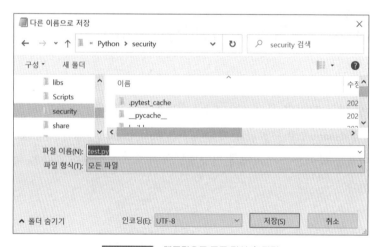

그림 부록-5 메모장으로 코드 작성 후 저장

③ 커맨드창을 띄운 후, "cd C:\python\security" 명령어를 이용해 파일을 저장한 디렉토리로 이동 후, "python test.py"를 실행해 만들어진 파일을 파이썬 인터프리터를 이용해서 실행한다. 결과로 "test"라고 출력된다. 본문에 있는 코드들을 실습할 경우는 굳이 타이핑을 하지 말고 다운로드 받은 소스 파일을 해당 폴더에 복사해 사용하거나, 내용을 복사해 사용하는 것을 추천한다.

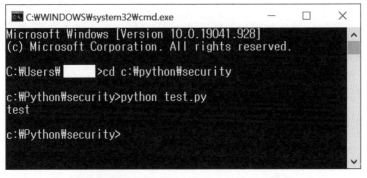

커맨드창에서 파이썬 테스트 파일 실행

3. 파이썬 코드 실행 - 파이참(PyCharm) 사용하기

개인이 쓸 수 있는 파이썬 무료 편집기는 여러 가지가 있다. 그 가운데 많이 알려진 것이 파이참(PyCharm), 비주얼 스튜디오 코드(Visual Studio Code), 아톰(ATOM) 등이 있다. 여기에서는 파이참을 설치해서 커맨드창으로 코드를 실행한 부분을 똑같이 수행해 보고자 한다.

3.1 파이참 설치하기

① 구글에서 "pycharm download"라고 검색하여 다운로드 페이지로 들어간다. 오픈 소스인 커뮤니티(Community) 버전을 다운로드 받아 실행한다.

```
[JET BRAIN - 파이참 다운로드 페이지]
https://www.jetbrains.com/ko-kr/pycharm/download/#section=windows
```

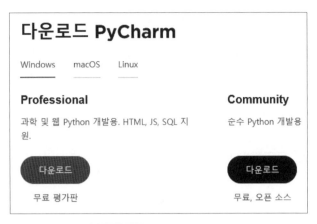

파이참 설치 페이지

② 설치가 시작되고 "Welcome to PyCharm Community Edition" 창이 뜨면, "Next" 버튼을 누른다(스크린 샷 생략).

③ "Choose Install Location" 창이 뜨면 "Next" 버튼을 누른다(스크린샷 생략).

④ "Installation Options" 창이 뜨면 4개 옵션을 모두 체크하고, "Next" 버튼을 누른다.

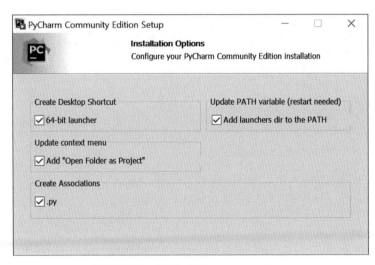

그림 부록-8 파이참 설치(Installation Options)

⑤ "Choose Start Menu Folder" 창이 뜨면 "Install" 버튼을 누른다(스크린 샷 생략).

⑥ "Completing PyCharm Community Edition Setup" 창이 나오면 "Reboot Now" 라디오 단추를 선택하고, "Finish" 버튼을 눌러 설치를 완료하고 리부팅한다(스크린 샷 생략).

3.2 파이참에서 코드 생성 및 실행

① 시작 메뉴에서 "Jet Brains 〉 PyCharm Community Edition"을 실행한다.

② "PyCharm User Agreement" 창이 뜨면 동의 체크 박스를 체크 후, "Continue" 버튼을 누른다. 그 다음에 "Data Sharing" 창이 뜨면 데이터를 보내거나 보내지 않음을 선택한다(스크린 샷 생략).

③ "Welcome to PyCharm" 화면이 뜨면 "New Project"를 클릭한다.

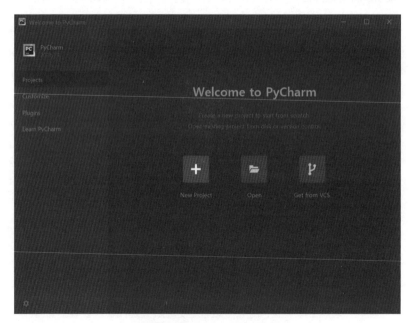

그림 부록-9   새 프로젝트 만들기

④ 기본적으로 가상 환경에서 프로젝트를 만들기를 권장하는 듯하니, "New environment using"에서 "Virtualenv"를 선택하고, 하단의 "Create a main.py welcome script"는 체크하지 않는다. 이후 "Create" 버튼을 누르면 가상 환경 관련 각종 모듈 다운로드 및 설정이 끝나고 새 프로젝트가 시작된다. 가상 환경을 구축하면 한 컴퓨터 내에서 서로 다른 파이썬 버전이나 모듈 버전을 가진 프로젝트 환경을 분리해 사용할 수 있게 된다.

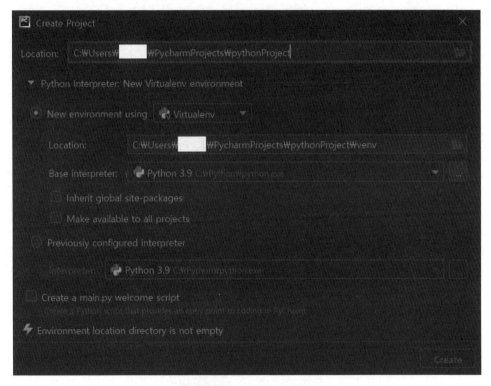

그림 부록-10 프로젝트 환경 설정

⑤ 새 프로젝트가 만들어지면 프로젝트 루트에서 마우스 오른쪽 버튼을 눌러 나오는 컨텍스트 메뉴에서 "New 〉 Python File"을 선택한다.

그림 부록-11 새 파일 만들기

⑥ "test"라고 파일 이름을 입력 후, "Python file"을 선택하고 엔터키를 누른다.

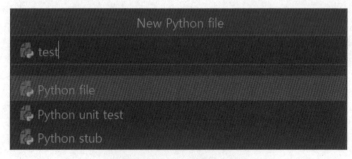

그림 부록-12 테스트 파일 만들기

⑦ 위의 메뉴에서 "Run 〉 Run"을 실행하거나 "Alt + Shfit + F10" 단축키로 실행해 본다. "test" 스크립트가 선택된 상태에서 엔터키를 누른다.

그림 부록-13 파이썬 코드 실행하기

⑧ 다음과 같이 하단에 test 실행 결과가 나오는데, 위쪽에 실행된 명령어를 보면 커맨드창에서 해본 것과 경로만 조금 다를 뿐 내용이 같다.

그림 부록-14 파이썬 코드 실행 결과

참고로 해당 환경은 가상 환경이므로 패키지를 설치하려면 아래의 "Python Package" 메뉴를 이용해서 패키지를 찾아 "Install" 버튼을 누르면 된다.

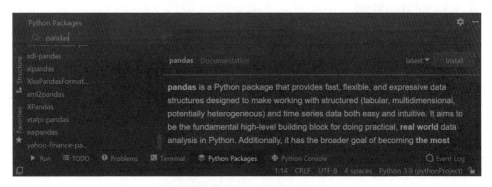

그림 부록-15 가상 환경 패키지 설치

추가로 가상 환경으로 분리되었으므로 실제 파일 위치나 패키지들은 다음과 같이 다른 위치에 설치되므로 실습을 할 때는 해당 부분을 고려해서 적용을 해야 한다(PART 3의 챕터 5 모니터링 문제에서 설치된 모듈 파일을 수정하거나, PART 3의 챕터 4 자동화에서 웹 드라이브 파일 등을 파이썬 파일 위치에 복사해야 되는 과정이 있다). 다음의 파일 위치를 참고해서 잘 반영해 보자.

```
[파이참에서 생성한 파일 위치]
C:\Users\사용자\PycharmProjects\pythonProject\test.py
[가상 환경 설치된 패키지 위치]
C:\Users\사용자\PycharmProjects\pythonProject\venv\Lib\site-packages\
```

개인적으로 이 책을 볼 때 추천하는 방법은 예제 파일들을 다운로드해서 C:\Python\se-curity 폴더에 실습 시 복사하고, 각각의 파일들을 파이참으로 열어서 편집해 보는 방식으로 하는 것이다.

4. MSSQL 설치

4.1 MSSQL 설치하기

① 먼저 구글에서 "mssql download"로 검색하여 다운로드 가능한 링크를 찾는다. "SQL Server Express 에디션"을 다운로드 하고 설치를 시작한다(사이트 개편에 따라 다운로드 경로는 바뀔 수 있으니 구글을 검색해 참조하자).

```
[MSSQL Server 다운로드 페이지 – 마이크로소프트 사이트]
https://www.microsoft.com/ko-kr/sql-server/sql-server-downloads
```

Express

SQL Server 2019 Express는 데스크톱, 웹 및 소형 서버 애플리케이션의 개발 및 제작에 적합한 무료 SQL Server 버전입니다.

지금 다운로드 >

그림 부록-16　MSSQL Express 다운로드

② 설치 유형 선택 화면에서 "기본"을 선택한다.

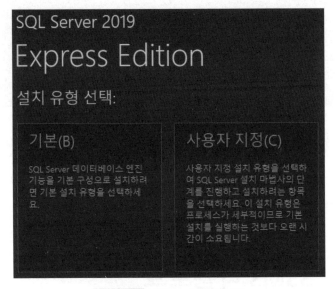

SQL Server 2019
Express Edition

설치 유형 선택:

기본(B)

SQL Server 데이터베이스 엔진 기능을 기본 구성으로 설치하려면 기본 설치 유형을 선택하세요.

사용자 지정(C)

사용자 지정 설치 유형을 선택하여 SQL Server 설치 마법사의 단계를 진행하고 설치하려는 항목을 선택하세요. 이 설치 유형은 프로세스가 세부적이므로 기본 설치를 실행하는 것보다 오랜 시간이 소요됩니다.

그림 부록-17　MSSQL 설치 유형 선택

③ 설치 관련 파일들이 다운로드 되고 설치가 완료되면 설치가 완료되었다고 나오는데, 창을 닫지 말고 하단의 "SSMS 설치" 버튼을 누른다. SSMS는 SQL Server Management Studio의 약자로 SQL 서버 접속용 클라이언트로, 오라클과 비교하면 토드(Toad), 오렌지(Orange)와 같은 툴이다.

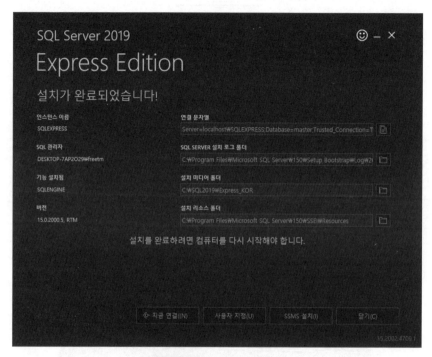

그림 부록-18 MSSQL 설치 완료

④ SSMS 설치 페이지로 이동하면 다운로드 하여 설치한다. 특별한 부분은 없고, 디폴트로 설치하면 된다.

그림 부록-19 SSMS 설치

⑤ MSSQL 설치 창을 닫고, 리부팅하라는 메시지가 나오면 리부팅한다.

4.2 프로그램에서 호출할 수 있도록 MSSQL 설정하기

현재 설치된 버전은 SSMS 연결을 통해 테이블 생성이나 조회는 가능하지만, 파이썬 같이 외부에 있는 프로그램에서 아이디/패스워드를 통한 연결은 안 되는 상태이다. 실습을 위해 프로그램에서 호출이 가능하도록 설정한다.

① 시작 메뉴에서 "Microsoft SQL Server Tools 18 〉 Microsoft SQL Server Management Studio 18"을 실행한다. SSMS도 종종 버전업은 될 수 있지만 인터페이스는 엇비슷하다.

② SSMS가 뜨게 되면서 디폴트로 윈도우 인증으로 자신의 로그인 계정 권한으로 연결하는 창이 뜨게 된다. "연결" 버튼을 누른다.

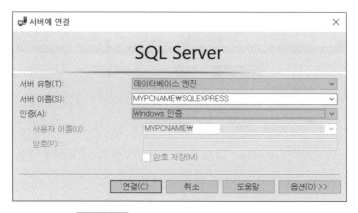

그림 부록-20 SSMS Windows 인증으로 연결하기

③ 개체 탐색기의 서버 이름에서 마우스 오른쪽 버튼을 눌러서 나온 컨텍스트 메뉴에서 "속성"을 선택하여 서버 속성을 띄운다. 왼쪽에서 "보안" 항목을 선택한 다음, "서버 인증"에서 "SQL Server 및 Windows 인증 모드" 라디오 버튼을 선택하고, 확인 버튼을

누른다. SQL 서버를 재시작해야 한다는 경고 창이 뜨는데, 다른 설정까지 마친 후에 재시작을 할 예정이니 일단은 무시한다.

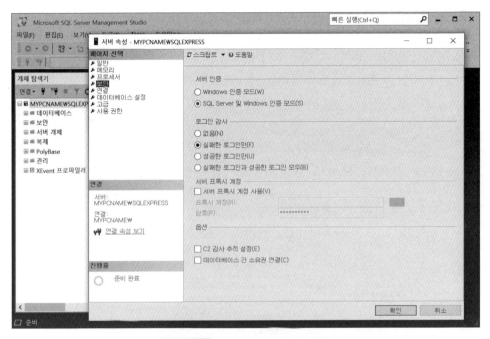

그림 부록-21 MSSQL 서버인증 방식 변경

④ 시작 메뉴에서 "Microsoft SQL Server 2019 〉 SQL Server 2019 구성 관리자"를 실행한다. 왼쪽 메뉴에서 "SQL Server 네트워크 구성 〉 SQLEXPRESS에 대한 프로토콜"을 선택하고, 오른쪽의 "TCP/IP" 항목을 더블클릭한다.

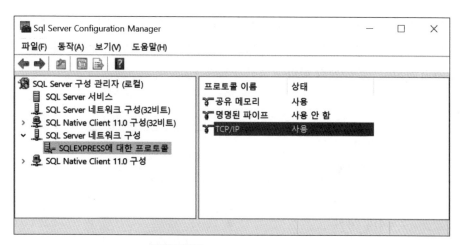

그림 부록-22　MSSQL TCP/IP 설정 변경

⑤ TCP/IP 속성이 나오면 "프로토콜" 탭에서 "사용"을 "예"로 변경한다.

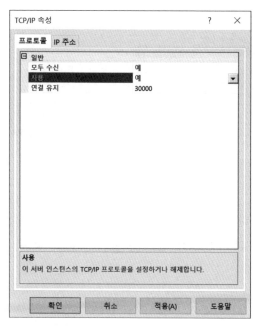

그림 부록-23　MSSQL TCP/IP 프로토콜 설정 변경

⑥ 이후 "IP 주소" 탭으로 이동하여, 하단의 "IPALL" 섹션에서 "TCP 동적 포트" 값을 빈 값으로 만들고, "TCP 포트" 값에 "1433"을 넣는다. 이후 확인 버튼을 누른다. 앞과 마찬가지로 서비스를 재시작 하라는 경고가 뜨게 된다.

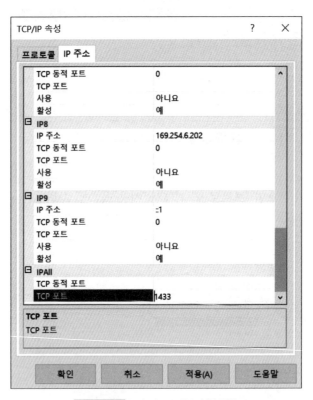

그림 부록-24 MSSQL IP 주소 설정 변경

⑦ 이제 모든 설정이 완료되었으니, SQL 서버를 재시작한다. 오른쪽에서 "SQL Server 서비스"를 클릭하고, 왼쪽의 "SQL Server(SQLEXPREE)" 항목의 컨텍스트 메뉴에서 "다시 시작"을 실행한다.

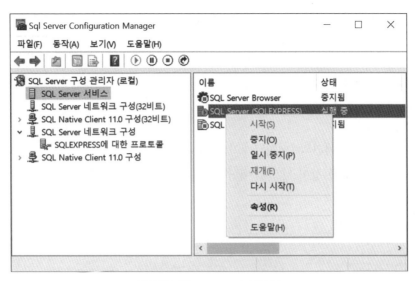

그림 부록-25   MSSQL 서버 재시작

참고로 파이썬 프로그램을 연결하기 전에 설정이 제대로 되었는지 확인하고 싶다면, 프로그램 설치/제거에서 텔넷 프로그램을 설치 후(모르는 경우 "윈도우 10 텔넷 설치"로 구글을 검색해보자), 커맨드창에서 "telnet localhost 1433" 명령어로 확인을 해보자. 아래와 같이 창 타이틀이 "Telnet localhost"로 바뀌면서 입력 커서가 깜빡거리는 상태가 된다면 정상적으로 서비스가 설정된 것이다. 빠져나오려면 "Ctrl +]"를 입력 후 "Microsoft Telnet〉"이라는 프롬프트가 나오면 "q"를 입력 후 엔터키를 누르고 나오면 된다.

그림 부록-26   텔넷으로 연결 해보기

4.2 실습용 데이터베이스 및 계정 생성

다음은 파이썬 코드를 만들 때 사용할 데이터베이스와 계정을 생성해 보자. 한 가지 당부하고 싶은 부분은 여기서는 실습을 위해서 admin 권한으로 계정을 설정하지만, 보안에 맞는 적절한 설정 방식은 아니라는 것이다.

① SSMS의 개체 탐색기의 "데이터베이스" 항목의 컨텍스트 메뉴에서 "새 데이터베이스"를 선택한다. 등록 창이 나오면 데이터베이스 이름에 "mytest"라고 입력한 다음, 확인 버튼을 누른다.

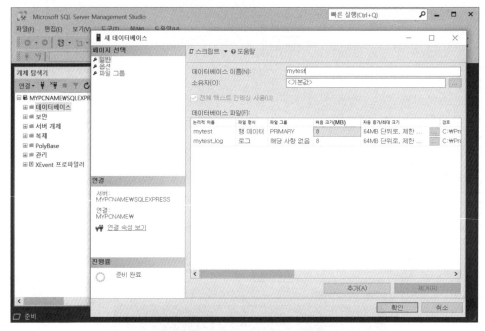

그림 부록-27 mytest 데이터베이스 생성하기

아래와 같이 개체 탐색기 안에 "mytest"라는 데이터베이스가 보인다.

그림 부록-28 생성된 mytest 데이터베이스

② 이제 파이썬 프로그램에서 사용할 사용자를 만든다. 개체 탐색기의 "보안 〉 로그인" 항목의 컨텍스트 메뉴에서 "새 로그인"을 선택한다(스크린 샷 생략).

③ "로그인 – 신규" 창이 뜨면 로그인 이름을 "pyuser" 로 입력하고, "SQL Sever 인증" 라디오 버튼을 선택하고 암호 및 암호 확인에 "Test1234%^&"를 넣어준다. 그리고 암호를 그대로 유지하고 만료되지 않게 하기 위해 "암호 정책 강제 적용" 체크 박스를 해제한다(안전하지 않은 실습용 설정이다).

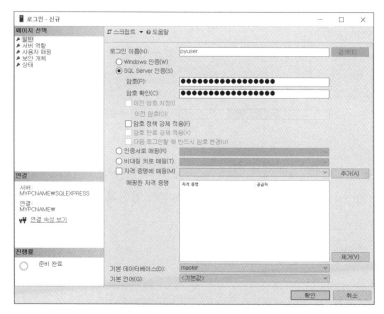

그림 부록-29 신규 사용자 생성(일반)

④ 이후 "페이지 선택" 항목에서 "서버 역할"을 선택하고, "sysadmin"을 체크한다(이 또한 안전하지 않은 실습용 설정이다).

그림 부록-30 신규 사용자 생성(서버 역할)

⑤ 이후 "페이지 선택" 항목에서 "사용자 매핑"을 선택하고, "mytest" 데이터베이스를 체크하고, "db_owner" 권한을 체크한다(마찬가지로, 안전하지 않은 실습용 설정이다).

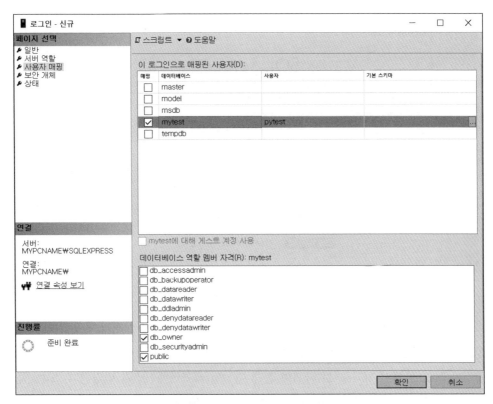

그림 부록-31 신규 사용자 생성(사용자 매핑)

이렇게 됨으로써 sysadmin 역할을 지니고 mytest 데이터베이스에 db_owner 권한을 가진 pyuser 사용자가 생성이 된다. 참고로 위에서는 UI 화면을 통해 수행했지만 일반적으로는 해당되는 SQL 관리 명령어들을 사용할 것이다.

4.2 pyuser 로 로그인해 쿼리 실행하기

① 개체 탐색기에서 기존 연결을 선택 후 컨텍스트 메뉴에서 "연결 끊기"를 한 후, 메뉴에서 "파일 > 개체 탐색기 연결"을 실행하거나 SSMS를 종료했다 다시 시작한다. 생성한 사용자인 pyuser와 패스워드를 넣고 연결 버튼을 눌러 로그인한다.

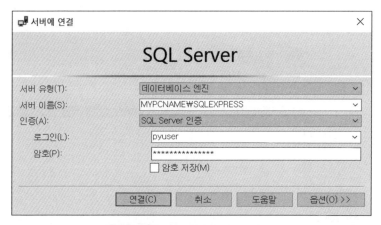

그림 부록-32 신규 사용자로 로그인 하기

② 위 메뉴 아이콘에서 "새 쿼리"를 클릭해 쿼리 창을 연 후, "use mytest"라고 입력 후, 마우스로 드래그 해 선택 후, "F5" 키를 누른다. 해당 경우 선택한 쿼리 부분만 실행되고, 편집 창 내용 전체를 실행할 경우는 선택 없이 "F5"를 눌러도 된다. 왼쪽 상단 드랍박스가 "master"에서 "mytest"로 바뀌며 현재 대상인 데이터베이스가 변경된다. 또는 위쪽 데이터베이스 드롭 박스에서 "mytest"를 선택해도 된다.

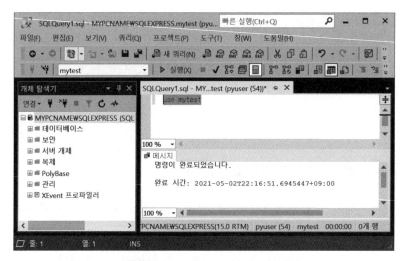

그림 부록-33 mytest 데이터베이스로 이동하기

③ 아직은 아무 테이블도 없으니, "select SYSTEM_USER"라고 입력 후, 마우스로 선택 후 "F5" 키를 누른다.

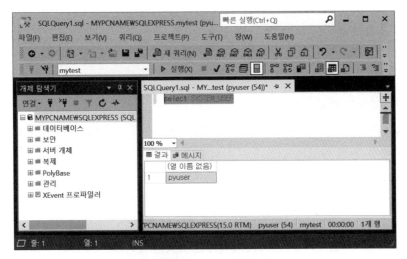

그림 부록-34 쿼리 실행해 보기

5. 피들러(Fiddler) 설치하기

피들러는 웹 프록시 툴로 보안 쪽에서 많이 쓰는 버프 스위트(Burp suite)와 같은 종류의 툴이다. 버프 스위트가 책을 실제 넘겨보면서 필요한 페이지나 문장들을 선택하는 전문적이지만 조금은 텍스트 위주의 UI라면, 피들러는 책의 목차를 보면서 필요한 페이지를 골라 살펴보는 느낌이라 약간 보안 쪽보다는 개발 뷰가 많이 섞여 있는 툴이다. 양쪽 다 장점이 있으니 둘 다 사용해 봤으면 한다. 피들러 쪽이 책의 내용을 설명하기에 좀더 가독성이 좋다고 판단하여 선택했다.

5.1 다운로드 및 설치하기

① 구글에서 "fiddler download" 페이지로 이동한다.

```
[fiddler – 공식 홈]
https://www.telerik.com/download/fiddler
```

② 피들러 클래식 버전을 다운로드한다. 사용 이유와 이메일, 나라를 선택하고 License Agreement 체크 박스에 동의 후, "Download for windows" 버튼을 누른다. 중간에 나오는 메일 수신 동의 체크는 취향대로 선택한다. 실제로 존재하지 않는 이메일 주소를 넣으면 다운로드가 안 되니 주의한다.

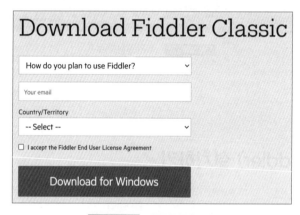

그림 부록-35 피들러 다운로드

③ 설치 파일을 실행하면 "License Agreement" 창에서 "I Agree" 버튼을 선택하고, 나머지는 그냥 디폴트로 진행하면 된다(스크린샷 생략).

④ 피들러를 시작하면 아래와 같이 "AppContainer Configuration" 창이 뜨는데, 현재 시연하고 상관없으니 "No"를 선택한다.

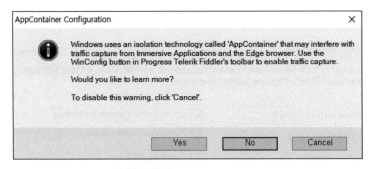

그림 부록-36 AppContainer 설정

5.2 웹 프록시의 원리

세팅하기 전에 간단한 피들러의 동작 원리를 살펴보자. 피들러와 같은 툴을 웹 프록시라고 하는데 원래의 웹 프록시의 역할은 페이지가 빠르게 열리도록 사용자와 가까운 지역의 서버에서 캐시 파일들을 관리하거나, 막히지 않은 프록시 서버를 경유하여 다른 막혀 있는 사이트에 접근해 정보를 얻어오는 용도 등으로 사용되었다.

크게 보면 VPN 또한 회사 내의 독립 네트워크 영역에 접근하기 위한 안전한 프록시 서버라고 봐도 될 듯하다. 일반적으로 전통적인 프록시 서버는 컴퓨터 바깥의 가깝거나 먼 지역에 있는 서버가 통신을 중계해 주는 일이었는데, 피들러나 버프 스위트 같은 웹 프록시는 해당 서버가 같은 컴퓨터 내에 존재하는 게 다를 뿐이다.

피들러의 "Tools 〉 Options" 창의 "Connections" 탭을 보면 Fiddler listens on port: 8888 이라는 옵션이 보이는데, 피들러가 컴퓨터 내부에서 웹 서버처럼 8888 포트에서 서비스를 하고 있다는 의미이다.

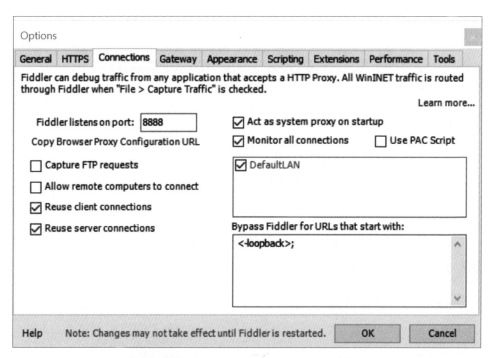

그림 부록-37 특정 포트에서 서비스되는 피들러 웹 프록시

피들러를 켰을 때 네트워크 및 인터넷의 "수동 프록시 설정"을 보면, 프록시 서버가 사동으로 사용되면서 127.0.0.1의 8888 포트를 사용한다고 나온다. 표준 네트워크 라이브러리를 통해 HTTP(S) 통신을 하는 프로그램의 경우 해당 원격 서버 주소로 바로 패킷이 전달되지 않고, 8888 포트를 통해 서비스되고 있는 피들러에게 해당 패킷을 우선 전달하게 된다.

피들러는 해당 정보를 원래의 서버로 보내는 역할을 수행하게 된다. 그 과정에서 피들러나 버프 스위트 같은 툴들은 해당 요청들을 보거나 조작할 수 있다(이 부분은 클라이언트 코드 챕터에서 자세히 시연한다).

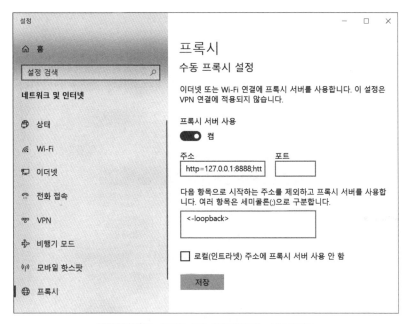

그림 부록-38 피들러 실행 시 활성화되는 수동 프록시

커맨드창에서 netstat 명령어로 살펴보면 8888 포트에서 피들러가 실행되고 있는 것이 보인다.

```
C:\Users\freetm>netstat -an | findstr 8888
  TCP    127.0.0.1:3453        127.0.0.1:8888        ESTABLISHED
  TCP    127.0.0.1:3454        127.0.0.1:8888        ESTABLISHED
  TCP    127.0.0.1:3459        127.0.0.1:8888        SYN_SENT
  TCP    127.0.0.1:8888        0.0.0.0:0             LISTENING
  TCP    127.0.0.1:8888        127.0.0.1:3453        ESTABLISHED
  TCP    127.0.0.1:8888        127.0.0.1:3454        ESTABLISHED
```

5.3 기본 옵션 변경하기

툴을 사용하다 보면 자신만의 설정이 생기기 마련이지만, 기본적으로 이미지 요청이 잡히게 되면 소스 보기가 귀찮아지니 "Rules 〉 Hide Image Request"를 체크한다. 그리고 자동으로 인코딩을 풀게 하기 위해서 "Rules 〉 Remove All Encodings"를 체크한다.

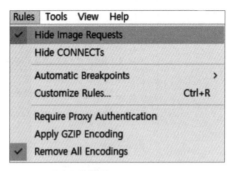

그림 부록-39   기본 옵션 변경하기

5.4 SSL 세팅하기

현재 상태에서 구글 등을 보게 되면, SSL 통신이기 때문에 피들러가 중간에서 가로챈다 하더라도 아무 내용도 못 보게 된다. 그래서 암-복호화 챕터에서 얘기되는 로컬 루트 인증서를 설치하여 브라우저가 피들러를 신뢰할 수 있는 웹 프록시 서버로 믿게 만든다.

피들러가 외부에 있는 웹 서버처럼 로컬 루트 인증서를 기반으로 사용자의 SSL 데이터를 받아 복호화하고, 이후 브라우저를 대신하여 외부 서버와 연결해 SSL 데이터를 보내게 된다. SSL 배송 대행 서비스를 해준다고 생각해 보자(이런 방식으로 모바일 환경의 트래픽도 분석이 편한 PC에서 수행하게 된다).

① 피들러의 "Tools 〉 Options" 창의 "HTTPS" 탭을 클릭 한 후, "Capture HTTPS CONNTECTs" 와"Decrypt HTTPS traffic(HTTPS 트래픽을 복호화합니다)" 체크 박스

를 체크한다. 체크 후 "Trust the Fiddler Root certificate?" 팝업창이 뜨게 되면 "Yes"를 눌러 준다.

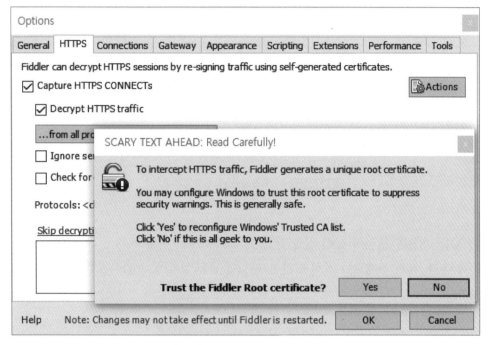

그림 부록-40 HTTPS 트래픽 복호화하기

② 이후 "DO_NOT_TRUST_FiddleRoot" 루트 인증서를 설치하려 한다는 보안 경고 창, "Add certificate to the Machine Root List" 창, 최종으로 확인을 알리는 "TrustCert Success" 창이 연속해서 뜨는데, 모두 "예" 나 "확인"을 눌러주면 된다(뒤의 2개 스크린 샷은 생략). 앞서 얘기한 것처럼 이 인증서가 있어야 피들러가 HTTPS 통신을 중계할 수 있다.

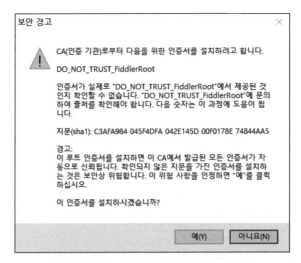

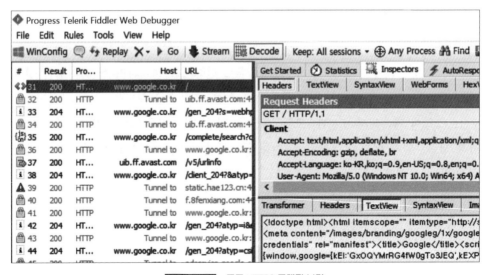

그림 부록-41 피들러 용도의 루트 인증서 설치

③ "OK" 버튼을 눌러서 옵션 창을 닫는다. 크롬 브라우저를 띄워 구글 페이지에 접속해 본다. 혹시 트래픽이 잡히지 않는다면 새 탭을 열거나, 브라우저를 다시 시작해보자.

그림 부록-42 구글 HTTPS 트래픽 보기

6. 비주얼 스튜디오 커뮤니티 설치하기

① 구글에서 "비주얼 스튜디오 커뮤니티 다운로드"라고 검색해 다운로드 사이트로 이동한다.

[Visual Studio Community 다운로드 – 마이크로 소프트]
https://visualstudio.microsoft.com/ko/vs/community/

그림 부록-43 비주얼 스튜디오 커뮤니티 다운로드

② "Visual Studio Installer" 창이 뜨면 "계속" 버튼을 누른다(스크린샷 생략).

③ 설치할 워크로드를 선택하는 화면이 나오면 "데스크톱 및 모바일" 섹션의 "C++를 사용한 데스크톱 개발"을 체크하고 "설치" 버튼을 누른다.

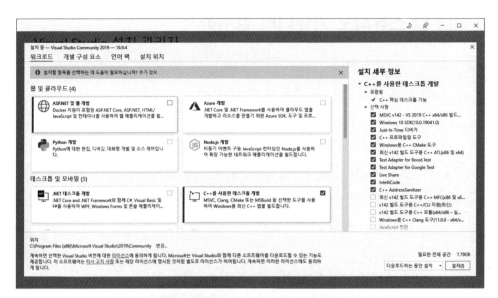

그림 부록-44 C++를 사용한 데스크톱 개발

④ 이후 설치가 완료되고 다시 시작하라고 창이 뜨면 재시작한다.

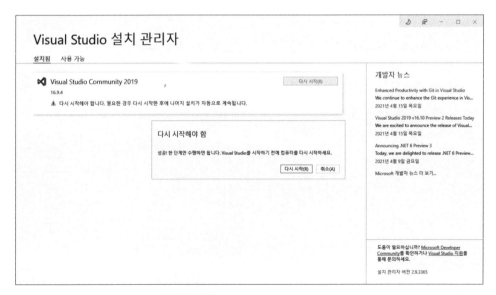

그림 부록-45 비주얼 스튜디오 설치 관리자

찾아보기

구글과 파이썬으로 시작하는 보안

취약점은 이제 끝! 실전 예제와 코드로 배우는 데이터 보호

초판 1쇄 발행 | 2021년 8월 31일

지은이 | 김용재
펴낸이 | 김범준
기획/책임편집 | 이동원
교정교열 | 최현숙
편집디자인 | 커뮤니케이션 창
표지디자인 | 정지연

발행처 | 비제이퍼블릭
출판신고 | 2009년 05월 01일 제300-2009-38호
주소 | 서울시 중구 청계천로 100 시그니쳐타워 서관 10층 1011호
주문/문의 | 02-739-0739   **팩스** | 02-6442-0739
홈페이지 | http://bjpublic.co.kr   **이메일** | bjpublic@bjpublic.co.kr

가격 | 33,000원
ISBN | 979-11-6592-081-4
한국어판 © 2021 비제이퍼블릭

예제 파일 다운로드 | https://github.com/bjpublic/security